能源与气候金融系列丛书

能源金融前沿与探索

姬　强　张大永◎著

科学出版社

北　京

内 容 简 介

进入 21 世纪，能源的金融属性日益凸显，能源金融化成为能源市场新的特征，能源金融也正在作为新的交叉学科引起国内外学者的广泛关注。本书围绕能源金融的理论发展与前沿科学问题，从能源市场的驱动机理、跨市场风险管理、中国能源金融研究及能源公司金融四个维度，对能源市场的波动特征、市场一体化程度、波动预测、跨市场风险传导、中国的新能源投资及能源大公司系统性风险等问题展开深入的研究，为能源金融领域的研究提供新的视角和研究思路。

本书适合能源相关政府部门、大型能源企业、投资机构、科研院所研究人员和相关学会专家阅读，也可以供各大院校能源经济学和能源金融专业的学生阅读。

图书在版编目（CIP）数据

能源金融前沿与探索 / 姬强，张大永著. —北京：科学出版社，2021.12
（能源与气候金融系列丛书）

ISBN 978-7-03-070959-2

Ⅰ. ①能… Ⅱ. ①姬… ②张… Ⅲ. ①能源工业-金融市场-研究
Ⅳ. ①F407.2 ②F830.9

中国版本图书馆 CIP 数据核字（2021）第 260582 号

责任编辑：陈会迎 / 责任校对：贾娜娜
责任印制：张 伟 / 封面设计：有道设计

科学出版社 出版
北京东黄城根北街 16 号
邮政编码：100717
http://www.sciencep.com

北京中科印刷有限公司 印刷
科学出版社发行 各地新华书店经销

*

2021 年 12 月第 一 版 开本：720×1000 B5
2023 年 1 月第二次印刷 印张：20
字数：400 000

定价：198.00 元

（如有印装质量问题，我社负责调换）

序

自20世纪三次石油危机以来，能源的衍生品交易开始变得活跃，能源市场化定价机制以及投融资问题受到国内外学者的广泛关注。一些研究开始尝试利用金融理论分析能源市场中的问题，能源与金融资本在实体经济中的聚合关系变得更为密切，能源金融化成为国际金融向能源这种全球战略性资源延伸的必然结果。在这种背景下，能源金融作为一门新兴的交叉学科在理论界和实业界开始迅速发展起来。

能源金融理论的产生与石油期货的发展密切相关。石油金融被广泛地认为是能源金融理论发展的开始，也是能源金融领域一直以来的研究热点。与此同时，关于天然气市场和电力市场的金融问题研究也在不断推进。近年来，随着世界各国碳市场的建立以及绿色交易证书等可再生能源相关衍生品的创新，能源金融也开始向碳金融和绿色金融领域扩展和延伸。

在全球气候治理和实现碳中和长期愿景下，能源行业投融资的方向和效率决定了能源转型的速度和气候治理的力度。金融体系如何支撑能源产业发展需要科学的理论和系统的思维，能源金融理论发展正在被赋予更浓厚的时代特色。在新的发展格局和世界能源秩序下，建立能源定价机制的新研究范式，摸索一套量化分析能源系统与金融系统耦合关系的经济学模型，是奠定能源金融理论的基石和需要突破的方向。

作为能源金融领域为数不多的系统性研究著作，该书从能源金融的内涵出发，梳理了能源金融理论的发展脉络，并凝练了能源金融领域的热点方向。针对这些热点问题，该书从新的视角构建了一系列经济学和数学模型，回答了能源金融领域的关键科学问题，体现了作者对能源金融内涵的深厚理解以及在此领域的长期丰硕积累。

该书内容丰富，涵盖能源市场定价机制、价格波动预测、能源与金融系统性风险度量、新能源投融资分析、中国能源市场定价权、微观能源企业风险管理等诸多问题，综合运用计量经济学、统计学、金融学、投资学、复杂网络理论及大数据技术，搭建了一系列能源金融量化分析工具，在能源市场的系统性风险度量、量化事件的预测能力、能源价格波动的宏观经济影响及能源企业的微观风险测度等多个方面进行了理论创新。

该书整体设计框架具有较强的逻辑性和系统性，研究问题紧扣能源金融领域的热点和国际前沿，研究视角新颖，研究发现具有较强的理论与实践参考价值，对推动国内能源金融理论的发展和学科建设都有很强的指导性。

该书由姬强研究员和张大永教授领衔的能源金融团队共同完成。该团队是国内最早从事能源金融领域系统性研究的团队之一，朝气活泼，富有创新精神，已经在本领域发表高水平论文 200 余篇，其研究成果被国内外学者广泛关注并大量引用。姬强研究员和张大永教授是国内能源金融领域有代表性的青年学者，双双入选 2020 年 Elsevier（爱思唯尔）高被引学者并进入全球前 2%顶尖科学家榜单。由两位学者发起成立的中国能源金融联盟吸引了国内外 30 余所高校的青年学者加盟，为国内能源金融理论的发展和学术创新搭建了高水平的学术交流平台。本人作为该联盟学术委员会的特邀专家见证了该联盟的发展和壮大。

希望该书的出版只是起点，未来能够产出更多的优秀成果，为国内能源金融研究步入世界一流水平做出贡献，为解决能源与环境领域的国家重大需求问题提出实质性、可操作的对策和建议。

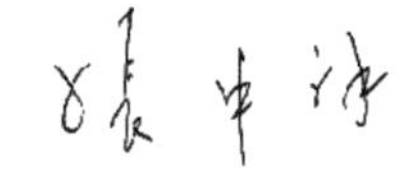

天津大学马寅初经济学院创院院长

国家能源、环境和产业经济研究院院长

2021 年 8 月 16 日

前　　言

能源金融化是进入 21 世纪能源市场表现出的最重要的特征。这一新的特征不仅改变了传统能源市场的定价模式和驱动机理，也改变了世界能源市场的秩序和投资逻辑。国际化、金融化、多元化、分布式成为能源市场新的特征，传统的供需理论难以完全解释能源市场风险，需要多学科知识交叉，发展新理论。能源金融理论在这种背景下应运而生，其核心是服务于能源市场的定价机制、风险识别与策略优化研究。

由于能源金融化的出现，能源市场表现出商品属性、地缘政治属性和金融属性的复合特征，这种多属性叠加使得市场风险特征和机理识别更加复杂、难以捕捉，国际能源市场也表现出更多新的规律，包括外溢性、易损性、异质性、突变性和传染性。外溢性主要是指市场风险具有外部性，市场内部信息容易向外部扩散；易损性主要是指市场结构处于非稳态，容易受到各种冲击而表现出脆弱、不稳定特征；异质性主要是指能源市场风险来源多样化，影响机理不一致；突变性主要是指能源市场由于全球能源格局以及能源政策的变化而表现出价格的突变，出现结构性拐点；传染性主要是指在金融化属性下能源市场容易与金融市场形成联动，诱发系统性风险。这些新的特征和规律相互交织，改变了能源市场原有的运行轨迹，共同作用于新的价格形态和演变规律。因此，需要建立一套风险识别—监测—预测的系统分析方法体系，为能源金融风险复杂性与演化机理的识别提供理论支撑和分析工具。

同时，我们也应该看到随着全球气候变暖的日趋加剧，气候危机也在影响着各国的能源政策和世界能源格局。特别是在全球各国纷纷出台碳中和愿景和目标的情况下，全球能源市场正在发生一场前所未有的变革。从能源需求结构来看，煤炭、石油和天然气三分天下的格局将被打破，全球“弃煤”正在有序进行，全球石油需求达峰基本已成定局，传统油气领域的投资正在向清洁化、低碳化转型，能源金融领域的研究面临着更复杂的外部环境和更充满不确定性的政策场景。因此，需要从全局的视角、采用更多源化的数据、综合考虑能源的时空规律和多尺度特征、结合宏观经济政策和微观企业行为进行更系统的研究。

特别是在全球能源转型的大背景下，气候危机、贸易摩擦、新冠肺炎疫情、地缘政治等多种黑天鹅和灰犀牛事件都将加速能源市场的变革，给市场的监管者和投资者带来更大的风险和不确定性。因此，如何有效识别新形势下的能源市场价格规律和驱动机理？如何对能源价格波动做出更准确的预测？如何测度能源-金融系统的系统性风险，识别传染路径和传染强度？如何量化能源价格对宏观经济的冲击模式？如何看待中国的能源市场发展和新能源投资？如何审视微观视角下的全球能源公司风险联动？这些问题都需要构建新的理论模型进行深入的探索，这也是本书的立意和出发点。

本书聚焦在能源金融的最新理论和前沿问题，围绕能源金融化的一般性规律开展系统性研究，主要从能源市场的驱动机理、跨市场风险管理、中国能源金融研究及能源公司金融四个维度展开，试图采用新的理论方法从新的研究视角回答能源金融领域一系列新的问题。

（1）绪论，由第 1 章构成。第 1 章主要界定了能源金融的内涵和一般性规律，对能源金融的理论发展及国际前沿问题的演变进行了综述，特别是采用文献计量方法对石油金融的理论发展脉络和当前热点进行了归纳总结，最后凝练了能源金融未来的理论突破方向和关键科学问题。

（2）能源市场金融化与驱动机理研究，由第 2 章至第 4 章构成。第 2 章从全球大宗商品市场的视角系统性地分析了能源市场在商品市场系统中的重要性和地位的演化，并对影响全球商品市场系统的金融化因素进行了识别。第 3 章从高频视角对影响大宗商品市场特别是能源市场的各类宏观因素进行了量化分析。第 4 章是针对国际原油价格波动新的影响机理建立了多因子预测框架。

（3）跨市场风险管理研究，由第 5 章至第 9 章构成。第 5 章结合油价冲击分解模型和 CoVaR 模型，量化分析了不同来源油价冲击对金砖国家股票市场极端风险的溢出效应。第 6 章研究了结构性变化条件下的原油市场与汇率市场动态风险相依性。第 7 章建立动态网络模型分析了碳市场与各类能源市场之间的信息溢出关系。第 8 章从资产泡沫的视角分析了油气价格之间的联动性。第 9 章通过建立有向无环图模型分析了北美天然气价格的驱动因素及在金融危机前后的变化。

（4）中国能源金融问题研究，由第 10 章至第 12 章构成。第 10 章主要对中国新上市的原油期货进行分析，回答了中国原油期货的定价权和国际影响力问题。第 11 章从投融资的视角对中国新能源企业的投资行为进行了研究。第 12 章量化分析了金融化对中国可再生能源发展和能源结构升级的贡献。

（5）能源公司金融研究，由第 13 章和第 14 章构成。第 13 章主要从微观公司视角分析了油价波动对美国 120 家能源上市公司的异质性影响。第 14 章通过建立网络模型分析了全球能源大公司的系统性风险及风险变化的主要驱动因素。

本书的研究内容是基于研究团队在能源金融领域的丰富成果形成的。第 1 章由姬强、马嫣然、张大永完成，第 2 章、第 4 章和第 13 章由马嫣然、姬强完成，第 3 章和第 10 章由胡旻、姬强和张大永完成，第 5 章由赵万里、姬强完成，第 6 章由刘炳越、姬强完成，第 7 章和第 9 章由耿江波、姬强完成，第 8 章由王田田、张大永完成，第 11 章由曹红、张大永完成，第 12 章和第 14 章由吴菲、张大永、姬强完成。

研究团队在成长和发展的过程中，也得到了来自中国科学院科技战略咨询研究院、国家部委相关部门、高校院所、企事业界众多专家学者的大力扶持和指导，他们包括但不限于范英教授、徐伟宣教授、张中祥教授、潘教峰研究员、穆荣平研究员、王毅研究员、汪寿阳院士、杨晓光研究员、杨翠红研究员、林伯强教授、田立新教授、陈彬教授、周鹏教授、王兆华教授、张炳教授、张跃军教授、石敏俊教授、陈伟强研究员、郭剑锋研究员、熊熊教授、安海忠教授、张兴平教授、冯连勇教授、王群伟教授、王玉东教授、施训鹏研究员、Ronald D. Ripple 教授、Brian Lucey 教授、Shunsuke Managi 教授、David Broadstock 教授等专家，在此对这些专家表达最诚挚的谢意！

本书的研究工作得到了国家自然科学基金（No.72022020，No.71974159）的支持，在此一并致谢！

限于我们的知识范围和学术水平，对于书中的不足之处，恳请读者批评指正！

姬　强　张大永

2021 年 8 月

目　　录

第 1 章

绪　论

进入 21 世纪后，随着能源衍生品（期货、期权等）的不断丰富，能源定价开始向市场化转变。在这一过程中，能源商品往往表现出超过供需基本面的价格行为规律，能源商品的金融属性开始凸显，这一现象被称为能源金融化。随着能源产品金融化程度的增加，能源领域的金融问题也开始受到越来越多学者的关注。能源金融正是在这种背景下应运而生的，已经成为新兴的交叉前沿学科方向。

1.1　能源金融内涵与特性

虽然学术界已经开展了大量的能源金融理论与实证研究，但目前对于能源金融还没有统一的定义。在国内研究文献中，学者对“能源金融”内涵有不同的界定。佘升翔等（2007）认为能源金融是传统金融体系与能源系统相互渗透与融合形成的新金融系统，分为能源虚拟金融和能源实体金融两个层面。前者是指能源市场主体在能源商品期货市场、期权市场、国际货币市场以及能源相关的资本市场进行的金融活动。后者是指能源产权主体、效率市场和传统金融市场所支撑的实体产业。林伯强和黄光晓（2014）认为能源金融是利用金融市场来完善能源市场价格信号的形成与传递，管理和规避能源市场风险，解决能源开发利用的融资问题，优化能源产业的结构，促进节能减排和新能源开发利用等，而其核心是能源的市场化定价机制。

从上述定义来看，目前普遍认为能源金融是指能源系统与金融系统的深度融合，是金融活动在能源领域的深化发展。在金融危机后，国际能源市场发生深刻变革，其中一个标志性的特征就是能源金融化。我们认为能源金融的本质就是能源金融化的属性推演形成的。因此，我们将能源金融的内涵定义为随着金融市场面向能源产品创新的不断增加，能源价格表现出金融化行为以及能源市场与金融市场日益深化的一体化特征。简单来说，能源金融就是能源市场在金融属性下表现出的新的价格形态和微观行为规律，以及衍生的能源相关的资本运作和金融活动。能源金融是一种新的业态，它与传统金融的最大区别在于能源作为一种资产兼具“商品”和“金融”双重属性，能源的价格行为受金融活动的影响，但又遵循商品价值的供需理论，能源资产的“商品”属性也给能源金融的研究带来了一定的独特性。

2019年2月22日，习近平在中央政治局第十三次集体学习时指出“防范化解金融风险特别是防止发生系统性金融风险，是金融工作的根本性任务”①。在能源金融化日益加深的背景下，金融系统性风险已经从传统的金融系统开始向能源系统外溢，能源系统与金融系统正在深度融合，系统之间的耦合关系变得更加紧密。如何科学地识别能源与金融系统之间的耦合机制，有效地进行风险防控是当前能源金融领域研究的前沿和热点。

由于能源系统与金融系统之间信息传导关系的日益密切，能源系统正在表现出更加复杂的特征——波动性、不确定性、复杂性及模糊性，能源系统的复杂行为将被重新定义。

（1）能源价格波动剧烈且金融化属性凸显。从传统的供需理论看，近10年国际石油供需基本处于弱平衡态势，供需缺口并不能解释日益增加的价格波动趋势。例如，2008年油价“过山车式”的暴涨暴跌被认为是国际金融资本在能源期货市场上广泛介入的结果（Creti and Nguyen，2015）。新旧能源势力博弈、美国页岩气革命、沙特和俄罗斯对定价权的争夺等都会影响能源市场秩序重构，引起价格的剧烈波动（Behar and Ritz，2017；Caporin and Fontini，2017；Cooper et al.，2018；Gupta and Yoon，2018；Razek and Michieka，2019）。同时，前所未有的资金流入及机构投资者的广泛参与增加了能源市场金融化现象（Cheng and Xiong，2014；Tang and Xiong，2012；Basak and Pavlova，2016）。

（2）市场不确定性成为能源系统价格运行新的驱动因素。投资者对外部信息的快速反应和对市场预期的动态调整增加了投资者对市场不确定信息的敏感程度。市场内部隐含波动信息，来自金融系统的恐慌情绪传染以及各种宏观经济政策不确定性信息成为影响能源系统短期波动新的驱动因素（Antonakakis et al.，2014；Wei et al.，2017；Liu et al.，2018；Ji et al.，2018a；Albulescu et al.，2019；Roh et al.，2020）。

（3）市场内部微观行为机理更加复杂，需要新的研究框架。能源价格正在表现出更多的金融属性和地缘政治属性，而不再单纯是商品属性。能源价格波动不

① 《习近平主持中共中央政治局第十三次集体学习并讲话》（2019年2月22日），http://www.gov.cn/xinwen/2019-02/23/content_5367953.htm。

仅受到市场内部因素的影响，不同层面的外部信息流入也会对市场投资者情绪造成干扰，因此对市场的研究需要新的思路和分析工具（Fan and Xu，2011；Ji，2012；Miao et al.，2017；Demirer et al.，2019；Ames et al.，2020）。

（4）能源市场与金融市场的融合程度正在进一步加深。金融投资者在全球范围内进行投资组合以促进资本的全球化流动，能源系统已经成为金融系统中不可或缺的一部分，与金融系统之间的信息传导关系更加多样化和复杂化，也开始面临系统风险和金融传染效应对市场的冲击（Kristoufek et al.，2012；Maghyereh et al.，2016；Algieri and Leccadito，2017；Zhang，2017；Sarwar et al.，2020）。能源市场的边界正在模糊化，能源系统与金融系统之间的复杂关联需要重新界定，系统之间的风险度量需要新的理论和方法体系。

1.2 能源金融理论发展综述

1.2.1 能源金融研究进展与演变

能源金融是近年来兴起的一个新的交叉前沿方向，关于能源商品的金融属性、价格特征及投融资问题正在受到广泛的关注，诸多学者开始研究新的模型来研究能源部门的风险溢出，并应用这些模型来丰富当前的能源风险管理理论（Ji et al.，2020a）。作为一个相对较新的概念，能源金融化没有明确的定义。然而，我们可以回到商品金融化的概念，其中，Cheng 和 Xiong（2014）观察到大量投资流入商品期货市场。他们发现，这些投资超越了商品期货作为风险对冲工具的基本作用。这些资本的流入极大地改变了商品市场，影响了传统的风险分担和信息发现机制。作为最重要的商品之一，能源产品有着相似的变化，但表现不同，这使得研究能源金融化的必要性更加迫切。

近年来发表的一些文章为研究人员如何定义能源金融化提供了线索。Ji 等（2019a）在《新兴市场金融和贸易》专刊中指出，能源金融化为研究能源市场的价格行为、风险传染机制和风险管理提供了新的研究思路和方向。Ji 等（2020b）在《国际金融分析评论》组织了另一期关于“能源金融化、风险和挑战”的专刊。他们在专刊导言中进一步阐述了能源金融化的概念。从 2008 年全球金融危机和地缘政治风险导致的结构变化开始，全球能源市场出现了几个结构性变化。例如，极端的价格波动、更为活跃的能源金融衍生品和与对冲基金相关的高资本流动性，以及金融投资者分散投资组合风险的需求。这些变化的结果是能源市场、商品市场和金融市场之间的协同运动日益增加，这导致了比以前更复杂的风险溢出，并给能源风险管理带来了更多挑战。总的来说，他们认为能源金融化给能源市场带来了新的风险和挑战，并不可避免地产生新的研究问题和开发新方法的需要。

国际主流能源经济学期刊 *Energy Economics* 也认识到了能源金融的重要性，从 2011 年开始，期刊将发表文章的栏目重新划分为三个方向——能源经济、能源金融以及能源与环境，能源金融作为一个新的方向开始出现在国际期刊的分类中。为了更好地了解当前能源金融领域的研究进展和热点方向，我们将 2011～2020 年发表在 *Energy Economics* 能源金融栏目中的文章进行了梳理，以期从中揭示一些新的发现。

根据统计，2011～2020 年，共有 485 篇文章发表在 *Energy Economics* 的能源金融栏目中。其中，中国为第一单位的文章，共计 107 篇，占比约为 22%。从历年变化来看（图 1-1），中国学者在能源金融领域的发文量占比显著提升，已经从 2011 年的 14.3%提升至 2020 年的 47.5%，中国学者在能源金融领域的国际影响力不断扩大。

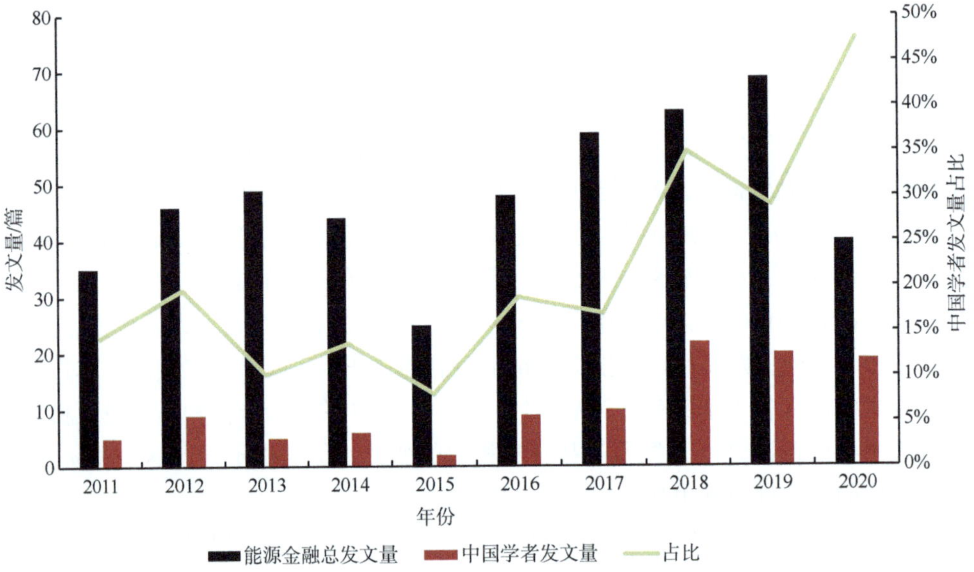

图 1-1　2011～2020 年 *Energy Economics* 期刊的能源金融领域发文量

进一步，我们对 485 篇文章中的 2314 个关键词进行筛选、分类和处理。从图 1-2 可以看出，近年来，能源金融领域的研究文章以石油金融为主，占所有关键词的 60.9%，这也与石油市场是能源市场中市场化程度最高、金融属性最突出的品种相一致。市场化程度相对较高的电力市场和天然气市场分列第二和第三，占比分别为 17.9%和 11.2%。

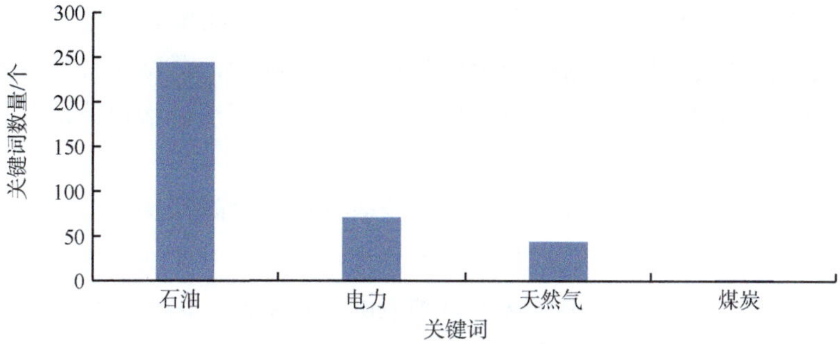

图 1-2　分领域关键词分类

对能源金融领域的具体研究对象进行划分，从图 1-3 可以看出，波动率、预测、套期保值、已实现波动、股票市场、风险管理、结构断点、汇率、市场效率、实物期权为前十大热点关键词。这也说明当前能源金融的热点问题主要集中在能源市场风险管理、能源价格特征分析与预测以及能源投资等领域。

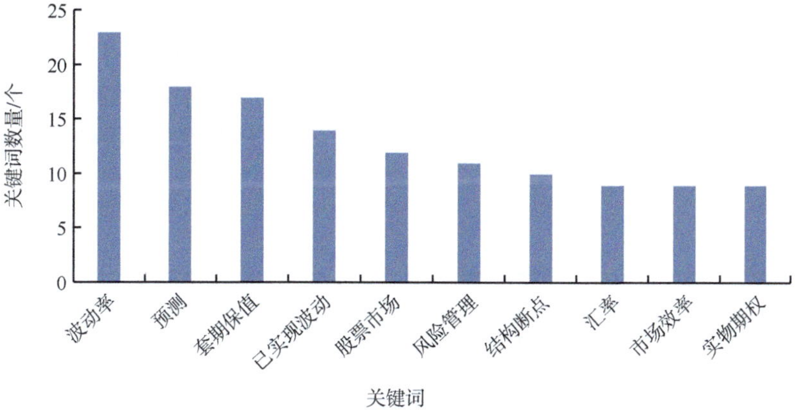

图 1-3　分研究对象前十大关键词分类

1.2.2　基于文献计量的石油金融理论研究进展

石油金融作为能源金融的起源和核心，理论研究进展最成熟，发展也最快。因此，本节采用文献计量方法单独对石油金融的理论研究进行深入分析。2008 年金融危机爆发以后，原油市场的金融化属性开始凸显。同时，近年来原油市场黑天鹅事件和地缘政治事件频发，进一步加大了原油市场价格的风险水平和不确定性。例如，2020 年新冠肺炎疫情和 2020 年原油价格战等极端事件的发生导致全球原油价格暴跌，并一度跌破 0 值。原油市场环境的改变给原油价格带来了新的不确定性因素。此外，随着大数据和金融科技的进步，原油市场相关信息传导路径与传导模式发生质变，原油价格更易受到消息面因素的影响。新技术的出现导致传统研究范式不再适用于当前原油价格运行规律。因此，总结现有原油价格理论和发展脉络，有利于预测在新的市场环境和技术下的原油价格理论，有利于把握原油价格理论的新特征。

本节结合原油市场发展背景和现有理论研究通过文献计量工具对原油价格理论进行梳理，并重点关注大数据等新技术和市场新环境对原油价格理论未来发展的影响。考虑到文献的引文中包含了该领域的知识基础、演化过程及研究热点等相关信息，本节结合已有研究成果，通过论文共被引网络分析技术和论文耦合分析技术用科学图谱的形式来展示研究知识领域的结构、规律和分布情况等，用于分析原油市场价格理论相关文献研究内容及发展趋势。

本节通过如下两个步骤收集数据。首先，本节选用 Web of Science（WoS）数据库作为数据源。其次，使用合适的关键字从数据库中对相应文献进行提取。根据目标研究领域，我们使用“石油价格”“石油市场”“石油收益”“石油波动”“油价冲击”等关键词搜索相关文献（表 1-1）。为了更好地识别出本领域的核心研究进展，我们仅对英国商学院协会出版的学术期刊指南 ABS 三星以上期刊和能源领域著名期刊进行检索，共筛选出 5057 篇原油市场领域相关研究，由于 WoS 数据库最早可查询年限为 1981 年，本节检索的时间跨度为 1981～2019 年（检索时间截止到 2020 年 2 月 27 日）。

表 1-1　搜索关键词

关键词	相关词条
石油价格	oil price、oil prices、oil future price
石油收益	oil price return、oil price returns、oil return、oil returns
石油波动	oil price volatility、oil return volatility、oil volatility
油价冲击	oil price shock、oil price shocks、oil market shock、oil market shocks
石油市场	oil future market、oil spot market

1. 石油金融理论整体研究情况

自 20 世纪 80 年代原油期货市场成立以来，原油市场突发事件的爆发引起价格的暴涨与暴跌（图 1-4）。例如，2020 年受新冠肺炎疫情和原油价格战的双重影响，原油价格呈现异常波动特征。原油作为当前全球主要能源，其市场的震荡无疑吸引了更多学者关注该市场相关问题。发文量是科学界对某一领域关注程度的总体表征，一定程度上反映了该领域的发展速度与进程。截至 2019 年，原油市场

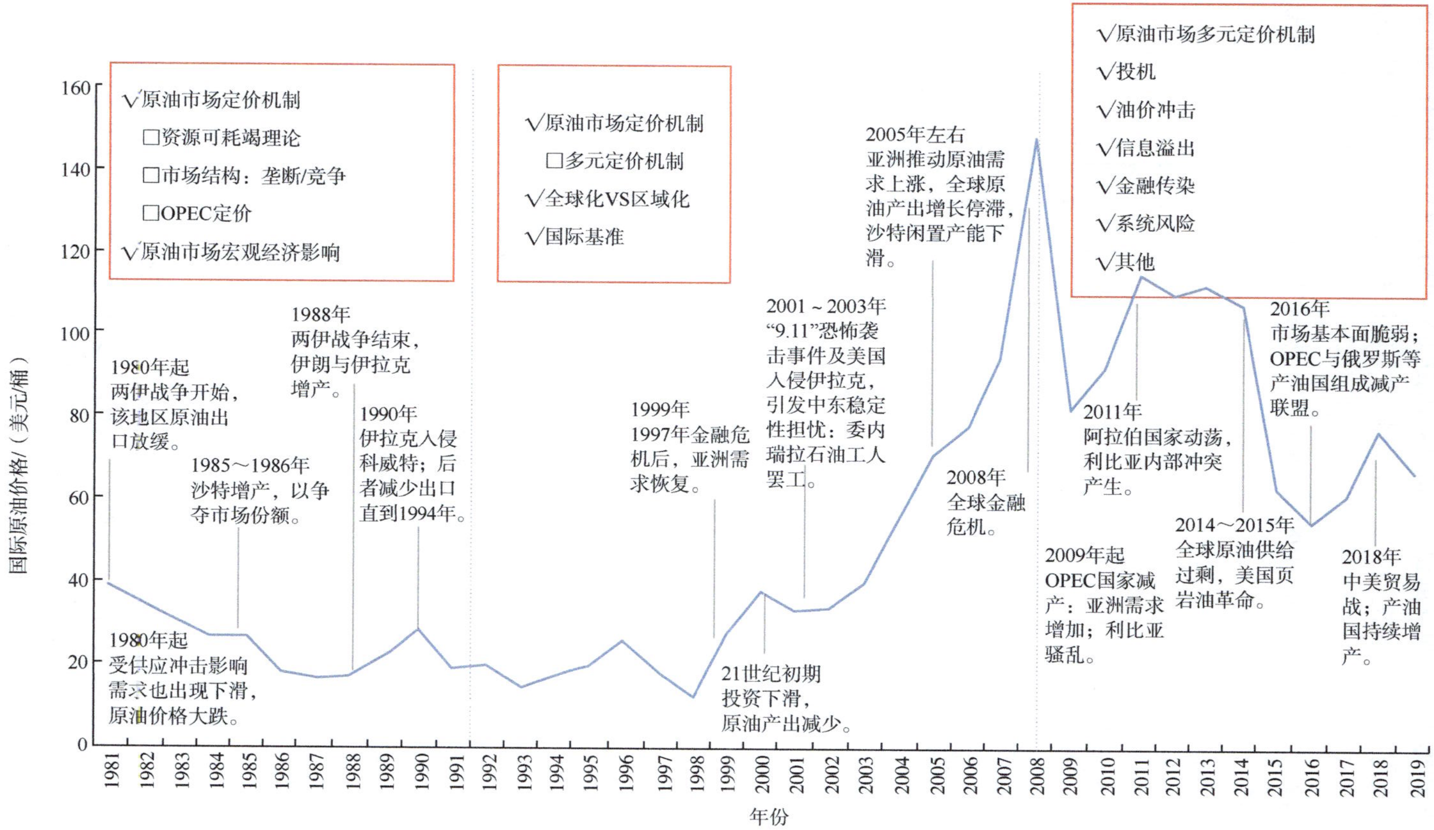

图1-4 1981～2019年原油价格变动与原油市场研究领域

OPEC全称为石油输出国组织（Organization of the Petroleum Exporting Countries）

的相关研究总计 5057 篇（剔除低质量期刊文献和不相关文献）。图 1-5 描述的是 1981～2019 年每年论文刊发量和原油价格。由图 1-5 可明显看出，1981～2019 年原油市场相关论文刊发量随着时间的推移呈指数型增长态势，这表明学术界对原油市场的关注度不断提高。结合原油价格和论文刊发量情况，本节将 1981～2019 年划分为三个阶段，分别为萌芽期（1981～1990 年）、发酵期（1991～2003 年）和爆发期（2004～2019 年）。

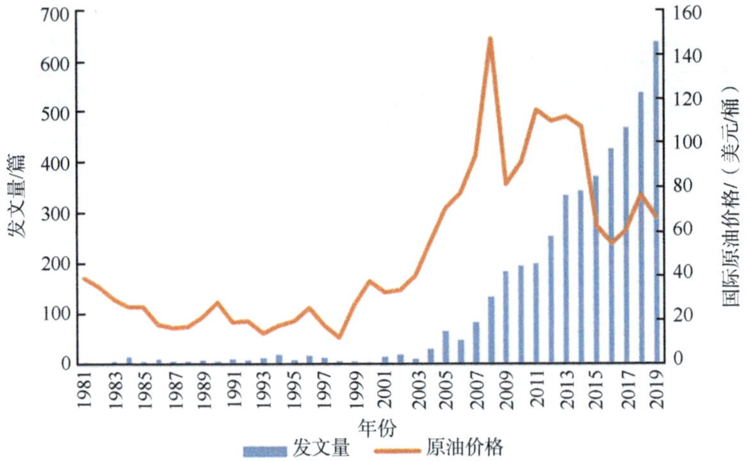

图 1-5　1981～2019 年国际原油价格与发文量

1）萌芽期（1981～1990 年）

根据图 1-5 发现，该阶段论文刊发量保持在 20 篇以下，其中 1986～1990 年的发文量保持在 5 篇左右。这表明该阶段原油市场并未得到学界的广泛关注，并且呈平稳的发展态势。这反映了该阶段没有出现突破性研究。阅览相关文献发现，该阶段研究聚焦于 OPEC 定价和原油价格冲击宏观经济。这主要是因为 20 世纪 70 年代的两次原油危机直接造成 80 年代全球性经济衰退。因此研究如何确定原油的真实价格（Pindyck，1980；Schmidt，1988）和识别原油市场对宏观经济的影响（包括通货膨胀、国民收入、投资与消费、财政或货币政策等）具有重要的现实意义（Kilian，2009）。

2）发酵期（1991～2003 年）

与萌芽期相比，发酵期每年刊发论文数量小幅上涨，并且每年论文刊发量保持在 30 篇左右。这表明该阶段原油市场逐渐受到学者的关注，本节认为该现象的出现主要有如下几个原因。①1990 年之前，OPEC 国家对原油市场具有绝对的话语权和定价权。在此研究背景下原油市场可研究内容相对比较单一。随后原油期货市场的诞生和快速发展为原油市场研究带来了新的问题与挑战，从而吸引了更多学者构建新的研究框架分析原油市场（Deaves and Krinsky，1992）。②1990～1991 年海湾战争爆发，刺激原油价格大幅上涨，世界各国出于对高油价和能源安全的考虑，开始寻找替代能源，降低对原油的依赖度。这促使一些学者关注原油市场与其他能源市场（Considine and Larson，2001）。③为避免人类受到气候变暖的威胁，1997 年起 170 多个国家陆续签署《京都议定书》。原油作为重要的化石能源，量化原油消费对碳减排政策、新能源或可再生能源发展的影响成为当时的研究热点（Christodoulakis et al.，2000；Hammar and Löfgren，2001；Torvanger，1991）。

3）爆发期（2004～2019 年）

2004 年之后原油市场领域论文刊发量进入急速上涨阶段，这说明原油市场在这一阶段得到了极大的发展。原油价格的快速增长和其高波动性带来的经济冲击让越来越多的学者对原油市场相关问题产生兴趣。因此，从整体情况上看，论文刊发量与油价变动有着密切的关系。根据图 1-5，本节将 2004～2019 年分为以下三个阶段。

（1）第一阶段（2004～2009 年）。2004 年起论文刊发量进入高速发展期，于 2009 年达到峰值（184 篇）。2004 年之后原油价格快速上涨并屡次突破历史价格。这一现象吸引越来越多的研究者对其形成原因和产生的影响进行研究。此外，2007 年美国次贷危机冲击原油市场，油价的快速下跌为原油市场研究带来了新的问题与挑战，特别是原油市场与股票市场之间的关系和两市场间的信息传导机制引起了研究者的关注（Henriques and Sadorsky，2008；Kilian and Park，2009；Park and Ratti，2008）。

（2）第二阶段（2010～2013 年）。在第一阶段的基础上对原油市场的基础理论和研究方法进行了突破。每年论文刊发量超过 200 篇并于 2013 年达到新的峰值（337 篇）。金融危机后在美联储量化宽松、中国的 4 万亿元投资以及 OPEC 减产的共同支撑下原油价格触底反弹，再次突破 100 美元/桶，高油价的回归让原油市场论文刊发量再创新高。

（3）第三阶段（2014～2019 年）。2014 年页岩油革命导致原油价格断崖式下跌，这不仅打破了之前高油价的局面，而且也打破了原有的研究框架。在全球经济一体化、原油市场金融化进程的不断提高和先进通信技术快速发展的背景下，其他市场信息更易传染到原油市场中（Gao and Süss，2015；Ji and Guo，2015；Qadan and Nama，2018），增加了原油市场研究的难度和复杂性。此外，大数据、机器学习、深度学习等数据科学的发展为研究原油市场提供了新的技术和研究框架（Gupta and Banerjee，2019；Yu et al.，2016；Zhang et al.，2015）。期间论文刊发量达到新的峰值，其中 2018 年和 2019 年论文刊发量均突破 500 篇。

2. 石油金融理论研究的国家贡献

原油价格的剧烈波动直接促使伦敦国际石油交易所（International Petroleum Exchange，IPE）和纽约商品交易所（New York Mercantile Exchange，NYMEX）相继于 1981 年和 1983 年推出能源期货合约。时至今日，IPE 和 NYMEX 分别推出的布伦持（Brent）和西得克萨斯中间基原油（West Texas intermediate，WTI）期货合约仍是世界上交易量最大和影响力最广泛的原油期货。美国和英国作为原油期货交易所所在地，针对原油市场的研究一直领先于其他国家。由图 1-6 可知，美国和英国关于原油市场的研究最早发表于 1981 年，并且累计发文量分别达到 1303 篇和 495 篇。虽然中国的论文刊发总量（754 篇）位居全球第二，但中国起步较晚。中国论文刊发量的激增与中国经济的高速发展有关，经济发展带来的原油需求量激增使得中国学者开始逐步关注原油市场相关问题。

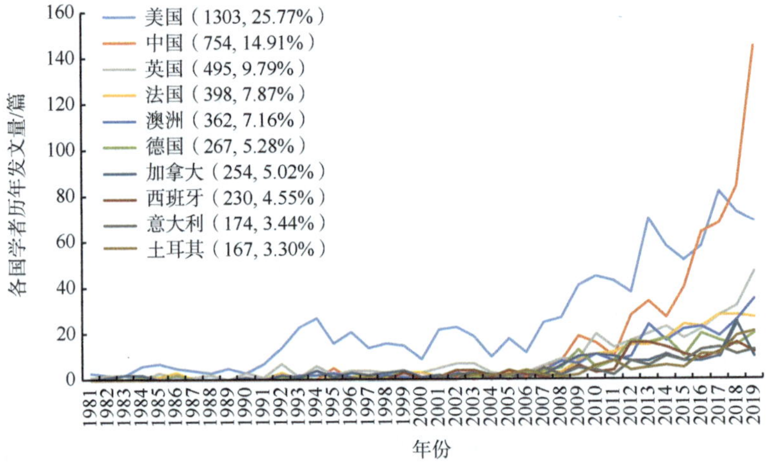

图 1-6　石油金融领域前十国家发文情况

3. 论文分布情况

原油市场领域发表最多的 20 种期刊里，8 种期刊属于 Q1 区，6 种期刊属于 Q2 区，6 种期刊属于 Q3 区（表 1-2）。这些期刊主要来自经济学、环境科学和能源等领域，表明原油市场领域的研究属于典型的交叉学科研究。此外，该领域研究成果在《美国经济评论》（*American Economic Review*）、《银行与金融期刊》（*Journal of Banking & Finance*）等顶级期刊中均有发表记录，表明原油市场的问题是经济学研究中的重要问题。*Energy Economics* 是本领域最具有权威和最具生产力的期刊，

1981～2019 年共刊发了 1033 篇文章（占所有论文数量的 20.43%）。

表 1-2 刊发原油市场领域论文篇数最多的 20 种期刊

序号	期刊	ISSN	周期	分区	发文量/篇	占总发文量比例/%	累计占比/%
1	*Energy Economics*	0140-9883	1981～2019	Q1	1033	20.43	20.43
2	*Energy Policy*	0301-4215	1984～2019	Q1	694	13.72	34.15
3	*Energy*	0360-5442	1981～2019	Q1	250	4.94	39.09
4	*Economic Modelling*	0264-9993	1994～2019	Q2	233	4.61	43.7
5	*Energy Journal*	0195-6574	1994～2019	Q1	218	4.31	48.01
6	*Applied Economics*	0003-6846	1985～2019	Q3	204	4.03	52.04
7	*Resources Policy*	0301-4207	1990～2019	Q2	161	3.18	55.22
8	*Applied Energy*	0306-2619	1992～2019	Q1	158	3.12	58.34
9	*Journal of Cleaner Production*	0959-6526	2009～2019	Q1	97	1.92	60.26
10	*Journal of Futures Markets*	0270-7314	1987～2019	Q3	84	1.66	61.92
11	*International Review of Economics & Finance*	1059-0560	2008～2019	Q2	73	1.44	63.36
12	*Emerging Markets Finance and Trade*	1540-496X	2003～2019	Q3	72	1.42	64.78
13	*Empirical Economics*	0377-7332	2002～2019	Q3	69	1.36	66.14
14	*Journal of Banking & Finance*	0378-4266	1993～2019	Q1	58	1.15	67.29
15	*Journal of International Money and Finance*	0261-5606	1983～2019	Q2	57	1.13	68.42
16	*International Review of Financial Analysis*	1057-5219	2011～2019	Q2	54	1.07	69.49
17	*North American Journal of Economics and Finance*	1062-9408	2009～2019	Q3	53	1.05	70.54
18	*Economics Letters*	0165-1765	1982～2019	Q3	48	0.95	71.49
19	*European Journal of operational Research*	0377-2217	1992～2019	Q1	45	0.89	72.38
20	*Finance Research Letters*	1544-6123	2013～2019	Q2	43	0.85	73.23

论文发表最多的机构为中国科学院（Chinese Academy of Sciences），共计发表 119 篇（表 1-3）。其他发表较多的机构包括美国加利福尼亚大学（University of California）（107 篇）、法国 IPAG 商学院（IPAG Business School）（91 篇）、法国蒙彼利埃高等商学院（Montpellier Business School）（88 篇）、美国德雷塞尔大学（Drexel University）（86 篇）等。

表 1-3 刊发原油市场领域论文数量排名前 15 的机构

排名	机构	国家	发文量
1	Chinese Academy of Sciences	中国	119
2	University of California	美国	107
3	IPAG Business School	法国	91
4	Montpellier Business School	法国	88
5	Drexel University	美国	86
6	Federal Reserve System USA	美国	66
7	University of London	英国	61
8	Monash University	澳大利亚	55
9	University of Oxford	美国	53
9	Centre National De La Recherche Scientifique	法国	53
9	International Monetary Fund	美国	53
10	Hunan University	中国	50
10	University of Chinese Academy of Sciences	中国	50
11	Deakin University	澳大利亚	49
12	National Bureau of Economic Research	美国	48
13	University of Calgary	加拿大	47
13	University of Michigan	美国	47
13	University of Pretoria	南非	47
13	University of Texas System	美国	47
14	University of Michigan	美国	46
15	Xiamen University	中国	45

表 1-4 展示的是原油市场领域影响力最大的 10 名作者。从论文刊发数量来看，美国学者 Hammoudeh 贡献最高，截至 2019 年共发表 80 篇论文，中国学者姬强紧随其后，共发表 43 篇论文。从论文被引用情况来看，虽然美国学者 Kilian 刊发论文的数量相对较少，但其文章被引用次数累计高达 5238 次，平均每篇论文被引用 174.6 次。这说明美国学者 Kilian 在原油市场领域做出了开阔性的研究（Kilian，2008a，2008b，2009；Kilian and Park，2009），是最具有影响力的学者之一。

表 1-4 刊发原油市场领域论文最多的 10 名作者

序号	姓名	国家	文章数量	TC	Citations/Publication
1	Hammoudeh，S	美国	80	2171	27.13
2	Ji，Q	中国	43	988	22.98
3	Narayan，PK	澳大利亚	42	1990	47.38
4	Nguyen，DK	法国	41	1944	47.42

续表

序号	姓名	国家	文章数量	TC	Citations/Publication
5	Tiwari，AK	法国	40	412	10.3
6	Ggupta，R	南非	37	598	16.16
7	Shahbaz，M	英国	36	670	18.61
8	Fan，Y	中国	33	976	29.57
9	Wang，YD	中国	31	1230	39.68
10	Kilian，L	美国	30	5238	174.6

注：TC 表示总引用量，Citations/Publication 表示引用发表比

图 1-7 描述的是论文刊发量不少于 3 篇的作者的合作情况。图中节点和连线分别代表作者和作者之间的合作度，节点大小代表作者论文合作度，节点越大表示该作者与其他作者合作度越高。由图可明显看出美国学者 Hammoudeh 节点最大，这不仅反映出 Hammoudeh 与其他作者的合作度较高（与 19 个作者存在合作关系），而且也反映出该作者在原油市场研究领域的引领作用。此外，图中相同颜色的作者代表作者之间合作密切，被视为一个“团队”。例如，Kilian“团队”、Fan 和 Ji“团队”、An“团队”。

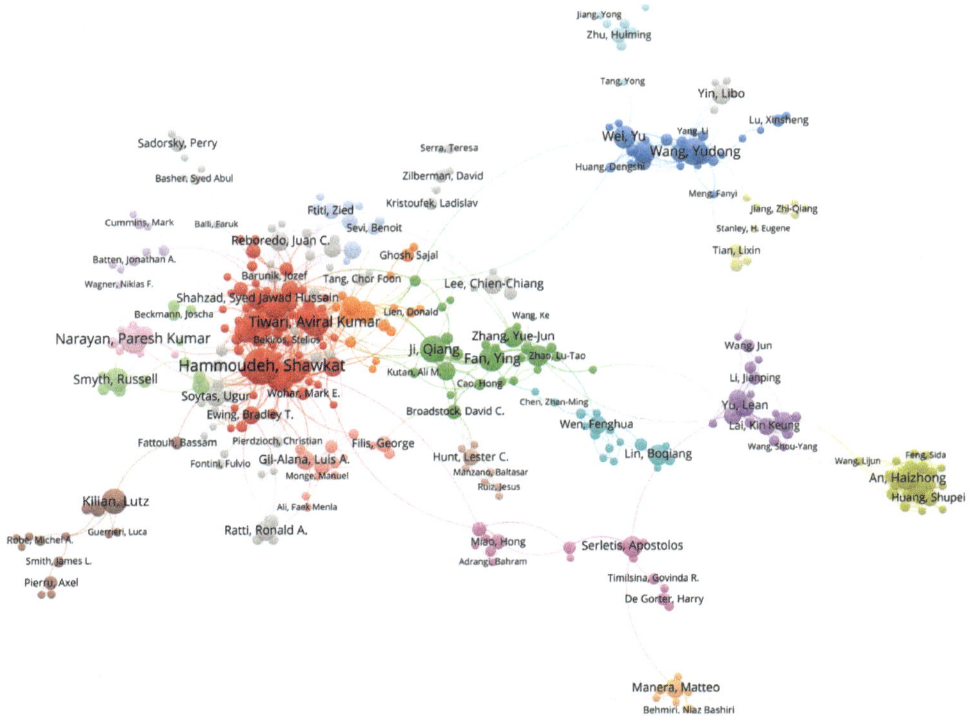

图 1-7　作者合作网络图（阈值=789，作者论文刊发量不少于 3 篇）

4. 石油金融领域的知识基础

为研究原油市场领域知识基础的动态演化过程，本节分别通过局部引用分数（local citation score，LCS）和全局引用分数（global citation score，GCS）指标量化文献在原油市场领域和整个学术领域的引用次数（Garfield，2009；Yu and Shi，2015）。LCS 指数越高意味着对应的文章在原油市场领域具有越高的知识基础地位，而 GCS 指数越高意味着该文章不仅对原油市场的研究具有重要的推动作用，也对其他领域的研究产生了重要的影响。为此，本节根据 LCS 和 GCS 指标识别出不同时期促进原油市场发展的知识基础（表 1-5）。

表 1-5　不同时期被引次数前 5 论文的 LCS 和 GCS 指标

时期	作者	年份	题目	LCS	GCS
萌芽期（1981～1990 年）	Hamilton	1983	Oil and the macroeconomy since world war II	585	1 184
	Perron	1989	The great crash，the oil price shock，and the unit root hypothesis	419	3 078
	Engle；Granger	1987	Co-integration and error correction：representation，estimation，and testing	411	10 593
	Phillips；Perron	1988	Testing for a unit root in time series regression	320	5 687
	Mork	1989	Oil and the macroeconomy when prices go up and down：an extension of Hamilton's results	322	578
发酵期（1991～2003 年）	Zivot；Andrews	1992	Further evidence on the great crash，the oil-price shock，and the unit-root hypothesis	401	2 305
	Sadorsky	1999	Oil price shocks and stock market activity	344	643
	Jones；Kaul	1996	Oil and the stock markets	312	572
	Kwiatkowski；Phillips；Schmidt；Shin	1992	Testing the null hypothesis of stationarity against the alternative of aunit root：how sure are we that economic time series have a unit root?	300	4 464
	Hamilton	1996	This is what happened to the oil price-macroeconomy relationship	285	715
爆发期（2004～2019 年）：第一阶段（2004～2009 年）	Kilian	2009	Not all oil price shocks are alike：disentangling demand and supply shocks in the crude oil market	543	1 000
	Kilian；Park	2009	The impact of oil price shocks on the U.S. stock market	307	522
	Park；Ratti	2008	Oil price shocks and stock markets in the U.S. and 13 European countries	244	441
	Barsky；Kilian	2004	Oil and the macroeconomy since the 1970s	189	374
	Kilian	2008	The economic effects of energy price shocks	187	361

续表

时期	作者	年份	题目	LCS	GCS
爆发期（2004～2019 年）：第二阶段（2010～2013 年）	Alquist；Kilian	2010	What do we learn from the price of crude oil futures?	132	224
	Baur；McDermott	2010	Is gold a safe haven? International evidence	123	393
	Filis；Degiannakis；Floros	2011	Dynamic correlation between stock market and oil prices：the case of oil-importing and oil-exporting countries	119	217
	Narayan；Sharma	2011	New evidence on oil price and firm returns	117	200
	Elder；Serletis	2009	Oil price uncertainty in Canada	109	185
爆发期（2004～2019 年）：第三阶段（2014～2019 年）	Kilian；Murphy	2014	The role of inventories and speculative trading in the global market for crude oil	166	275
	Phan；Sharma；Narayan	2015	Oil price and stock returns of consumers and producers of crude oil	67	95
	Kroner；Ng	2016	Modeling asymmetric comovements of asset returns	67	682
	Cunado；de Gracia	2014	Oil price shocks and stock market returns：evidence for some European countries	66	110
	Diebold；Yilmaz	2014	On the network topology of variance decompositions：measuring the connectedness of financial firms	63	333

由表 1-5 中 LCS 指标可以看出：①在萌芽期（1981～1990 年），Hamilton（1983）和 Perron（1989）的论文是 LCS 指标最高的两篇文章，表明这两项研究早期在引起学者关注原油市场方面起到了关键作用。②在发酵期（1991～2003 年），本节确定了该时期 LCS 较高的 5 篇文章，其中包括 Zivot 和 Andrews（1992）、Sadorsky（1999）、Jones 和 Kaul（1996）等，研究内容主要围绕原油价格对宏观经济的冲击方面。这表明这些研究是这一阶段学者研究原油市场领域，特别是原油价格冲击相关研究的灵感来源。③在爆发期（2004～2019 年），Kilian（2009）的论文是这一阶段最突出的文章，其次是 Kilian 和 Park（2009）。在以往的研究中，仅考虑原油价格会冲击宏观经济，并未考虑供给、需求等因素是否会通过改变油价进而引起宏观经济的冲击效应。Kilian（2009）首次回答了这一问题，并为后续研究原油价格冲击提供了新的理论框架。此外，随着原油市场金融化程度的加深，Kilian 和 Park（2009）在 Kilian（2009）研究基础上将油价冲击效应扩展到了股票市场，为后续研究原油市场与股票市场间关系奠定了理论和实证基础。通过对比不同时期的知识基础发现，2004 年之后随着原油市场金融进程的加深，特别是在 2008 年金融危机之后，学者开始逐渐关注原油市场在金融市场（如股票市场、债券市场、汇率市场等）中的相关问题。

同时，由表 1-5 中的 GCS 指标可以看出，LCS 值较高的文章其 GCS 指标也相对较高。这主要是因为原油市场研究是一门交叉学科的研究，这些文献在促进本领域发展的同时推动了其他领域研究的发展。例如，在整个时期中，Perron（1989）、Zivot 和 Andrews（1992）的 GCS 指数远大于 LCS 指数，这主要是因为 Perron（1989）、Zivot 和 Andrews（1992）的研究中除了论证原油价格对经济总量存在持久性的冲击以外，还扩展了单位根检验的理论。以上说明这些研究不仅推动了原油市场领域的发展，而且推动了计量领域、经济学领域等其他领域的发展。

据 1981～2019 年原油市场的知识基础演变过程发现，原油价格异常和计量模型的发展是推动原油市场领域发展的核心。在 20 世纪 70 年代原油危机时期，考虑到原油作为国家战略储备物资和工业发展的“血液”，把握原油市场对企业生产决策和国家能源安全以及经济发展都有着重要的意义。而在 2004 年随着原油市场金融化属性出现以后，原油不仅是一种可耗竭资源，还是一种非常重要的金融资产。原油市场新特征的出现吸引学者开始关注原油市场对金融市场的影响以及二者的交互关系。

5. 原油市场的研究领域

除了从纵向角度分析 1981～2019 年原油市场领域的发展脉络外，本节还从横向视角对这一领域的研究方向进行全面而详细的分析。本节通过基于余弦距离算法的文献耦合方法识别原油市场研究的方向。本节选择文献耦合数量不少于 4 次的文献作为研究对象，通过 VOSviewer 软件绘制文献耦合关系图。图 1-8 展示了

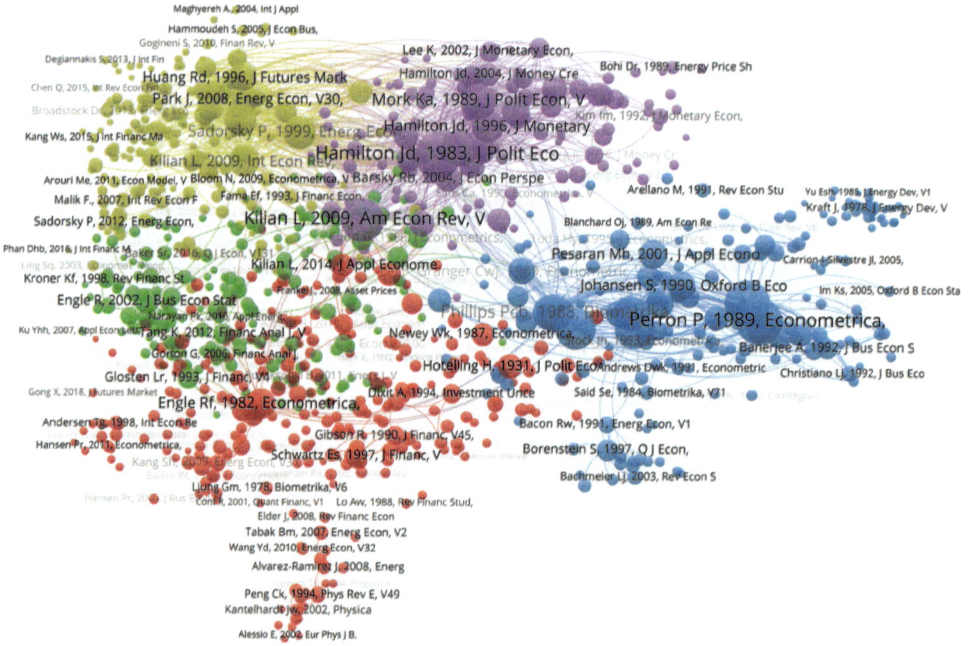

图 1-8　1981～2019 年原油市场领域文献耦合关系图（耦合数量不少于 4 次）

原油市场领域核心文章的耦合关系，本节结合文献详细内容总结出原油市场领域中 5 个主要研究方向，其中包括原油价格行为特征、原油市场预测、原油市场与金融市场、原油市场与宏观经济、原油市场与气候变化。

1）原油价格行为特征

原油价格频繁波动给全球经济和能源安全带来了巨大冲击。因此，如何确定原油的真实价格并把握原油价格的运行规律具有十分重要的现实意义。回顾文献发现，原油定价机制大致分为如下三个阶段：①跨国原油公司定价（1973 年之前）；②OPEC 国定价（1973～1990 年）；③市场化的多元定价机制（1991～2019 年）。

第一阶段：20 世纪 50 年代石油“七姐妹”（即新泽西标准石油、纽约标准石油、加利福尼亚标准石油、德士古、海湾石油、英国波斯石油公司及壳牌公司）主导了全球原油价格。由于当时原油生产国不参与原油定价，大型跨国石油公司通过控制原油在市场中的流通性垄断原油市场。由于当时原油资源一直被认为是一种不可再生、可耗竭的资源，Hotelling（1931）最先提出可耗竭资源模型，通过可耗竭资源理论计算原油价格的最优路径，为分析可耗竭资源的价格趋势奠定了理论基础。Hotelling 研究认为资源价格增长率应与贴现值相等，即原油的实际价格应呈稳步上涨趋势，但这一结论与历史价格走势不符。Schmidt（1988）和 Pindyck（1980）指出 Hotelling 模型中对资源总量、需求、开采成本等条件的强假设导致结论与实际情况存在差异。为此他们在 Hotelling 研究的基础上放宽假设条件，对可耗竭资源的最优开采路径和价格变化进一步分析。但无论是 Hotelling 开创性的研究还是后续的扩展研究均是在经济人收益最大化假设下，根据不同的外部条件研究特定假设下资源（原油）的价格路径。因此，假设条件直接决定了模型和研究结论的有效性。

第二阶段：1973 年 OPEC 国家通过上调标价和对西方国家实施原油禁运直接导致原油价格暴涨并且造成西方国家经济衰退。OPEC 这一行为成功地将原油定价权转移到自己手中。市场的变动和原油危机的爆发吸引不少学者就 OPEC 国家在原油市场中所扮演的角色和起到的作用进行深入研究。基于研究背景，学者提出了卡特尔模型（Gülen，1996；Wirl and Kujundzic，2004）、主导公司模型、竞争性模型（Ramcharran，2002）、目标收入模型（Alhajji and Huettner，2000）和财政权模型等用于分析 OPEC 国家在原油供给和原油价格变动方面的影响力（Golombek et al.，2018；Griffin，1985；Pierru et al.，2018）。除了从 OPEC 供给视角研究其对原油市场的影响力和原油价格最优路径外，还有学者关注 OPEC 国家的原油定价权（Verleger，1982；Wirl and Kujundzic，2004）。此外，考虑到原油价格是由供给和需求共同决定的，除了从供给端研究原油市场外，存在一些研究是从需求端或基于供需均衡角度分析原油价格的（Fattouh，2007；Stevens，1995）。

第三阶段：1986～1988 年油价暴跌导致 OPEC 国家主导的定价系统逐渐被瓦解。随着原油现货市场和期货市场的出现与逐渐成熟，原油市场逐渐形成了以三大期货市场和五大现货市场为主的市场格局。市场化的定价系统也逐渐被全球各国接受。特别是在经历了两次原油危机之后，原油买卖双方不再签署固定价格合约，这促使现货市场价格的影响力被扩大。此外，由于长期合同价格与现货价格挂钩机制的建立增加了原油价格的频繁波动，为规避价格风险和实现价格发现，原油期货市场得到了快速的发展。在这一背景下，原油现货市场（Barkoulas et al.，2012）和期货市场成为学者研究的热点，就现货市场和期货市场的有效性（Lean et al.，2010；Moosa and Al-Loughani，1994）、两市场之间的关系（Antoniou and Foster，1992；Bekiros and Diks，2008；Silvapulle and Moosa，1999），以及期货市场价格发现（Schwarz and Szakmary，1994）等问题进行了深入的研究。

21 世纪以来，随着原油期货市场交易量的持续放大，特别是在 2004 年商品指数交易的出现，原油已不再被单纯视为一种可耗竭的资源，原油市场逐渐被视为金融系统的重要组成部分（Ma et al.，2019a；Tang and Xiong，2012）。原油类资产成为一种投资品，与股票市场、商品市场、外汇市场之间存在紧密的联系。因此，传统的供需基本面框架已经无法解释当前原油价格变动，以市场为基础的多元定价机制成为当前分析原油价格的基础。总结现有文献发现，除市场供需因素以外还有以下几类因素会驱动原油价格变动。①战争、地缘政治、产油国减产、自然灾害引起的暂时性供给冲击会引起市场参与者对未来市场供给和价格预期的变化，从而引起原油价格变动（Ji and Guo，2015；Omar et al.，2017；Radetzki，2006）。②原油作为一种分布不均衡的可耗竭资源，新增供应能力的变动和新资源的勘探情况使得剩余生产能力成为驱动原油价格变动的重要因素（Ye et al.，2005）。在 2002～2008 年，全球原油需求旺盛，但全球剩余产能不足和 OPEC 限产，加剧了当时原油供需矛盾，进而促使原油价格一路上涨。而在 2014 年美国页岩油革命改变了原油市场供给结构，加剧了市场供大于求的局面，造成当年原油价格暴跌（Baumeister and Kilian，2016）。③金融市场（包括汇率市场、股票市场、商品市场、债券市场等）的影响。在汇率市场方面，以美元计价和结算的原油价格，使得其对美元汇率变动比较敏感（Liu et al.，2017b；Lizardo and Mollick，2010；Zhang et al.，2008）。此外受原油贸易的影响，除美元指数外，双边汇率和多边汇率对原油价格的影响受到学者的重视（Amano and van Norden，1998；Golub，1983）。在股票市场和商品市场中，由于原油市场被视为股票市场的卫星市场，原油资产常与股票市场或商品市场进行投资组合以规避市场风险，原油市场与金融市场的紧密联系，使得其他市场信息变动会冲击原油价格（Ma et al.，2019b；Soytas et al.，

2009）。④从投资者行为来看，原油期货市场的成熟吸引了各类投资者参与原油市场。原油市场存在投机和套利特征（Gao and Süss，2015），这使得投资者投机行为和投资者情绪成为驱动原油价格变动的关键因素（Gupta and Banerjee，2019；Kilian and Murphy，2014）。

2）原油市场预测

由于原油市场存在巨大不确定性，市场不确定性不仅会抑制投资（Elder and Serletis，2009）、冲击全球金融体系（Kilian and Park，2009），甚至会诱发经济衰退（Gkanoutas-Leventis and Nesvetailova，2015）。因此，把握原油市场运行规律，准确地预测原油价格、原油价格波动和市场需求对国家、原油生产国、行业发展和投资者具有重要的现实意义。

当前原油市场预测方法主要有两大类。一是基于原油市场历史信息进行预测，二是选取特定的影响因素来解释原油市场并对其未来情况进行预测。

第一类是基于市场历史信息构建预测模型，其中计量模型是在预测原油价格领域最常用的模型。以预测原油价格波动为例，在早期，广义自回归条件异方差（generalized autoregressive conditional heteroskedasticity，GARCH）、EGARCH、FIGARCH、GJR、IGARCH、APARCH、GO-GARCH 等 GARCH 族类模型被广泛用于刻画和预测原油价格波动的低频序列（Sadorsky and McKenzie，2008；Wang and Wu，2012）。为提高预测精度，Kang 和 Yoon（2013）在 GARCH 模型基础上构造混频模型。后期，随着日内高频数据可获性的提高，考虑到日内高频数据比低频数据包含更多的信息（Andersen et al.，2003；Barndorff-Nielsen and Shephard，2004），已实现波动率作为市场真实的波动率具有较好的无偏性和稳健性特点，能够更好地刻画资产收益波动率的典型特征。因此，采用已实现波动率或利用基于已实现波动率的模型预测原油市场波动已成为近十年来预测领域的研究热点（Degiannakis and Filis，2017；Haugom et al.，2014），其中 HAR 类模型（Sévi，2014；Wen et al.，2016）、Realized GARCH 模型（Hansen et al.，2012）、混合数据抽样（mixed-data sampling，MIDAS）模型（Pan et al.，2017）、HEAVY①模型（Shephard and Sheppard，2010）等被证实与以往模型相比，更适合用于描述和预测原油价格波动。

原油市场的复杂性和时变性使得其价格表现出高波动性、非线性、滞后性、非平稳性甚至混沌的特点，传统计量模型无法用于预测，增加了原油市场预测的难度。而 20 世纪 50 年代和 60 年代机器学习、深度学习等数据科学模型的出现为研究原油价格非线性、滞后性、非平稳性及波动聚类等特征提供了理论基础。其

① HEAVY 的全称为 high-frequency-based volatility。

中支持向量机（support vector machines，SVM）、人工神经网络（artificial neural network，ANN）、遗传算法（genetic algorithm，GA）在原油市场领域被广泛用于预测原油价格（或波动）、预测原油市场需求、分析交易策略、预测宏观经济趋势等问题（Fernandez，2007；Ghoddusi et al.，2019；Moshiri and Foroutan，2006；Wang et al.，2018）。此外，目标区域理论（Abramson，1994）、小波分析方法（He et al.，2012；Jammazi and Aloui，2012）、Bayes 网络（Abramson and Finizza，1995；Nwiabu and Amadi，2017）及混合智能方法等均被应用到原油市场的预测中。

除了基于原油市场历史信息构建模型和扩展模型外，许多学者通过在预测模型中引入驱动因素提高模型的预测能力。因此，第二类预测方法的关键在于构造合理的预测因子。大部分研究是对影响原油市场的诸多因素进行筛选，建立原油市场与影响因素之间的函数关系，进而实现对原油市场的合理预测。

3）原油市场与金融市场

2004 年商品指数交易的快速发展标志着原油市场金融化属性的出现（Tang and Xiong，2012），原油市场逐渐被视为金融市场的重要组成部分。特别是在 2008 年金融危机之后，原油市场金融化特征表现得更为明显，即原油市场在金融属性下表现出新的价格形态和微观行为规律。原油市场金融化属性的凸显增强了原油市场与传统金融市场之间的联系。因此，在新的市场背景下研究原油市场与金融市场（包括股票、债券、期货等）之间的关系以及相关风险管理问题成为原油市场领域的热点方向。

梳理本领域研究，发现研究问题分为如下三个方面：①原油市场信息与金融市场价格的关系；②原油市场与金融市场之间信息（波动）溢出；③原油市场套期保值研究。

（1）原油市场信息与金融市场价格的关系。梳理文献发现原油市场对金融市场价格信息的影响研究主要围绕股票市场，研究不同时期原油市场信息对国家股指、行业股指甚至公司股票价格（波动或收益）的影响（Apergis and Miller，2009；Gupta and Banerjee，2019；Xiao et al.，2018；You et al.，2017）。通常认为，WTI 原油市场对股票市场存在直接或间接的影响（Miller and Ratti，2009）。一方面，WTI 原油市场通过公司未来现金流和预期贴现率直接影响股票市场（Arouri et al.，2011a；Jones and Kaul，1996）。根据股价的红利贴现模型，股票价格直接受公司未来现金流和预期贴现率的影响。而原油作为大多数商品和服务的投入品，其价格变化会直接影响公司的现金流（Huang et al.，1996；Jones and Kaul，1996）。另外，预期贴现率是由预期的通货膨胀率和预期的实际利率构成，这两个因素都会受到原油价格的影响（Jones and Kaul，1996）。因此，在有效市场中，原油价格冲击对经济短期和长期的影响都会直接反映到股票价格上。另一方面，原油期货市场中投资者的增加和原油相关金融衍生品的产生促进了WTI原油市场金融化。原油的利用和存储价值吸引全球投资者利用原油资产套取额外利益、分散和对冲风险。同样，这一特点会吸引股票市场参与者利用原油资产进行投资组合，跨市场资产组合行为的存在加强了WTI原油市场与股票市场之间的关联（Mensi et al.，2017b）。基于上述背景，大量学者证实原油市场与金融市场间存在紧密的关系。值得注意的是，原油市场与股票市场的关系的研究结果具有时区敏感性、行业敏感性及时段敏感性。各国的原油需求与原油供给存在差异性，使得原油市场对不同国家或地区的股票市场产生不同的影响（Bouri，2015a；Malik and Hammoudeh，2007）。行业敏感性指不同行业与原油的关联程度不同导致不同行业或不同类型公司的股票价格会对原油市场信息做出不同的反应（Narayan and Sharma，2011）。时段敏感性指原油价格变动对股票市场的影响是时变的，特别是在2008年金融危机前后原油市场对股票市场的影响会发生结构性变化（Miller and Ratti，2009）。

以美元计价的原油市场除了与美元市场之间存在紧密关系外，能够通过原油贸易影响其他原油进出口国的汇率变化。Golub（1983）和Krugman（1980）从理论角度诠释了原油价格如何影响汇率（包括单边汇率和多边汇率）。随后大量学者基于协整、因果检验、向量自回归等计量模型发现：①油价与汇率之间存在协整关系；②汇率非平稳是由油价的非平稳导致的；③油价与各国汇率之间的关系取决于各国原油贸易特点，即油价上涨会导致加拿大、墨西哥等原油净出口国货币贬值，导致日本、中国等原油净进口国货币升值（Aloui et al.，2013a；Chen S S and Chen H C，2007；Ji et al.，2019b；Lizardo and Mollick，2010；Oriavwote and Eriemo，2012）。

此外，原油作为整个商品市场中交易最活跃的商品，不仅其市场信息变动会对其替代能源市场造成影响，而且原油市场信息也会通过通货膨胀率、汇率、生产等途径传递到农产品市场和金属市场中，进而造成其他市场价格变动（Nazlioglu and Soytas，2011；Rafiq and Bloch，2016；Wang et al.，2014）。

大量研究证实原油市场与金融市场之间存在显著的相关性（Boldanov et al.，2016；Filis et al.，2011），但金融系统的复杂性使得原油市场与金融市场之间的相关性具有时变、非线性及非对称性等特征。Basak和Pavlova（2016）通过Diag-BEKK（diag-Baba, Engle, Kraft and Kroner，对角BEKK）模型证实了原油市场与股票市场间相关性关系是时变的。Reboredo（2012）认为金融危机等极端事件的发生使原油市场与汇率市场间静态的线性结果无法诠释实际情况。Reboredo（2012）证实了原油价格与汇率之间的关系是非线性关系，二者关系是随着时间不断变化的。同样，在商品市场中也能得到类似的结论（Ordu et al.，2018）。

（2）原油市场与金融市场间信息（波动）溢出。除了研究原油市场与金融市场间关系外，受全球经济一体化的影响，国内外学者对原油市场与金融市场之间的信息传导机制进行了深入的研究，并得到了大量有价值的结论。本节将原油市场与股票市场之间的信息溢出分为共同信息溢出和私有信息溢出，其中共同信息溢出是指两市场之间共同信息的变化会通过影响各个市场预期驱动市场之间产生共同波动（Bunn et al.，2017；Reboredo et al.，2017），私有信息溢出是指一个市场的信息通过跨市场投资行为传递到另外一个市场中（Wen et al.，2019；Zhang et al.，2008）。

当前大量研究证实，原油市场对全球大部分国家的股票市场（包括国家股指、行业股指及公司股票）具有显著的风险溢出效应（Ma et al.，2019b；Maghyereh et al.，2016）。Malik 和 Hammoudeh（2007）基于多元 GARCH 模型证实了 WTI 原油市场对大部分海湾合作委员会国家的股票市场具有显著的溢出效应。同时，Maghyereh 等（2016）发现 11 个发达国家股票市场与 WTI 原油市场之间存在显著的风险溢出效应。这一结果同样出现在 BRICS（金砖国家）（Boubaker and Raza，2017；Ji et al.，2018a；Wang et al.，2020）、原油进口国（Khalfaoui et al.，2019；Xu et al.，2019b）及原油出口国（Boldanov et al.，2016；Sarwar et al.，2019）等国家的股票市场中。考虑到国家股指无法体现股票市场异质性信息，近年来不少学者研究股票市场对不同行业或不同类型公司的信息溢出情况（Hamdi et al.，2019；Ma et al.，2019b）。

在汇率市场中，大部分研究以原油贸易国为主要研究对象，并证实了油价与原油主要贸易国汇率间存在显著的协同运动（Sari et al.，2010；Thenmozhi and Srinivasan，2016；Wu et al.，2012）。在原油市场中，自 Pindyck 和 Rotemberg（1990）开创性地探究商品市场价格趋同问题以来，商品市场价格趋同规律和其背后的运行机制成为商品市场的研究热点问题（Ohashi and Okimoto，2016；Tang and Xiong，2012）。特别是当出现全球性经济危机和大宗商品市场出现泡沫时，不少研究发现商品价格的趋同效应更加显著（Arouri et al.，2011b；Zhang and Broadstock，2020）。

从方法层面来看，当前研究主要通过 GARCH 族模型（Engle and Kroner，1995）、向量自回归（vector auto regression，VAR）模型（Kilian and Park，2009）及关联网络模型（Diebold and Yilmaz，2014；Diebold and Yilmaz，2012）等方法量化原油市场对金融市场的信息（波动）溢出效应。但由于金融市场被证实存在杠杆效应，原油市场对金融市场的信息（波动）溢出效应存在明显的非线性和非对称性特征（Wen et al.，2019）。与其他模型相比，copula-CoVaR①模型更适合捕捉这两市场之间非对称和非线性的相依关系（Aloui et al.，2013b；Ji et al.，2018b，2019b；Liu et al.，2017a）。

① CoVaR：conditional value-at-risk，条件在险价值。

（3）原油市场套期保值研究。原油期货市场的发展与成熟，标志着原油期货市场会出现价格发现和套期保值两个基本功能。特别是面对原油价格高波动特点，原油期货市场套期保值功能有助于市场参与者规避波动风险。原油市场套期保值研究主要集中于原油市场套期保值比率的确定和套期保值效果的评价两个问题。该问题的研究主要是将金融工程领域中相关研究成果扩展到原油市场中，采用最小二乘法、最小方差模型、普通最小二乘法（ordinary least square，OLS）模型、双变量自回归模型、GARCH 族模型等成熟模型来估计套期保值的最优比例（Guesmi et al.，2019）。

4）原油市场与宏观经济

原油作为重要的生产投入要素，其价格变动会通过要素市场传递到生产和消费过程中，进而影响到商品市场均衡时的均衡产量与均衡价格水平。两次原油危机造成的经济衰退（Hamilton，1983），让大量学者将原油价格视为宏观经济的外生变量，并且实证研究发现原油价格波动会冲击宏观经济变量，进而造成投资下降、生产下降甚至通货膨胀。梳理文献发现该领域研究主要涵盖原油价格与通货膨胀（Hooker，2002；Nasir et al.，2020）、经济增长（Jiménez-Rodríguez and Sánchez，2005）、投资与消费（Edelstein and Kilian，2007；Hamilton，2005）、就业（Kilian，2009）、财政或货币政策（Lee et al.，2001）等经济变量之间的关系研究。

虽然 Hamilton（1983）在本领域的开创性的研究吸引了不少学者就这一领域问题进行持续和深入的研究，但研究结果的不一致性和不稳健性，促使学者从非对称、非线性、国家间异质性及不确定性等角度重新审视原油市场与宏观经济变量之间的关系。Hooker（2002）的研究表明自 Hamilton（1983）研究成果发布以来，主流研究均将对数变换后的原油价格作为解释变量，处理后的数据降低了油价冲击非对称性的显著性。而在后期大量研究中证实，原油价格与宏观经济之间存在明显的非对称特点，即油价的上涨与下跌对宏观经济影响的程度存在差异性，实证发现油价上涨对经济的影响程度要大于油价下跌对经济的影响程度（Lee et al.，2001；Mork，1989）。还有学者分别从供需、资源重新分配等角度诠释了这一现象。

5）原油市场与气候变化

各国为应对气候变化都积极推行碳减排政策并致力于发展新能源和可再生能源。原油作为全球主要能源，其市场信息变动直接会影响到碳减排政策的实施效果以及新能源和可再生能源的发展。在这一背景下，原油价格对碳税、碳减排成本、碳减排边际成本、碳捕获技术等方面的影响成为热点（Kaufmann and Hines，2018）。同时，为应对气候变化和支持绿色产业，全球各国陆续建立 ETS（emission trading scheme，排放交易体系）碳交易市场以及推出绿色债券等金融产品。研究原油价格信息对上述市场的影响，对维持和推动 ETS 和绿色债券的发展起到了关键的作用（Zerbib，2019）。

总的来说，在各国为应对气候变化和实现“零碳”目标的大背景下，扩大清洁能源的使用是各国必走之路。原油作为替代能源，在低油价时代原油价格变动在各国能源转型和实现“零碳”目标中承担怎样的角色是未来需要关注的问题。

6. 研究热点

根据对原油市场领域的分类情况，本节统计了各个研究方向逐年发文情况，详细见图 1-9。

从整体上看，原油市场与宏观经济、原油市场与金融市场、原油市场价格规律以及原油市场预测相关研究数量占整个原油市场领域研究的 89.6%。其中，原油市场与金融市场的研究数量最多，占 38.70%，其次是原油市场价格规律的研究数量，占 20.12%。虽然关于原油市场与金融市场的研究数量是最多的，但是该领域发展起步较晚。根据各个研究方向的趋势图（图 1-9）可以看出，2000 年之后，各个研究方向的论文刊发量都进入急速上涨阶段，其中原油市场与金融市场、原油市场价格规律和原油市场与宏观经济这三个研究方向的论文刊发量增速最快。这说明原油价格行为特征以及原油市场对经济、金融系统的影响是学者最关心的问题。为此，本节通过主路径分析技术分析这三个研究方向的发展路径。

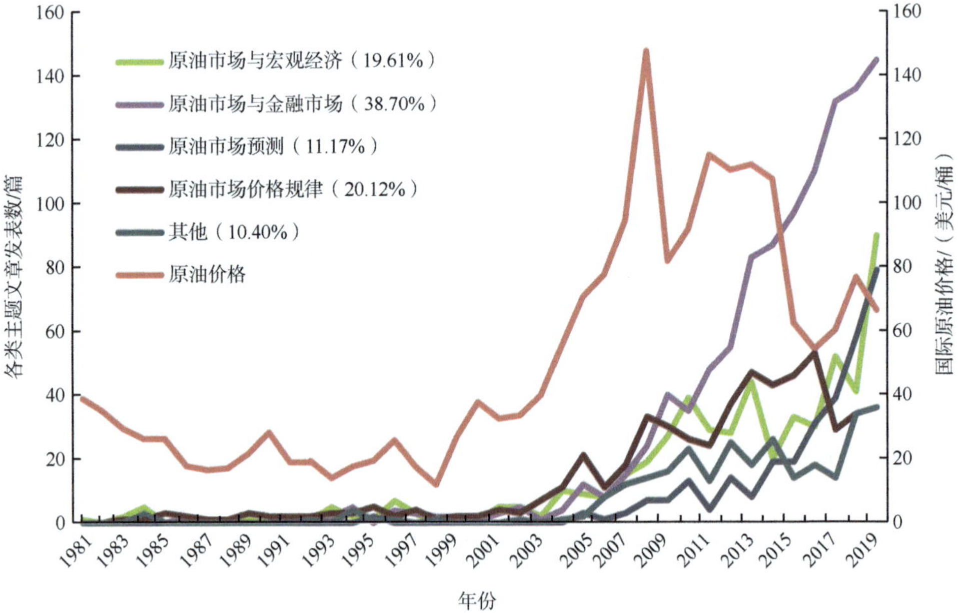

图 1-9　1981～2019 年原油市场各类主题论文刊发情况

1）原油市场与金融市场相关研究的主路径分析

本节通过主路径识别出了该领域 16 篇关键文献，详细见表 1-6。从研究内容可以看出，在 2008 年金融危机爆发以前大部分研究都关注油价冲击股票市场。早期 Jones 和 Kaul（1996）从股价的红利贴现模型诠释了原油市场信息是如何传递到股票市场中的，为后续研究原油市场与股票市场间的关系提供了理论依据，Kilian、Park、Miller 等在此研究基础上重点研究了不同类型油价冲击对股票市场的影响。随后金融危机爆发引起的原油市场震荡让学者意识到原油市场不仅会冲击股票市场，股票市场风险也会反过来造成原油市场震荡。特别是随着原油类资产受到投资者的追捧，跨市场交易行为的存在拉近了原油市场与金融市场间的关系，因此研究原油市场与金融市场间相依性关系和分析两市场间信息传导机制成为该领域的研究热点。此外，由于全球金融市场和原油市场的高波动特性，在全球经济一体化的背景下，任一市场风险都会向另一个市场传导，从而引起金融市场出现系统性风险。与金融市场风险传导不同，原油市场还具备商品和资源属性，这让原油市场的风险传导机制更复杂多变。近年来美国次贷危机、欧洲债务主权危机等金融危机的爆发和原油生产国地缘政治事件的频发，会直接或间接地造成两市场动荡。因此，在新的市场背景下，原油市场的信息（风险）传导机制和风险管理成为新的研究热点。

表 1-6 原油市场与金融市场相关研究的关键文献

作者（年份）	题目	期刊
Jones 和 Kaul（1996）	Oil and the stock markets	*The Journal of Finance*
Park 和 Ratti（2008）	Oil price shocks and stock markets in the U.S. and 13 European countries	*Energy Economics*
Apergis 和 Miller（2009）	Do structural oil-market shocks affect stock prices?	*Energy Economics*
Kilian 和 Park（2009）	The impact of oil price shocks on the U.S. stock market	*International Economic Review*
Jammazi 和 Aloui（2010）	Wavelet decomposition and regime shifts：assessing the effects of crude oil shocks on stock market returns	*Energy Policy*
Filis 等（2011）	Dynamic correlation between stock market and oil prices：the case of oil-importing and oil-exporting countries	*International Review of Financial Analysis*
Jammazi（2012）	Cross dynamics of oil-stock interactions：a redundant wavelet analysis	*Energy*
de Fowowe（2013）	Jump dynamics in the relationship between oil prices and the stock market：evidence from Nigeria	*Energy*
Dagher 和 El Hariri（2013）	The impact of global oil price shocks on the Lebanese stock market	*Energy*
Kilian 和 Murphy（2014）	The role of inventories and speculative trading in the global market for crude oil	*Journal of Applied Econometrics*

续表

作者（年份）	题目	期刊
Bouri（2015）	A broadened causality in variance approach to assess the risk dynamics between crude oil prices and the Jordanian stock market	*Energy Policy*
Bouri（2015）	Return and volatility linkages between oil prices and the Lebanese stock market in crisis periods	*Energy*
Bouri 等（2018）	Does global fear predict fear in BRICS stock markets? Evidence from a Bayesian graphical structural VAR model	*Emerging Markets Review*
Bouri 等（2017）	Causality between oil prices and the stock market in China：the relevance of the reformed oil product pricing mechanism	*International Review of Economics & Finance*
Jammazi 等（2017）	Time-varying causality between crude oil and stock markets：what can we learn from a multiscale perspective?	*International Review of Economics & Finance*
Peng 等（2018）	Risk spillover of international crude oil to China's firms：evidence from granger causality across quantile	*Energy Economics*

2）原油市场价格规律相关研究的主路径分析

在梳理相关文献时发现，原油市场价格的异常变化是吸引学者关注原油市场问题的关键。总的来说，原油市场价格由以往的原油生产国或消费国主导逐渐向市场化的多元定价转变，各类因素在不同时期对原油价格走势的影响程度是动态交互的。同时学者尝试从多视角构建不同类型的模型来研究原油市场价格机制。为清晰了解该领域发展路径，本节通过主路径分析识别出驱动该领域发展的 8 篇关键文献（表 1-7）。根据关键文献的研究内容可以看出，早期研究主要关注原油价格的运行规律，而后期在多元定价机制的背景下，识别驱动原油价格变化的关键因素成为该领域研究的核心。此外，随着原油市场金融化属性的加强，投资行为逐渐被视为当前驱动原油价格变动的新因素。因此，在新的市场环境下识别和探究新驱动因素对原油价格的影响是该领域研究的重点。

表 1-7　原油市场价格规律研究领域关键文献

作者（年份）	题目	期刊
Schwartz 和 Smith（2000）	Short-term variations and long-term dynamics in commodity prices	*Management Science*
Casassus 和 Collin-Dufresne（2005）	Stochastic convenience yield implied from commodity futures and interest rates	*The Journal of Finance*
Askari 和 Krichene（2008）	Oil price dynamics（2002-2006）	*Energy Economics*
Chevillon 和 Rifflart（2009）	Physical market determinants of the price of crude oil and the market premium	*Energy Economics*
Fan 和 Xu（2011）	What has driven oil prices since 2000? A structural change perspective	*Energy Economics*
Hache 和 Lantz（2013）	Speculative trading and oil price dynamic：a study of the WTI market	*Energy Economics*

续表

作者（年份）	题目	期刊
Zhang（2013）	Speculative trading and WTI crude oil futures price movement：an empirical analysis	*Applied Energy*
Zhang 和 Yao（2016）	Interpreting the movement of oil prices：driven by fundamentals or bubbles?	*Economic Modelling*

3）原油市场与宏观经济相关研究的主路径分析

从研究对象上看，早期研究主要将以美国、英国等为代表的工业化西方国家作为研究对象。由于世界产业结构的调整，随着高油耗的制造业转向发展中国家，研究对象也逐渐由发达国家向发展中国家过渡。改革开放以后，中国的高速发展使中国成为全球最大的原油需求国，研究原油市场如何影响中国经济的发展成为当时国内外研究的热点问题（Wang et al.，2020）。因此，各国原油需求的变化导致研究对象和研究问题发生改变。结合表 1-8 展示的本领域关键文献也可以发现这一特点。此外，值得注意的是在以往的研究中多考虑不同因素驱动的油价是否会对宏观经济造成不同形态的冲击。为此，Kilian（2009）首次根据驱动因素对油价进行分析，分别研究了不同类型的油价如何冲击宏观经济，为后续研究原油市场冲击宏观经济提供了一个新的分析框架。

表 1-8 原油市场与宏观经济研究中的关键文献

作者（年份）	题目	期刊
Leduc 和 Sill（2004）	A quantitative analysis of oil-price shocks，systematic monetary policy，and economic downturns	*Journal of Monetary Economics*
Kilian（2008）	Exogenous oil supply shocks：how big are they and how much do they matter for the U.S. economy?	*Review of Economics and Statistics*
Kilian（2009）	Not all oil price shocks are alike：disentangling demand and supply shocks in the crude oil market	*American Economic Review*
Cashin 等（2014）	The differential effects of oil demand and supply shocks on the global economy	*Energy Economics*
Mohaddes 和 Pesaran（2016）	Country-specific oil supply shocks and the global economy：a counterfactual analysis	*Energy Economics*
Cashin 等（2017）	Fair weather or foul? The macroeconomic effects of El Niño	*Journal of International Economics*
Cashin 等（2017）	China's slowdown and global financial market volatility：is world growth losing out?	*Emerging Markets Review*
Mohaddes 和 Pesaran（2017）	Oil prices and the global economy：is it different this time around?	*Energy Economics*

1.3 能源金融研究展望

本章概述了能源金融的内涵、特性及当前的研究进展，我们希望提供一个总体框架，让读者对这门学科如何随着时间的推移而发展以及能源金融涵盖哪些主题有一些初步了解。显然，能源金融还是一个发展中的概念，随着全球气候变化应对和碳中和目标路线图的制定以及新冠肺炎疫情对当前世界经济格局的影响，能源金融将出现更多值得深入探索的新问题。本节我们将对能源金融未来的一些热点前沿方向进行探讨，希望能为国内从事能源金融研究的学者提供一些启示。

（1）能源系统性风险度量。能源金融化不仅加强了能源的金融属性，也强化了能源系统与金融系统间的协同关系。特别是近 20 年来，经济系统受到金融危机、战争、国际贸易摩擦等诸多不稳定因素的影响，更容易诱发系统性风险。而能源系统作为经济和金融系统的子系统，在整个系统性风险中的作用和传导机制如何；能源系统内部的各品种之间的系统性风险如何刻画和准确度量。这些问题的回答都需要建立新的理论框架来进行系统性的研究。

（2）能源金融与气候金融耦合。随着全球气候变化的日益加剧，气候金融作为应对气候变化和发展低碳经济的金融解决方案成为新的研究议题。而气候问题的解决根本上是减少化石能源消耗，发展可再生能源。因此，能源、金融和气候系统将在同一个时空框架下，相互影响、相互作用。气候变化也将给能源金融带来新的研究视角，能源金融的绿色化和气候解决方案也将成为新的研究热点。

（3）大数据在能源金融中的应用。数据基础和数据的时效性往往决定了理论分析的有效性和准确性。传统行为模型或计量模型中，一些重要变量难以量化，常常导致传统模型的假设与数据的适配性不强，模型解释力不足。大数据范式给能源金融风险管理带来了新的思路，特别是能够有效刻画一些传统模型难以量化的事件冲击。采用大数据技术进行多源数据融合能够有效发挥行为金融理论等前沿理论在能源金融中的应用。大数据模式的创新能够有效消除数据获取带来的滞后效应，为市场风险预测带来新的理论突破。

（4）能源公司金融。公司金融决策一直是一个有趣的研究方向。一般的公司金融研究非常丰富，但对于能源企业的相关研究还十分有限，特别是能源市场的不稳定性和高风险性都会对能源公司的资本结构产生更大的影响。现有的不多研究都证实了能源行业与其他行业在资本结构、绩效等方面存在明显差异。而且，随着各国气候政策的加强以及对传统能源投资的约束，能源企业的发展特别是可再生能源的投资需要更多微观企业视角的实证证据来支撑政策的制定。

1.4 本章小结

随着能源金融化属性的逐渐凸显，能源金融已经成为当前能源领域的研究热点和新兴的交叉前沿方向。本章通过概述能源金融的内涵、特性及当前的研究进展，为读者了解与学习本领域提供了总体框架。同时，本章结合现实背景，总结出能源系统性风险度量、能源金融与气候金融耦合、大数据在能源金融中的应用、能源公司金融等四大方向将成为未来能源金融领域的热点前沿问题，为国内从事能源金融研究的学者提供一些启示。

第 2 章

全球大宗商品价格协同性及其驱动机理研究

自 Pindyck 和 Rotemberg（1990）提出商品价格协同波动已经不能完全被基本面信息解释以来，越来越多的学者开始关注商品价格协同运动背后的经济学机理问题。大宗商品指数的出现为交易员进行投资组合配置提供了更多选择（Tang and Xiong，2012），吸引了更多的对冲基金参与大宗商品投资（Adams and Glück，2015）。机构投资者的参与增加，导致大量资金流入大宗商品市场，加速了大宗商品市场出现金融化现象。随着金融化进程的加深，各种大宗商品之间也出现明显的价格协同现象（Tang and Xiong，2012）。大宗商品价格协同运动对市场所带来的不确定性和风险，给投资者在进行资产配置决策时带来了更多的挑战。因此，了解大宗商品价格协同运动规律及其驱动机理，有利于投资者制定最优投资策略，同时有助于市场监管部门有效抑制系统性风险在市场中的传导。

2.1 引　　言

de Nicola 等（2016）强调商品价格协同性问题是商品价格研究中最值得研究的问题，吸引了大量学者就商品价格协同运动现象进行研究，同时也吸引了一批学者试图探索驱动商品价格协同运动的决定性因素（Alquist et al.，2020）。现有主流文献认为商品市场基本面信息是驱动商品价格协同运动的关键因素，如全球经济周期（Alquist et al.，2020）、全球供给或需求冲击、通货膨胀（Pindyck and Rotemberg，1990）等。尽管大量研究证实了宏观经济因素对商品价格协同运动的重要影响力，但近年来随着商品市场金融化进程的加深，商品价格的协同运动已不能完全被宏观经济基本面或供需冲击解释（Ordu et al.，2018）。市场金融化标志着商品市场进入新时代，促使商品市场和金融市场之间的关系日益紧密。因此，金融化成为驱动商品市场价格协同运动的一个不可忽视的因素（Zhang，2017；Ji and Zhang，2019a）。

衍生工具和商品交易所交易基金（exchange-traded fund，ETF）的存在吸引了越来越多的金融投资者进行套期保值来规避市场风险，从而加速了商品市场金融化的进程。因此，不少市场参与者和学者担心投资者行为带来的过度投机会诱导大宗商品市场产生泡沫（Tang and Xiong，2012），这一现象在能源市场和农产品市场中尤为明显（Wu et al.，2020）。因此，投资者情绪已经成为驱动商品间价格变动不容忽视的因素。此外，本章研究还考虑了资产价格中的异质性信息在解释价格形成和价格间协同运动方面发挥的作用。尽管异质性信息在股票市场价格研究中已经有了很多进展（de Carvalho and Gupta，2018），但在商品市场中的相关研究仍处于空白。

综上，本章主要对大宗商品市场间的协同运动规律进行研究，并对驱动大宗商品市场协同性变化的影响因素进行识别，除了考虑采用美元指数、波罗的海干散货指数（baltic dry index，BDI）、违约利差（default spread，DEF）和 S&P500 指数等市场基本面因素诠释商品市场价格协同现象外，还重点关注了商品市场金融化、投资者情绪及商品市场内异质性信息等非基本面因素对商品价格协同运动的影响。本章研究贡献主要有三个方面。首先，本章研究将动态相关多变量广义自回归条件异方差模型（dynamic conditional corelational-GARCH，DCC-GARCH）和最小生成树模型（minimum spanning tree，MST）相结合，构造了商品市场价格协同变化的网络结构，采用中介中心性和特征向量中心性指标识别了商品市场网络的核心节点，并提出了量化商品市场整体价格变化的市场融合度指数。其次，本章研究首次采用广义动态因子模型将商品市场异质性信息和共同信息进行分离，以检测动态下两类信息对商品收益的影响程度。这为研究商品间风险传导和关联性特征提供了新的研究视角。最后，本章研究基于 Diebold 和 Yilmaz（2014）提出的关联网络模型，从基本面信息和非基本面信息两个层面，分析各类因素对商品价格协同运动的影响程度。本章研究不仅识别了商品市场中的关键风险关系和风险因素，还证实了跨市场的情绪溢出和商品金融化是驱动商品价格协同运动的关键因素。

2.2 模　　型

本章的方法主要分为三部分。首先，介绍了基于 DCC-GARCH 模型的 MST 构造方法，并引入了中心性指标和市场融合度指数。其次，介绍了广义动态因子模型，分离了商品市场异质性信息。最后，基于 Diebold 和 Yilmaz（2014）提出的关联网络模型，有效量化了各类影响因素对商品市场价格协同运动的贡献程度。

2.2.1 商品市场协同网络

资产价格之间的共同运动通常由相关性来度量，而网络方法能够更直观地反映多个资产之间的价格相依关系。由于一般的网络方法，如关联网络、转移熵网络、复杂网络等（Bekiros and Diks，2008；Ji et al.，2018c）包含了全部的资产价格关系[N 个节点，$N\times$（N–1）条边]，网络中的核心关系很难辨别，同时一些关系微弱的边连接也会对网络结构造成干扰。因此，已有研究往往采取设定阈值或者显著性检验等手段去除不重要的边关系。而最小生成树是度量核心网络关系的最常用的一种方法，已经被广泛应用到商品和金融领域的研究中（de Carvalho and Gupta，2018；Ji and Fan，2016a）。最小生成树的优势在于只保留了商品系统中最重要的价格连接关系（N 个节点，N–1 条边），代表了商品市场上每种商品的最强的连接关系，意味着整个商品市场系统性信息或风险最有可能的传播路径，即每种商品之间的信息或风险以最快速度在整个网络中扩散的途径。此外，最小生成树具有唯一性，能够有效地度量商品市场的核心网络结构。

现有大部分文献在构造最小生成树时，往往采用 Pearson 相关性和移动窗口的方法（de Carvalho and Gupta，2018；Ji et al.，2018f），对于窗口长度的选择并未形成统一的标准，会对结果的稳定性造成影响。因此，本章采用 DCC-GARCH 模型估计变量间的动态条件相关性，通过将条件相关度转换成距离矩阵，构造时变的最小生成树。具体建模过程如下。

1. 计算商品之间的时变相关系数

本章采用 DCC-GARCH 模型量化商品之间的时变相关性，为构建时变网络结构提供基础。假设 k 种商品收益服从均值为 0，协方差矩阵 H_t 的多元正态分布，表达式如下：

$$H_t = D_t R_t D_t \tag{2-1}$$

$$R_t = (\mathrm{diag}Q_t)^{-1/2} Q_t (\mathrm{diag}Q_t)^{-1/2} \tag{2-2}$$

$$Q_t = (q_{ij,t}) = (1-\alpha-\beta)\bar{Q} + \alpha\mu_{t-1}\mu'_{t-1} + \beta Q_{t-1} \tag{2-3}$$

$$q_{ij,t} = (1-\alpha-\beta)\bar{q}_{ij} + \alpha\mu_{i,t-1}\mu_{j,t-1} + \beta q_{ij,t-1} \tag{2-4}$$

$$h_{ii,t} = \omega_i + \sum_{j=1}^{q}\alpha_{ij}\varepsilon_{i,t-1}^2 + \sum_{j=1}^{p}\beta_{ij}h_{ii,t-j} \tag{2-5}$$

其中，H_t 为协方差矩阵；$\varepsilon_{i,t-1}$ 为标准化残差；D_t 为时变的标准差矩阵；R_t 为条件相关矩阵；$\mu_{it}=\frac{\varepsilon_{it}}{\sqrt{h_{ii,t}}}$，$i=1,2,\cdots,N$；$\bar{q}_{ij}=\frac{1}{n}\sum_{i=1}^{n}\varepsilon_{it}\varepsilon_{jt}$；$\bar{Q}=T^{-1}\sum_{t=1}^{T}\mu_t\mu_t'$；$Q_t$ 为 $N\times N$ 维对称正定矩阵；$\bar{Q}$ 为 μ_t 的 $N\times N$ 无条件方差协方差矩阵；α 和 β 为 DCC 模型的系数，双变量 DCC 模型的相关系数为

$$\rho_{12,t}=\frac{(1-\alpha-\beta)\bar{q}_{12}+\alpha\mu_{1,t-1}\mu_{2,t-1}+\beta q_{12,t-1}}{\sqrt{[(1-\alpha-\beta)\bar{q}_{11}+\alpha\mu_{1,t-1}^2+\beta q_{11,t-1}]+[(1-\alpha-\beta)\bar{q}_{22}+\alpha\mu_{2,t-1}^2+\beta q_{22,t-1}]}} \tag{2-6}$$

根据式（2-6）计算两两变量之间的动态条件相关性，构造 t 时刻商品市场的相关性矩阵 C_t。

2. 转换距离矩阵

由式（2-6），本章可获得任意时刻 t 商品 i, j 之间的相关性 $\rho_{ij,t}$，由于相关系数不满足欧式距离的三个条件（Ji and Fan，2016a），本章将相关系数 $\rho_{ij,t}$ 转化为相应的距离 $d_{ij,t}$。

$$d_{ij,t}=\sqrt{1-|\rho_{ij,t}|} \tag{2-7}$$

$d_{ij,t}$ 满足如下三条性质：① $d_{ij,t}=0$，当且仅当 $i=j$；② $d_{ij,t}=d_{ji,t}$；③ $d_{ij,t}\leqslant d_{ik,t}+d_{jk,t}(k\neq i\neq j)$，$k$ 为不同于 i 和 j 的任意其他商品。于是相关性矩阵 C_t 可转化为距离矩阵 D_t，其中 $d_{ij,t}\in[0,1]$，并且 $d_{ij,t}$ 随着 $\rho_{ij,t}$ 的增大（减小）而减小（增大）。

3. 基于最小生成树量化商品市场共同运动

本章采用 Prim 算法计算最小生成树[算法具体细节参见 Prim（1957）的研究]。边的距离用来度量节点（商品）关系的紧密度，距离越小表示节点间相关性越强。因此，本章采用最小生成树所有边的和的倒数来度量商品市场的系统融合度（MI_t）。

$$\mathrm{MI}_t=\frac{1}{\sum_{e_{ij}\in\mathrm{MST}}e_{ij}} \tag{2-8}$$

同时，本章引入中介中心性和特征向量中心性识别网络的中心节点。中介中心性反映任一商品作为中间桥梁连接其他商品的能力，具体定义如下：

$$\mathrm{BC}_t(i)=\frac{2}{N(N-1)}\sum_{(j,l)}\frac{\sigma_{jl,t}(i)}{\sigma_{jl,t}}，\quad j\neq i\neq l \tag{2-9}$$

其中，$\mathrm{BC}_t(i)$ 代表 Betweenness centrality$_t(i)$ 缩写，为在 t 时刻商品 i 的中介中心性；$\sigma_{jl,t}$ 和 $\sigma_{jl,t}(i)$ 分别为在 t 时刻商品 j 和商品 l 之间的最短路径数与商品 j 和商品 l 之间的所有最短路径中通过商品 i 的个数。

另外，本章通过特征向量中心性量化商品市场网络 $G_t=(V_t,E_t)$ 中商品（顶点）的重要性。特征向量中心性通过量化某顶点邻接点的重要性间接量化该点的重要性。

$$e_{i,t}=\lambda^{-1}\sum_{j\in M(i)}e_{j,t}=\lambda^{-1}\sum_{j=1}^{N}a_{ij,t}e_{j,t} \tag{2-10}$$

其中，$M(i)$ 为连接到顶点 i 的节点集合；N 为节点总数量；λ 为邻接矩阵的最大特征值；$a_{ij,t}$ 为网络的邻接矩阵。

2.2.2 商品收益异质性信息提取

本章基于 Barigozzi 和 Hallin（2016）提出的广义动态因子模型从商品收益中提取收益异质性成分（即受商品异质性信息驱动的收益）。具体模型表达如下。

商品收益 Y_{it} 可以分解为“公共成分” X_{it} 和“异质成分” Z_{it}，公式如下：

$$Y_{it}=X_{it}+Z_{it}=\sum_{k=1}^{Q}b_{ik}(L)u_{kt}+Z_{it}，\quad i\in N,t\in Z \tag{2-11}$$

其中，X_{it} 和 Z_{it} 分别为市场共同信息驱动的收益和商品间异质性信息驱动的收益；u_{kt} 为引起市场驱动股票收益 X_{it} 变动的共同因子；Q 为共同因子数目。模型需满足如下假设条件。

（1）向量 $u=(u_1,u_2,\cdots,u_Q)^{\mathrm{T}}$ 是正交白噪声过程，其中 $Q\leqslant N$。

（2）对于 $\forall i=1,2,\cdots,n$ 和 $\forall k=1,2,\cdots,Q$，多项式 $b_{ik}(L)$ 是关于 L 的单边滤子，且其系数是平方可加的。

（3）公共成分 X_{it} 受市场共同信息驱动，其谱密度矩阵的前 Q 个特征值满足 $\forall j\in Q$，当 θ 在 $[-\pi,\pi]$ 中任意取值时，都有 $\lim\limits_{n\to\infty}\lambda_{nj}^{X}(\theta)=\infty$。

（4）异质成分 Z_{it} 是平稳的，可能存在自相关和较弱的交叉相关性。当 $N\to\infty$ 时，其谱密度矩阵的特征值是有界的。

（5）$\forall i,j,t,k$，$Z_{it}\perp u_{j,t-k}$。

（6）为确保条件（1）至条件（5）成立，要求 Q 是最小整数。

为把握市场中商品异质性信息对商品收益的解释能力，本章通过式（2-12）、式（2-13）从市场平均水平和时间两个维度量化市场共同信息和异质性信息对市场收益的解释能力。

$$R^2_{Y.\text{market}} = \frac{\sum_{i=1}^{n}\sum_{t=1}^{T}(X_{it}^T)^2}{\sum_{i=1}^{n}\sum_{t=1}^{T}(Y_{it}^T)^2} \times 100 \tag{2-12}$$

$$R^2_{Y_t.\text{market}} = \frac{\sum_{i=1}^{n}(X_{it}^T)^2}{\sum_{i=1}^{n}(Y_{it}^T)^2} \times 100，\ t = 1,2,\cdots,T \tag{2-13}$$

其中，$R^2_{Y.\text{market}}$ 为商品间共同信息对 T 时间内 n 种商品收益的解释能力；$R^2_{Y_t.\text{market}}$ 为随时间变化的商品间共同信息对整个商品市场信息的解释能力；Y_{it} 和 X_{it} 分别为商品市场中第 i 种商品 t 时刻收益和市场共同信息驱动的收益。

由于整个市场信息是由共同信息和异质性信息两部分组成，那么商品异质性信息对商品市场解释能力的表达式如下：

$$\text{Idiosyncratic index}_t = 100 - R^2_{Y_t.\text{market}}，\ t = 1,2,\cdots,T \tag{2-14}$$

其中，$\text{Idiosyncratic index}_t$ 为量化市场异质性信息指数，诠释时间维度下商品异质性对整个商品市场的解释能力。

2.2.3　驱动因素识别模型

本节采用 Diebold 和 Yilmaz（2014）提出的关联模型量化非基本面因素和基本面因素对商品市场收益融合指数的贡献。该模型是一个基于 VAR 和广义方差分解的模型，被广泛应用到股票和原油市场中（Ji et al.，2020a）。模型具体如下：

$$\chi_t = \sum_{i=1}^{p}\phi_i \chi_{t-i} + \varepsilon_t \tag{2-15}$$

$$\chi_t = \sum_{i=1}^{\infty} A_i \varepsilon_{t-i} \tag{2-16}$$

其中，χ 为 N 维向量，表示由商品市场收益融合指数、非基本面因素和基本面因素组成的矩阵，均为协方差的平稳过程；ϕ_i 为 i 阶滞后项 χ_{t-i} 的系数；ε 为 N 维扰动列向量，不存在序列相关性，但 ε 中各分量独立同分布，即 $\varepsilon \sim (0,\Sigma)$，$\Sigma$ 是协方差矩阵；N 阶系数矩阵 A_i 服从递归过程 $A_i = \phi_1 A_{i-1} + \phi_2 A_{i-2} + \cdots + \phi_p A_{i-p}$，$A_0$ 为 N 阶单位矩阵，且 $i<0$ 时，$A_i = 0$。

通过广义方差分解可以得到每个变量对其他变量的波动贡献 $\theta_{ij}(H)$，表示当变量 χ_i 受到外部冲击时，χ_i 的 H 步预测误差方差中由变量 χ_j 所解释的比例，反映了一个变量的变化受自身或体系中其他变量的影响程度。

$$\theta_{ij}(H) = \frac{\sigma_{ii}^{-1}\sum_{h=0}^{H}(e_i' A_h \Sigma e_j)^2}{\sum_{h=0}^{H}(e_i' A_h \Sigma A_h' e_i)^2} \tag{2-17}$$

其中，Σ 为误差向量 ε 的协方差矩阵；σ_{ii} 为 ε 的标准误差序列；e_j 为选择向量，第 j 个元素为 1，其余均为 0。为了更好地分析溢出指数，可以将 $\theta_{ij}(H)$ 通过公式 $\tilde{\theta}_{ij}(H) = \dfrac{\theta_{ij}(H)}{\sum_{j=1}^{N}\theta_{ij}(H)}$ 进行标准化，使得 $\sum_{j=1}^{N}\tilde{\theta}_{ij}(H) = 1$，$\sum_{i,j=1}^{N}\tilde{\theta}_{ij}(H) = N$。

基于上述分析，可以构建信息总体溢出指数 $S(H)$，用于刻画各类影响因素与商品价格融合指数整体信息溢出程度。

$$S(H) = 100 \times \frac{\sum_{i,j=1,i\neq j}^{N}\tilde{\theta}_{ij}(H)}{\sum_{i,j=1}^{N}\tilde{\theta}_{ij}(H)} = 100 \times \frac{\sum_{i,j=1,i\neq j}^{N}\tilde{\theta}_{ij}(H)}{N} \tag{2-18}$$

方向性溢出指数用于衡量因素与融合指数之间的信息溢出程度。某个变量 i 对其余变量的信息溢出指数和其余变量对某变量 i 的信息溢出指数分别为

$$S_{i->j}(H) = 100 \times \sum_{j=1,j\neq i}^{N}\tilde{\theta}_{ji}(H) \tag{2-19}$$

$$S_{i<-j}(H) = 100 \times \sum_{j=1,j\neq i}^{N}\tilde{\theta}_{ij}(H) \tag{2-20}$$

净溢出指数衡量某个特定变量 i 对其余变量的净信息溢出，即

$$S_{i,\text{net}}(H) = S_{i->j}(H) - S_{i<-j}(H) \tag{2-21}$$

变量 i 与变量 j 之间的净成对信息溢出指数为两者之间相互影响的差，即

$$\text{NPS}_{ij}(H) = [\tilde{\theta}_{ji}(H) - \tilde{\theta}_{ij}(H)] \times 100 \tag{2-22}$$

2.3　数 据 描 述

2.3.1　商品市场收益序列

本章选取商品市场中农产品、能源和金属三类市场共 21 种主要商品作为研究对象，具体商品品种和商品收益的描述性统计详见表 2-1。根据表 2-1 基本统计量可得：①21 种商品收益均趋于 0；②能源商品收益的标准差明显大于非能源商品，这表明能源市场波动明显大于非能源市场的波动性；③从 Jarque-Bera 统计量看，所有商品收益在 1%水平下拒绝原假设，即不服从正态分布。

表 2-1　研究样本描述性统计

商品	机构	均值	最大值	最小值	标准差	峰度	Jarque-Bera
WTI 原油	纽约商品交易所/美国洲际交易所	0.02	13.34	−13.07	2.17	6.01	1 136.83***
无铅汽油		0.02	12.97	−11.18	2.21	5.46	1 433.04***
燃油		0.02	10.07	−9.68	1.99	5.04	1 475.94***
汽油		0.00	15.55	−15.40	2.17	6.23	768.76***
天然气		0.01	13.34	−13.07	2.17	5.76	1 959.61***
铝	伦敦金属交易所	0.01	4.25	−6.00	0.98	4.52	1 687.63***
铜		0.01	6.94	−7.13	1.67	4.49	1 490.17***
铂金		0.01	8.99	−10.00	1.82	5.65	2 361.83***
镍		0.01	8.10	−8.99	1.77	4.72	5 800.71***
锌		0.01	8.66	−8.12	1.71	5.30	11 496.45***
黄金	纽约金属交易所	0.01	3.70	−6.36	0.99	4.35	1 366.86***
白银		0.02	12.06	−11.25	1.95	5.18	2 887.34***
小麦（堪萨斯州）	芝加哥商品交易所	0.01	8.10	−8.99	1.77	4.72	551.11***
玉米		0.01	8.66	−8.12	1.71	5.30	980.52***
大豆		0.02	6.43	−7.34	1.51	5.29	1 013.19***
小麦		0.01	15.60	−9.79	1.89	5.80	851.92***
花生	美国洲际交易所	0.01	6.94	−7.13	1.67	4.49	414.91***
咖啡		0.02	12.06	−11.25	1.95	5.18	887.22***
可可粉		0.01	8.99	−10.00	1.82	5.65	1 354.06***
活牛	芝加哥商品交易所	0.01	3.70	−6.36	0.99	4.35	354.35***
饲养牛		0.01	4.25	−6.00	0.98	4.52	452.25***

注：商品周度收益率是基于价格对数差分乘 100 得到，Jarque-Bera 表示检验正态分布的 Jarque-Bera 统计量

*** 表示在 1%的水平下显著

Tang 和 Xiong（2012）指出，2004 年商品市场开始出现金融化，为了能够更好地了解市场金融化前后市场协同性情况，本章特选取 2002 年 1 月 7 日～2019 年 1 月 1 日为样本区间（样本数为 4432）。这段样本也将 2008 年金融危机、2010 年欧债危机等极端事件信息包含在内①。本章商品价格数据来源于 Datastream 数据库。

2.3.2 驱动因素

大部分学者认为商品价格协同运动主要是由市场共同信息驱动，其中主要包括市场宏观经济活动（Kilian，2009）、商品供求情况（Adams and Glück，2015）、经济周期（Bhardwaj et al.，2015）、汇率（Ji and Fan，2012）等因素。根据已有文献，本章利用 BDI（Fan and Xu，2011）和 DEF（Ordu et al.，2018）分别量化宏观经济需求和经济周期情况。同时考虑到 2004 年商品市场出现金融化现象，大宗商品价格已经不能完全被宏观经济需求解释，本章采用S&P500 指数量化金融市场对商品市场的影响（Ma et al.，2019b）。Ordu 等（2018）与 Tang 和 Xiong（2012）认为机构投资者投资商品指数的增加是促进商品市场金融化的关键。因此，本章参考 Tang 和 Xiong（2012）的方法，利用美国商品期货交易委员会（U.S. Commodity Futures Trading Comission，CFTC）公布的商品指数交易数据来量化商品市场金融化程度（Silvennoinen and Thorp，2013）。商品市场中投资者的参与直接影响商品价格走势，那么其投资决策行为也是不容忽视的关键因素。本章利用投资者的投机行为和投资者情绪表示投资者行为。其中，利用 CFTC 发布的非商业投资者净多头数据量化投资者的投机行为（Boyd et al.，2018；Ludwig，2019），利用恐慌指数（volatility index，VIX）反映投资者的恐慌情绪（Gao and Süss，2015；Ji et al.，2018a）。详细指标说明见表 2-2。

表 2-2 驱动因素数据说明

因素类别	指标	数据源
金融化	金融化指数	CFTC
市场情绪	VIX	芝加哥期权交易所
市场基本面因素	美元指数	汤姆森路透 Datastream 数据库
	BDI	汤姆森路透 Datastream 数据库
	DEF	汤姆森路透 Datastream 数据库
	S&P 500 指数	汤姆森路透 Datastream 数据库

① 需要指出的是，在识别商品价格协同运动的驱动因素时，由于市场金融化指标从 2006 年才开始公布，本章仅对 2007～2018 年的数据进行因素分析。

2.4　实证分析

2.4.1　商品市场协同性分析

本章基于 DCC-GARCH 模型和最小生成树方法构造了大宗商品市场收益的融合指数与农产品、能源和金属市场收益的融合子指数，分别见图 2-1 和图 2-2。由图 2-1 可知 21 种商品收益的市场融合指数呈现倒“V”形结构，分界点在 2008 年金融危机期间。从全样本来看，金融危机前（2002～2008 年），全球商品市场经历了市场繁荣期，大宗商品价格出现普涨，商品市场间的协同性不断增强，市场融合指数一直呈现上升趋势。在此期间，包括农产品、金属和能源商品在内的商品价格均出现持续性的上涨。这种大宗商品繁荣的现象被称为大宗商品超级周期，这一现象的出现主要是由金砖国家等新兴市场不断上涨的经济发展需求所推动的（Hamilton，2009a；Erten and Ocampo，2013；Chen，2015）。随着全球金融危机的爆发，大宗商品市场融合指数迅速达到峰值。对此，有学者认为融合指数上涨主要是因为金融市场风险和信息的溢出导致各类大宗商品在金融危机期间出现大幅下跌。这与 Zhang 和 Broadstock（2020）的研究结论相一致，他们证实了大宗商品价格的平均关联度会从危机前的 15%显著上升到 2008 年后的 50%。同样 Kang 等（2017）证实了金融危机是导致 6 种商品期货动态信息溢出效应增强的关键因素。

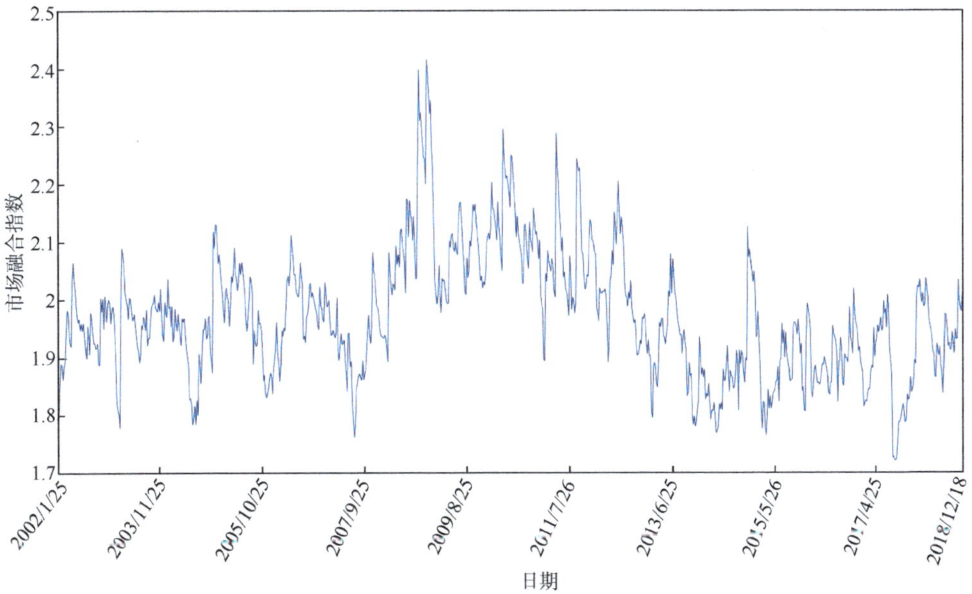

图 2-1　2002～2018 年 21 种商品收益的市场融合指数趋势

金融危机后，大宗商品市场融合指数总体呈下降趋势。这是因为金融危机和经济衰退造成了全球经济需求下降以及经济增长急剧放缓，从而扭转了商品市场形成泡沫的条件（Caballero et al.，2008）。到2013年底，融合指数降至2003年的水平。随后时期虽然略有上升，但都保持在一个相对较低的水平。值得注意的是，全球金融危机后融合指数虽然呈明显下降态势，但波动强度仍保持在较高水平。Tang 和 Xiong（2012）以非能源商品与原油作为研究对象，证实了商品价格关联度日益增长，并强调了这一现象已经不能完全被市场供求特征诠释，市场金融化因素作为新的驱动因素日益显性化。

图2-2展示了三个子市场中市场融合指数走势情况。能源市场内部的融合指数明显高于金属和农产品。这表明能源价格的协同性要高于其他大宗商品，主要是因为石油和天然气价格之间具有天然的关联性（Geng et al.，2017）。从市场融合子指数的形态来看，能源融合子指数呈现持续波动下降的趋势，这与油气价格出现分离有关。农产品市场和金属市场融合子指数均呈现先高后低的态势，分界点分别在2008年和2013年。

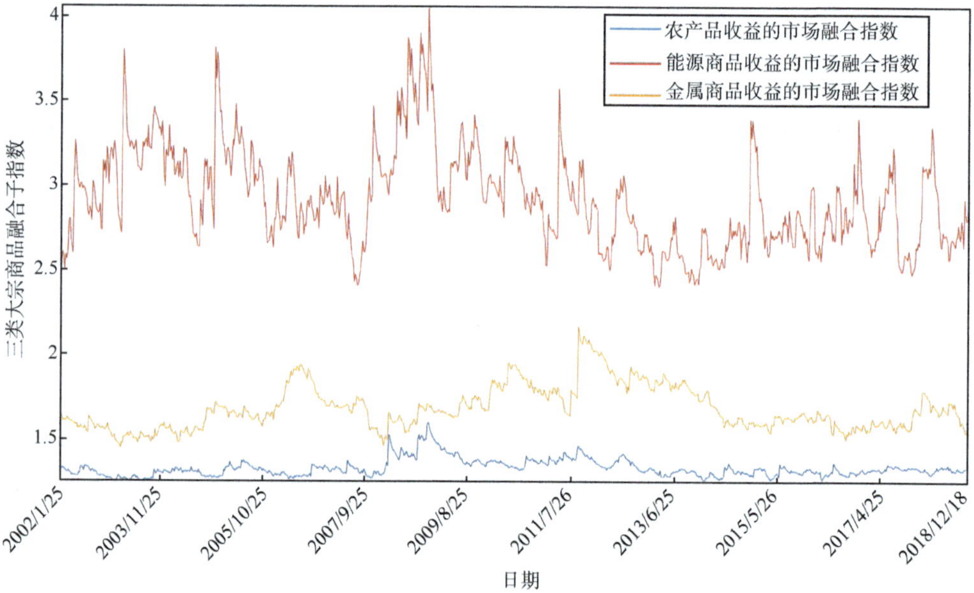

图2-2　2002～2018年三类大宗商品收益市场融合子指数

在分析了商品价格的协同性趋势之后，本节利用网络中心性指标对商品市场结构中的关键节点进行识别，为分析商品市场内系统性风险传染的潜在机制提供依据。由于商品市场融合指数存在阶段性变化，本节将样本分为金融危机前（2007年7月27日～2008年7月1日）和金融危机后（2008年7月2日～2018年7月

31 日）两个时期，对比分析不同时期的关键节点的变化情况。表 2-3 展示了不同样本期内，时变 MST 中，所有商品中中介中心性和特征向量中心性出现频率最高的三种商品。从表 2-3 中可以看出，中介中心性和特征向量中心性的结论基本一致。对比不同样本期可以看出，不同样本期内中心性频率最高的商品并不完全一致。但在任何时期，金属商品（铜和白银）和 WTI 原油均是连接整个商品市场价格的关键。值得注意的是，金融危机后，WTI 原油对整个市场的影响力逐渐增强。因此，整体来看（全样本），能源和金属市场在整个商品市场中处于信息主导地位，是连接整个商品市场价格系统的关键，监控和防范 WTI 原油、铜和白银市场的风险可有效地减少商品市场发生系统性风险。

表 2-3　商品市场中关键商品

时期	中介中心性		特征向量中心性	
	商品名称	出现频率	商品名称	出现频率
全样本期	WTI 原油	22.29%	铜	30.26%
	铜	21.66%	WTI 原油	16.52%
	白银	15.19%	白银	14.58%
金融危机前	黄金	17.97%	白银	21.81%
	白银	17.38%	黄金	21.22%
	WTI 原油	16.55%	铜	14.89%
金融危机后	铜	26.46%	铜	39.74%
	WTI 原油	25.84%	WTI 原油	18.87%
	白银	13.83%	白银	10.11%

注：本表是以样本期内某商品的中心性出现频率最高为依据，识别商品市场中商品的重要性

2.4.2　商品异质性信息分析

为研究商品价格共同运动存在差异性的现象，本节从商品异质性信息角度进行研究。Parsley 和 Popper（2020）强调资产价格信息主要是由资产个体信息（即资产间异质性信息）和市场中的共同信息组成。本节重点从商品异质性信息角度出发探究商品异质性信息变化是否是导致商品价格共同运动出现衰退的因素。

基于广义动态因子模型（Barigozzi and Hallin，2016，2017）将商品异质性信息驱动的收益从商品收益中提取出来。为诠释商品异质性信息的存在性和影响力，本节基于式（2-12）、式（2-13）量化商品异质性信息对收益的解释能力和商品异质性信息对商品收益的解释能力随时间的变化情况。

表 2-4 展示了农产品市场、能源市场、金属市场及整个商品市场中商品异质性信息对整个市场收益的平均解释能力。由表 2-4 可知，在任何市场中，市场共同信

息对市场收益的解释能力均在50%以上，其中在能源和金属市场中，商品收益70%以上的信息被市场共同信息诠释。这一结果证实了在任何市场中商品收益主要是受市场共同信息驱动的。对比三个市场中商品异质性信息对商品收益的解释能力发现，农产品市场中商品异质性信息对商品收益的解释能力最强（41.63%），而在能源市场中商品异质性信息对商品收益的解释能力最弱（15.80%）。这与Ma等（2019a）、Barigozzi 和 Hallin（2016）研究结果一致，均强调了资产异质性信息对资产收益具有不能被忽视的解释能力。

表 2-4 市场共同信息及异质性信息对商品收益的解释能力

市场类型	市场共同信息解释能力	市场异质性信息解释能力
农产品市场	58.37%	41.63%
能源市场	84.20%	15.80%
金属市场	77.54%	22.46%
商品市场	78.00%	22.00%

注：本表数值基于式（2-12）得到

商品异质性信息对商品收益解释能力的增强可能会导致商品市场融合度下降。Parsley 和 Popper（2020）认为在市场中这两类信息对商品影响力的变化会直接影响价格波动。由图2-1、图2-2可明显看出，金融危机后商品市场融合指数信息变化对商品市场融合指数的影响，本节计算了融合指数与异质性信息对收益解释能力之间的相关系数，见表2-5。由表2-5可直观看出，在任何市场中商品市场融合指数与商品异质性信息解释能力整体呈显著负相关关系。这表明，从平均水平上看，当商品收益受商品异质性信息影响增大时，商品市场融合度将会下降。

表 2-5 商品价格共同波动与商品异质性信息对收益解释能力之间的相关性分析结果

融合指数	农产品异质性信息解释能力	能源异质性信息解释能力	金属商品异质性信息解释能力	商品市场异质性信息解释能力
农产品市场融合指数	−0.17 （0.00）	−0.08 （0.00）	0.04 （0.01）	−0.10 （0.00）
能源市场融合指数	−0.17 （0.00）	−0.08 （0.00）	0.04 （0.01）	−0.10 （0.00）
金属市场融合指数	−0.22 （0.00）	−0.13 （0.00）	−0.16 （0.00）	−0.26 （0.00）
商品市场融合指数	−0.27 （0.00）	−0.16 （0.00）	−0.12 （0.00）	−0.28 （0.00）

注：表中展示的是相关性系数和相应的 p 值

另外，图2-3展示了商品异质性信息解释能力以及对应的商品市场融合指数的动态趋势。从图中可以看出，商品异质性信息解释能力在金融危机时期降至样本内最低值，同时商品市场融合指数达到峰值。在金融危机之后，商品异质性信息对商品收益的解释能力增强，融合指数呈减弱趋势。因此，本节认为 2004 年之后虽然商品市场金融化程度逐渐加深，但由于商品收益受异质性信息的影响，金融危机之后商品融合指数呈减弱现象。这一结论不仅强调了商品异质性信息是不容忽视的信息，也强调了商品异质性信息会对整个市场价格协同性形成抑制作用。

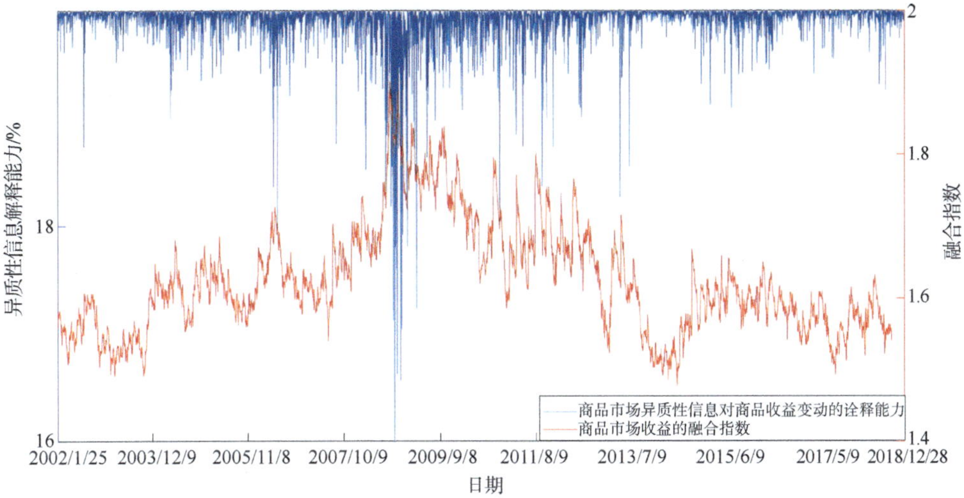

（a）商品市场

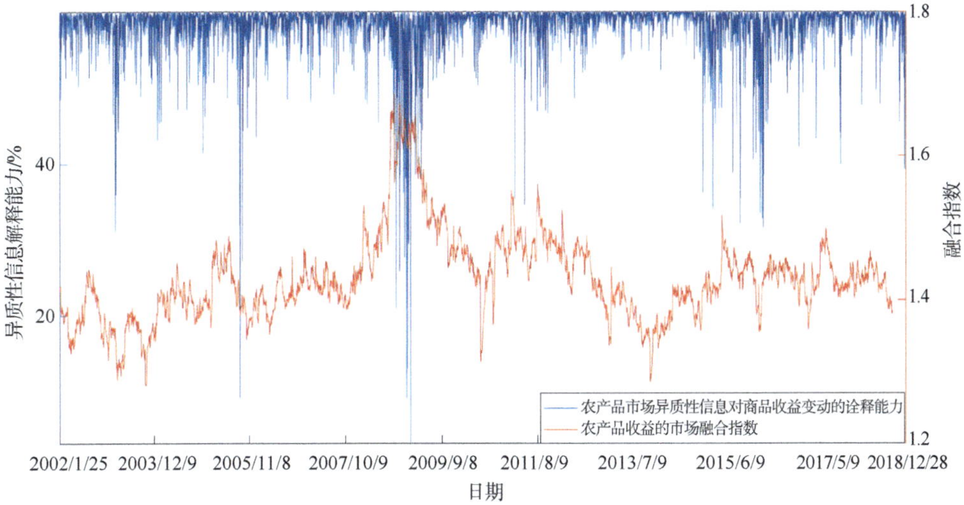

（b）农产品市场

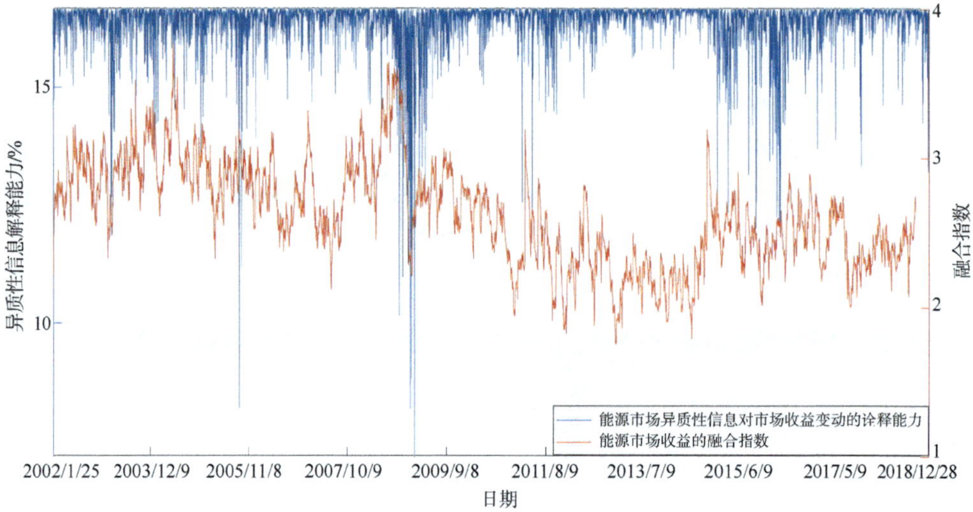

（c）能源市场

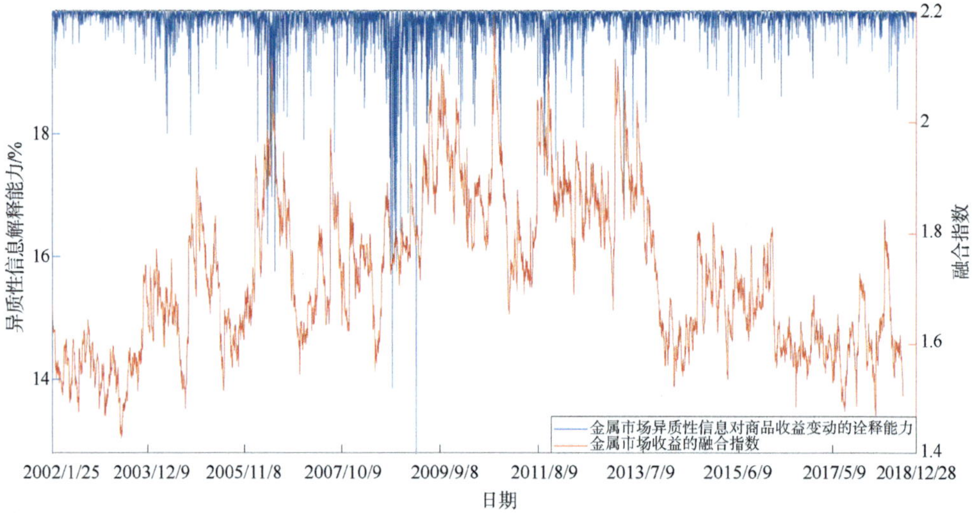

（d）金属市场

图 2-3　商品异质性信息解释能力与商品融合指数变化趋势

2.4.3　商品价格协同性运动的经济学机理分析

前文已经基于 DCC-GARCH 的 MST 网络的构造方法分别量化了商品市场、农产品市场、能源市场及金属市场的价格融合度。本节重点探究 2.3 节中选取的基本面和非基本面因素对商品价格融合的贡献，通过 2.2.3 节中的模型量化所有驱动因素对商品价格融合指数的静态和动态贡献。

1. 驱动因素对商品价格融合指数的静态贡献

表 2-6～表 2-8 分别描述了各类驱动因素与农产品价格融合指数、能源商品价格融合指数以及金属商品价格融合指数的信息溢出矩阵。由表中数据结果可以看出，各类驱动因素与三个子市场价格融合指数的总信息溢出指数范围是 25%～28%，这为系统内部各组成部分之间存在信息溢出效应提供了证据。

表 2-6　全样本下驱动因素与农产品价格融合指数之间的信息溢出情况

农产品市场	价格融合指数	异质性信息	金融化指数	美元指数	VIX	BDI	S&P 500	DEF	入度
价格融合指数	85.709%	0.294%	1.788%	2.087%	6.601%	1.069%	2.148%	0.304%	14.291%
异质性信息	0.966%	88.395%	1.088%	2.603%	1.967%	1.970%	1.746%	1.266%	11.605%
金融化指数	2.536%	1.310%	91.931%	0.686%	0.426%	0.701%	1.892%	0.517%	8.069%
美元指数	2.248%	0.655%	5.949%	81.129%	0.349%	4.296%	3.814%	1.559%	18.871%
市场情绪	0.916%	2.544%	0.197%	2.149%	49.114%	1.856%	33.989%	9.234%	50.886%
BDI	0.361%	10.343%	1.280%	2.682%	1.008%	81.103%	1.020%	2.203%	18.897%
S&P 500	3.347%	1.899%	0.086%	1.966%	12.618%	0.522%	70.630%	8.932%	29.370%
DEF	1.010%	3.123%	0.575%	6.239%	10.830%	0.727%	26.021%	51.475%	48.525%
出度	11.384%	20.168%	10.964%	18.413%	33.799%	11.142%	70.629%	24.015%	总信息溢出指数=25.064%
净出度	−2.907%	8.562%	2.895%	−0.458%	−17.087%	−7.755%	41.259%	−24.510%	
价格融合指数净出度	0.000%	0.672%	0.748%	0.161%	−5.685%	−0.708%	1.199%	0.707%	

注：该表非对角和对角元素分别表示成对贡献度和自贡献程度；最后一列“入度”值表示其他所有变量对给定变量的总溢出效应，而行“出度”值表示该给定变量对其他所有变量的溢出效应；行“净出度”值是“出度”值和“入度”值之间的差异，衡量每个变量对整个系统的信息净溢出效应；“价格融合指数净出度”表示商品价格融合指数对所有驱动因素的信息净贡献，计算为相应的“出度”值和“入度”值之间的差；该表中的数据都是经过四舍五入保留三位小数的结果

表 2-7　全样本下驱动因素与能源商品价格融合指数之间的信息溢出情况

能源市场	价格融合指数	异质性信息	金融化指数	美元指数	VIX	BDI	S&P 500	DEF	入度
价格融合指数	89.955%	1.748%	1.321%	1.300%	2.512%	0.960%	1.169%	1.037%	10.045%
异质性信息	0.437%	89.066%	1.589%	2.349%	1.677%	2.223%	1.575%	1.085%	10.934%
金融化指数	1.636%	0.841%	79.335%	0.501%	1.586%	0.410%	14.609%	1.081%	20.665%
美元指数	14.960%	0.471%	3.417%	70.561%	1.155%	3.158%	5.925%	0.354%	29.439%

续表

能源市场	价格融合指数	异质性信息	金融化指数	美元指数	VIX	BDI	S&P 500	DEF	入度
市场情绪	0.451%	3.111%	0.438%	2.196%	49.199%	1.778%	33.165%	9.661%	50.801%
BDI	0.561%	9.612%	1.169%	1.381%	0.909%	83.046%	1.462%	1.859%	16.954%
S&P 500	0.984%	2.293%	0.122%	1.809%	14.203%	0.483%	72.607%	7.498%	27.393%
DEF	5.228%	2.716%	0.515%	3.526%	13.499%	0.910%	30.343%	43.263%	56.737%
出度	24.259%	20.793%	8.570%	13.062%	35.541%	9.921%	88.247%	22.575%	总信息溢出指数=27.871%
净出度	14.213%	9.859%	−12.095%	−16.377%	−15.260%	−7.032%	60.854%	−34.162%	
价格融合指数净出度	0.000%	−1.311%	0.315%	13.660%	−2.060%	−0.398%	−0.184%	4.192%	

注：该表非对角和对角元素分别表示成对贡献度和自贡献程度；最后一列“入度”值表示其他所有变量对给定变量的总溢出效应，而行“出度”值表示该给定变量对其他所有变量的溢出效应；行“净出度”值是“出度”值和“入度”值之间的差异，衡量每个变量对整个系统的信息净溢出效应；“价格融合指数净出度”表示商品价格融合指数对所有驱动因素的信息净贡献，计算为相应的“出度”值和“入度”值之间的差；该表中的数据都是经过四舍五入保留三位小数的结果

表 2-8　全样本下驱动因素与金属商品价格融合指数之间的信息溢出情况

金属市场	价格融合指数	异质性信息	金融化指数	美元指数	VIX	BDI	S&P 500	DEF	入度
价格融合指数	82.113%	0.570%	3.880%	1.373%	6.151%	0.338%	3.198%	2.377%	17.887%
异质性信息	1.080%	91.584%	0.212%	0.783%	2.000%	1.868%	1.703%	0.770%	8.416%
金融化指数	0.796%	0.303%	93.189%	1.651%	1.340%	1.441%	0.779%	0.501%	6.811%
美元指数	3.083%	1.285%	1.021%	79.749%	1.427%	3.975%	7.551%	1.909%	20.251%
市场情绪	0.362%	0.686%	1.142%	0.806%	50.282%	1.853%	34.542%	10.326%	49.718%
BDI	1.095%	1.624%	0.791%	2.719%	0.242%	85.581%	3.720%	4.227%	14.419%
S&P 500	1.036%	1.288%	0.351%	0.937%	16.639%	0.466%	69.721%	9.564%	30.279%
DEF	0.350%	2.924%	0.121%	3.536%	14.891%	0.702%	29.882%	47.593%	52.407%
出度	7.803%	8.680%	7.518%	11.805%	42.690%	10.643%	81.376%	29.673%	总信息溢出指数=25.023%
净出度	−10.084%	0.264%	0.708%	−8.447%	−7.027%	−3.776%	51.097%	−22.734%	
价格融合指数净出度	0.000%	0.509%	−3.084%	1.711%	−5.789%	0.757%	−2.163%	−2.026%	

注：该表非对角和对角元素分别表示成对贡献度和自贡献程度；最后一列“入度”值表示其他所有变量对给定变量的总溢出效应，而行“出度”值表示该给定变量对其他所有变量的溢出效应；行“净出度”值是“出度”值和“入度”值之间的差异，衡量每个变量对整个系统的信息净溢出效应；“价格融合指数净出度”表示商品价格融合指数对所有驱动因素的信息净贡献，计算为相应的“出度”值和“入度”值之间的差；该表中的数据都是经过四舍五入保留三位小数的结果

首先，从三个信息溢出矩阵来看，农产品价格融合指数和金融市场价格融合指数在系统中是信息净接收者，而能源市场价格融合指数是信息净贡献者。其次，为识别出驱动商品价格融合指数变动的潜在因素，本节对比各类驱动因素在系统中的信息贡献程度。在表 2-6～表 2-8 中，本节发现在每个子市场中，S&P500 指数在系统中贡献信息程度最高，始终处于信息主导地位。此外，虽然市场金融化指数在能源市场中不是主要的信息贡献者，但在农产品和金属市场中该指标仍是信息净贡献者。这些结果与已有研究结论相一致，均证实了金融市场因素和市场金融化程度驱动商品价格出现协同运动现象（Bhardwaj et al.，2015；Chen，2015；Ordu et al.，2018；Alquist et al.，2020）。而且，本节从市场信息角度证实了市场异质性信息对商品价格协同运动起到了推动作用。

除了展示各类因素在整个系统中的信息贡献外，本节更关注各类因素对商品价格融合指数的信息贡献程度，用于分析各类因素对商品价格协同运动的解释能力。首先，由表 2-6～表 2-8 中的第一行数据发现，在三个市场中 VIX 是最大的信息贡献因素。这与 Gao 和 Süss（2015）、Frijns 等（2017）研究结果相一致。Gao 和 Süss（2015）证实了市场情绪对商品价格协同运动具有显著的影响力，Frijns 等（2017）同样证实了投资者情绪是驱动金融资产收益共同波动的关键因素。其次，受市场差异性影响，其他驱动因素对各个市场价格协同运动的解释能力存在差异性。例如，S&P500 指数仅在金属和能源大宗商品市场发挥了作用。BDI 在农产品和能源市场中起着重要作用，而 DEF 是推动金属商品价格驱动的一个关键因素。总体而言，相对于非基本面因素，宏观经济基本面因素对各市场商品价格协同运动的影响较小，这有力证明了现有文献中金融市场因素和市场金融化对商品价格协同运动的重要性（Gorton and Rouwenhorst，2006；Tang and Xiong，2012；Basak and Pavlova，2016）。

2. 驱动因素对商品价格融合指数的动态贡献

本节研究样本包含了全球金融系统一系列突发事件的信息，如 2008 年全球金融危机、2008 年世界粮食危机和 2010 年欧洲主权债务危机等。考虑到全球经济一体化使得一个市场信息和风险易传染到其他市场中，本节推测这些事件可能会改变商品市场内部原有的信息（或风险）传导模式，那么前文中的全样本静态分析就无法对这一特点进行描述。因此，本节试图通过构造一个动态信息连通网络结构来解决这一问题。根据现有文献（Diebold and Yilmaz，2014；Zhang，2017），本节采用滚动窗口方法量化系统中的信息动态溢出效应。为避免时间窗口太长或太短，导致框定数据受过多噪声干扰，本节根据时间序列的特征选取两年作为窗口大小（Wu et al.，2018）。

图2-4展示的是三个市场价格融合指数与各驱动因素之间的信息动态溢出情况。所有市场总信息溢出指数在 57%～88%持续波动，表明在整个样本期内系统内部各组成部分之间的信息呈高度融合状态。这意味着这些因素作为一个整体始终与商品价格协同运动密切相关，证实了 Fernandez-Diaz 和 Morley（2019）文章中的研究结论。

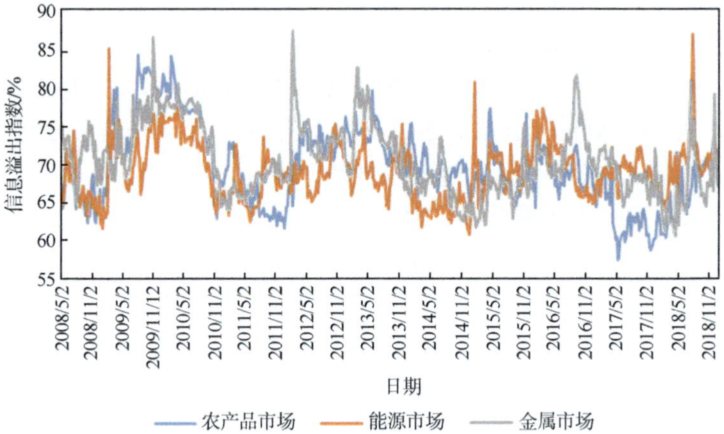

图 2-4　在三个子市场中信息动态溢出情况

图 2-5 显示了在全样本期内每类因素对商品价格协同运动的动态贡献情况。根据图 2-5（a）走势情况，本节发现在 2008 年金融危机及其后期，农产品市场总信息溢出指数达到峰值，且该指数大部分信息源于S&P500 指数。这反映了不稳定全球金融体系对农产品市场的信息溢出。在金融市场因素对农产品市场做出高贡献的同时，BDI 指数也对该市场价格协同运动产生了实质性的信息溢出。同样地，能源市场的信息溢出指数也在同期达到最高水平。由图 2-2 和图 2-5（b）可以看出美元指数和 S&P500 指数是导致该指数飙升的主要因素，对能源价格融合指数信息贡献分别占 10%左右。根据图 2-2 和图 2-5（c）可知，金融危机期间 S&P500 指数也是驱动金属市场价格协同运动的关键。由上述结果可以发现在金融危机期间 S&P500 指数这一金融市场因素对驱动商品价格协同运动影响最大，这表明源于美国金融市场的次贷危机引发了全球资产市场的震荡，市场风险不仅渗透到了各国或地区的金融市场中而且也扩展到了现货和商品市场中。

金融危机过后，由图 2-2 和图 2-5 发现金融化指数对市场的影响力要明显大于其他因素，这为强调市场金融化是推动商品价格协同运动的关键因素提供了有力的证据（Zhang，2017；Ma et al.，2019a）。除金融化指数外，在 2009～2012 年欧洲主权债务危机、2013 年和 2014 年 VIX 分别是主导商品市场价格变化的主要因素。尽管 VIX 是驱动商品价格趋同的关键因素，但其影响力会随着市场危机的消退逐渐减弱。

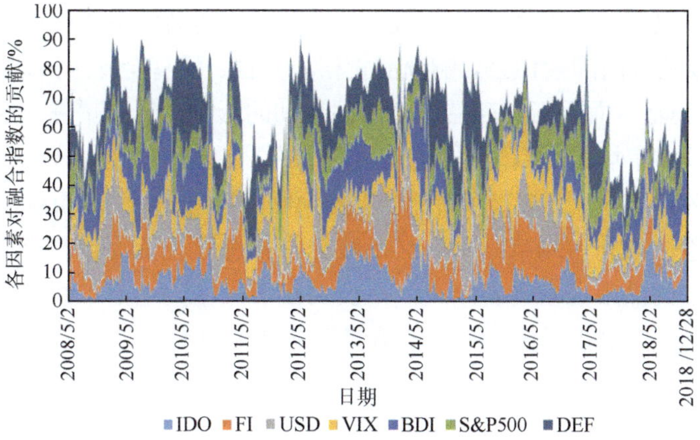

（a）农产品市场

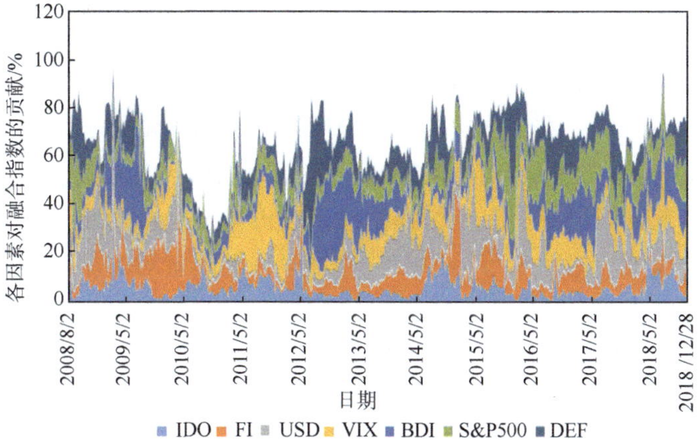

（b）能源市场

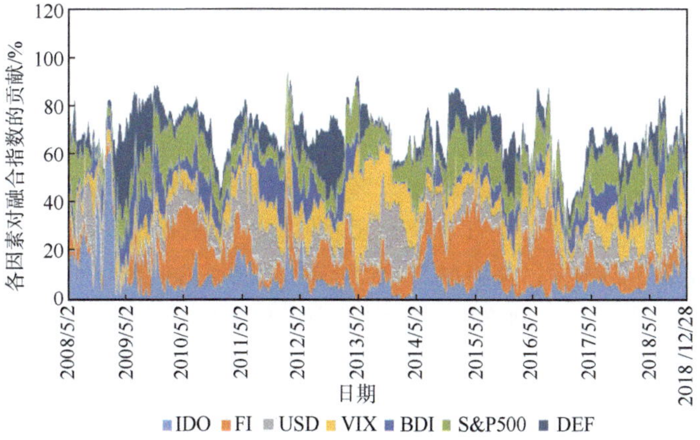

（c）金属市场

图 2-5 各类驱动因素分别对三个子市场价格融合指数的动态贡献情况

IDO 代表异质性信息；FI 代表市场金融化指数；USD 代表美元指数；VIX 代表恐慌情绪；BDI 代表波罗的海干散货指数；S&P500 代表股市市场信息；DEF 代表违约利差

在金融危机后，虽然非基本面因素对三个市场商品价格协同运动存在显著的影响，但市场基本面因素仍会影响商品价格协同性。随着全球经济逐渐恢复，BDI和DEF等市场基本面因素对商品价格协同运动的影响力日益增强。对市场异质性信息来说，其对市场的影响是短暂的。

上述研究结果表明，随着商品市场金融化步伐的加快，在市场动荡时期，金融市场的风险溢出和市场情绪是商品指数交易者进行投资决策时应重点关注的因素。对于大宗商品市场参与者来说，不仅要密切关注市场基本面信息，也应该关注市场金融化、金融市场因素及市场情绪等非基本面因素。

2.5 本章小结

随着商品市场金融化进程加深，商品价格相关性增强，市场出现价格协同性运动的现象日渐凸显。本章首次从商品异质性信息角度量化不同类别信息对商品价格协同变化的影响。同时，随着2004年之后商品市场逐渐实现“金融化”，传统市场供需研究框架已不能完全诠释商品市场价格信息。为此，本章分析了商品市场金融化、投资者情绪及市场异质性信息等关键因素对商品市场协同性变化的影响机理。

首先，本章量化识别出商品市场中能源和金属市场（WTI 原油、铜和白银）占信息主导地位，是连接整个市场价格系统的关键商品。因此，监控和防范能源和金属市场风险可以有效地避免商品市场发生系统性风险。同时，本章通过商品市场价格融合指数量化商品市场价格协同性运动。观察发现2004年商品市场金融化出现以后，商品市场价格融合指数逐渐增加，到金融危机时期达到峰值。在金融危机过后，商品市场融合指数逐渐衰退。

其次，本章量化了商品市场异质性信息动态变化特征以及其与市场共同信息的动态交互关系。证实了不同市场的异质性信息对收益的解释能力存在差异性，这直接导致不同商品市场价格协同性表现存在差异性。金融危机过后，商品异质性信息对商品价格收益的影响力日益增加，导致商品市场价格融合指标逐渐下降。

最后，本章通过关联网络模型证实了商品价格融合指数在系统中是信息的净接收者。在整个样本中，该指数主要从非基本面因素中获取信息。对比各类因素发现，无论是静态贡献或动态贡献，无论金融系统是处于危机时期或非危机时期，市场情绪对商品价格协同运动的影响力是一直存在的。在金融系统处于动荡期间时，市场情绪对商品市场的信息溢出效应最强烈。这主要是因为金融系统动荡加剧了市场恐慌情绪在各个市场中的蔓延，从而导致商品市场受情绪影响，发生市场动荡。除了恐慌情绪外，金融市场信息是驱动商品市场信息变动的另一个重要因素。与上述因素相比，金融危机过后，商品市场的金融化对商品市场影响力更大，对推动价格协同运动起着至关重要的作用。此外，对比不同类型商品市场发现，金属市场和能源市场金融化的影响力明显大于农产品市场。这主要是因为受投资者投资倾向的影响，投资者更倾向于投资如原油、黄金、银等收益表现良好的市场（Basak and Pavlova，2016；Ordu et al.，2018），这使得农产品市场中存在未实现“金融化”的商品，从而导致农产品市场金融化的影响力较低。

本章研究通过识别驱动商品价格协同运动的关键因素，为市场参与者提供了有用的启示。对于在大宗商品市场寻找潜在机会的投资者来说，他们应该意识到上述因素对不同类型市场存在不同的作用，应根据各商品市场特点制定相应的投资策略。对于旨在维护市场稳定的市场监管者和政策制定者来说，识别和密切监测商品市场系统中最具影响力的能源市场和金属市场风险变化情况，对有效遏制系统性风险在商品体系中的发生和蔓延具有重要的意义。

第 3 章

大宗商品市场波动机理的高频量化分析

商品期货作为金融市场中一种对冲风险的金融工具，越来越受到投资者的青睐。由于商品金融化的发展，商品市场逐步融入了全球金融系统（Zhang and Ji，2019）。根据 Tang 和 Xiong（2012）的研究，随着机构投资者的市场交易总值大规模增加，大量资金涌入商品市场，赋予了商品价格明显的新特征。特别是 2008 年全球金融危机之后，大宗商品新的变化趋势揭示了一种与供需决定价格截然不同的情景。极端的价格变化、更高的短期波动性和不断增长的商品价格协同性远远超出了标准供求框架的解释能力。商品价格更容易受到市场情绪、政策不确定性和其他意外事件等非常规宏观冲击的影响。然而，目前关于商品价格宏观影响因素的研究大多集中于单一维度，未能进行综合的考量。因此，本章旨在从多个宏观视角系统地探讨商品价格的影响因素，为商品价格波动提供新的实证依据。

3.1 引　　言

通常认为，造成商品价格波动的原因有很多，其中宏观因素是商品价格的重要波动来源之一。商品市场往往是寡头垄断市场，卖方控制着商品供给的数量，很大程度上决定了商品的定价（Mackey，1989; Deaton and Laroque，1992; Chambers and Bailey，1996）。但随着商品需求的快速增长，需求因素对商品定价的影响也逐步提升（Jacks and Stuermer，2018）。同时，商品之间的相互替代性也使得商品价格之间存在着联动（Baffes，2007；Gohin，2008；Zhang et al.，2010）。

进入 21 世纪以来，极端事件越发频繁，全球地缘政治风险明显上升。2008 年国际金融危机改变了世界经济格局，增加了世界经济的不确定性。而随后的欧洲主权债务危机、俄乌冲突、中东动荡，以及现在的新冠肺炎疫情等（Zhang et al.，2020；Ji et al.，2020b），这些事件也都对商品市场产生了深远的影响，使得商品市场呈现出与正常时期明显的不同（Vercammen，2020；Yousef and Shehadeh，2020）。

与此同时，由于商品金融属性的增强，商品价格的波动性、自相关性以及与股票市场之间的关联性也随之出现显著的提高（Deaton and Laroque，1992；Büyükşahin and Robe，2014）。

现有文献大多集中在单一宏观维度的因素上，而商品金融化的证据表明了金融化和信息因素在商品市场中的重要性，以及商品价格影响因素的多维性。不同宏观维度上的影响因素不能完全割裂，它们在一个复杂的系统中有着内在的联系。为弥补这一不足，本章在现有研究基础上，从宏观经济、资本市场及地缘政治风险三个宏观维度入手，实证研究更广泛的宏观因素对商品市场波动的影响，为投资者和政策制定者提供商品投资和管理建议。本章的主要贡献在于：①利用 5 分钟高频商品期货数据构建已实现波动率，与使用低频数据相比，高频数据的使用更好地捕捉了商品价格波动；②选取了农产品、金属和能源三大主要商品市场中最典型的大豆、黄金和原油期货作为代表，比较了不同类型商品之间宏观波动联系的典型异同点，为投资者制定跨市场投资策略提供有价值的信息；③采用 Diebold 和 Yilmaz（2012，2014）提出的关联网络方法构建宏观信息因素与商品期货之间的信息溢出网络，系统地分析商品价格波动的宏观影响因素，避免了与“传染”或“羊群行为”相关的争议性问题。

3.2 模　　型

本章模型主要分为两个部分。首先，本节采用 Andersen 和 Bollerslev（1998）提出的已实现波动率刻画商品期货的日内价格波动；其次，运用 Diebold 和 Yilmaz（2012，2014）提出的关联网络方法构建宏观信息因素与商品期货之间的信息溢出网络。

3.2.1 已实现波动率度量

Andersen 和 Bollerslev（1998）提出了使用高频价格数据计算的已实现波动率（realized volatility，RV）作为价格波动的代理变量，即日内收益率平方和。该计算方法可以提供更准确的波动性度量，因此，借鉴 Andersen 和 Bollerslev（1998）的方法，将已实现波动率定义为

$$\mathrm{RV}_t=\sqrt{\sum_{j=1}^{M} r_{t,j}^2},\quad t=1,2,\cdots,T \tag{3-1}$$

其中，$r_{t,j}=\ln(P_{t,j}/P_{t,j-1})$，为第 t 日的日内对数收益率，$P_{t,j}$ 为第 t 日 j 时刻价格；M 为日内采样频次。

已实现波动率的准确性依赖于样本的采样频次，更高的采样频次可以更好地捕捉潜在的波动信息，然而随着采样频次的增加，市场微观结构噪声也随之增加，从而导致高频已实现波动率的计算精度降低。在权衡使用高频数据的优势和微观结构噪声的缺点之后，Andersen 等（2001）认为 5 分钟频率是流动市场的最优采样时间间隔。在实际应用中，5 分钟频率也是当前大部分文献所采用的时间频度（Bandi and Russell，2006；Patton，2011）。因此，本章也采用 5 分钟高频数据对已实现波动率进行构建。

3.2.2 关联网络方法

Diebold 和 Yilmaz（2012，2014）提出的关联网络方法是一种基于 VAR 模型和广义方差分解（generalized variance decomposition，GVD）提出的简单而有效的刻画系统交互作用的方法。该方法已经被广泛地应用于分析跨市场的风险传染和系统性风险分析等研究中。相比于传统的计量方法（如协整、因果分析等），该方法能够更加直观地描绘多变量之间的信息溢出方向和强度。在本章中，我们采用该方法分别构建宏观信息因素与不同商品市场已实现波动率之间的信息溢出网络。详细方法介绍见第 2 章。

3.3 数据描述与基本统计

由于商品高频数据的可获性，本章分别选取了芝加哥商品交易所的大豆期货、黄金期货和 WTI 轻质原油期货作为农产品、金融和能源产品的代表进行对比分析。尽管我们只获得了三种商品的高频数据，但这三种商品是商品市场中最为典型的。所有商品市场高频数据均来自 Datastream 数据库。

随着商品金融化的发展，商品的波动性更容易受到信息因素而非基本面因素的影响。本章基于高频数据计算得到商品已实现波动率，其对宏观信息相关因素更加敏感。因此，我们从宏观经济、资本市场及地缘政治维度中选取了六个因素，用于捕捉商品波动对这些因素变化的不同反应。根据现有文献，选取的六个因素包括美国经济政策不确定性（economic policy uncertainty，EPU）（Baker et al.，2016）、花旗经济意外指数（economic surprise index，ESI）（Maveé et al.，2016）、违约利差（default spread，DEF）（Ordu et al.，2018）、投资者情绪指数（sentiment index，SI）（Bahloul，2018）、VIX（Silvennoinen and Thorp，2013）及地缘政治风险指数（geopolitical risk，GPR）（Antonakakis et al.，2017）。宏观信息指标的详细情况见表 3-1。

表 3-1　宏观信息因素描述

维度	指标	含义/公式	数据来源
宏观经济	美国经济政策不确定性（EPU）	美国经济政策不确定性是由 Baker 等（2016）提出的一种用于衡量政策相关经济不确定性的指标，它的构建主要基于报纸中与经济和政策相关的报道频率	彭博数据库
	花旗经济意外指数（ESI）	花旗经济意外指数衡量实际发布的数据与普遍预期之间的差异。正值代表实际经济状况优于人们普遍预期，而负值代表实际经济状况不及普遍预期	彭博数据库
	违约利差（DEF）	违约利差用于捕捉商业周期。其计算公式为穆迪 BAA 级公司债券收益率与穆迪 AAA 级公司债券收益率之差	彭博数据库
资本市场	投资者情绪指数（SI）	Bahloul（2018）提出的投资者情绪指数采用 CFTC 的 DCOT 报告数据进行构建，用于衡量投资者对未来资产价格和风险的信心，反映他们对市场的乐观或悲观程度	CFTC 交易员分类承诺（disaggregated commitments of traders，DCOT）报告
	恐慌指数（VIX）	恐慌指数为期权价格隐含波动率的预期。数值越高代表市场参与者预期股市波动会越剧烈，反映市场参与者的不安情绪；反之，较低的数值代表市场参与者预期股市波动趋于缓和	彭博数据库
地缘政治风险	地缘政治风险指数（GPR）	地缘政治风险指数由 Caldara 和 Iacoviello（2018）提出，该指标统计 11 家主要国际报纸中与地缘政治紧张局势有关词语的出现频次	https://www.matteoiacoviello.com/gpr.htm

本章选取的数据时间跨度为 2012 年 1 月 9 日～2016 年 12 月 19 日，这也是由高频数据的可获性决定的。根据 Haugom 等（2014）和 Luo 等（2019）对商品市场高频数据的应用，我们认为 5 年的高频数据足以表征商品的已实现波动率。由于期货并不是连续交易的，需要对高频数据进行预处理。首先，我们依照 Andersen 等（2001，2003，2007）的方法剔除了所有在美国中部时间（central standard time，CST）周五 13:15 至周日 20:30 之间进行的大豆期货交易数据，以及所有在美国东部时间（eastern standard time，EST）周五 17:15 至周日 18:00 之间进行的黄金和原油期

货交易数据。并且，我们将大豆期货和黄金、原油期货单日交易时间分别定义为前一日 20:30 CST 和 18:00 EST 至当日 13:15 CST 和 17:15 EST。其次，我们还剔除了如圣诞节、感恩节等节假日数据及一些交易不活跃的交易日数据。最后，由于 SI 数据频率为周度，我们将商品已实现波动率替换为周度数据。最终分别得到 204 个、230 个和 230 个大豆、黄金和原油期货的数据观测值。

表 3-2 报告了上述商品期货已实现波动率和宏观因素的描述性统计。表 3-2 中面板 A 显示，三种商品期货已实现波动率的均值均在 0.018 左右，其中黄金最大，大豆最小。但从中位数来看，黄金期货已实现波动率的中位数最小，为 0.010，而原油期货已实现波动率的中位数最大，为 0.015。这意味着黄金期货的日内收益率更加稳定，而原油的日内收益大部分时候具有更高的不确定性。此外，三种商品期货已实现波动率均呈现右偏及尖峰厚尾现象，其中大豆期货已实现波动率具有最大的偏度和峰度，表明大豆期货已实现波动率出现较大值的可能性更高，并且分布更尖且尾部更厚。最后三列的结果显示，所有商品期货已实现波动率序列均显著异于正态分布，且都是平稳的。

表 3-2 描述性统计

面板 A：商品期货已实现波动率											
商品	样本量	均值	中位数	最大值	最小值	标准差	偏度	峰度	JB 检验	DF 检验	LBQ 检验
大豆	204	0.016	0.013	0.074	0.006	0.009	3.414	19.027	0.001	0.001	0.055
黄金	230	0.019	0.010	0.173	0.004	0.022	3.384	17.341	0.001	0.001	0.000
原油	230	0.018	0.015	0.090	0.006	0.011	2.367	13.056	0.001	0.001	0.000
面板 B：宏观指标											
宏观指标	样本量	均值	中位数	最大值	最小值	标准差	偏度	峰度	JB 检验	DF 检验	LBQ 检验
EPU	230	−0.626	−5.285	191.320	−169.080	53.440	0.348	4.346	0.002	0.001	0.000
ESI	230	−0.218	−0.300	44.500	−36.400	11.778	0.204	4.093	0.008	0.001	0.007
DEF	230	−0.002	0.000	0.090	−0.170	0.038	−0.666	5.296	0.001	0.001	0.075
SI	230	0.001	0.000	0.502	−0.498	0.131	−0.201	5.774	0.001	0.001	0.001
VIX	230	−0.057	−0.155	27.720	−12.310	3.258	2.400	25.826	0.001	0.001	0.000
GPR	230	0.266	−2.332	527.828	−291.347	79.808	0.963	11.367	0.001	0.001	0.000

注：所有这些变量都是一阶差分；Jarque-Bera（JB）检验、Dickey-Fuller（DF）检验和 Ljung-Box Q（LBQ）检验均为 p 值

表 3-2 中面板 B 展示了宏观信息指标一阶差分的统计特征[①]。结果显示，地缘

① 由于三个子样本中宏观信息指标的统计信息相近，本章仅列举了含黄金期货数据的子样本中的宏观信息指标的统计特征。

政治风险指数的均值最大，其值为正，表明全球地缘政治风险呈上升趋势。地缘政治风险指数拥有最大的波动范围及波动性，美国经济政策不确定性次之。另外，与商品期货已实现波动率类似，所有的宏观信息指标序列均显著异于正态分布，且均为平稳时间序列。

3.4　实证结果与分析

本节将采用 Diebold 和 Yilmaz（2012，2014）提出的关联网络方法分别构建宏观信息因素与大豆、黄金和原油期货之间的三个信息溢出网络。参照 Diebold 和 Yilmaz（2012）的方法，我们使用 4 阶滞后 VAR 模型及 10 步向前广义预测误差方差分解构建广义方差分解矩阵。3.4.1 节展示了宏观信息因素与商品期货之间信息溢出网络的静态结果；3.4.2 节描绘了宏观信息因素与商品期货之间短期信息溢出网络随时间的动态变化过程。

3.4.1　静态分析

在本节中，我们使用全样本数据来研究商品期货与宏观信息之间的信息溢出网络，结果如表 3-3 所示。从表中我们可以看出，这三种商品已实现波动率与宏观信息指标之间的总体关联性非常相似。原油期货与宏观信息系统的整体溢出效应最大（14.9%），其次是大豆期货与宏观信息系统，总体关联性为 13.1%，黄金期货与宏观信息系统的溢出效应最小，为 12.6%。有趣的是，每个商品期货市场对系统的贡献也非常相似，从黄金的 11.7%到大豆的 12.9%。这些相似性的发现在一定程度上验证了商品市场之间存在长期协同性。这一发现与 Pindyck 和 Rotemberg（1990）以及 Fernandez（2015）等的研究相一致，即商品市场之间通常表现出超出基本面解释的持续共同波动。这种过度协同性往往是由投机性投资资金在不同市场间的广泛流动导致的（Le Pen and Sévi，2018）。

表 3-3　全样本关联矩阵

面板 A：大豆								
关联矩阵	大豆	EPU	ESI	DEF	SI	VIX	GPR	入度
大豆	0.857	0.023	0.018	0.043	0.027	0.018	0.015	0.143
EPU	0.034	0.864	0.001	0.023	0.034	0.031	0.013	0.136
ESI	0.025	0.028	0.887	0.020	0.018	0.014	0.008	0.113
DEF	0.014	0.002	0.013	0.875	0.028	0.032	0.036	0.125

续表

面板A：大豆								
关联矩阵	大豆	EPU	ESI	DEF	SI	VIX	GPR	入度
SI	0.036	0.034	0.030	0.027	0.862	0.002	0.010	0.138
VIX	0.009	0.068	0.009	0.020	0.031	0.834	0.029	0.166
GPR	0.011	0.021	0.010	0.012	0.010	0.034	0.902	0.098
出度	0.129	0.175	0.080	0.145	0.148	0.132	0.111	总体关联性=0.131
净出度	−0.015	0.039	−0.033	0.020	0.009	−0.034	0.013	
面板B：黄金								
关联矩阵	黄金	EPU	ESI	DEF	SI	VIX	GPR	入度
黄金	0.884	0.018	0.010	0.010	0.025	0.042	0.012	0.116
EPU	0.014	0.877	0.005	0.013	0.029	0.043	0.019	0.123
ESI	0.004	0.022	0.922	0.012	0.017	0.011	0.011	0.078
DEF	0.010	0.006	0.025	0.849	0.051	0.044	0.015	0.151
SI	0.025	0.008	0.007	0.020	0.901	0.019	0.020	0.099
VIX	0.049	0.072	0.007	0.033	0.017	0.788	0.035	0.212
GPR	0.014	0.005	0.015	0.009	0.052	0.009	0.895	0.105
出度	0.117	0.130	0.070	0.097	0.191	0.168	0.112	总体关联性=0.126
净出度	0.001	0.006	−0.008	−0.054	0.092	−0.044	0.007	
面板C：原油								
关联矩阵	原油	EPU	ESI	DEF	SI	VIX	GPR	入度
原油	0.672	0.027	0.024	0.050	0.008	0.217	0.002	0.328
EPU	0.008	0.899	0.007	0.009	0.011	0.035	0.030	0.101
ESI	0.028	0.020	0.889	0.010	0.028	0.013	0.013	0.111
DEF	0.022	0.011	0.029	0.851	0.023	0.048	0.016	0.149
SI	0.013	0.006	0.014	0.025	0.911	0.022	0.009	0.089
VIX	0.041	0.065	0.007	0.036	0.030	0.792	0.029	0.208
GPR	0.005	0.012	0.011	0.011	0.015	0.006	0.941	0.059
出度	0.119	0.141	0.092	0.140	0.114	0.340	0.099	总体关联性=0.149
净出度	−0.209	0.041	−0.019	−0.009	0.025	0.132	0.039	

注：该表数据都是经过四舍五入保留三位小数的结果

尽管这三个系统的总体关联性相似，但从系统到每种商品的信息溢出却存在明显的差异。以大豆期货为例，它从宏观因素中获得 14.3%的信息，而黄金期货仅为 11.6%。原油期货的表现更为不同，它的信息接收水平高达 32.8%。换句话说，与其他商品相比，原油期货的变化对宏观因素更为敏感。

同时，在三种商品–宏观信息系统中，各宏观信息指标对商品波动的溢出效应也明显不同。在大豆–宏观信息系统中，违约利差对大豆波动的解释能力最大，解释了大豆已实现波动率中 4.3%的变化。第二个主要贡献因素是投资者情绪指数，其解释能力为 2.7%。在黄金–宏观信息系统中，恐慌指数和投资者情绪指数是对黄金波动解释能力最大的两个因素，分别贡献了 4.2%和 2.5%。而原油期货从系统中获得的强劲信息来源于恐慌指数，仅恐慌指数一项就解释了高达 21.7%的原油期货已实现波动率变化。

如果我们回到前三个因素（EPU、ESI 和 DEF），其均是宏观经济因素的概念，通过比较这些系统可以找到一个清晰的模式。对于大豆而言，宏观经济因素起主导作用。而对黄金和原油而言，资本市场因素占据了主导地位。其中，原油–宏观信息系统中，恐慌指数贡献了超过 1/5 的原油价格变动。此结果与 Zhang（2017）的发现一致，即原油近年来表现出更强的金融化特征，其价格波动更容易受到金融市场状况的影响。

此外，净溢出水平结果表明，这些商品没有为系统提供太多额外的信息。只有黄金期货表现为信息的净溢出方，但其信息净贡献仅为 1%。而大豆和原油期货表现为信息的净接收方。在此之中，大豆的信息净接收水平仅为 1.5%。原油的情况大不相同，它从系统中净接收了更多的信息（20.9%）。这一结果支持了原油市场对外部信息的变化更加敏感的相关结论，因此，应该在商品市场管理中进行区别对待。

最后，对比表 3-3 中不同宏观信息指标在系统中的贡献。从信息流入的角度来看，恐慌指数是各系统中最大的信息接收方，表中最后一列的取值范围为 16.6%～21.2%。从信息溢出的角度来看，尽管三个系统中没有单一的最大信息溢出方，但经济政策不确定性均处在六个宏观信息指标中前三位。换句话说，恐慌指数受系统信息变化的冲击更大，而美国经济政策不确定性是影响系统波动的重要因素。从图 3-1 不难看出，在宏观信息对系统的净贡献方面，美国经济政策不确定性指数、投资者情绪指数及地缘政治风险指数是所有系统的净信息传递者，花旗经济意外指数是所有系统的净信息接收者，而恐慌指数在不同系统中呈现出不同的特性。具体来说，恐慌指数在大豆–宏观信息系统和黄金–宏观信息系统中表现为信息的净接收方，而在原油–宏观信息系统中表现为信息净溢出方。其原因在于，相比大豆和黄金期货，原油期货波动对恐慌指数的变化更为敏感。

（a）大豆-宏观信息指标连通性净流向图

（b）黄金-宏观信息指标连通性净流向图

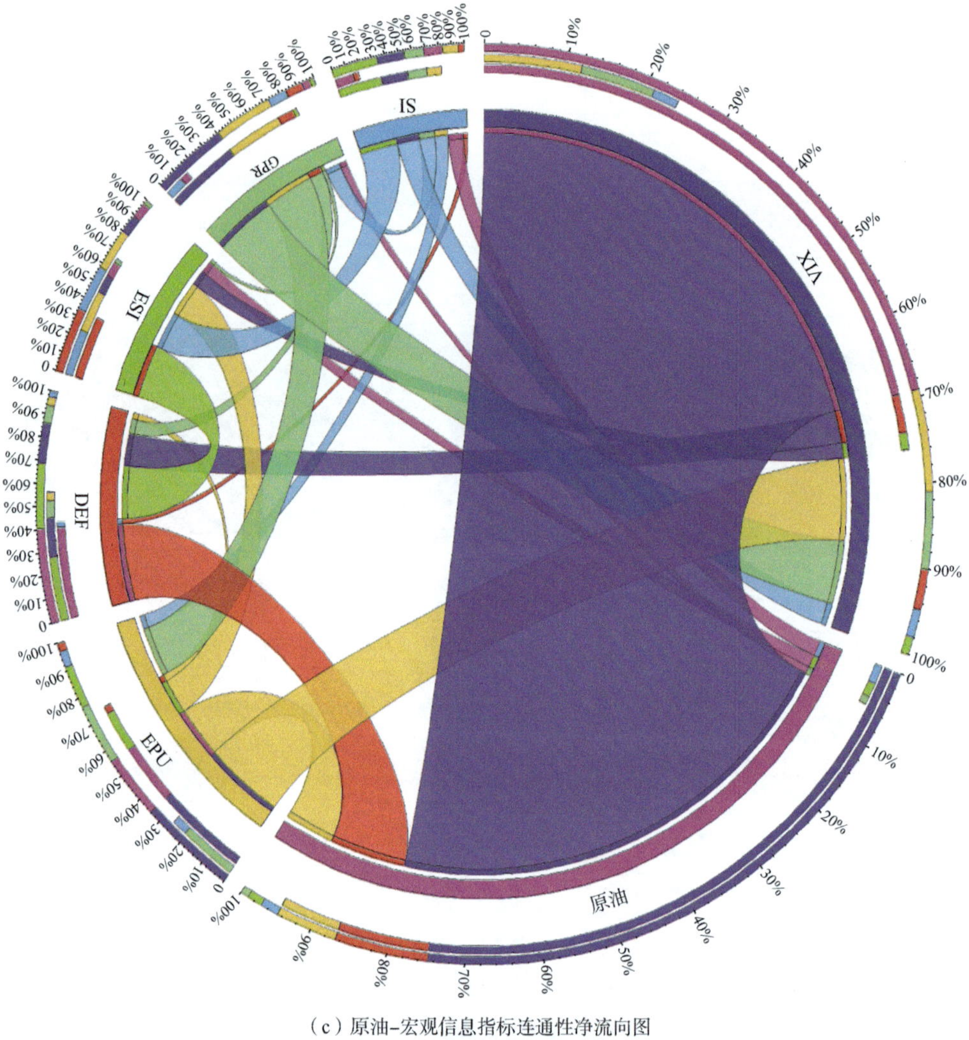

（c）原油-宏观信息指标连通性净流向图

图 3-1　商品-宏观信息指标连通性净流向图

3.4.2　动态分析

全样本关联性静态分析很好地描述了整个样本期间商品期货波动与宏观信息指标之间的联系，但这种联系可能会随着时间的推移而发生改变。为了分析各宏观信息指标对商品期货波动的动态影响，我们以 50 周（近一年）作为窗口期①，对商品-宏观信息系统的动态关联网络进行滚动估计。

① 我们同时采用了 60 周、70 周和 80 周作为备选窗口长度，结果是稳健的。因此，我们仅展示了以 50 周作为窗口长度的动态关联网络的相关结果。

图 3-2 绘制了商品–宏观信息系统的总体关联性，图中红色虚线为各商品–宏观信息系统动态总体关联性的均值。整体而言，各系统的动态总体关联性均值均处于 60%左右，可见短期内商品市场的波动性与宏观信息之间具有高度的整合度。大豆–宏观信息系统的总体关联性变化范围集中在 50%至 70%之间，而黄金–宏观信息系统和原油–宏观信息系统的总体关联性变化相对较大，范围为 47%～78%。

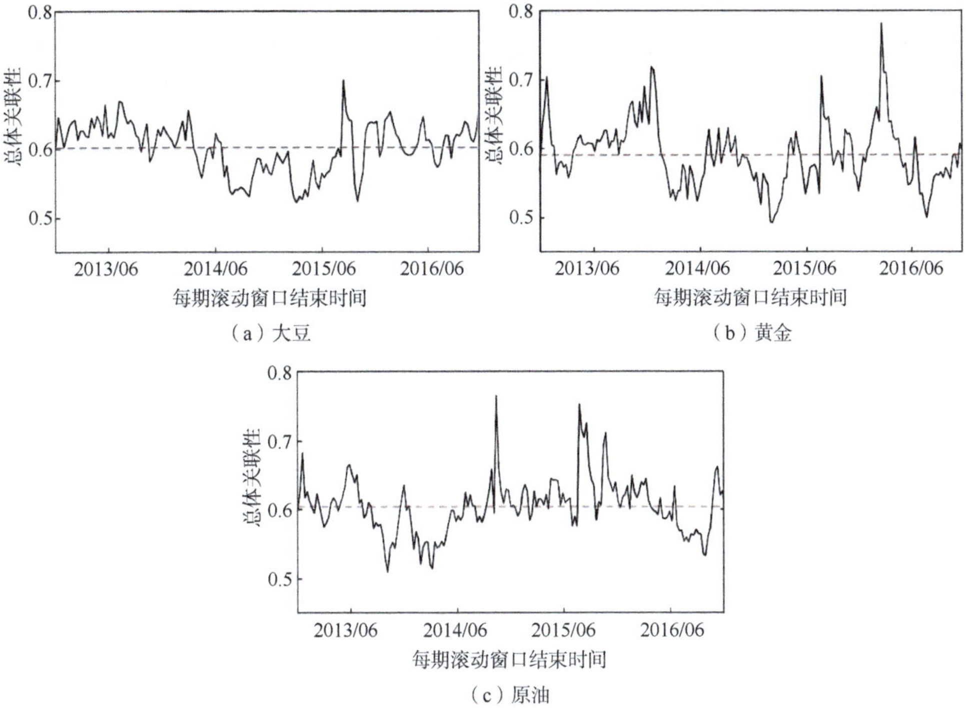

图 3-2　商品市场与宏观信息指标之间的动态总体关联性

滚动窗口长度为 50，红色虚线为动态总体关联性均值

具体来看，图 3-2（a）中大豆–宏观信息系统的动态总体关联性可以分为三个阶段。第一阶段对应于样本的开始，从 2012 年初直至 2014 年初，期间总体关联性处于一个较高的水平。这一阶段为应对全球经济持续低迷，各国采取了一系列政策行动，如量化宽松。这些政策在给市场带来积极影响的同时，也增加了宏观信息与商品市场之间的联系。第二阶段为 2014 年初至 2015 年 8 月左右。与 Antonakakis 等（2014）发现的随着全球经济复苏宏观信息溢出效应减小这一结论类似，这一阶段的总体关联性水平略有下降。第三阶段与 2015～2016 年全球经济下行时期相对应，涵盖 2015 年 8 月至 2016 年底。在此期间，总体关联性增加，并在 2015 年 8 月左右达到峰值。这一高峰可以由 2015 年 8 月 24 日美国股市暴跌引起的投资者恐慌来解释。

图 3-3 给出了商品期货的动态信息净溢出水平。大部分时期，商品期货动态信息净溢出的总体水平处于–30%至30%之间，黄金期货和原油期货对系统解释能力的变化远大于大豆期货对系统解释能力的变化。另外，与静态关联网络相类似，黄金期货通常处于系统信息传递的主导地位，而大豆和原油期货为信息的接收者。进一步，结合图 3-2 和图 3-3，我们发现在大部分时期动态总体关联性的变化并非由商品期货到系统的净信息溢出引起的。唯一的例外是 2014 年底原油–宏观信息系统总体关联性显著提升，这是由原油期货信息向外溢出水平的大幅增加造成的。

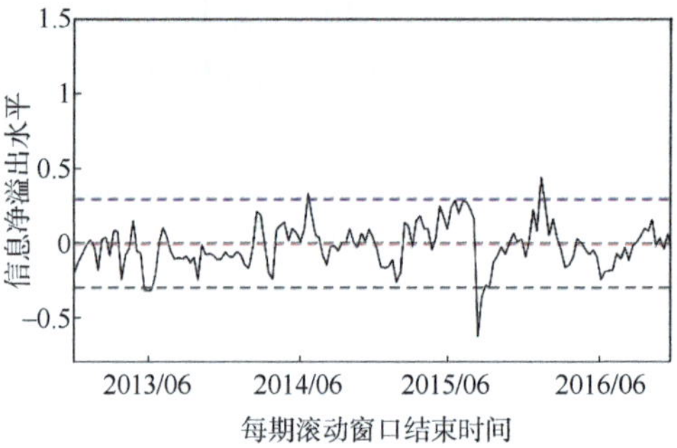

（a）大豆

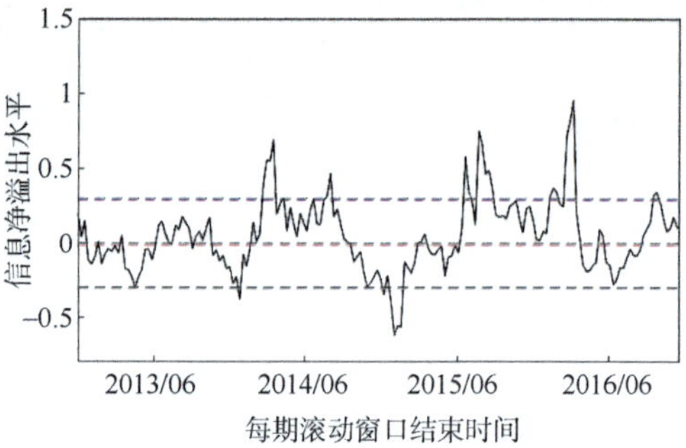

（b）黄金

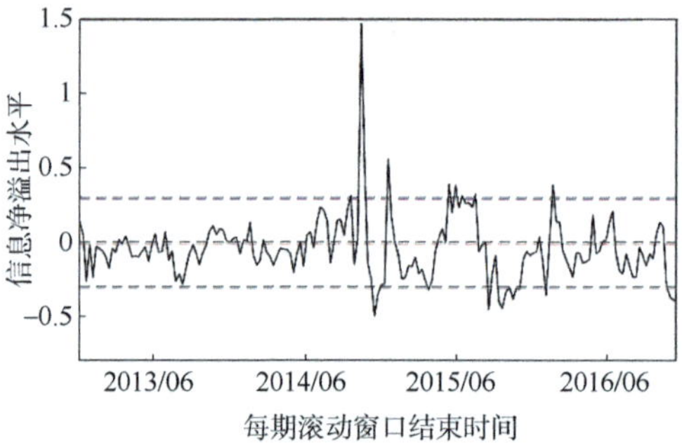

（c）原油

图 3-3　商品期货的动态信息净溢出水平

滚动窗口长度为 50，红色和蓝色虚线分别为 0 和±30%

进一步，我们研究了从宏观信息到商品期货波动的信息流出情况。图 3-4 绘制了相应的信息溢出情况，表 3-4 报告了宏观信息指标对商品期货信息溢出效应的排名。就宏观信息对大豆期货的信息溢出效应而言，总体效应在 40%至 80%之间，整体趋势与总体关联性变化相类似，呈现“U”形。另外，各个宏观信息指标对大豆价格波动的影响变化较小，其中违约利差和投资者情绪指数占比相对较大。对于黄金期货而言，波动主要来自投资者情绪指数和恐慌指数，且投资者情绪指数和恐慌指数的信息溢出水平平均值为 11%。而原油期货的价格波动主要来自违约利差和恐慌指数。换言之，商业周期和投资者的恐慌情绪是原油期货价格波动的主要风险来源。并且，短期内原油期货波动受到的地缘政治风险的影响要高于黄金期货。值得注意的是，在总体关联性和净有向关联性明显增加的 2014 年末，宏观信息对原油波动的信息溢出水平并没有明显增加。这一发现证实了 Maghyereh 等（2016）的观点，即 2014 年原油价格的下跌并不是由外界对原油的信息溢出增加导致的，而是因为页岩油产量的增加。由此可见，该下跌是由原油基本面或全球市场过度供给驱动的。此外，2015年8月恐慌指数对各个商品市场信息溢出水平的增加也印证了美国股市暴跌引起的投资者恐慌是总体关联性突然增加的原因。

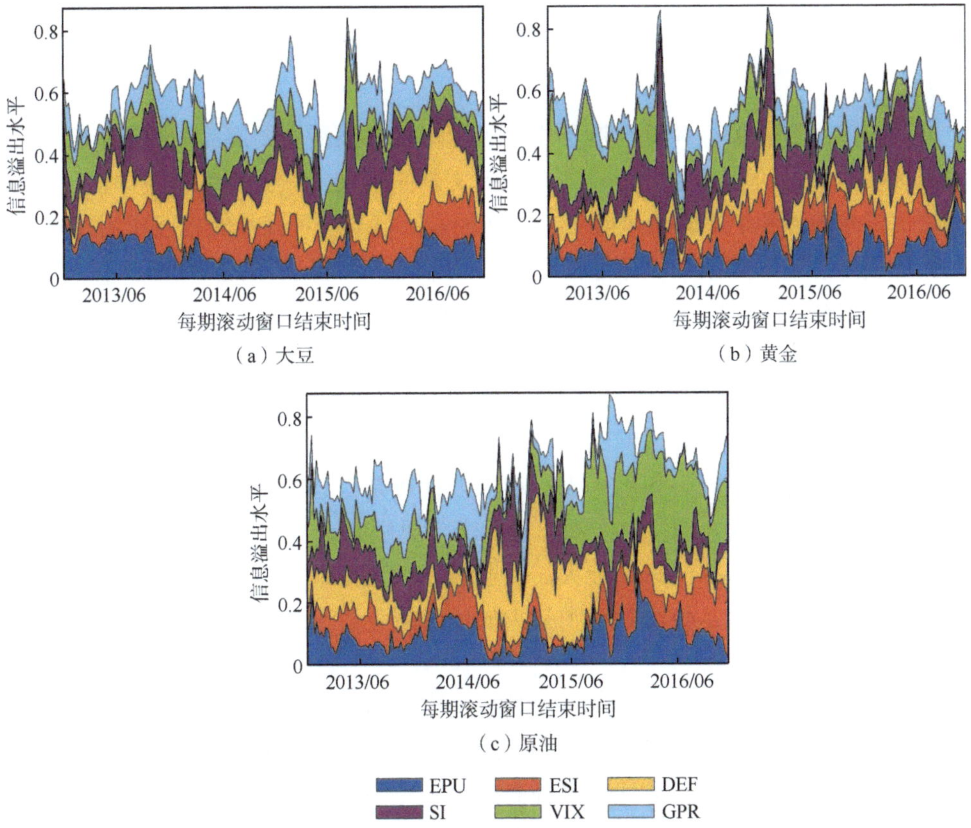

图 3-4　由宏观信息指标到商品期货的动态信息溢出水平

滚动窗口长度为 50

表 3-4　宏观信息指标对商品期货信息溢出效应的排名

排名	大豆		黄金		原油	
	信息溢出方	均值	信息溢出方	均值	信息溢出方	均值
1	DEF	0.113	SI	0.118	VIX	0.138
2	SI	0.109	VIX	0.111	DEF	0.123
3	GPR	0.098	ESI	0.095	EPU	0.098
4	ESI	0.095	EPU	0.093	GPR	0.095
5	EPU	0.088	DEF	0.077	ESI	0.089
6	VIX	0.083	GPR	0.066	SI	0.083

3.5　本章小结

本章以大豆、黄金和原油期货作为国际市场上三种主要商品的代表，研究了宏观因素对商品价格波动的影响。在现有文献的基础上，我们系统地评估了宏观经济、资本市场和地缘政治风险三个宏观因素维度与每种商品的相互作用。同时，我们还采用了高频数据来计算每种商品的已实现波动率，并应用 Diebold 和 Yilmaz（2012，2014）的方法来评估静态和动态关联性。

实证结果表明，三个商品-宏观信息系统网络具有一定的相似性，与现有文献中发现的商品之间具有强协同性一致。然而，三个系统之间也存在一些明显的区别。第一，每种商品在各自网络中的作用不同。黄金期货在其网络中处于主导地位，是信息的净贡献者，相反，大豆和原油期货是信息的净接收者。第二，原油期货波动比大豆和黄金期货对宏观信息的变化更敏感。其中，投资者恐慌对原油、黄金期货已实现波动率的影响最大，商业周期对大豆期货已实现波动率的贡献最多。第三，恐慌指数是每个系统中最大的信息接收者，而经济政策不确定性是系统波动的重要来源。

与此同时，黄金-宏观信息系统和原油-宏观信息系统的总体关联性呈现出显著的时变特征，而大豆-宏观信息系统的总体关联性相对稳定，反映了黄金和原油在动态过程中的特殊性。另外，每种商品也有一些有趣的区别。不同网络时变总体关联性的主要驱动力因商品而异。具体而言，大豆-宏观信息系统总体关联性的波动主要来源于违约利差和投资者情绪指数，黄金-宏观信息系统总体关联性的波动主要来源于投资者情绪指数和恐慌指数，而原油-宏观信息系统中总体关联性的波动主要是由违约利差和恐慌指数引起的。并且，地缘政治风险也是原油-宏观信息系统信息溢出水平的重要影响因素。

上述实证结果为投资者和政策制定者提供了有用的信息。在防控商品市场风险时，特别是在商品期货的短期交易中，应关注宏观因素对商品市场的影响。具体地，市场管理者应加强对金融和商品市场投机行为的监控，稳定资本市场的投资者情绪。同时，应根据商品类型采取不同的监管措施，以达到最佳的监管效果。投资者还可以针对商品期货与宏观因素之间信息溢出的差异进行投资组合多样化，从而最小化投资风险。例如，除了关注市场情绪对所有商品市场的影响外，还应特别考虑商业周期对大豆和原油价格波动的影响以及地缘政治风险对原油价格波动的影响。更重要的是，投资者和市场管理者应根据商品期货与宏观因素关联性随时间的变化，动态调整投资组合及商品市场管理策略。

尽管本章证实了宏观因素在商品市场中发挥了非常关键的作用，但必须指出，其中的根本原因尚未明确且值得进一步探究。本章所使用的时间序列方法可以与标准计量分析相结合，这可能是未来研究的一个有趣的方向。

第 4 章

国际原油价格波动多因子预测研究

近年来，原油价格一旦出现大幅波动均会引起市场风险监管者和参与者的密切关注。这主要是由于原油价格波动会通过产业链传导至各个部门，从而对整个宏观经济体系产生巨大的影响。大量文献证实原油市场不确定性会抑制投资（Elder and Serletis，2009）、冲击全球金融体系（Kilian and Park，2009），甚至会诱发经济衰退（Gkanoutas-Leventis and Nesvetailova，2015）。因此，把握原油价格行为规律，准确预测价格波动对资产定价、实施对冲策略、评估限制资本国际流动的监管提案具有重要的作用（Charles and Darné，2017）。准确预测原油价格波动可以帮助市场参与者、期货交易管理者和监管者、政策制定者及原油生产商和工业消费者把握市场不确定性，规避市场风险。2004 年以来原油市场金融属性凸显，吸引了大批金融投资者进入市场进行对冲套利（Fattouh et al.，2013；Büyükşahin and Robe，2014）。同时，大型金融机构通过原油期货进行资产投资组合，以分散风险、保值增值（Silvennoinen and Thorp，2013）。因此，原油价格波动预测成为能源市场风险管理的重要研究方向，吸引了许多学者从不同的视角进行研究。

4.1 引　　言

当前原油价格波动预测方法主要有两大类。一是基于原油价格历史信息进行预测，二是选取特定的影响因素来解释原油价格波动并预测未来波动情况。基于历史信息预测主要采用 GARCH 族类模型（Wang and Wu，2012；Efimova and Serletis，2014）。Sadorsky 和 McKenzie（2008）表示 GARCH 族类模型预测精度要优于其他预测模型。Nomikos 和 Pouliasis（2011）采用 Mix-GARCH（Mixed-GARCH）和 MRS（Markov regime switching，马尔可夫机制转换）-GARCH 模型对油价波动进行预测。Kang 和 Yoon（2013）将 GARCH 模型与分整自回归移动平均（autoregressive fractionally integrated moving average，ARFIMA）模型结合，构造复合型模型，用于预测未来 1 天、5 天和 20 天的价格波动情况。这一类预测方法对数据要求比较低，仅需要收集历史价格序列，忽略了多种外部因素对预测目标的综合作用。

Fama（1970）提出的有效市场假说认为有效市场的价格能够充分地反映所有可获得信息，即任何可以用于预测市场表现的信息已在市场价格中被反映出来。然而，现有研究证实原油市场并不是完全有效市场。Wang 和 Liu（2010）证实了原油市场长期是趋于弱有效的，但短期内原油市场是无效市场，即短期原油价格变动不能充分反映市场的所有历史信息。因此，许多学者通过引入影响原油价格波动的驱动因素来提高预测精度。

然而，驱动原油价格变化的因素是一组动态且复杂多变的因素，除了原油市场的基本面因素外，市场价格变动还会受到交易者行为、投机、金融化因素等影响（Hamilton，2009b；Ji，2012）。因此，第二类预测方法的关键在于构造合理的预测因子。大部分研究是对影响原油价格波动的诸多因素进行筛选，建立油价波动与影响因素之间的函数关系，进而实现价格波动未来走势的合理预测。

由于研究的视角不同，许多学者采用不同的驱动因素来预测原油价格波动。一些学者认为全球原油供需基本面信息是分析和预测原油价格波动的重要信息（Ye et al.，2005；Baumeister and Kilian，2012）。Ye 等（2005）发现经济合作与发展组织（Organization for Economic Cooperation and Development，OECD）原油库存信息能够提高原油价格波动预测精度。Dees 等（2007）将原油库存、投机、OPEC 产量、原油生产能力等因素作为解释变量引入到预测模型中。然而，近年来，在全球原油供需处于基本平衡的状态下，国际原油价格仍剧烈波动。这说明传统的供需基本面框架已经无法完全解释当前的原油价格波动特征，原油价格波动呈现出越来越明显的金融化属性，开始更多地受金融资本、汇率因素、市场投机行为等因素的影响。因此，有学者着重从原油市场金融化信息视角研究原油价格波动情况。Haugom 等（2014）通过引入隐含波动、成交量、持仓量等原油期货市场指标提高预测精度。除原油市场商品属性和金融属性外，有学者认为原油市场中的突发事件和地缘政治冲突是造成短期内原油价格波动的重要因素。Miao 等（2017）采用中东和北非恐怖袭击的次数量化地缘政治属性因素，并将该因素作为重要解释变量引入到预测模型中。除此之外，Antonakakis 等（2014）认为在全球经济衰退时期宏观经济政策不确定性是主导原油价格波动的重要因素。因此，有学者提出在宏观经济不确定性信息的框架下研究原油价格波动情况。Wei 等（2017）认为全球宏观经济政策不确定性指数比原油供需和市场投机行为更能提高波动预测精度。Pan 等（2017）发现，引入宏观经济基本面信息可有效提高原油价格波动的预测精度。

根据上述文献，各种因素主要反映了不同信息冲击对原油价格波动的影响。

因此，我们将原油价格波动的预测因子分为四类。第一类是原油市场的基本面预测因子，主要反映原油市场供给和需求的平衡状态信息（Ye et al.，2005；Dees et al.，2007；Baumeister and Kilian，2012）。第二类是金融化预测因子，主要反映金融化信息的影响，如投机、隐含波动性等（Haugom et al.，2014）。第三类是突发事件预测因子，主要反映金融危机、地缘政治、战争、突发天气等不确定事件信息的影响（Miao et al.，2017）。第四类是全球宏观经济政策不确定性预测因子，主要反映宏观经济政策变化对原油价格波动的影响（Wei et al.，2017；Pan et al.，2017）。

然而，上述文献大多数只关注某类信息对原油价格波动的预测能力，并没有对原油价格波动的预测因子进行对比分析，进而识别最有效的预测因子。因此，本章对现有多因素预测框架进行扩展，重点从原油市场商品属性、金融属性、地缘政治属性、全球宏观经济政策不确定性四个维度构造相应的预测因子。同时，本章从信息的视角，将同类因素的信息进行提取合成，避免了因素之间的同质化影响，为识别原油价格波动提供新的分析工具。

本章主要有四点贡献。①本章分别构造了原油市场基本面预测因子、金融化预测因子、突发事件预测因子和全球宏观经济政策不确定性预测因子等四类预测因子，分析了原油市场不同维度的信息对原油价格波动的影响机理，识别出当前最有利于预测原油价格波动的信息，为原油市场参与者和政策制定者关注市场信息动态提供方向和依据。②本章采用原油市场事件的网络关注度来量化事件影响。与用虚拟变量进行事件刻画相比，网络信息能有效地反映事件发生的规模效应、响应模式及持续强度（Ji and Guo，2015），更好地刻画事件信息对原油价格波动行为的影响。③本章采用广义动态因子模型构造预测因子，该方法可以将原油市场系统内不同因素之间的相互影响和各个因素之间的时变关系考虑在内，更符合原油市场实际情况。同时，通过构造预测因子可达到模型降维的目的，避免模型中“维数灾难”现象的出现。④为识别影响原油价格波动预测精度的关键信息，本章采用 5 种 GARCH 类模型对构造的四类预测因子进行预测效果对比分析，通过模型信度设定（model confidence set，MCS）检验方法比较各类预测因子的预测精度，识别出对原油价格波动预测效果最好的预测因子。

4.2 预测因子的构造

本节构造了原油市场基本面预测因子、金融化预测因子、突发事件预测因子及全球宏观经济政策不确定性预测因子。其中，基本面预测因子代表原油市场供需基本面变化情况的信息。金融化预测因子表示原油市场金融化行为对波动的影响，主要分析原油市场投机行为信息及股票、商品、汇率市场对原油市场的信息（风险）溢出。突发事件预测因子表示引起原油价格波动的突发事件及地缘政治事件信息。全球宏观经济政策不确定性预测因子表示宏观经济政策不确定性信息在原油价格波动预测中的作用。

4.2.1　指标体系和数据

本节重点介绍各个维度指标的选取情况和指标体系构建依据，详细数据源见表 4-1。

表 4-1　预测因子指标体系

预测因子类别	因素指标	频度	数据源
基本面预测因子	库存	周度	Datastream 数据库
	美国原油净进口量	周度	Datastream 数据库
	炼油厂开工率	周度	Datastream 数据库
金融化预测因子	投机	周度	CFTC
	CRB（Commodity Research Bureau，商品调查局）指数	周度	Datastream 数据库
	美元指数	周度	Datastream 数据库
	S&P500	周度	Datastream 数据库
	VIX	周度	Datastream 数据库
突发事件预测因子	OPEC 类词条	周度	Google Trends
	地缘政治事件词条	周度	Google Trends
	自然灾害类词条	周度	Google Trends
全球宏观经济政策不确定性预测因子	美国 EPU	月度	http://www.policyuncertainty.com/index.html
	中国 EPU	月度	http://www.policyuncertainty.com/index.html
	欧盟 EPU	月度	http://www.policyuncertainty.com/index.html
	加拿大 EPU	月度	http://www.policyuncertainty.com/index.html
	俄罗斯 EPU	月度	http://www.policyuncertainty.com/index.html
	日本 EPU	月度	http://www.policyuncertainty.com/index.html

1. 原油市场基本面预测因子

原油价格的波动很大程度上服从供求规律。本节选择库存、美国原油净进口量、炼油厂开工率三个因素度量原油市场供需基本面信息。具体因素如下：①库存是短期供需的重要指标（Alquist and Kilian，2010；Ji，2012），特别是在原油市场不稳定、存在较大风险时，原油价格波动受库存的影响变得更为敏感；②美国原油净进口量体现原油市场需求侧信息；③炼油厂开工率反映原油市场供给侧信息。Kaufmann等（2008）指出炼油厂开工率作为度量原油产量的重要指标，显著影响原油价格变动。

2. 原油市场金融化预测因子

随着原油市场金融属性的凸显，市场中的投机行为成为驱动原油价格波动的关键因素。同时，由于市场一体化的发展及大数据时代的到来，不同市场间的信息冲击和信息溢出效应变得更加显著，金融传染机制不再局限于股票市场之间。原油市场金融化程度加深，原油市场与股票市场、汇率市场及商品市场之间的关系变得更加紧密。因此，本节重点从投资者行为、市场间信息或风险溢出及市场不确定性等方面度量原油市场金融属性。①投机衡量投资者的活动。2004年之后，通过原油价格变化获取收益的金融交易者大量增多，原油市场金融化程度增大。原油期货逐渐成为投资者进行套期保值的重要商品之一，这使得市场中投资者的投机行为成为影响原油价格变动的关键因素（Fattouh et al.，2013；Kilian and Murphy，2014）。本节参照de Roon等（2000）的研究，将非商业持仓占未平仓合约总量的比例作为原油市场的投机行为。②美元指数。以美元定价的原油价格，使得其对美元汇率变动比较敏感（Mo et al.，2018）。美元指数与原油价格之间存在动态联动关系（Ji et al.，2019b）。③S&P500。原油与股票市场之间存在显著的波动溢出效应和因果关系（Du and He，2015），同时二者之间存在投资替代关系，因此股票市场价格对原油市场有显著的风险溢出效应。④CRB指数。随着原油工业的发展，原油在炼化过程及整个产业链过程中与各种非能源商品的关系也变得更加紧密（Soytas et al.，2009）。⑤VIX。投资者投资原油市场来分散其他金融资产的风险，股票市场的风险溢出会引起原油价格的剧烈波动。VIX作为反映股票市场收益不确定性的重要指标（Sari et al.，2011），在度量原油市场金融属性的影响时应将其考虑在内。

3. 原油市场突发事件预测因子

地缘政治事件及极端天气是影响原油价格波动的重要因素（Demirer and Kutan，2010；Ji and Guo，2015）。这些事件会通过影响投资者的心理预期影响投资者对市场未来走势的判断和交易策略，从而引起原油市场的价格波动。因此，原油市场的分析师和参与者在进行原油价格预判时会考虑原油市场中事件引起的新的市场信息变化。以往研究大多通过引入虚拟变量刻画事件的影响。但虚拟变量刻画事件会损失事件的大部分信息，从而导致信息失真。本节采用原油市场事件的网络关注度量化事件影响，通过这种方法能够有效刻画事件引起的信息冲击的规模效应和动态变化。

本节参照 Ji 和 Guo（2015）对原油市场事件的筛选方式，依据油价冲击来源将事件分为如下五类：①自然灾害；②战乱；③全球金融危机；④OPEC 会议；⑤治理全球变暖。根据上述五类事件，本节选取合理的关键词量化事件影响，详细见 4.2.2 节。

4. 全球宏观经济政策不确定性预测因子

原油供应商面对全球宏观经济政策不确定性会进行囤货，从而诱导原油价格上涨或剧烈波动（Aloui et al.，2016）。Baker 等（2016）通过构造 EPU 指数有效地量化了全球宏观经济政策不确定性。大量学者基于 Baker 等（2016）的 EPU 指数证实了全球宏观经济政策不确定性对预测原油市场收益和波动的重要性（Antonakakis et al.，2014；Aloui et al.，2016）。本节根据全球主要原油需求和供给国家分别选取了美国、中国、日本、俄罗斯、加拿大和欧盟六个 EPU 指数来度量全球宏观经济政策不确定性的影响。

4.2.2　构造预测因子

为了对各类因素进行有效降维，本节采用广义动态因子模型提取相应的信息构造预测因子。另外，由于不同事件对原油价格波动影响存在很大的差异，不同类别的事件难以提取共同信息。为此，本节参照 Da 等（2015）的方法构造突发事件预测因子。本节将重点对构造预测因子的指标体系和构建方法进行介绍。

1. 广义动态因子模型

传统的因子模型主要用于高维变量分析，但原油市场的动态特征使得因子模型前提假设（“静态”和“正交随机成分”）往往无法满足。首先，Forni 等（2000）、Forni 和 Lippi（2001）提出的广义动态因子模型假定滞后阶数为无穷大且允许经济变量的随机成分正交，突破了以前学者的假定限制，使得广义动态因子模型对系统的统计结构动态刻画比传统的因子模型更符合原油市场规律。其次，广义动态因子模型允许随机成分之间存在同期相关性。在复杂的原油市场系统内，不同因素之间是存在相互影响的，即各因素对应的随机成分很可能存在同期相关。最后，广义动态因子模型可以将各个变量之间的动态联系纳入到各个变量共同成分的计算中，反映了原油市场系统的复杂性和动态性。详细模型见 2.2.2 节。

2. 突发事件预测因子

参考 Da 等（2015）构造指数的方法，本节选取一系列能够反映原油市场突发事件信息的关键词，基于这些关键词在 Google Trends 中的搜索频度构造突发事件预测因子。具体步骤如下。

（1）通过分析《泰晤士报》《华尔街日报》《纽约时报》等报刊中关于原油市场相关报道的文本，总结出能够反映事件信息的 17 个核心关键词条，如“OPEC 会议”“飓风”“利比亚战争”“金融危机”等。

（2）利用 Google Trends 的相关词条推荐功能，每个关键词条存在 10 个高相关性关联词条，将本节选取的 17 个核心关键词条扩展至 165 个相关词条。例如，输入“OPEC Meeting”后，与该词条高度相关的词条有“OPEC Oil Meeting”“Oil”“OPEC Meeting News”“OPEC Meeting 2017”“OPEC Meeting 2016”“OPEC Next Meeting”“OPEC Meeting November”“Oil Price”“OPEC Oil Price”“OPEC Meeting Time”。

（3）剔除重复词条，最终得到 112 个词条。为了确保选择的词条能够更加精准地反映事件信息，本节从 112 个词条中将与原油市场不相干和没有足够数据的词条剔除，最终为 88 个词条。

（4）参考 Da 等（2015）的方法，构造原油市场突发事件预测因子。为避免数据存在季节性和异方差性，本节对原始数据进行如下调整。首先，本节对数据序列进行 Winsorize 变换，从而减少极端值对分布的影响。其次，本节对词条序列进行标准化处理，避免序列出现异方差性。最后，采用对数差分得到每个搜索量的变化值为 $\Delta \mathrm{SVI}_{j,t} = \ln(\mathrm{SVI}_{j,t}) - \ln(\mathrm{SVI}_{j,t-1})$。

通过对筛选的 88 个词条序列与油价波动进行格兰杰因果检验，删除不能显著引起油价波动的词条，最终筛选出 17 个有效词条（表 4-2）。通过将这 17 个有效词条的搜索量变化值进行加和得到最终的原油市场突发事件预测因子（$\sum_{j=1}^{17} \Delta \mathrm{SVI}_{j,t}$）。

表 4-2　原油市场突发事件信息的关键词条与油价波动间的格兰杰因果检验

序号	词条	滞后期	F 统计量
1	Arab Isreali Conflict $\nrightarrow$ 油价波动	1	3.269*
2	Arab Spring $\nrightarrow$ 油价波动	1	11.133***
3	Financial Crisis $\nrightarrow$ 油价波动	1	2.776*
4	Global Crisis $\nrightarrow$ 油价波动	1	5.439***
5	Hurricane Center $\nrightarrow$ 油价波动	1	7.189***
6	Hurricane Sandy $\nrightarrow$ 油价波动	1	5.785***

续表

序号	词条	滞后期	F 统计量
7	Indian Ocean Tsunami ↛ 油价波动	1	6.242***
8	Kyoto Protocal ↛ 油价波动	1	3.243*
9	Libyan War ↛ 油价波动	1	4.190**
10	Middle East Map ↛ 油价波动	1	6.035***
11	National Hurricane ↛ 油价波动	1	6.333***
12	News Isis ↛ 油价波动	1	5.800***
13	OPEC Meeting News ↛ 油价波动	1	4.502**
14	OPEC Meeting ↛ 油价波动	1	3.547**
15	OPEC Oil Production ↛ 油价波动	1	3.415**
16	Revolution of Iran ↛ 油价波动	1	4.306**
17	Hurricane ↛ 油价波动	1	6.362***

注：这里只列出格兰杰因果检验显著的 17 个关键词条

***表示 1%的显著性水平，**表示 5%的显著性水平，*表示 10%的显著性水平

4.3　多预测因子建模

4.3.1　预测模型

为探究4.2节构造的四个预测因子对日度的原油价格波动的影响机制和预测效果，本节基于 Engle 等（2013）提出的 GARCH-MIDAS 模型进行分析，该模型主要优点是在预测时将低频宏观基本面数据考虑在内，有效地提高了预测精度。该模型实质上是基于波动率分解理论，将原油市场波动率分解为长短期两部分，然后对每一部分分别建模。本节构造 GARCH-MIDAS 模型表达式，具体如下所示。

假设第 t 周第 i 天的油价收益服从下述过程：

$$r_{i,t} = \mu + \varepsilon_{i,t}\sqrt{\tau_t g_{i,t}},\quad \varepsilon_{i,t} \mid \phi_{i-1,t} \sim N(0,1) \tag{4-1}$$

其中，$r_{i,t}$ 为第 t 周第 i 天的油价收益；μ 为油价收益基于 $\phi_{i-1,t}$ 信息集的条件期望；$\varepsilon_{i,t}$ 为残差。而 $r_{i,t}$ 的条件方差被分解为短期成分 $g_{i,t}$ 和长期成分 τ_t 。模型假设短期成分 $g_{i,t}$ 服从 GARCH（1, 1）过程，表达式如下：

$$g_{i,t} = (1-\alpha-\beta) + \alpha\frac{(r_{i-1,r}-\mu)^2}{\tau_t} + \beta g_{i-1,t} \tag{4-2}$$

长期成分 τ_t 采用 MIDAS 模型刻画，通过 $\mathrm{RV}_t=\sum_{i=1}^{N_t} r_{i,t}^2$ 解释长期成分 τ_t，表达式如下：

$$\tau_t = m + \theta \sum_{k}^{K} \varphi_k \mathrm{RV}_{t-k} \tag{4-3}$$

其中，RV_{t-k} 为已实现波动率相对当期（t 期）滞后 k 期的水平值；K 为该变量水平值的最大滞后阶数；m 为均值；θ 为 RV 滞后项系数。

在式（4-3）的基础上引入预测因子，探究这些变量对长期成分 τ_t 的影响机制，以及对油价波动的预测效果。具体表达式如下：

$$\tau_t = m + \theta_1 \sum_{k}^{K} \varphi_k \mathrm{RV}_{t-k} + \theta_2 \sum_{k}^{K} \varphi_k X_{t-k} \tag{4-4}$$

其中，X_{t-k} 为预测因子相对当期（t 期）滞后 k 期的水平值；K 为该变量水平值的最大滞后阶数。

原油收益条件方差定义为

$$\sigma_{i,t}^2 = \tau_t g_{i,t} \tag{4-5}$$

在式（4-3）和式（4-4）中的权重 φ_k 为 Beta 权重函数，表达式如下：

$$\varphi_k(w) = \frac{\left(\dfrac{k}{K}\right)^{w_1-1}\left(1-\dfrac{k}{K}\right)^{w_2-1}}{\sum_{j=1}^{K}\left(\dfrac{j}{K}\right)^{w_1-1}\left(1-\dfrac{j}{K}\right)^{w_2-1}} \tag{4-6}$$

本节主要构建两种不同类型的模型，这两种模型主要区别在于对长期成分 τ_t 的度量，其中短期成分 $g_{i,t}$ 保持不变。

（1）RV 模型。在度量长期成分 τ_t 时，该模型仅引入 RV，并未考虑预测因子，详细见式（4-3）。

（2）RV+X 模型。该模型在度量长期成分 τ_t 时，在上一类模型基础上引入预测因子，详细见式（4-4）。

4.3.2　预测有效性检验

通常学者以某些损失函数为标准比较预测效果，但运用单一的损失函数标准不能全面反映模型的预测能力的优劣（Diebold and Mariano，1995；Lopez，2001），不能说明模型之间预测精度的差异是否显著。因此，本节采用 Hansen 等（2011）提出的 MCS 检验量化四类预测因子的预测损失，对比识别出最有助于预测原油价格波动的信息。在进行检验前，本节选用如下 4 种常用的损失函数。

$$L_1: \mathrm{MSE} = M^{-1}\sum_{t=1}^{M}(y_t - \hat{y}_t)^2 \tag{4-7}$$

$$L_2: \mathrm{MAE} = M^{-1}\sum_{t=1}^{M}\left|y_t - \hat{y}_t\right| \tag{4-8}$$

$$L_3: \mathrm{QLIKE} = M^{-1}\sum_{t=H+1}^{H+M}\left(\ln \hat{y}_t^2 + \frac{y_t}{\hat{y}_t}\right) \tag{4-9}$$

$$L_4: R^2\mathrm{LOG} = M^{-1}\sum_{t=H+1}^{H+M}\left(\frac{\ln y_t}{\hat{y}_t}\right)^2 \tag{4-10}$$

其中，y_t 为原油价格波动的真实值；$\hat{y}_t$ 为基于不同模型得到的原油价格波动的预测值；M 为预测值数目。

具体的 MCS 检验过程如下。首先，假设存在 m_0 个候选模型，记为 $M_0=\{1,2,\cdots,m_0\}$，每个波动率预测模型 k 都可以得到 M 个未来一天的波动率预测值，其中 $t=H+1, H+2, \cdots, H+M$。对于每个预测值，按照本节给出的四个损失函数（L_1, L_2, L_3, L_4）计算出损失函数值 $L_{i,j,m}$（i 表示损失函数类型，i=1, 2, 3, 4；j 表示相应的预测模型；m 表示预测时间点）。在 M_0 中，任意两个波动率预测模型 u 和 v 都可以计算出相对应的波动率预测值的相对损失函数值，$d_{i,uv,m}=L_{i,u,m}-L_{i,v,m}$。

其次，定义“高级对象的集合”M^*为

$$M^* \equiv \left\{u \in M_0 : E(d_{i,uv,m}) \leqslant 0,\ \ \forall v \in M_0\right\}$$

MCS 检验过程是在集合 M_0 中进行一系列的显著性检验，剔除集合 M_0 中预测能力较差的模型。因此在每一次检验中，零假设都是两个模型具有相同的预测能力，即

$$\text{对于所有 } u,v \in M \subset M_0,\quad H_{0,M}: E(d_{i,uv,m}) = 0$$

MCS 检验过程是依据等价检验 δ_M 和剔除准则 e_M 的。其中，对于任何 M_0，等价检验 δ_M 都是用来检验零假设的，而剔除准则 e_M 是用来剔除拒绝零假设的模型的。因此，MCS 算法步骤为：第 1 步，设定 $M=M_0$；第 2 步，在显著水平 α 下，利用等价检验 δ_M 检验零假设 $H_{0,M}$；第 3 步，如果接受零假设，则定义 $\hat{M}_{1-\alpha}^*$，否则利用剔除准则 e_M 将拒绝零假设的模型从 M 中剔除，这一过程一直持续到不再出现拒绝零假设的情况，最后得到 MCS 检验下的幸存模型。集合 $\hat{M}_{1-\alpha}^*$ 包含了在 $1-\alpha$ 的置信水平下的最优预测模型。对于给定的模型 k（$k \in M_0$），该模型属于集合 $\hat{M}_{1-\alpha}^*$ 的条件是其 MCS 检验的 p 值大于显著水平 α。通常显著水平 α 设置不超过 0.25（Hansen et al.，2011；Wang et al.，2016b）。然而考虑到本节主要目的是确定哪一类信息最有

助于预测原油价格波动，而不是比较信息的有效性。本节将显著水平 α 提高到 0.5。

MCS 的检验统计量更为复杂。Hansen 等（2011）指出对模型进行评估时应采用范围统计量（T_R）和半二次方统计量（T_{SQ}），其定义分别为

$$T_R = \max_{u,v\in M} \frac{\left|\bar{d}_{i,uv}\right|}{\sqrt{\operatorname{var}(\bar{d}_{i,uv})}} \tag{4-11}$$

$$T_{\mathrm{SQ}} = \max_{u,v\in M} \frac{(\bar{d}_{i,uv})^2}{\operatorname{var}(\bar{d}_{i,uv})} \tag{4-12}$$

$$T_{\mathrm{MAX}} = \max_{i\in M} \frac{(\bar{d}_{i,\cdot})^2}{\sqrt{\operatorname{var}(\bar{d}_{i,\cdot})}} \tag{4-13}$$

其中，$\bar{d}_{i,uv} = \frac{1}{n}\sum_{m=1}^{n} d_{i,uv,m}$ 为模型 u 和 v 波动率预测值的相对损失函数值的平均值；$\bar{d}_{i,\cdot} \equiv \frac{1}{m}\sum_{j\in M} \bar{d}_{ij}$ 为第 i 个模型相对集合 M 中模型平均水平的损失函数值的平均值。如果统计量 T_R、T_{SQ}、T_{MAX} 大于给定的临界值，表明拒绝零假设。由于统计量 T_R、T_{SQ}、T_{MAX} 的渐近分布依赖于“厌恶参数”，它们的真实分布非常复杂。然而，统计量 T_R、T_{SQ}、T_{MAX} 及相应的 p 值可以通过自举法获得。

4.4 实证结果

本节主要分析样本内各个预测因子在 GARCH-MIDAS 模型中的表现，识别出最有助于预测原油价格波动的预测因子。

4.4.1 描述性统计

本节数据样本包含 2007 年 9 月 1 日～2017 年 6 月 1 日的日度数据（2545 个观测值）。在选定的样本内，原油价格经历了较大幅度的上涨和下跌。因此，利用该样本识别原油市场各类预测因子对原油价格波动的预测效果具有较强代表性。为了清楚地展示样本数据和本节构建的预测因子，图 4-1 描述了原油价格收益和四类预测因子的变动情况。由图 4-1 可以看出，所有预测因子和 WTI 收益率在 2008～2009 年金融危机期间均达到峰值，并且原油市场的波动性达到了前所未有的水平。这表明预测因子能够捕捉到油价的变化情况。

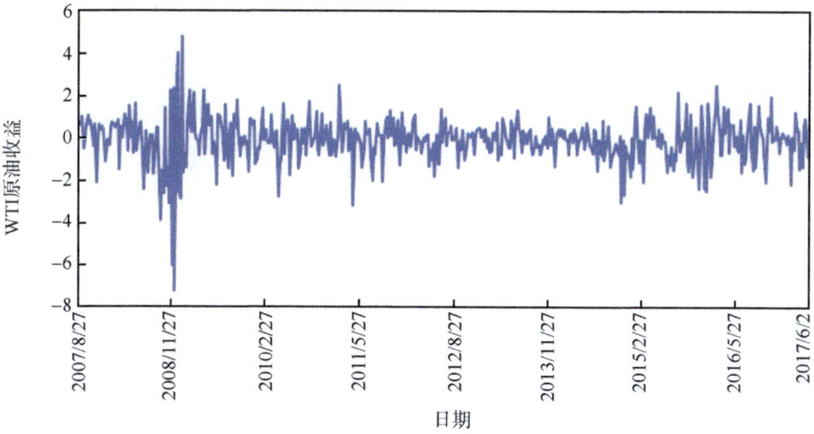

（a）WTI收益

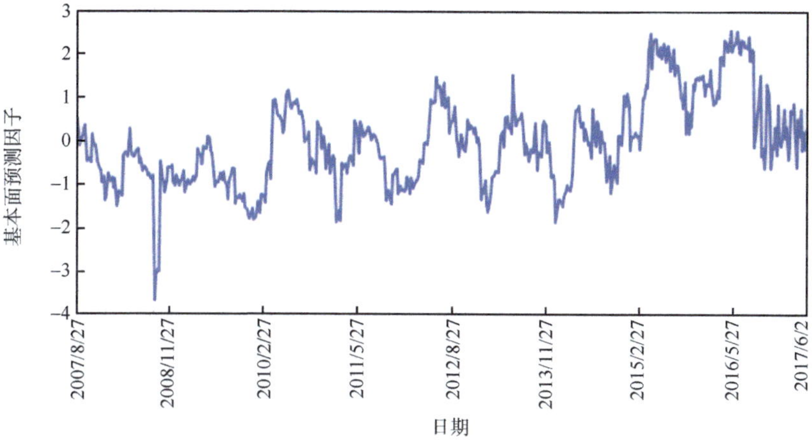

（b）基本面预测因子

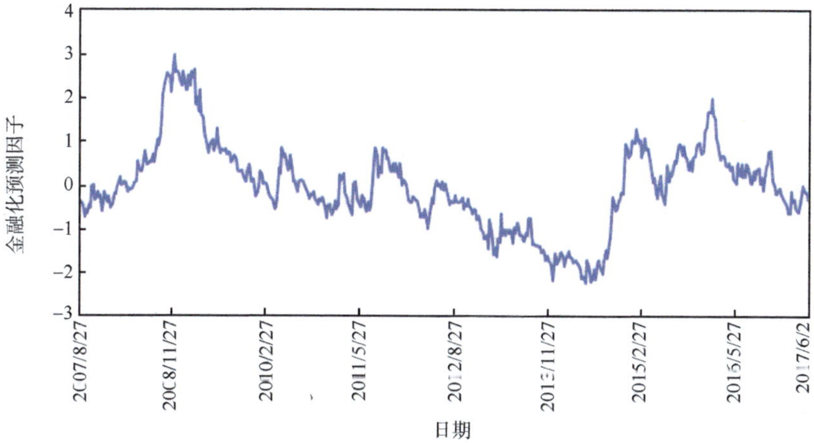

（c）金融化预测因子

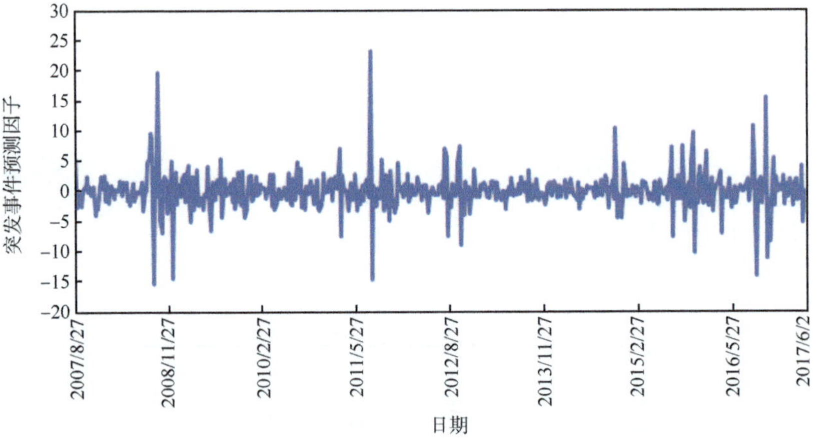

（d）突发事件预测因子

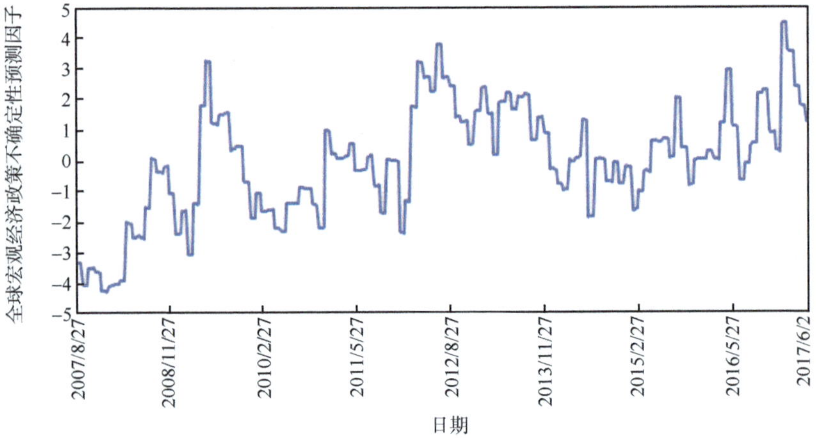

（e）全球宏观经济政策不确定性预测因子

图 4-1　原油价格收益与四类预测因子走势图

表 4-3 提供了原油收益和各类预测因子时间序列的基本统计量。首先，从 Jarque-Bera 统计量看，大部分变量在 1%的水平上拒绝原假设，即不服从正态分布。其次，突发事件预测因子的标准差明显比其他几个指标大，这表明事件的信息波动明显大于其他三类市场信息变化。最后，各个变量的单位根检验均拒绝原假设，表面样本中所有时间序列均是平稳的，因此可直接在模型中使用。

表 4-3　原油收益与四类信息预测因子的描述性统计量

变量	频度	均值	最大值	最小值	标准差	偏度	Jarque-Bera	ADF 检验
WTI 原油收益	日度	−0.016	4.864	−7.145	1.081	0.887	916.595***	−23.765***
基本面预测因子	周度	3.211	3.385	1.032	0.141	−2.132	261 779***	−3.304**
金融化预测因子	周度	13.781	15.382	12.857	0.566	0.688	49.219***	−3.885***

续表

变量	频度	均值	最大值	最小值	标准差	偏度	Jarque-Bera	ADF 检验
突发事件预测因子	周度	0.018	396.819	−262.967	55.197	0.774	$3\,066^{***}$	-17.884^{***}
全球宏观经济政策不确定性预测因子	月度	3.11×10^{-4}	4.539	−4.242	1.834	−0.169	3.640^{*}	-3.699^{***}

注：ADF 检验全称为增广迪基-富勒检验（augmented Dickey-Fuller test）

***表示 1%的显著性水平，**表示 5%的显著性水平，*表示 10%的显著性水平

本节通过格兰杰因果检验分析四类预测因子能否引起原油价格波动①。通过表 4-4 发现：无论是滞后 1 期还是滞后 2 期，所有预测因子对原油价格波动的影响在 5%的水平下拒绝原假设，即各个预测因子均是导致原油价格波动的格兰杰原因；而原油价格波动对大部分变量的影响在 1%水平下接受原假设，即原油价格波动不是各个预测因子的格兰杰原因。因此，在 1%水平下，都只存在从预测因子到原油价格波动的单向格兰杰原因，即四类预测因子可引起至少一周的原油价格波动的变化，而原油价格波动并不能引起四类预测因子变化。综上，本章构造的预测因子可预测未来原油市场波动。

表 4-4　原油价格波动与四类信息预测因子之间的格兰杰因果检验

原假设	滞后期	F 统计量	滞后期	F 统计量
基本面预测因子 $\nrightarrow$ 油价波动	1	28.592^{***}	2	12.772^{***}
油价波动 $\nrightarrow$ 基本面预测因子	1	7.948^{***}	2	3.556^{**}
金融化预测因子 $\nrightarrow$ 油价波动	1	4.304^{**}	2	17.954^{***}
油价波动 $\nrightarrow$ 金融化预测因子	1	3.678^{**}	2	3.373^{*}
全球宏观经济政策不确定性预测因子 $\nrightarrow$ 油价波动	1	12.993^{***}	2	5.989^{***}
油价波动 $\nrightarrow$ 全球宏观经济政策不确定性预测因子	1	0.346	2	0.511
突发事件预测因子 $\nrightarrow$ 油价波动	1	5.526^{***}	2	5.278^{***}
油价波动 $\nrightarrow$ 突发事件预测因子	1	0.012	2	0.609

***表示 1%的显著性水平，**表示 5%的显著性水平，*表示 10%的显著性水平

4.4.2　样本内参数估计结果

本章选择 2007 年 9 月 1 日～2016 年 12 月 15 日的数据（即窗口事件长度为 2424

① 考虑到预测因子是周度数据（除全球宏观经济政策不确定性预测因子外），本章选择原油收益周度数据与预测因子做格兰杰因果检验。

个观测值）进行样本内参数估计。表 4-5 展现了两类 GARCH-MIDAS 模型（共 5 个模型）样本内参数估计结果。

表 4-5　GARCH-MIDAS 模型样本内参数估计结果

模型	μ	α	β	θ_{RV}	$\theta_{predictor}$	w_{RV}	$w_{predictor}$	m	LLF/BIC
基于已实现波动率的预测模型	1.53×10^{-4}	0.08^{*}	0.85^{***}	0.40^{***}		1.00^{***}		0.01	5724.60
	(0.34)	(2.37)	(4.36)	(4.29)		(7.47)		(1.39)	−4.86
基于已实现波动率和基本面信息的预测模型	2.89×10^{-4}	0.07^{***}	0.92^{***}	0.03	0.01^{***}	100.12^{***}	500.00^{***}	0.02	5823.00
	(0.80)	(4.45)	(43.67)	(0.69)	(3.53)	(26.46)	(499.99)	(1.48)	−4.86
基于已实现波动率和金融化信息的预测模型	1.44×10^{-4}	0.06^{***}	0.91^{***}	0.87^{**}	0.01^{***}	99.99^{***}	9.99^{**}	0.01^{***}	5832.60
	(0.20)	(6.79)	(65.19)	(2.39)	(4.42)	(22.75)	(2.96)	(3.98)	−4.87
基于已实现波动率和突发事件信息的预测模型	2.48×10^{-4}	0.05^{***}	0.95^{***}	0.09^{*}	0.06^{***}	100.00^{***}	12.00^{***}	0.03	5810.00
	(0.23)	(6.31)	(35.75)	(2.28)	(7.79)	(100.00)	(11.40)	(0.28)	−4.85
基于已实现波动率和全球宏观经济政策不确定性信息的预测模型	2.91×10^{-4}	0.07^{**}	0.92^{***}	0.04^{**}	0.01^{**}	101.08^{***}	10.05^{***}	0.03	5821.30
	(0.78)	(3.93)	(43.55)	(2.00)	(4.62)	(25.07)	(4.42)	(1.55)	−4.86

注：括号内为 t 统计量；LLF 是对数似然函数值（log likelihood function）；BIC 是贝叶斯信息准则（Bayesian information criterions）

*、**、***分别表示 10%、5%和 1%的显著性水平

在表 4-5 中可明显看出除了几个 μ、m、θ_{RV} 不显著外，其他参数均显著。α、β 反映了 5 个模型中波动持续性。数据结果显示，从原油价格波动记忆性看，所有模型的 β 均显著，且接近于 1，说明原油价格波动具有强记忆性。同时，$\alpha+\beta$ 均接近 1，说明原油价格波动短期成分 $g_{i,t}$ 和所受的冲击力是持久的。

在原油价格波动长期成分 τ_t 方程中，本节重点关注已实现波动率（θ_{RV}）和各类预测因子的系数（$\theta_{predictor}$），反映周度已实现波动率和各类预测因子对原油价格波动长期成分 τ_t 的影响。根据表 4-5 中的估计结果，本节发现已实现波动率和各类预测因子的参数 θ 均显著为正，表明这些因素均是驱动原油价格波动长期成分 τ_t 的关键成分且这些因素会增加原油价格波动。对于市场基本面预测因子来说，$\theta_{predictor}$ 显著为正，表明原油市场供需基本面信息发生变动会增加原油价格波动。对于金融化预测因子来说，$\theta_{predictor}$ 显著为正，表明原油市场投机活动增多，以及股票市场和大宗商品市场向原油市场的风险溢出会引起原油价格剧烈波动。这一

结果充分反映了原油市场金融化对价格行为规律的影响。市场参与者的短期交易行为更多关注供需基本面以外的信息流入，特别是来自其他市场的信息冲击给投资者提供了更多的投机机会，加大了原油市场的价格波动。投机资本在全球范围内流动，以及投资者在全球范围内的投资组合策略也加强了原油市场与其他市场之间的联动性，市场间的系统性风险进一步增强。对于原油市场突发事件预测因子来说，$\theta_{\text{predictor}}$ 显著为正，表明突发性事件和地缘政治事件所包含的信息会增加原油价格波动。突发性事件及资源国地缘政治事件的信息释放到原油市场会扰乱投资者的预期，从而增加市场的波动。对于全球宏观经济政策不确定性预测因子来说，$\theta_{\text{predictor}}$ 显著为正，说明全球宏观经济政策不确定性增加原油价格波动。Wei 等（2017）强调 EPU 指数通过影响市场供应商、消费者及投机者的预期，进而影响市场供需对油价波动的影响。

4.4.3　样本外预测

为识别预测能力最好的预测因子和确保模型结果的稳健性，本节比较了周度已实现波动率和四类预测因子在样本外的预测能力。本节对 2016 年 12 月 16 日～2017 年 6 月 1 日的样本外数据进行 2 天、5 天、20 天、60 天和 120 天的预测，并通过 MCS 方法检验模型预测效果。

为了得到 MCS 检验中的各统计量及 p 值，这里选取 d=2 步长和模拟次数 B=10 000 次作为 Bootstrap 过程的控制参数。参照 Wei 等（2017）的方法，MCS 检验的显著性水平 α 取值为 0.1。若 p 值小于 0.1，则认为波动率预测模型样本外预测能力较差，将在 MCS 检验过程中被剔除，反之，若波动率预测模型 p 值大于 0.1，则在 MCS 检验中保留。

本节预测样本外 2 天、5 天、20 天、60 天和 120 天的原油价格波动，识别出最有助于预测原油价格波动的预测因子，详细见表 4-6～表 4-10。表 4-6 是检验已实现波动率和四类预测因子预测未来 2 天原油价格波动的效果，表 4-6 的第 1 列是本节所涉及的全部波动率模型（共 5 个），第 1 行是各损失函数 L_i，表中数字是在各损失函数下统计量 T_R、T_{SQ}、T_{MAX} 对应的 p 值。从表 4-6 实证结果可以发现，基于金融化预测因子的模型预测损失最低，说明具有最高的预测精度。虽然在损失函数 MAE 标准下，基于已实现波动率和预测因子的模型预测损失并不是最低（p 值小于 0.1），但在 MSE、QLIKE、R^2LOG 标准下，除基于已实现波动率和金融化预测因子的模型外其他四个模型均被剔除（p 值小于 0.1）。总体来说，金融化预测因子预测效果最佳。

表 4-6　已实现波动率和四类预测因子对未来 2 天原油价格波动的预测效果

模型	MSE			MAE		
	T_R	T_{SQ}	T_{MAX}	T_R	T_{SQ}	T_{MAX}
基于已实现波动率的预测模型	0.000	0.000	0.000	0.000	0.000	0.000
基于已实现波动率和基本面信息的预测模型	0.027	0.047	1.000*	1.000*	1.000*	1.000*
基于已实现波动率和金融化信息的预测模型	1.000*	1.000*	1.000*	0.036	0.029	1.000*
基于已实现波动率和突发事件信息的预测模型	0.000	0.000	1.000*	0.000	0.000	1.000*
基于已实现波动率和全球宏观经济政策不确定性信息的预测模型	0.000	0.000	1.000*	0.000	0.000	1.000*
模型	QLIKE			R^2LOG		
	T_R	T_{SQ}	T_{MAX}	T_R	T_{SQ}	T_{MAX}
基于已实现波动率的预测模型	0.000	0.000	0.000	0.000	0.000	0.000
基于已实现波动率和基本面信息的预测模型	0.000	0.000	1.000*	0.000	0.000	1.000*
基于已实现波动率和金融化信息的预测模型	1.000*	1.000*	1.000*	1.000*	1.000*	1.000*
基于已实现波动率和突发事件信息的预测模型	0.000	0.000	1.000*	0.000	0.000	1.000*
基于已实现波动率和全球宏观经济政策不确定性信息的预测模型	0.000	0.000	1.000*	0.000	0.000	1.000*

注：表中数字是进行 10 000 次 Bootstrap 模拟的 MCS 检验 p 值，p 值大于 0.1（标星的数字）表示的是在 MCS 检验过程中的幸存模型，即预测能力较好的模型

表 4-7 展示了样本外 5 天的原油价格波动预测效果的评估结果。结果与表 4-6 中的结果类似，虽然在损失函数 MSE 下已实现波动率的预测效果最好(p 值大于 0.1)，但在 MAE、QLIKE、R^2LOG 标准下，只有基于已实现波动率和金融化预测因子的模型通过检验，成为幸存模型（p 值大于 0.1），其他模型均被剔除。因此，金融化预测因子仍然是预测未来 5 天原油价格波动效果最好的预测因子。

表 4-7　已实现波动率和四类预测因子对未来 5 天原油价格波动的预测效果

模型	MSE			MAE		
	T_R	T_{SQ}	T_{MAX}	T_R	T_{SQ}	T_{MAX}
基于已实现波动率预测的模型	1.000*	1.000*	1.000*	0.165*	0.158*	1.000*
基于已实现波动率和基本面信息的预测模型	0.000	0.000	0.000	0.000	0.000	0.000
基于已实现波动率和金融化信息的预测模型	0.000	0.000	0.021	1.000*	1.000*	1.000*
基于已实现波动率和突发事件信息的预测模型	0.000	0.000	0.000	0.000	0.000	0.000
基于已实现波动率和全球宏观经济政策不确定性信息的预测模型	0.000	0.000	0.000	0.000	0.000	0.000

续表

模型	QLIKE			R^2LOG		
	T_R	T_{SQ}	T_{MAX}	T_R	T_{SQ}	T_{MAX}
基于已实现波动率的预测模型	0.000	0.000	0.000	0.000	0.000	0.000
基于已实现波动率和基本面信息的预测模型	0.001	0.000	1.000*	0.000	0.001	1.000*
基于已实现波动率和金融化信息的预测模型	1.000*	1.000*	1.000*	1.000*	1.000*	1.000*
基于已实现波动率和突发事件信息的预测模型	0.000	0.000	0.000	0.000	0.000	1.000*
基于已实现波动率和全球宏观经济政策不确定性信息的预测模型	0.000	0.000	0.000	0.000	0.000	1.000*

注：表中数字是进行 10 000 次 Bootstrap 模拟的 MCS 检验 p 值，p 值大于 0.1（标星的数字）表示的是在 MCS 检验过程中的幸存模型，即预测能力较好的模型

表 4-8 展示的是预测样本外 20 天原油价格波动的评估结果。在损失函数 MSE 和 MAE 标准下，基于已实现波动率模型与基于已实现波动率和金融化预测因子的模型通过检验，成为幸存模型（p 值均大于 0.1）。在损失函数 QLIKE 和 R^2LOG 标准下，基于已实现波动率和基本面预测因子的模型与基于已实现波动率和金融化预测因子的模型 p 值均大于 0.1，成为幸存模型。因此，从总体来看，在任何损失函数下只有基于已实现波动率和金融化预测因子的模型未被剔除，本节认为在预测样本外 20 天原油价格波动中依然是金融化预测因子预测效果最好。

表 4-8　已实现波动率和四类预测因子对未来 20 天原油价格波动的预测效果

模型	MSE			MAE		
	T_R	T_{SQ}	T_{MAX}	T_R	T_{SQ}	T_{MAX}
基于已实现波动率的预测模型	1.000*	1.000*	1.000*	1.000*	1.000*	1.000*
基于已实现波动率和基本面信息的预测模型	0.003	0.004	0.998*	0.030	0.023	0.613*
基于已实现波动率和金融化信息的预测模型	0.357*	0.353*	1.000*	0.309*	0.349*	1.000*
基于已实现波动率和突发事件信息的预测模型	0.000	0.000	0.071	0.000	0.000	0.072
基于已实现波动率和全球宏观经济政策不确定性信息的预测模型	0.000	0.000	0.001	0.000	0.000	0.008
模型	QLIKE			R^2LOG		
	T_R	T_{SQ}	T_{MAX}	T_R	T_{SQ}	T_{MAX}
基于已实现波动率预测模型	0.018	0.017	0.150*	0.000	0.000	0.527*
基于已实现波动率和基本面信息的预测模型	0.271*	0.299*	0.958*	0.272*	0.281*	0.845*
基于已实现波动率和金融化信息的预测模型	1.000*	1.000*	1.000*	1.000*	1.000*	1.000*
基于已实现波动率和突发事件信息的预测模型	0.018	0.017	0.937*	0.000	0.000	0.769*
基于已实现波动率和全球宏观经济政策不确定性信息的预测模型	0.018	0.017	0.895*	0.000	0.000	0.489*

注：表中数字是进行 10 000 次 Bootstrap 模拟的 MCS 检验 p 值，p 值大于 0.1（标星的数字）表示的是在 MCS 检验过程中的幸存模型，即预测能力较好的模型

表 4-9 和表 4-10 分别展示的是预测样本外 60 天和 120 天原油价格波动的评估结果。由表 4-9 和表 4-10 的评估结果可明显看出，在任何损失函数下，基于已实现波动率和金融化预测因子的模型均为幸存模型，且 p 值为 1。同时，值得注意的是在 QLIKE 和 R^2LOG 两个标准的 MCS 检验中，基于已实现波动率和基本面预测因子的模型通过检验，成为幸存模型（p 值大于 0.1 且接近 1）。因此，与已实现波动率和其他预测因子相比，原油市场金融化预测因子对样本外原油价格波动的预测效果最好。同时考虑到基于已实现波动率和基本面预测因子的模型通过检验，本节认为原油市场基本面预测因子对原油价格波动具有较强的预测能力。

表 4-9　已实现波动率和四类预测因子对未来 60 天原油价格波动的预测效果

模型	MSE			MAE		
	T_R	T_{SQ}	T_{MAX}	T_R	T_{SQ}	T_{MAX}
基于已实现波动率的预测模型	0.000	0.000	0.363*	0.391*	0.413*	0.943*
基于已实现波动率和基本面信息的预测模型	0.000	0.000	0.864*	0.001	0.000	0.943*
基于已实现波动率和金融化信息的预测模型	1.000*	1.000*	1.000*	1.000*	1.000*	1.000*
基于已实现波动率和突发事件信息的预测模型	0.000	0.000	0.363*	0.000	0.000	0.265*
基于已实现波动率和全球宏观经济政策不确定性信息的预测模型	0.000	0.000	0.464*	0.000	0.000	0.074
模型	QLIKE			R^2LOG		
	T_R	T_{SQ}	T_{MAX}	T_R	T_{SQ}	T_{MAX}
基于已实现波动率预测模型	0.000	0.002	0.875*	0.001	0.000	0.858*
基于已实现波动率和基本面信息的预测模型	0.687*	0.701*	0.875*	0.684*	0.662*	0.858*
基于已实现波动率和金融化信息的预测模型	1.000*	1.000*	1.000*	1.000*	1.000*	1.000*
基于已实现波动率和突发事件信息的预测模型	0.000	0.002	0.875*	0.001	0.000	0.858*
基于已实现波动率和全球宏观经济政策不确定性信息的预测模型	0.000	0.000	0.664*	0.000	0.000	0.653*

注：表中数字是进行 10 000 次 Bootstrap 模拟的 MCS 检验 p 值，p 值大于 0.1（标星的数字）表示的是在 MCS 检验过程中的幸存模型，即预测能力较好的模型

表 4-10　已实现波动率和四类预测因子对未来 120 天原油价格波动的预测效果

模型	MSE			MAE		
	T_R	T_{SQ}	T_{MAX}	T_R	T_{SQ}	T_{MAX}
基于已实现波动率的预测模型	0.000	0.000	0.510*	0.000	0.000	0.263*
基于已实现波动率和基本面信息的预测模型	0.000	0.000	0.895*	0.000	0.000	0.929*
基于已实现波动率和金融化信息的预测模型	1.000**	1.000*	1.000*	1.000*	1.000*	1.000*
基于已实现波动率和突发事件信息的预测模型	0.000	0.000	0.606*	0.000	0.000	0.540*
基于已实现波动率和全球宏观经济政策不确定性信息的预测模型	0.000	0.000	0.140*	0.000	0.000	0.000

续表

模型	QLIKE			R^2LOG		
	T_R	T_{SQ}	T_{MAX}	T_R	T_{SQ}	T_{MAX}
基于已实现波动率的预测模型	0.000	0.000	0.130*	0.000	0.000	0.146*
基于已实现波动率和基本面信息的预测模型	0.780*	0.700*	0.996*	0.750*	0.680*	0.987*
基于已实现波动率和金融化信息的预测模型	1.000*	1.000*	1.000*	1.000*	1.000*	1.000*
基于已实现波动率和突发事件信息的预测模型	0.029	0.023	0.557*	0.019	0.022	0.547*
基于已实现波动率和全球宏观经济政策不确定性信息的预测模型	0.000	0.000	0.395*	0.000	0.000	0.357*

注：表中数字是进行 10 000 次 Bootstrap 模拟的 MCS 检验 p 值，p 值大于 0.1（标星的数字）表示的是在 MCS 检验过程中的幸存模型，即预测能力较好的模型

从上述结果可明显看出，在预测样本外 2 天、5 天、20 天、60 天、120 天原油价格波动的时候，基于已实现波动率和金融化预测因子模型均通过损失函数检验（p 值大于 0.1 或 p 值等于 1），预测效果最好。随着预测长度的增加，在预测样本外 20 天、60 天和 120 天原油价格波动的时候，基于已实现波动率和基本面预测因子模型通过在 QLIKE 和 R^2LOG 两个标准下的 MCS 检验，表明原油市场基本面预测因子对原油价格波动具有较强的预测能力。因此，金融化预测因子和原油市场基本面预测因子对原油价格波动的预测能力较强，其中金融化预测因子的预测精度高于原油市场基本面预测因子，本节认为参考原油市场金融化信息和市场基本面信息可有效提高原油价格波动的预测精度，同时这一结论与当前原油价格波动特征相符。

首先，2008 年金融危机打破了国际原油市场原有的价值，原油市场金融化后，美元汇率、投机等金融因素对原油衍生品市场的影响日益增加（Ji，2012；Fan and Xu，2011；Kilian and Murphy，2014），原油价格已不完全围绕其供需基本面决定的实际价值窄幅震荡，市场上的投机行为扩大了原油价格的波动区间，同时其他金融资产对原油市场存在收益和风险溢出效应，从而增加了原油价格的剧烈波动。原油市场金融属性的信息主要通过如下两种渠道影响原油价格波动。一方面，投资者对市场信息的不同预期会导致原油价格与其基本面价值过度偏离，增加了原油价格的波动。原油期货市场的日臻完善和原油衍生工具的运用使得市场投资者的非理性交易行为和投机行为直接加剧市场波动，“后危机时代”的美元的量化宽松会增强投机行为在原油市场中的力量。同时 Tokic（2011）证实了投资者的正反馈交易行为会放大原油价格的波动。另一方面，以跨市场投资者为传递渠道，投资者为对冲股票市场、大宗商品市场等其他金融市场风险持有原油资产，因此其他金融市场风险对原油市场存在溢出效应。面对金融化因素驱动原油市场价格波动的市场特点，市场参与者应更多地考虑到原油市场金融化信息有利于提高预

测精度，同时也更符合当前原油市场波动规律。

其次，随着预测长度的增长，原油市场基本面预测因子的预测能力逐渐加强。这一结论不仅证实了原油供需情况变化对原油价格波动具有预测能力，同时强调了原油市场供需等基本面信息对长期原油价格波动的预测能力较强。这一结论与Degiannakis 和 Filis（2018）的研究结论相一致，均强调了不同影响因素对不同时间尺度原油价格波动的预测效果是不一样的，同样证实了原油市场基本面信息对长期原油价格波动的预测效果较好。Degiannakis 和 Filis（2018）强调这主要是因为市场基本面信息能够反映全球商业周期、全球石油产量和全球原油库存之间的长期均衡关系，为预测长期原油价格波动提供了更加准确的信息。

4.5 本章小结

本章从原油市场商品属性、原油市场金融属性、原油市场突发事件及全球宏观经济政策不确定性四个维度提取相关信息来构造预测因子，对原油价格波动进行预测。通过比较样本外 2 天、5 天、20 天、60 天和 120 天预测效果得到如下结论。

首先，本章发现与其他指标相比，原油市场金融化信息对原油价格波动的预测精度更高，这充分体现了原油市场正在加速金融化的进程。原油市场正在表现出更多的金融化行为，市场交易者更加关注来自投机信息、其他金融市场信息冲击等非市场基本面因素的影响，市场短期波动已经偏离供需框架的范畴，更多地反映出资本金融化对传统商品市场交易机制的影响。这说明原油市场投资者未来需要面临更加复杂的市场交易环境，经济衰退和金融混乱也成为原油市场交易者需要应对的主要风险点。其次，除原油市场金融化信息外，随着预测长度的增加，原油市场基本面预测因子的预测能力加强。这一结果反映，不同影响因素对不同时间尺度的原油价格波动的预测效果是不一样的，同时证实了原油市场基本面信息对长期原油价格波动的预测效果较好。

本章的研究结论可为原油市场参与者、政策制定者及市场监管者把握未来市场信息提供参考依据。本章强调了原油市场金融化信息和市场基本面信息在预测原油价格波动中的重要性，同时强调了不同影响因素对不同时间尺度的原油价格波动的预测效果是不一样的。这一发现提示了原油市场参与者在把握未来原油价格波动时应更多地考虑原油市场中的投机行为、其他市场的信息溢出及系统性风险的影响，同时对于价格监管者来说，应加强对国际资本投机的监管，从而有效地抑制原油价格过度波动。另外，在对原油价格波动做预测时需要根据预测时间尺度的不同选择合适的预测因子。

第 5 章

多源油价冲击与股市收益率间风险溢出研究

随着期权、期货和其他衍生品的快速发展，原油市场变得更加金融化，并融入全球金融体系（Ji and Zhang，2019b）。机构投资者一直在增加对原油期货等大宗商品的投资份额（Basak and Pavlova，2016；Cheng and Xiong，2014；Tang and Xiong，2012）。这意味着油价变化不仅受到宏观经济变量的外生冲击影响，也暴露于其他金融市场的系统性金融风险中。特别是，投机活动和全球资本流动加剧了原油市场和金融市场之间的协同波动。2008 年的全球金融危机证明，受全球经济衰退的影响，股市和原油市场几乎同时经历了重大动荡。因此，对油价变化与股票市场收益率关系的研究越来越受到研究者和市场投资者的关注，相关研究可以为投资组合策略和风险规避提供有用的预测。

5.1 引　　言

根据 Kilian（2009）的结论，并非所有的油价冲击都是相同的。这是因为油价波动的原因各不相同。例如，飓风对油价的影响是一种供给侧冲击，全球金融危机对油价的影响是一种总需求冲击，而利比亚战争的影响被认为是一种预防性需求冲击（Ji and Guo，2015）。显然，不同来源的油价冲击反映了不同的信息传递渠道及差异化的风险溢出路径，其对股市收益的影响机理也存在很大的区别。

现有文献主要参考 Kilian（2009）的框架，将油价冲击分解为三种不同类型，采用结构向量自回归（structural vector autoregressive，SVAR）模型研究这些冲击对国家股票收益的影响（Abhyankar et al.，2013；Kilian and Park，2009；Liu et al.，2017a）。以往的研究大多采用 Kilian（2009）的 SVAR 方法对油价冲击及其对股票市场收益的影响之间的线性和静态关系进行建模。然而，他们在很大程度上忽视了在时变和非线性环境下检验油价冲击和股市回报之间关系的重要性。

以往，一些研究人员采用了连接函数（copula）模型来分析油价变化与股票收益之间的动态相依结构（Aloui et al.，2013b；Shahzad et al.，2018；Zhu et al.，2014）。然而，这些研究忽略了油价变化的来源，很少有证据表明不同油价冲击与股票收益之间的波动关系。因此，本章在前人研究的基础上进行了扩展，尝试将动态 copula 模型与 SVAR 模型相结合，来捕捉所有油价冲击与股票市场收益率之间的动态相依关系。

本章有三个贡献。第一，将 SVAR 模型与四种时变 copula-GARCH 模型相结合。将实际油价序列分解为三种油价冲击：原油供给冲击、总需求冲击和原油特定需求冲击。然后，识别三种油价冲击对股票收益的动态相依关系。第二，从极端市场风险的角度出发，采用基于 copula 的 CoVaR 方法研究油价冲击对股票收益的溢出效应。本章采用 K-S（Kolmogorov- Smirnov）检验风险溢出效应的显著性和 CoVaR 的非对称效应。第三，金砖国家股票市场是本章的研究背景。由于这些国家的原油供需角色不同，我们可以刻画出原油进口国和出口国的具体特征。此外，这使我们能够提供新的证据来表明金砖国家股票收益率关于不同油价冲击的风险溢出效应。因此，本章扩展了现有的发现，并为政策制定者和风险管理者提供了有用的启示。

5.2 研究方法

本节描述了原油冲击与金砖国家经济体[巴西（BR）、俄罗斯（RU）、印度（IN）、中国（CN）和南非（ZA）]股市指数之间的动态相依结构，然后采用 CoVaR 来衡量原油到股市的风险溢出。本节主要分为两部分。首先，根据 Kilian（2009）的研究，我们将实际油价分解为三个组成部分。其次，我们通过确定股票收益的 VaR 和 CoVaR 来衡量三种原油冲击对金砖国家股市的风险溢出和不对称效应。

5.2.1 实际油价的历史分解

根据 Kilian（2009）的研究，我们构建三元 SVAR 模型来分解实际油价：

$$A_0 y_t = \alpha + \sum_{i=1}^{24} A_i y_{t-i} + \varepsilon_t \tag{5-1}$$

其中，A_0 为结构 VAR 模型的约束矩阵；α 为截距项；$y_t = (s_t, g_t, p_t)^{\mathrm{T}}$；$\varepsilon_t = (\varepsilon_t^{\mathrm{SS}}, \varepsilon_t^{\mathrm{DS}}, \varepsilon_t^{\mathrm{OS}})^{\mathrm{T}}$；$s_t$ 为全球原油产量的变化率（对数差分）；g_t 为真实经济活力指数；$p_t = 100\ln\left(\dfrac{\mathrm{np}_t}{\mathrm{CPI}_t/100}\right)$ 为真实油价的对数，np_t 为名义油价，CPI_t 为美国消费者指数。

如果 A_0^{-1} 存在，则缩减形式的 VAR 模型为

$$y_t = \beta + \sum_{i=1}^{24} B_i y_{t-i} + e_t \tag{5-2}$$

其中，$e_t = A_0^{-1}\varepsilon_t$ 假设为

$$e_t \equiv \begin{pmatrix} e_t^s \\ e_t^g \\ e_t^p \end{pmatrix} = \begin{pmatrix} a_{11} & 0 & 0 \\ a_{21} & a_{22} & 0 \\ a_{31} & a_{32} & a_{33} \end{pmatrix} \begin{pmatrix} \varepsilon_t^{\mathrm{SS}} \\ \varepsilon_t^{\mathrm{DS}} \\ \varepsilon_t^{\mathrm{OS}} \end{pmatrix} \tag{5-3}$$

显然，根据上述短期限制，原油供给冲击 $\varepsilon_t^{\mathrm{SS}}$ 被定义为全球原油生产不可预测的新息。全球实体经济活动的新息无法基于原油供给冲击解释的部分被称为总需求冲击 $\varepsilon_t^{\mathrm{DS}}$。原油价格的新息无法基于原油供给冲击和总需求冲击解释的部分被称为原油特定需求冲击 $\varepsilon_t^{\mathrm{OS}}$。

我们估计了缩减形式的 VAR 模型，见式（5-2），得到 $\hat{\beta},\widehat{B_i},\widehat{e_t}$，然后计算结构性冲击 $\widehat{\varepsilon_t} = \left(\widehat{\varepsilon_t^{\mathrm{SS}}},\widehat{\varepsilon_t^{\mathrm{DS}}},\widehat{\varepsilon_t^{\mathrm{OS}}}\right)^{\mathrm{T}}$ 和真实油价基于乔里斯基分解的正交脉冲相依函数 $I_q = \dfrac{\partial p_{t+q}}{\partial \varepsilon_t} = \left(\dfrac{\partial p_{t+q}}{\partial \varepsilon_t^{\mathrm{SS}}},\dfrac{\partial p_{t+q}}{\partial \varepsilon_t^{\mathrm{DS}}},\dfrac{\partial p_{t+q}}{\partial \varepsilon_t^{\mathrm{OS}}}\right)^{\mathrm{T}}$，$q = 0,1,2,\cdots$。这样我们可以获得真实油价的历史分解，即原油供给冲击 p_t^{SS}、总需求冲击 p_t^{DS}、原油特定需求冲击 p_t^{OS} 的积累效应如下：

$$p_t^{\mathrm{SS}} = \sum_{q=0}^{t-1} \frac{\partial p_t}{\partial \varepsilon_{t-q}^{\mathrm{SS}}} \widehat{\varepsilon_{t-q}^{\mathrm{SS}}}，\ p_t^{\mathrm{DS}} = \sum_{q=0}^{t-1} \frac{\partial p_t}{\partial \varepsilon_{t-q}^{\mathrm{DS}}} \widehat{\varepsilon_{t-q}^{\mathrm{DS}}}，\ p_t^{\mathrm{OS}} = \sum_{q=0}^{t-1} \frac{\partial p_t}{\partial \varepsilon_{t-q}^{\mathrm{OS}}} \widehat{\varepsilon_{t-q}^{\mathrm{OS}}} \tag{5-4}$$

其中，$p_t = c + p_t^{\mathrm{SS}} + p_t^{\mathrm{DS}} + p_t^{\mathrm{OS}}$，$c$ 是常数，即 p_t^{SS}、p_t^{DS}、p_t^{OS} 是真实油价的组成部分，分别为原油供给冲击、总需求冲击、原油特定需求冲击，见 Broadstock 和 Filis（2014）的研究。由此定义，每个原油冲击不仅包含脉冲相依函数，还包含每个因子的历史信息。我们进一步通过一阶差分得到原油价格收益率，并估计相应的 Δp_t^{SS}、Δp_t^{DS}、Δp_t^{OS} 用于风险溢出的原油冲击。

5.2.2　上尾及下尾 VaR 和 CoVaR

令 r_t 是标的资产在时刻 t 的对数收益率，给定尾部概率 α，则多头的 VaR 是和分布下尾相关的，$\Pr(r_t \leqslant -\mathrm{VaR}_{\alpha,t}^{\mathrm{long}}) = \alpha$。相应地，空头的 VaR 是和分布上尾相

关的，$\Pr(r_t \geqslant \mathrm{VaR}_{\alpha,t}^{\mathrm{short}})=\alpha$。于是，本章采用下尾风险和上尾风险来测度金融市场风险，我们定义市场下尾风险为 $\mathrm{VaR}_{\alpha,t}^{D}=-\mathrm{VaR}_{\alpha,t}^{\mathrm{long}}$，定义市场上尾风险为 $\mathrm{VaR}_{\alpha,t}^{U}=\mathrm{VaR}_{\alpha,t}^{\mathrm{short}}$。如果市场收益率 r_t 是连续的，则下尾风险是收益率的 α 分位数，上尾风险是收益率的 $(1-\alpha)$ 分位数，即

$$\Pr(r_t \leqslant \mathrm{VaR}_{\alpha,t}^{D})=\alpha, \quad \Pr(r_t < \mathrm{VaR}_{\alpha,t}^{U})=1-\alpha \tag{5-5}$$

VaR 仅能反映单个资产的风险，忽视了其他资产的潜在溢出效应。因此，为了进一步研究风险溢出效应，我们参考 Adrian 和 Brunnermeier（2016）的方法，引入 CoVaR 来探究从原油价格冲击到股票收益率的风险溢出。CoVaR 在最近的研究中被广泛用于分析风险溢出或金融资产的系统性风险（Girardi and Ergün，2013；Reboredo and Ugolini，2015；Reboredo et al.，2016；Liu et al.，2017b）。

令 $r_{i,t}$（$i=1,2$）是市场 i 在时刻 t 的对数收益率，当市场 2 处于下尾部概率 β 的风险值时，市场 1 在下尾部概率 α 下的下尾条件风险 $\mathrm{CoVaR}_{\alpha,t}^{1,D}$ 定义为

$$\Pr(r_{1,t} \leqslant \mathrm{CoVaR}_{\alpha,t}^{1,D} \mid r_{2,t} \leqslant \mathrm{VaR}_{\beta,t}^{2,D})=\alpha \tag{5-6}$$

类似地，定义市场 1 在上尾部概率 α 下的上尾条件风险 $\mathrm{CoVaR}_{\alpha,t}^{1,U}$ 为

$$\Pr(r_{1,t} \geqslant \mathrm{CoVaR}_{\alpha,t}^{1,U} \mid r_{2,t} \geqslant \mathrm{VaR}_{\beta,t}^{2,U})=\alpha \tag{5-7}$$

我们参考 Mensi 等（2017b）的研究，使用 K-S 检验（Ji et al.，2019b；Reboredo et al.，2016）来确定风险溢出效应和 CoVaR 的非对称性是否显著。首先，我们检验上尾和下尾风险的风险溢出，原假设为 H_0：$\mathrm{CoVaR}_{\alpha,t}^{1,D}=\mathrm{VaR}_{\alpha,t}^{1,D}$ 和 H_0：$\mathrm{CoVaR}_{\alpha,t}^{1,U}=\mathrm{VaR}_{\alpha,t}^{1,U}$，原假设是 CoVaR 和 VaR 之间没有显著的差别。其次，我们检验非对称性，原假设为 H_0：$\dfrac{\mathrm{CoVaR}_{\alpha,t}^{1,D}}{\mathrm{VaR}_{\alpha,t}^{1,D}}=\dfrac{\mathrm{CoVaR}_{\alpha,t}^{1,U}}{\mathrm{VaR}_{\alpha,t}^{1,U}}$。原假设表示上尾和下尾 CoVaR 之间不存在显著的非对称效应。

5.2.3 时变 copula-GARCH 模型

1. 条件联合分布

copula 为边缘分布都是（0，1）区间上的均匀分布的多元联合分布函数。根据 Patton（2006，2009，2012）的研究，给定一个信息集 $\mathcal{F}_{t-1}=\sigma(r_{t-j};j\geqslant 1)$，二元时间序列 $r_t=(r_{1,t},r_{2,t})$ 的条件联合分布函数可以表示为条件 copula 和条件边缘

分布的形式：

$$F_t(x_1,x_2\mid\mathcal{F}_{t-1};\theta)=C_t[F_{1,t}(x_1\mid\mathcal{F}_{t-1};\theta_1),F_{2,t}(x_2\mid\mathcal{F}_{t-1};\theta_2)\mid\mathcal{F}_{t-1};\theta_c] \tag{5-8}$$

其中，参数 $\theta=(\theta_1^{\mathrm{T}},\theta_2^{\mathrm{T}},\theta_c^{\mathrm{T}})^{\mathrm{T}}$；$C_t(\cdot,\cdot\mid\mathcal{F}_{t-1})$ 为条件 copula 函数；$F_{1,t}(\cdot\mid\mathcal{F}_{t-1})$ 和 $F_{2,t}(\cdot\mid\mathcal{F}_{t-1})$ 为条件边缘分布函数。

因此，条件联合密度函数可以表达为

$$\begin{aligned}f_t(x_1,x_2\mid\mathcal{F}_{t-1};\theta)=&c_t[F_{1,t}(x_1\mid\mathcal{F}_{t-1};\theta_1),F_{2,t}(x_2\mid\mathcal{F}_{t-1};\theta_2)\mid\mathcal{F}_{t-1};\theta_c]\\&\times f_{1,t}(x_1\mid\mathcal{F}_{t-1};\theta_1)\cdot f_{2,t}(x_2\mid\mathcal{F}_{t-1};\theta_2)\end{aligned} \tag{5-9}$$

其中，$c_t(\cdot,\cdot\mid\mathcal{F}_{t-1})$ 为条件 copula 密度函数；$f_{1,t}(\cdot\mid\mathcal{F}_{t-1})$ 和 $f_{2,t}(\cdot\mid\mathcal{F}_{t-1})$ 为条件边缘密度函数。

从式（5-6）、式（5-7）和式（5-8）中可得，在原油市场条件下，即在 Δp_t^{SS}、Δp_t^{DS} 或 Δp_t^{OS} 处于极端尾部概率 β 的风险条件下，股票市场的下尾和上尾的尾部概率 α 的条件风险 $\mathrm{CoVaR}_{\alpha,t}^{1,D}$ 和 $\mathrm{CoVaR}_{\alpha,t}^{1,U}$ 可以通过解下列两个方程获得：

$$C_t[F_{1,t}(\mathrm{CoVaR}_{\alpha,t}^{1,D}\mid\mathcal{F}_{t-1};\theta_1),\beta\mid\mathcal{F}_{t-1};\theta_c]-\alpha\beta=0 \tag{5-10}$$

$$C_t[F_{1,t}(\mathrm{CoVaR}_{\alpha,t}^{1,U}\mid\mathcal{F}_{t-1};\theta_1),1-\beta\mid\mathcal{F}_{t-1};\theta_c]-F_{1,t}(\mathrm{CoVaR}_{\alpha,t}^{1,U}\mid\mathcal{F}_{t-1};\theta_1)+\beta-\alpha\beta=0 \tag{5-11}$$

2. 条件边缘分布

由于金融市场收益总是具有自相关和波动聚类的特征，我们使用 ARMA[①]（m,n）-GARCH（p,q）-D 模型来构造条件边际分布，如下所示：

$$r_{i,t}=\varphi_0+\sum_{j=1}^{m}\varphi_j r_{i,t-j}+\varepsilon_{i,t}+\sum_{j=1}^{n}\psi_j\varepsilon_{i,t-j}=\mu_{i,t}+\varepsilon_{i,t},\quad i=1,2 \tag{5-12}$$

$$\varepsilon_{i,t}=\sigma_{i,t}z_{i,t},\quad z_{i,t}\sim\text{i.i.d. } D_i(0,1) \tag{5-13}$$

$$\sigma_{i,t}^2=\alpha_0+\sum_{j=1}^{p}\alpha_j\varepsilon_{i,t-j}^2+\sum_{j=1}^{q}\beta_j\sigma_{i,t-j}^2 \tag{5-14}$$

其中，$\mu_{i,t}=E(r_{i,t}\mid\mathcal{F}_{t-1})$；$\sigma_{i,t}^2=\mathrm{Var}(r_{i,t}\mid\mathcal{F}_{t-1})$。

通过标准残差分布 D_i，我们可以获得收益率 $r_{i,t}$ 的条件分布：

① ARMA 的全称为自回归移动平均（autoregressive moving average）。

$$F_{i,t}(x_i \mid \mathcal{F}_{t-1};\theta_i) = \Pr(r_{i,t} \leqslant x_i \mid \mathcal{F}_{t-1}) = \Pr\left(\frac{r_{i,t}-\mu_{i,t}}{\sigma_{i,t}} \leqslant \frac{x_i-\mu_{i,t}}{\sigma_{i,t}} \middle| \mathcal{F}_{t-1}\right)$$

$$= D_i\left(\frac{x_i-\mu_{i,t}}{\sigma_{i,t}} \middle| \mathcal{F}_{t-1}\right) \tag{5-15}$$

从式（5-5）和式（5-15）可知，股票市场的概率α的下尾和上尾风险$\mathrm{VaR}_{\alpha,t}^{1,D}$和$\mathrm{VaR}_{\alpha,t}^{1,U}$可以通过式（5-16）获得：

$$\mathrm{VaR}_{\alpha,t}^{1,D} = \mu_{1,t} + \sigma_{1,t} \cdot D_1^{-1}(\alpha)，\quad \mathrm{VaR}_{\alpha,t}^{1,U} = \mu_{1,t} + \sigma_{1,t} \cdot D_1^{-1}(1-\alpha) \tag{5-16}$$

3. 时变 copula 相依系数

根据 Patton（2006）的研究，我们建立了在历史信息集$\mathcal{F}_{t-1}$上的 copula 相依系数动态方程，用来刻画时变 copula 模型：

$$C_t(u_1,u_2 \mid \mathcal{F}_{t-1};\theta_c) = C_t(u_1,u_2;\vartheta_t)，\quad u_i = F_{i,t}(x_i \mid \mathcal{F}_{t-1};\theta_i)，\quad i=1,2 \tag{5-17}$$

并依据方程（5-10）和方程（5-11）计算股票市场的条件风险。

对每个时变 copula 模型，我们建立如下的参数ϑ_t结构。

1）时变正态 copula

$$C_t^{\mathrm{N}}(u_1,u_2;\rho_t) = \Phi_{\rho_t}(\phi^{-1}(u_1),\phi^{-1}(u_2))$$

$$= \int_{-\infty}^{\phi^{-1}(u_1)}\int_{-\infty}^{\phi^{-1}(u_2)} \frac{1}{2\pi\sqrt{1-\rho_t^2}} \exp\left(-\frac{s_1^2-2\rho_t s_1 s_2+s_2^2}{2(1-\rho_t^2)}\right)\mathrm{d}s_1\mathrm{d}s_2 \tag{5-18}$$

其中，Φ_{ρ_t}为二元标准正态分布函数；ρ_t为相关系数；ϕ为一元标准正态分布函数。

ρ_t假设服从下列过程：

$$\rho_t = \Lambda\left(\bar{\omega} + \bar{\beta}\cdot\rho_{t-1} + \bar{\alpha}\cdot\frac{1}{N}\sum_{j=1}^{N}\phi^{-1}(u_{1,t-j})\cdot\phi^{-1}(u_{2,t-j})\right)，\quad \theta_c = (\bar{\omega},\bar{\beta},\bar{\alpha})^{\mathrm{T}} \tag{5-19}$$

其中，$u_{i,t} = F_{i,t}(r_{i,t} \mid \mathcal{F}_{t-1};\theta_i)$，$i=1,2$；$\Lambda(x) = (1-\mathrm{e}^{-x})(1+\mathrm{e}^{-x})^{-1}$。

2）时变 *t* copula

$$C_t^t(u_1,u_2;\rho_t,n) = T_{\rho_t,n}(t_n^{-1}(u_1),t_n^{-1}(u_2))$$

$$= \int_{-\infty}^{t_n^{-1}(u_1)}\int_{-\infty}^{t_n^{-1}(u_2)} \frac{1}{2\pi\sqrt{1-\rho_t^2}}\left(1+\frac{s_1^2-2\rho_t s_1 s_2+s_2^2}{n(1-\rho_t^2)}\right)^{-\frac{n+2}{2}}\mathrm{d}s_1\mathrm{d}s_2 \tag{5-20}$$

其中，$T_{\rho_t,n}$ 为二元学生 t 分布，且有相关系数 ρ_t，自由度为 n；t_n 为单变量学生 t 分布，自由度为 n。假设 ρ_t 服从下列过程：

$$\rho_t = \Lambda\left(\bar{\omega} + \bar{\beta}\cdot\rho_{t-1} + \bar{\alpha}\cdot\frac{1}{N}\sum_{j=1}^{N} t_n^{-1}(u_{1,t-j})\cdot t_n^{-1}(u_{2,t-j})\right),\ \theta_c = (\bar{\omega},\bar{\beta},\bar{\alpha},n)^{\mathrm{T}} \tag{5-21}$$

其中，$u_{i,t} = F_{i,t}(r_{i,t} \mid \mathcal{F}_{t-1};\theta_i)$，$i = 1,2$；$\Lambda(x) = (1-\mathrm{e}^{-x})(1+\mathrm{e}^{-x})^{-1}$。

3）时变 Clayton copula

$$C_t^{\mathrm{C}}(u_1,u_2;\delta_t) = (u_1^{-\delta_t} + u_2^{-\delta_t} - 1)^{-\frac{1}{\delta_t}},\quad \delta_t \in (0,\infty) \tag{5-22}$$

δ_t 服从下列过程：

$$\delta_t = \Lambda\left(\bar{\omega} + \bar{\beta}\cdot\delta_{t-1} + \bar{\alpha}\cdot\frac{1}{N}\sum_{j=1}^{N}\left|u_{1,t-j} - u_{2,t-j}\right|\right),\quad \theta_c = (\bar{\omega},\bar{\beta},\bar{\alpha})^{\mathrm{T}} \tag{5-23}$$

其中，$u_{i,t} = F_{i,t}(r_{i,t} \mid \mathcal{F}_{t-1};\theta_i)$，$i = 1,2$；$\Lambda(x) = x^2$。

4）时变 Gumbel copula

$$C_t^{\mathrm{G}}(u_1,u_2;\delta_t) = \exp\left\{-[(-\ln u_1)^{\delta_t} + (-\ln u_2)^{\delta_t}]^{\frac{1}{\delta_t}}\right\},\quad \delta_t \in (1,\infty) \tag{5-24}$$

δ_t 服从下列过程：

$$\delta_t = \Lambda\left(\bar{\omega} + \bar{\beta}\cdot\delta_{t-1} + \bar{\alpha}\cdot\frac{1}{N}\sum_{j=1}^{N}\left|u_{1,t-j} - u_{2,t-j}\right|\right),\quad \theta_c = (\bar{\omega},\bar{\beta},\bar{\alpha})^{\mathrm{T}} \tag{5-25}$$

其中，$u_{i,t} = F_{i,t}(r_{i,t} \mid \mathcal{F}_{t-1};\theta_i)$，$i = 1,2$；$\Lambda(x) = 1 + x^2$。

4. 模型估计

我们采用 Joe 和 Xu（1996）的边际推断函数法（inference function for margins，IFM）来估计模型，具体步骤如下。

第一步：估计条件边缘分布参数 θ_i，即

$$\hat{\theta}_i = \arg\max_{\theta_i}\sum_{t=1}^{T}\ln f_{i,t}(r_{i,t} \mid \mathcal{F}_{t-1};\theta_i),\quad i = 1,2 \tag{5-26}$$

第二步：估计条件 copula 参数 θ_c，即

$$\hat{\theta}_c = \arg\max_{\theta_c}\sum_{t=1}^{T}\ln c_t[F_{1,t}(r_{1,t} \mid \mathcal{F}_{t-1};\hat{\theta}_1), F_{2,t}(r_{2,t} \mid \mathcal{F}_{t-1};\hat{\theta}_2) \mid \mathcal{F}_{t-1};\theta_c] \tag{5-27}$$

Joe（1997）证明了 IFM 估计量 $\hat{\theta} = (\hat{\theta}_1^{\mathrm{T}},\hat{\theta}_2^{\mathrm{T}},\hat{\theta}_c^{\mathrm{T}})^{\mathrm{T}}$ 在正则条件下具有如下渐进

正态性质：

$$\sqrt{T}(\hat{\theta}-\theta) \to N[0, G^{-1}(\theta)] \tag{5-28}$$

其中，$G(\theta)$ 为 Godambe 信息矩阵。

5.3 实证分析

5.3.1 样本数据和统计摘要

本章将 1994 年 2 月～2016 年 12 月的月度实际原油价格数据分解为三个分量。参考 Kilian（2009）的估计设定，SVAR 模型的滞后数为 24。我们用于建立风险溢出模型的样本期为 1994 年 2 月～2016 年 3 月（266 次观测）。世界原油产量是美国能源信息署（Energy Information Administration，EIA）的世界原油供应代表数据。Kilian 指数被用作全球经济活动指数（来自 Kilian 的个人网站）。金砖国家的股票收益率从 Datastream 数据库中下载。实际原油价格采用美国炼油厂的原油进口成本去除美国消费价格指数（consumer price index，CPI）影响后的价格。美国炼油厂的原油进口成本可从 EIA 中获得，而美国 CPI 从美国劳工统计局获得。

图 5-1 描述了实际油价分解后的三种成分的趋势。从图中可以看出，不同阶段的油价受不同因素的驱动，这说明不同的原油冲击在不同时期对实际油价的贡献不同。1997～1998 年亚洲金融危机期间油价下跌主要是由原油供给冲击和原油特定需求冲击引起的。2008 年全球金融危机期间的油价暴跌主要是因为原油特定

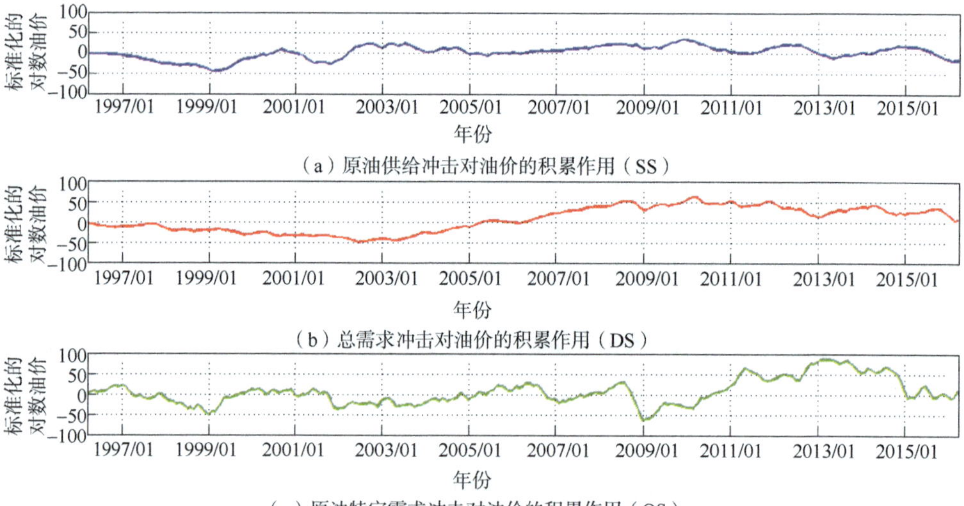

（a）原油供给冲击对油价的积累作用（SS）

（b）总需求冲击对油价的积累作用（DS）

（c）原油特定需求冲击对油价的积累作用（OS）

图 5-1 真实油价的历史分解

需求冲击，也正如从 2014 年下半年开始的油价下跌。一般来说，在我们的样本期内，总需求冲击和原油特定需求冲击比原油供给冲击对实际油价的贡献更大。

表 5-1 展示了三次油价冲击和金砖国家股票收益率的统计摘要。金砖国家股票收益率均值均为正，俄罗斯收益率均值最大（1.041），南非收益率均值最小（0.328）。同样，俄罗斯的标准差最大，大约是其他股票收益率的两倍。所有的股票回报都留下了肥尾和高峰度。Jarque-Bera 统计数据表明，所有的股票收益率呈现非正态分布。除巴西和印度外，其他变量均表现出存在自相关性。此外，显著的 Ljung-Box Q^2 统计量和拉格朗日乘子检验表明，所有的序列都具有异方差和自回归条件异方差（autoregressive conditional heteroskedasticity，ARCH）效应。原油价格冲击的汇总统计表明，原油供给冲击的均值为负，而其他两种原油价格冲击的均值为正。原油特定需求冲击的标准差最大，达到 7.497，原油供给冲击和总需求冲击的标准差均小于 3。这符合一般预期，即原油特定需求冲击是预防性需求冲击的一种，而这种冲击通常是由紧急事件引起的。此外，通过显著的 Ljung-Box Q 和 Q^2 统计量以及拉格朗日乘子检验可知，三次油价冲击均具有序列自相关、异方差和 ARCH 效应。因此，采用 ARMA-GARCH 模型估计边际分布是合理的。

表 5-1　油价冲击和金砖国家股票收益率的基本统计量

国家	缩写	均值	中位数	最大值	最小值	标准差	偏度	峰度
	金砖国家股票收益率							
巴西	BR	0.959	1.452	21.545	−50.341	8.718	−1.189	7.924
俄罗斯	RU	1.041	2.001	44.456	−82.457	14.247	−1.091	8.355
印度	IN	0.834	1.030	24.885	−27.299	7.151	−0.351	3.813
中国	CN	0.702	0.716	27.805	−28.278	8.365	−0.221	4.374
南非	ZA	0.328	0.323	37.427	−60.541	8.286	−2.089	18.602
	真实油价的历史分解分量							
	SS	−0.059	0.001	10.709	−7.311	2.942	0.239	3.089
	DS	0.045	0.490	6.436	−9.274	2.899	−0.725	3.738
	OS	0.056	0.849	19.011	−25.358	7.497	−0.491	3.746

国家	缩写	Jarque-Bera	Q（6）	Q^2（6）	ARCH（6）
	金砖国家股票收益率检验结果				
巴西	BR	300.222***	8.086	14.581**	12.258*
俄罗斯	RU	335.758***	18.667***	41.324***	27.121***
印度	IN	11.595***	1.830	13.567**	11.621*
中国	CN	20.920***	13.996**	13.900**	14.177**
南非	ZA	2619.667***	13.068**	13.250**	14.014**

续表

国家	缩写	Jarque-Bera	Q（6）	Q^2（6）	ARCH（6）
	真实油价的历史分解分量检验结果				
	SS	2.365	152.197***	46.874***	33.090***
	DS	26.584***	81.437***	45.362***	38.632***
	OS	15.279***	51.201***	47.365***	46.277***

注：Q 和 Q^2 分别代表收益率和平方收益率的 Ljung-Box 统计量；ARCH 表示对自相关条件异方差性所做的拉格朗日乘子检验

*** 表示在 1%的水平下显著，** 表示在 5%的水平下显著，* 表示在 10%的水平下显著

5.3.2 时变 copula-GARCH 系数估计

表 5-2 给出了使用 ARMA（m, n）-GARCH（p, q）模型对边缘分布拟合的参数估计结果。大多数参数都是显著的，并且根据赤池信息准则（Akaike information criterion，AIC），通过不同的模型类型来估计每种股票的收益率。巴西、印度和中国遵循 GARCH（1, 1）模型，俄罗斯和南非遵循 MA（1）-GARCH（1, 1）模型。三个油价冲击序列用同一个模型 AR（1）-GARCH（1, 1）进行估计。

表 5-2　边缘分布参数估计结果

变量	最优模型类型	φ_0	φ_1	ψ_1	α_0	α_1	β_1	υ
BR	（0, 0, 1, 1, t）	1.103 （0.479）			3.498 （3.002）	0.092 （0.054）	0.861 （0.076）	8.210 （3.373）
RU	（0, 1, 1, 1, N）	1.170 （0.794）		0.138 （0.072）	7.734 （3.883）	0.238 （0.074）	0.730 （0.072）	
IN	（0, 0, 1, 1, N）	0.807 （0.414）			1.098 （1.487）	0.100 （0.043）	0.880 （0.058）	
CN	（0, 0, 1, 1, N）	0.220 （0.496）			4.584 （2.642）	0.143 （0.055）	0.797 （0.076）	
ZA	（0, 1, 1, 1, t）	0.720 （0.333）		−0.143 （0.062）	6.560 （6.395）	0.035 （0.034）	0.852 （0.125）	3.758 （0.724）
SS	（1, 0, 1, 1, N）	−0.105 （0.145）	0.547 （0.057）		0.345 （0.286）	0.132 （0.063）	0.817 （0.081）	
DS	（1, 0, 1, 1, N）	0.093 （0.136）	0.551 （0.058）		0.068 （0.080）	0.079 （0.039）	0.920 （0.045）	
OS	（1, 0, 1, 1, N）	0.177 （0.429）	0.396 （0.058）		5.000 （7.025）	0.081 （0.056）	0.813 （0.177）	

注：（m, n, p, q, D）代表 ARMA（m, n）-GARCH（p, q）-D 模型参数，括号中的数据为对应统计量的标准差

表 5-3 给出了各变量的最优时变 copula 模型的估计结果。根据 AIC 和最大对数似然，选择不同的最优时变 copula 模型来拟合油价冲击与股票收益的两两相依关系。结果表明，大多数最优时变 copula 模型是时变正态 copula 模型，说明油价冲击与股票收益之间存在对称相依关系。然而，南非–总需求冲击的最优时变 copula 函数是时变 *t*-copula 函数。巴西–总需求冲击、俄罗斯–总需求冲击和印度–原油特定需求冲击的最优模型为时变 Clayton copula 模型，表明它们在油价冲击与股票收益的尾部相依性较低的情况下表现良好。根据 copula 的函数性质，其余成对的俄罗斯–原油供给冲击、南非–原油供给冲击和南非–原油特定需求冲击的相依关系采用时变 Gumbel copula 模型进行优化建模，表明它们偏好上尾相依（Liu et al., 2017a）。

表 5-3　最优时变 copula 模型参数估计结果

变量	最优类型	参数				选择标准	
		$\bar{\omega}$	$\bar{\beta}$	$\bar{\alpha}$	n	LogL	AIC
BR-SS	TV-N	–0.012 （0.018）	1.673 （0.135）	0.058 （0.073）		0.433	5.134
BR-DS	TV-C	–0.450 （0.495）	–1.118 （0.291）	2.606 （1.256）		3.273	–0.547
BR-OS	TV-N	0.243 （0.139）	0.050 （0.824）	0.828 （0.340）		6.458	–6.917
RU-SS	TV-G	1.189 （0.285）	–0.982 （0.324）	–1.176 （0.463）		2.109	1.782
RU-DS	TV-C	–0.361 （0.253）	–0.222 （0.250）	2.029 （0.729）		2.327	1.346
RU-OS	TV-N	–0.023 （0.005）	2.164 （0.035）	0.058 （0.024）		10.688	–15.376
IN-SS	TV-N	–0.102 （0.102）	–1.778 （0.210）	–1.230 （0.357）		3.331	–0.661
IN-DS	TV-N	–0.008 （0.011）	2.131 （0.041）	–0.055 （0.013）		6.885	–7.770
IN-OS	TV-C	–1.351 （1.687）	0.618 （0.135）	4.102 （4.164）		5.979	–5.958
CN-SS	TV-N	0.330 （0.212）	–1.802 （0.363）	–1.125 （0.665）		1.970	2.060
CN-DS	TV-N	–0.048 （0.129）	–0.404 （0.961）	–0.683 （0.351）		1.467	3.066

续表

变量	最优类型	参数				选择标准	
		$\bar{\omega}$	$\bar{\beta}$	$\bar{\alpha}$	n	LogL	AIC
CN-OS	TV-N	0.023 （0.012）	1.910 （0.046）	−0.239 （0.057）		6.357	−6.714
ZA-SS	TV-G	−0.962 （0.258）	0.762 （0.148）	1.163 （0.472）		3.613	−1.225
ZA-DS	TV-*t*	0.043 （0.136）	0.348 （0.440）	0.312 （0.146）	10.019 （0.156）	2.909	2.182
ZA-OS	TV-G	−0.969 （0.978）	1.056 （0.814）	0.409 （0.081）		5.067	−4.133

注：括号中的数据为对应统计量的标准差；LogL 为极大似然估计

5.3.3 动态相依分析

在本节中，通过估计时变 Kendall's τ 系数来度量每对油价冲击和股票收益的动态相依性。图 5-2 描述了金砖国家股票收益率与三次油价冲击的动态相依性趋势，其统计摘要如表 5-4 所示。总体而言，股票收益率与原油特定需求冲击之间的平均相依性大于股票收益率与原油供给冲击之间的平均相依性。这说明金砖国家股市对市场形势意外变化引发的油价上涨更为敏感。俄罗斯股票收益率与原油供给冲击之间的相依均值是正的，且在金砖国家中是最大的。这是因为作为世界上最大的原油生产国和出口国之一，俄罗斯有着较为单一的经济结构，因此其国内生产总值（gross domestic product，GDP）严重依赖于原油和天然气收入。当全球原油价格因原油供应减少而上涨时，俄罗斯的经济形势将得到有效改善，这也将有利于俄罗斯股市。因此，基于原油供给冲击累积效应的油价收益与俄罗斯股市收益之间存在正相关关系。当追踪股票收益率与总需求冲击之间的相依关系时，印度–总需求冲击组合的正相依均值最大。相似地，除了中国，其他股票收益率与总需求冲击之间的平均相依关系也为正。造成这种差异的原因可能是中国的市场开放有限和政策规定的限制。Broadstock 和 Filis（2014）采用标量 BEKK 模型得出了类似的结论，发现中国股市收益并不总是与总需求冲击呈正相关。此外，俄罗斯股票收益率与原油特定需求冲击的平均相依性在金砖国家中是最大的。

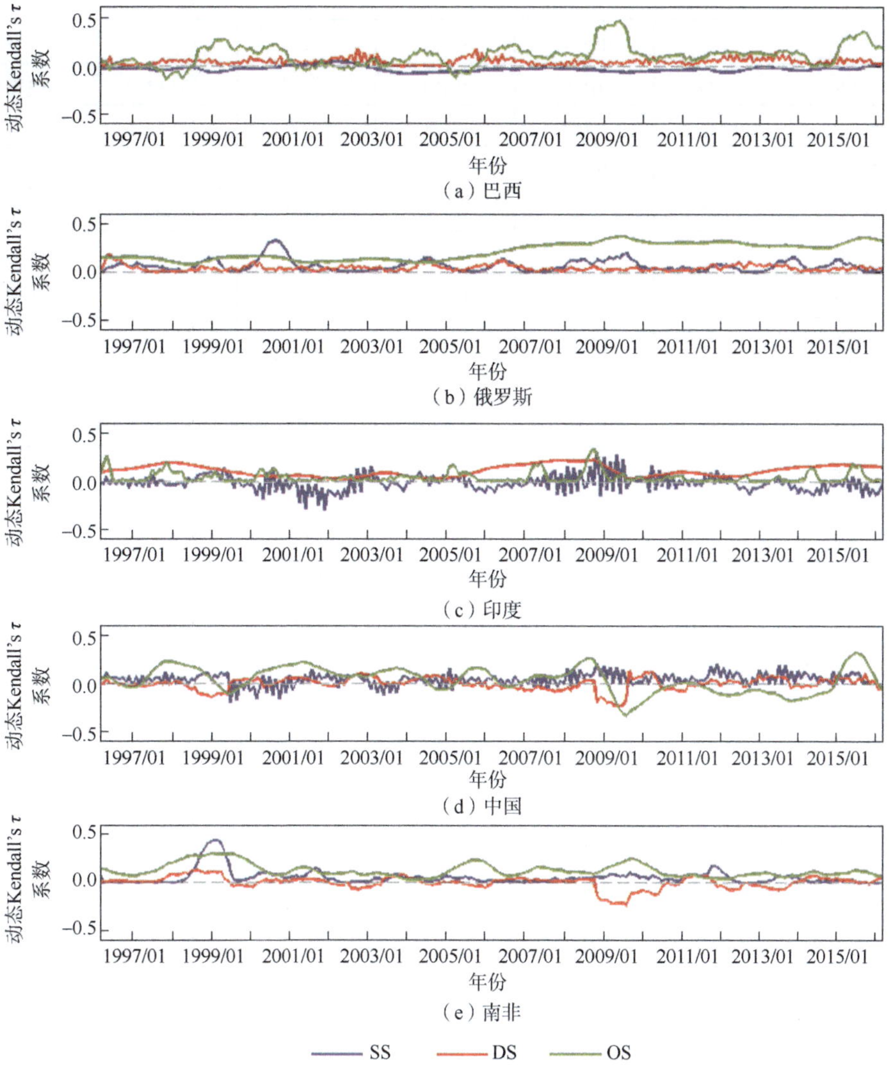

图 5-2　油价冲击和金砖国家股票收益率的动态相依关系

表 5-4　动态 Kendall's τ 系数统计摘要

变量	均值	中位数	最大值	最小值	标准差	正占比
BR-SS	−0.029	−0.030	0.046	−0.078	0.026	0.124
BR-DS	0.049	0.045	0.179	0.000	0.034	1.000
BR-OS	0.107	0.112	0.468	−0.143	0.114	0.813
RU-SS	0.066	0.052	0.326	0.000	0.061	1.000
RU-DS	0.044	0.037	0.192	0.000	0.030	1.000
RU-OS	0.210	0.182	0.372	0.077	0.089	1.000

续表

变量	均值	中位数	最大值	最小值	标准差	正占比
IN-SS	−0.017	−0.025	0.310	−0.299	0.087	0.378
IN-DS	0.112	0.103	0.228	0.024	0.059	1.000
IN-OS	0.043	0.020	0.335	0.000	0.058	1.000
CN-SS	0.042	0.045	0.211	−0.189	0.066	0.797
CN-DS	−0.003	−0.001	0.134	−0.226	0.064	0.485
CN-OS	0.035	0.052	0.320	−0.332	0.129	0.589
ZA-SS	0.056	0.039	0.445	0.000	0.075	1.000
ZA-DS	0.006	0.018	0.133	−0.230	0.063	0.631
ZA-OS	0.129	0.106	0.303	0.033	0.068	1.000

注：正占比代表正相依关系在全部动态相依中的比例

具体来说，在巴西，股票收益率与原油供给冲击的平均相依关系是负的，而正相依关系在总动态相依中的比例仅为 12.4%。巴西–总需求冲击的平均相依性总是正的。巴西–原油特定需求冲击的相关性均值和标准差最大。印度的情况与巴西相似，印度–原油供给冲击的平均相依性为负。中国与其他金砖国家不同，中国–原油供给冲击的平均相依性大于中国–总需求冲击和中国–原油特定需求冲击。这说明中国股市对原油供给冲击导致的油价上涨更为敏感。在俄罗斯，股票收益率与三次油价冲击之间的关系总是同向的。南非与俄罗斯的相似之处在于，随着时间的推移，股票收益率与三次油价冲击之间的相依基本上是正的。

5.3.4　金砖国家的 VaR 和 CoVaR 分析

在本节中，通过估计上尾和下尾 VaR、CoVaR 与金砖国家股票收益率的最优时变 copula 模型，探讨不同原油价格冲击对金砖国家股票收益率的风险溢出（表 5-5）。CoVaR 的显著度设置为 95%置信水平（α=0.05），VaR 的显著度设置为 95%置信水平（β=0.05）。由此可以确定油价冲击对股票收益的极端风险影响。图 5-3～图 5-7 显示了金砖国家股票收益率的上尾和下尾 VaR 和基于三种油价冲击 VaR 的 CoVaR。总的来说，俄罗斯股市关于所有的油价冲击有最大的上尾和下尾 VaR 和 CoVaR。具体而言，各国的 CoVaR 形态相对不同，这意味着油价冲击对金砖国家股市极端风险的影响因其特殊的市场状况和国内政策而具有独特性。

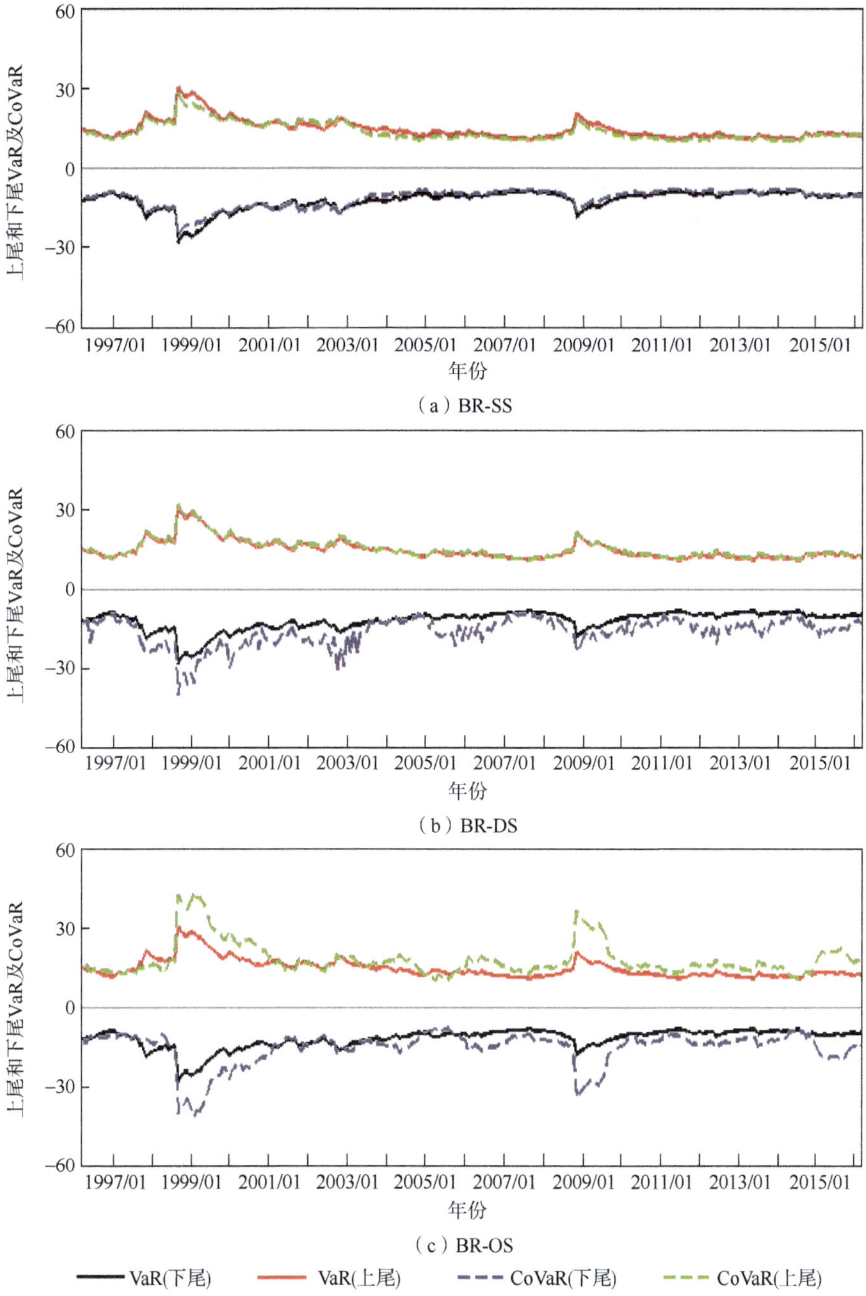

图 5-3　巴西股票收益率的上尾和下尾 VaR 及 CoVaR

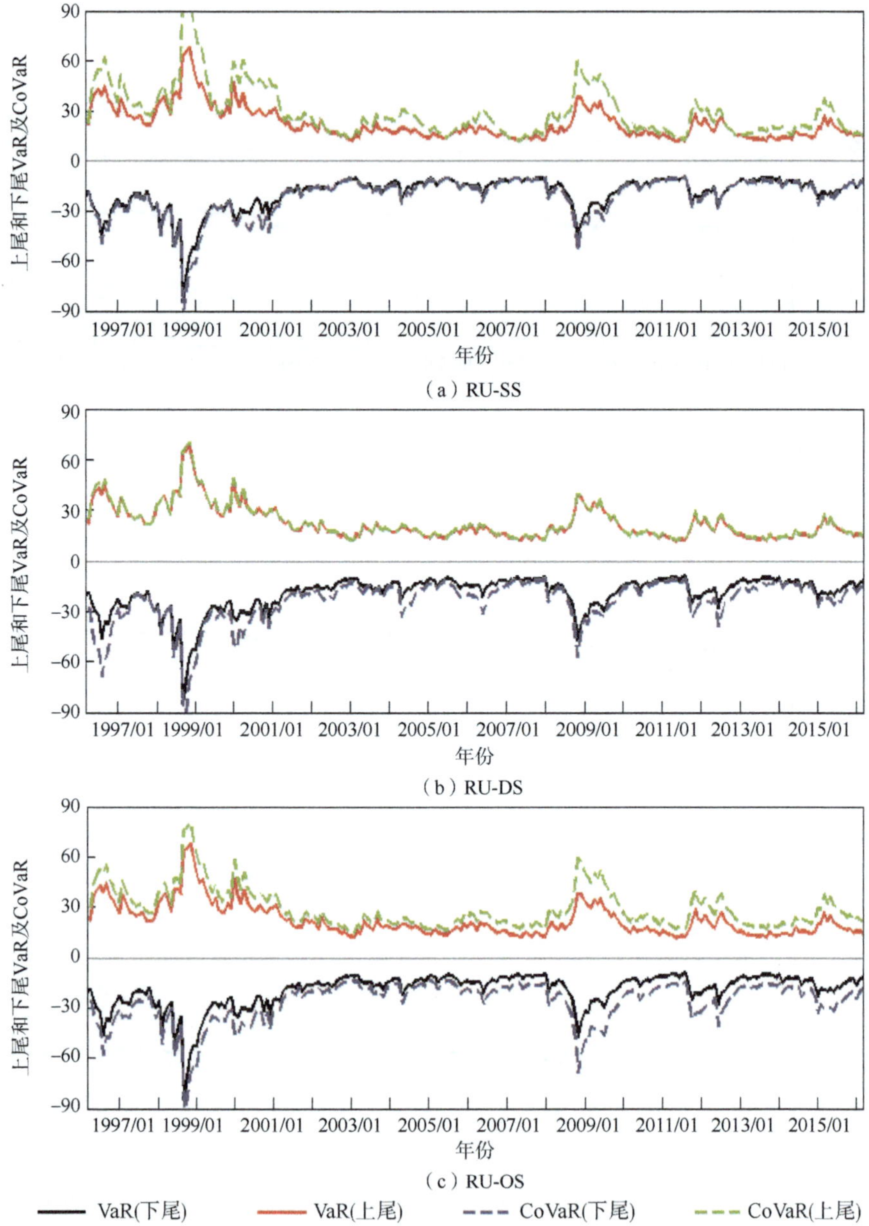

图 5-4　俄罗斯股票收益率的上尾和下尾 VaR 及 CoVaR

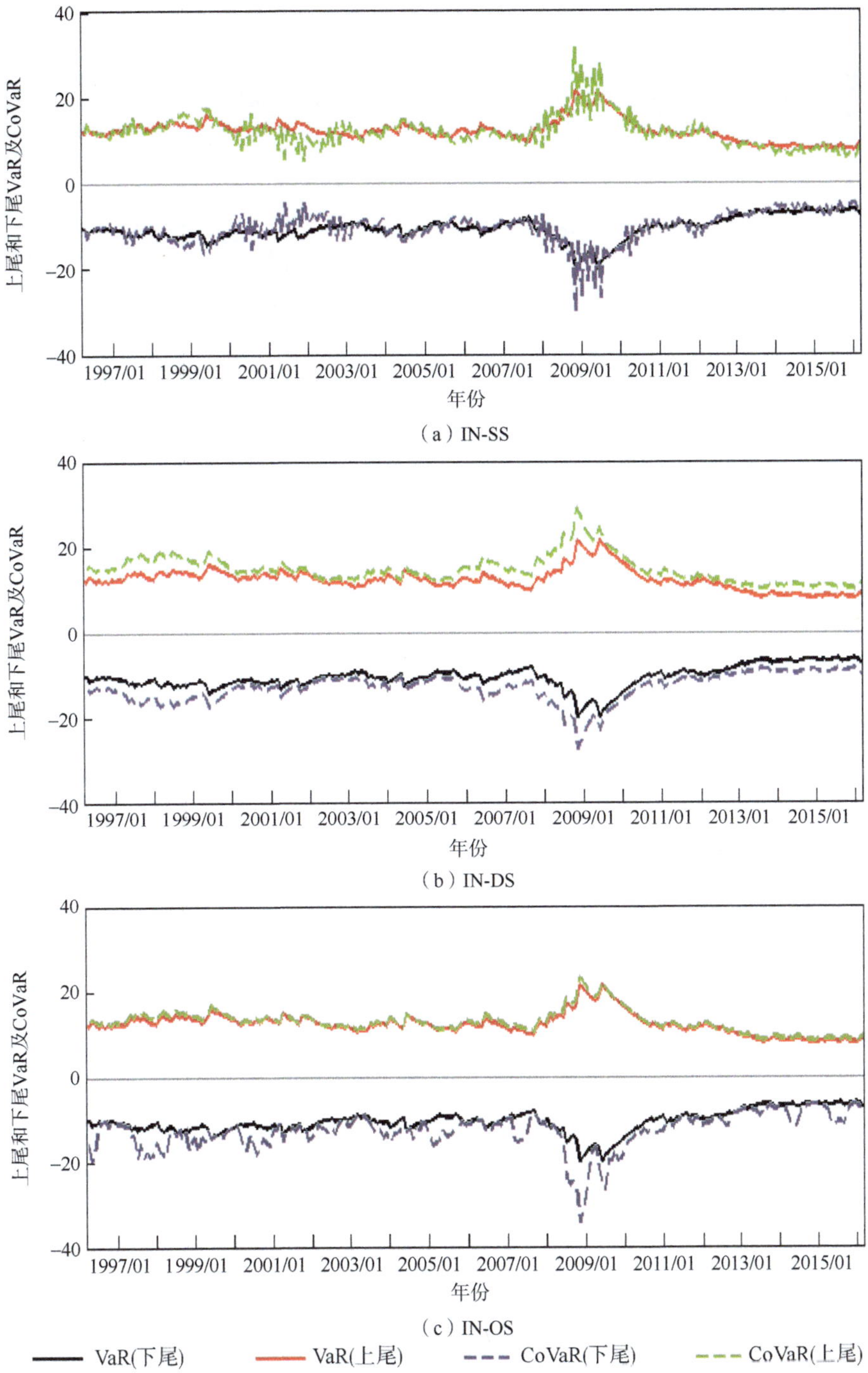

图 5-5　印度股票收益率的上尾和下尾 VaR 及 CoVaR

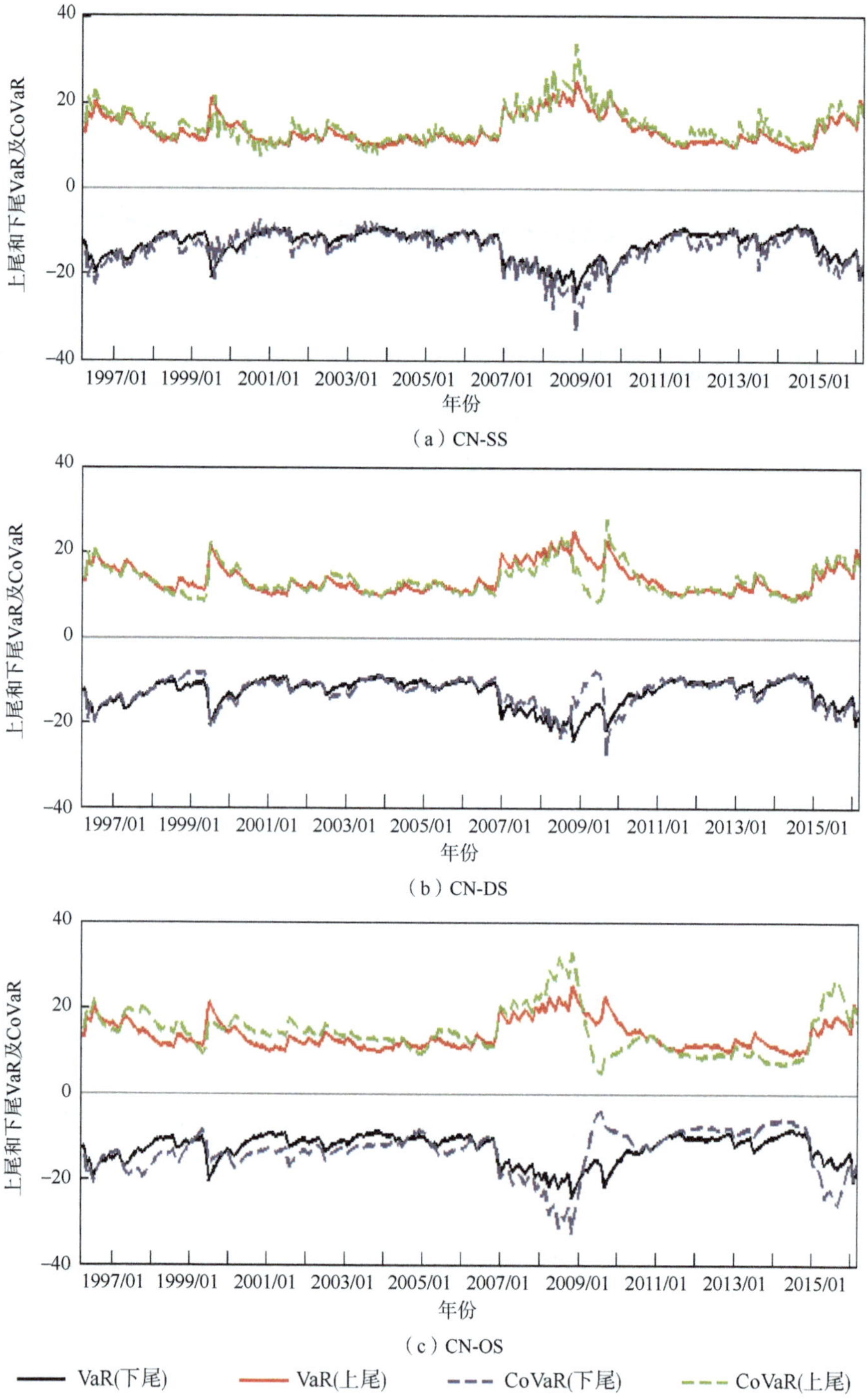

图 5-6　中国股票收益率的上尾和下尾 VaR 及 CoVaR

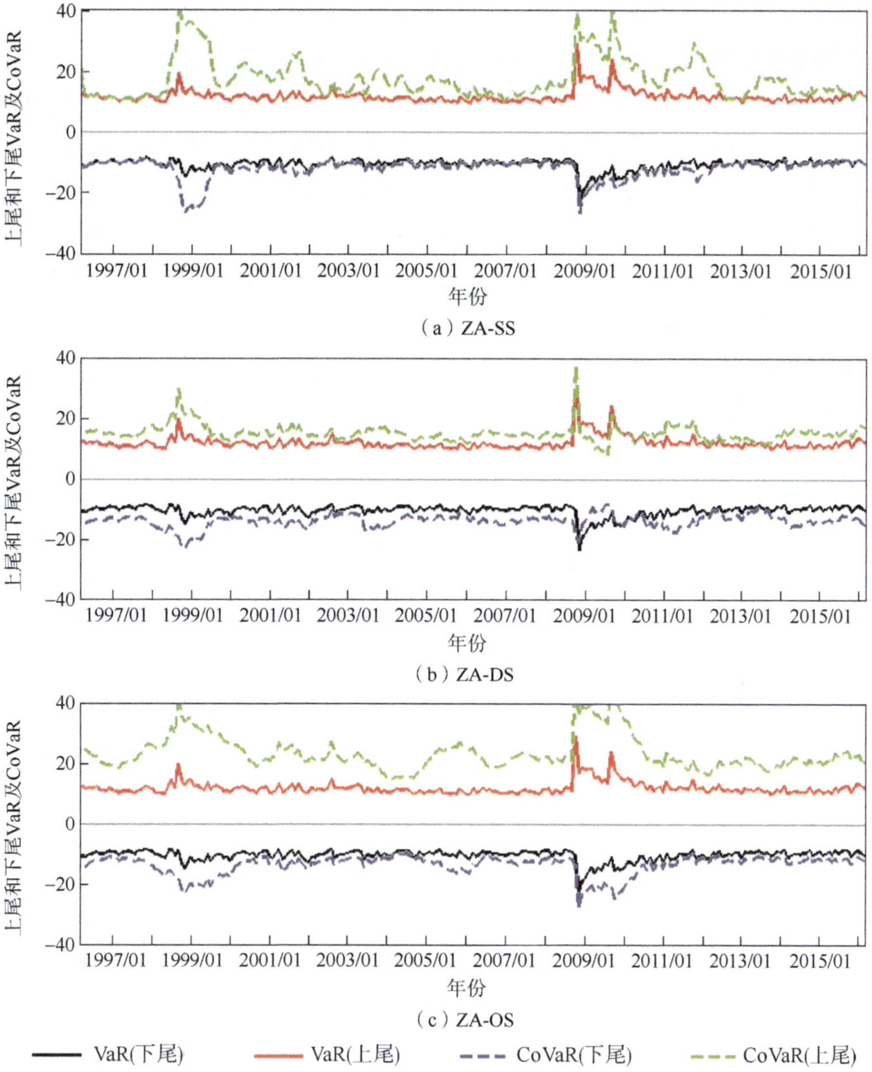

图 5-7　南非股票收益率的上尾和下尾 VaR 及 CoVaR

在巴西，除了在 1997～1998 年亚洲金融危机期间和 2008 年全球金融危机期间 CoVaR 两次上升外，CoVaR 的趋势相对平稳。具体来说，VaR 和基于原油供给冲击条件 VaR 下的所有 CoVaR 几乎没有区别。这意味着原油供给冲击对巴西股市的极端风险没有显著影响。但是，我们可以直观地发现 VaR 和基于原油特定需求冲击 VaR 的 CoVaR 之间存在明显的差距。这意味着，原油特定需求冲击的风险会放大巴西股市的极端风险。更有趣的是，在 2015 年左右的低油价时期，基于原油特定需求冲击的上尾和下尾 CoVaR 均有明显的增加，而基于原油供给冲击和总需求冲击的 CoVaR

均无显著变化。这一发现突出了原油特定需求冲击对巴西股市极端风险的重要影响。

从图 5-4 中可以看出，俄罗斯股市的极端风险水平相对较高，且波动较大。俄罗斯股市的 CoVaR 几乎在所有危机时期都表现出高度波动的特征，包括 1997～1998 年亚洲金融危机、2008 年全球金融危机和 2014 年俄罗斯金融危机。由于俄罗斯长期推行货币主义，其经济十分脆弱。特别是亚洲金融危机和俄罗斯政府决策失误导致政治动荡和金融债务危机。在 1997～1998 年，俄罗斯经历了严重的危机，股票市场表现出剧烈的波动和高风险。2008 年，全球金融危机导致金融危机蔓延，俄罗斯股市风险上升。2014 年，俄罗斯主要出口商品原油价格大幅下跌，俄罗斯货币大幅贬值，股市风险加大。此外，从图 5-4 可以看出，原油供给冲击对俄罗斯股市风险水平的影响要大于其他两种原油冲击的影响。

图 5-5 所示的印度股票市场的 CoVaR 形状与巴西相似。在 2008 年金融危机期间，印度股市的风险比往常要大。印度股市对下行风险的溢出效应更为敏感，从图中不难看出，以总需求冲击和原油特定需求冲击为条件的下尾 CoVaR 明显小于印度股市收益对应的 VaR。

从图 5-6 中可以看出，亚洲金融危机期间中国没有出现明显的风险增加，这主要是因为中国政府对股票市场的强有力监管和对人民币的非贬值的努力。然而，随着中国市场化的发展和对原油进口依赖程度的提高，中国股市与油价之间的联系有所加强。最直接的影响是中国股市的风险水平在 2008 年金融危机期间显著上升，并在 2015 年以来的原油暴跌期间延续。与其他原油进口国一样，原油特定需求冲击风险对中国股市极端风险的影响最大。

图 5-7 给出了南非股票市场的 VaR 和 CoVaR 的动态变化。在亚洲金融危机和全球金融危机的影响下，南非股市风险显著增加。然而，与其他国家不同的是，南非股票收益率的上尾 VaR 和以原油供给冲击和原油特定需求冲击为条件的上尾 CoVaR 之间存在明显的差距。因此，南非股市对原油冲击带来的上行风险比下行风险更敏感。

最后，我们利用 K-S 检验检验了风险溢出效应和 CoVaR 的非对称效应，并验证了图表中的直观发现。表 5-5 给出了风险溢出效应和非对称效应的检验结果。结果表明，除中国和南非外，原油供给冲击对金砖国家股票收益率没有显著的风险溢出效应。与原油供给冲击不同，总需求冲击几乎对所有股票收益率都存在显著的风险溢出效应，中国除外。特别是，原油特定需求冲击会对金砖国家的股票收益率无论上行还是下行都产生重大的风险溢出效应。此外，巴西、俄罗斯和印度股市的基于总需求冲击和原油特定需求冲击的上行和下行风险溢出存在显著的不对称效应。

表 5-5　CoVaR 的溢出效应和非对称效应检验结果

变量	H_0： $\mathrm{CoVaR}_{\alpha,t}^{1,D}=\mathrm{VaR}_{\alpha,t}^{1,D}$ H_1： $\mathrm{CoVaR}_{\alpha,t}^{1,D}<\mathrm{VaR}_{\alpha,t}^{1,D}$	H_0： $\mathrm{CoVaR}_{\alpha,t}^{1,U}=\mathrm{VaR}_{\alpha,t}^{1,U}$ H_1： $\mathrm{CoVaR}_{\alpha,t}^{1,U}>\mathrm{VaR}_{\alpha,t}^{1,U}$	H_0： $\frac{\mathrm{CoVaR}_{\alpha,t}^{1,D}}{\mathrm{VaR}_{\alpha,t}^{1,D}}=\frac{\mathrm{CoVaR}_{\alpha,t}^{1,U}}{\mathrm{VaR}_{\alpha,t}^{1,U}}$ H_1： $\frac{\mathrm{CoVaR}_{\alpha,t}^{1,D}}{\mathrm{VaR}_{\alpha,t}^{1,D}}>\frac{\mathrm{CoVaR}_{\alpha,t}^{1,U}}{\mathrm{VaR}_{\alpha,t}^{1,U}}$
BR-SS	0.017	0.017	0.029
BR-DS	0.444***	0.120**	0.859***
BR-OS	0.373***	0.373***	0.170***
RU-SS	0.095	0.249***	0.000
RU-DS	0.220***	0.054	0.900***
RU-OS	0.382***	0.402***	0.216***
IN-SS	0.079	0.079	0.037
IN-DS	0.369***	0.369***	0.191***
IN-OS	0.299***	0.120**	0.593***
CN-SS	0.183***	0.183***	0.041
CN-DS	0.025	0.025	0.029
CN-OS	0.166***	0.166***	0.033
ZA-SS	0.249***	0.610***	0.000
ZA-DS	0.730***	0.726***	0.220***
ZA-OS	0.635***	0.934***	0.000

、*分别代表 5%、1%的显著性水平

5.4　本 章 小 结

本章结合 SVAR 模型和时变 copula-GARCH 模型，研究了三种原油冲击对金砖国家股市的风险溢出效应。一些重要的发现总结如下。

我们的实证结果从极端风险的角度补充了现有文献关于原油冲击和股票收益之间的关系的研究。我们的研究结果表明，股票收益率与原油冲击的相关性是时变的，且大多为正相关。股票收益率和原油冲击之间的相依程度很大程度上取决于原油市场的冲击类型。总体而言，股票收益率与原油特定需求冲击的相依性最大，而股票收益率对原油供给冲击的变化通常不敏感。此外，根据原油冲击的类型，我们的研究结果为原油市场的极端风险对金砖国家股市极端风险的影响提供了新的证据。估计的 CoVaR 验证了不同类型原油冲击风险溢出的不同特征。特别

是在亚洲金融危机和全球金融危机期间，金砖国家股票市场的风险显著增加。原油特定需求冲击对金砖国家股票收益率有显著的风险溢出效应，而原油供给冲击对巴西和印度股票收益率的风险溢出效应不显著。我们的研究结果扩展了现有的结论，即原油特定需求冲击不仅会影响股票收益率的变动，而且会影响股票收益率的风险水平。此外，在巴西、俄罗斯和印度的案例中，股票收益率与总需求冲击和原油特定需求冲击之间存在不对称效应。

本章从极端风险的角度考察了股票市场与原油冲击之间的非线性相依关系。因此，它为国家金融监管机构防止风险从原油市场特定风险转变为系统性金融风险提供了有益的启示和指导。特别地，我们的分析框架可以作为开发非对称交易策略的有用工具。

第 6 章

原油市场与汇率市场动态风险相依性研究

油价与汇率间关系研究一直是能源经济与风险管理领域的热点问题，其吸引了大量学者的广泛关注。一般地，由于美元是原油贸易主要的计价结算货币，其与油价最直接相关。美元贬值拉动了原油需求，从而导致油价上涨。相反，油价上涨对美元汇率的影响尚未达成共识。在原油需求不变的条件下，部分学者认为油价上涨影响美国原油贸易，从而增加美元供给，导致美元贬值。然而，另一种观点认为油价上涨影响了其他国家（如日本、欧元区）的原油贸易，从而增加美元需求，进而导致美元对日元和欧元货币升值。中国上海原油期货上市以后，以人民币和美元双币交易的结算形式也使得油价与人民币汇率之间的联动关系更加复杂。因此，本章对国际油价与中美汇率间的动态相依和结构变化进行了探讨，对中国应对原油及外汇市场冲击、择时进行原油战略储备、推进人民币国际化，以及央行调整货币政策都具有重要的现实指导意义。

6.1 引　　言

作为最重要的大宗商品，原油在全球经济系统扮演着重要角色。自从国际原油交易由美元定价结算后，原油供给和需求冲击影响着国际油价并进一步改变国际汇率市场的供需关系，这种情形最终导致国际汇率市场的波动。

全球能源格局目前正在重塑。中国的原油需求持续上升，并超越美国成为世界最大的原油进口国。国际油价与中国宏观经济变量间关系增强（Bouri et al.，2017；Ding et al.，2017；Kim et al.，2017；Li et al.，2017）。另外，中国推出原油期货，其以人民币和美元进行交易结算，可能导致油价和人民币汇率间关系更加复杂。由于中国成为全球原油贸易最大的原油进口国，人民币和美元将可能成为国际原油市场重构进程中的两种结算货币。本章主要聚焦于原油与人民币、美元汇率间的动态相依关系，特别是比较分析原油对中美汇率市场间的风险溢出效应，其不仅可以为中国政府制定政策监管人民币市场风险提供启示，也可以指导金融投资者在市场极端风险视角下构建原油和美元资产组合来对冲市场风险。

近期，国际油价和汇率极端风险增加（Wang et al.，2016a；Gao et al.，2017）。图 6-1 展示了 WTI 价格、人民币汇率、美元汇率的历史趋势，我们可以发现人民币汇率和美元汇率呈现明显的趋势，其中美元汇率与油价呈反向关系，而人民币汇率与油价具有类似的价格行为。美国和中国货币政策改变人民币对美元汇率，油价与汇率间相依特征也相应发生改变。

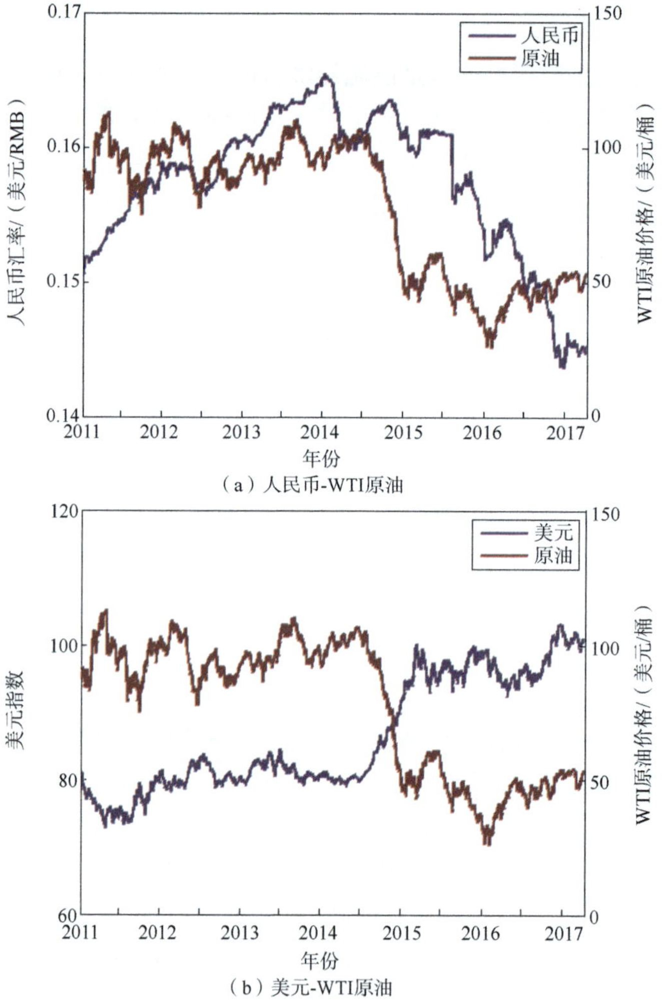

（a）人民币-WTI原油

（b）美元-WTI原油

图 6-1　油价与汇率历史价格趋势

在此情形下，本章试图识别动态相依和捕捉油价与汇率间极端风险相依，特别是进行油价与人民币汇率、油价与美元汇率间相依关系的比较分析，其可以为政府部门应对原油和国际汇率市场冲击、选取构建原油战略储备的最优时间、加速人民币国际化与调整货币政策等方面提供指导意义。同时，也可为金融机构和投资者在制定投资决策和规避市场风险时提供更多的参考。

油价和汇率间关系一直都是能源金融领域的热点话题。Golub（1983）和 Krugman（1983）首先从理论分析视角探讨了这些关系。随后，其他学者通过协整、误差修正、格兰杰因果检验、面板协整和向量自回归模型从双边和多边汇率视角分析了这些关系（Amano and van Norden，1998；Chaudhuri and Daniel，1998；Bénassy-Quéré et al.，2007；Narayan et al.，2008；Ji，2012；Ji and Fan，2012）。这些研究的主要实证结论表明：油价和美元汇率间存在长期关系，尽管这一关系随时间变化；油价与其他主要原油进口国、出口国及区域汇率间关系已经成为当前研究的焦点，如印度（Ghosh，2011；Tiwari and Albulescu，2016）、非洲（de Fowowe，2014；Pershin et al.，2016）、俄罗斯（Bouoiyour et al.，2015）、OECD 国家（Chaudhuri and Daniel，1998；Chen S S and Chen H C，2007；Reboredo，2012）及 OPEC 国家（Nikbakht，2010）等。

油价与人民币汇率间的关系研究相对较少。Bal 和 Rath（2015）研究了油价与中印两国汇率间非线性格兰杰因果检验，实证结果表明存在中国汇率到油价的单向因果关系。然而，de Vita 和 Trachanas（2016）重新研究该问题，实证结果表明油价与中国汇率间不存在非线性因果关系。Hussain 等（2017）采用去趋势互相关方法研究了油价和亚洲国家汇率间协同运动，实证结果表明油价与中国汇率间存在较弱的负互相关关系。

以上实证研究主要从静态和线性关系视角讨论了油价与汇率间关系。作为度量跨市场极端协同运动的有力工具，copula 可以捕捉非线性相依和尾相依，因此广泛应用于金融市场相依研究（Cherubini et al.，2004；Hagspiel et al.，2012；He et al.，2017）。Patton（2006）通过对 copula 相依参数建模提出时变 copula 模型，并将其应用于马克和日元汇率间相依分析。Reboredo（2012）、Wu 等（2012）及 Aloui 等（2013a）通过 copula 或时变 copula 模型分析了油价与汇率间非线性相依。然而，他们仅仅采用上尾和下尾相依，并未采用 CoVaR 从极端风险视角分析油价与汇率间风险相依关系。Ji（2012）及 Ji 和 Fan（2012）指出，油价与美元汇率是负相关的。Liu 等（2017a）采用半旋转 copula 模型捕捉了跨市场间非线性非对称负相依、左上尾相依及右下尾相依。

据我们所知，目前仅有一篇文献通过 CoVaR 方法分析了原油与汇率市场间风险溢出关系（Mensi et al.，2017a），其主要通过时变 copula 模型结合变分模式分解在投资时间尺度视角下分析原油与汇率市场间风险溢出关系。实证结果表明，在不考虑时间尺度下，原油和净进口国货币之间存在相对较低的动态相依；在短期和中期尺度下存在从原油到一些国家货币间的上行和下行非对称风险溢出效应。然而，原油与汇率市场间可能存在反向极端协同运动，很难通过下尾和上尾相依进行捕捉，而且 CoVaR 实际是基于极端尾相依定义的，因此仅仅采用上尾和下尾相依度量 CoVaR 是不充分的。进一步地，市场极端事件可能对原油和汇率市场影响较大，从而导致原油和汇率市场间存在结构变化，而时变 copula 模型很难捕捉原油和汇率市场相依关系间较大的结构性改变。

因此，本章从风险视角进一步度量油价和中美汇率市场间动态非线性相依关系，对目前文献主要有三方面贡献。首先，油价与汇率市场间动态相依关系是通过六个代表性时变 copula 模型度量的，特别是包括两个时变半旋转 copula 模型。同时，Dias 和 Embrechts（2009）提出的相依结构变点被引入来诊断油价与汇率市场间相依跳跃，而且一些相依结构变化被证实。其次，原油与中美汇率间相依的比较分析表明它们对油价变化具有不同的行为反应。最后，构建了四种上行和下行 CoVaR 来度量原油处于极端风险下的各汇率极端协同运动，从而强有力地支撑了油价对汇率存在风险溢出效应的结论。

本章余下部分总结如下：6.2 节描述模型方法，6.3 节分析数据和实证结果，6.4 节总结实证发现和结论。

6.2 模型方法

本节建立了动态相依和 CoVaR 模型。首先，构建六个时变 copula 模型作为相依建模的基础。其次，相依结构性变化被引入以进行子样本分析。最后，构建原油收益处于极端风险时汇率的四类上行和下行 CoVaR，探索可能存在的风险溢出效应。

6.2.1 时变 copula 模型

在多元金融时间序列分析中，相依结构总是动态的。政策制定者通过关注跨市场动态相依特征能够较容易地理解跨市场协同运动，从而制定更合理的政策。同时，动态相依特征对于金融投资者进行投资决策和提出风险管理策略也是非常重要的。因此，时变 copula 模型被用来分析原油与汇率市场间动态相依特征。

根据应用于多元时间序列分析的条件 copula 理论（Patton，2006，2009，2012），对于汇率收益 $r_{1,t}$ 和原油收益 $r_{2,t}$，条件 copula 被用来连接 $r_{1,t}$ 和 $r_{2,t}$ 的条件联合分布和条件边缘分布，具体公式如下：

$$F_t(x_1,x_2\mid\mathcal{F}_{t-1};\theta)=C_t[F_{1,t}(x_1\mid\mathcal{F}_{t-1};\theta_1),F_{2,t}(x_2\mid\mathcal{F}_{t-1};\theta_2)\mid\mathcal{F}_{t-1};\theta_c] \tag{6-1}$$

其中，$(r_{1,t},r_{2,t})\mid\mathcal{F}_{t-1}\sim F_t(\cdot,\cdot\mid\mathcal{F}_{t-1})$；$r_{i,t}\mid\mathcal{F}_{t-1}\sim F_{i,t}(\cdot\mid\mathcal{F}_{t-1})$，$i=1,2$；$C_t(\cdot,\cdot\mid\mathcal{F}_{t-1})$为给定$\mathcal{F}_{t-1}$的条件 copula。

相应地，式（6-2）表示条件联合密度，具体如下：

$$f_t(x_1,x_2\mid\mathcal{F}_{t-1};\theta)=c_t[F_{1,t}(x_1\mid\mathcal{F}_{t-1};\theta_1),F_{2,t}(x_2\mid\mathcal{F}_{t-1};\theta_2)\mid\mathcal{F}_{t-1};\theta_c]\times\prod_{i=1}^{2}f_{i,t}(x_i\mid\mathcal{F}_{t-1};\theta_i) \tag{6-2}$$

其中，$c_t(\cdot,\cdot\mid\mathcal{F}_{t-1})$为条件 copula 密度；$f_{1,t}(\cdot\mid\mathcal{F}_{t-1})$和$f_{2,t}(\cdot\mid\mathcal{F}_{t-1})$为条件边缘密度。

1. copula 相依参数建模

大多数时变 copula 模型是固定条件 copula $C_t(\cdot,\cdot\mid\mathcal{F}_{t-1})$类型，其被用来构建相依参数动态过程，其中驱动变量是非常重要的。另外，Liu 等（2017a）系统性地总结了大多数常用 copula（正态（Normal）、t、Clayton、旋转 Clayton、Gumbel 及旋转 Gumbel）和四种半旋转 copula（R1 Clayton、R2 Clayton、R1 Gumbel 及 R2 Gumbel）的性质，并强调了半旋转 copula 的重要应用。Normal 和 t copula 函数被用来捕捉汇率和原油市场间的各种对称相依，其中 Normal copula 为对称相依但没有尾相依，而 t copula 为对称相依同时具有对称尾相依。由于旋转 Gumbel 分布特征与 Clayton 分布特征类似，本章只采用 Clayton 类 copula（包括 Clayton、R1 Clayton、旋转 Clayton 和 R2 Clayton）来捕捉各种非对称相依，其中 Clayton 可以描述非对称正相依且存在下尾相依，R1 Clayton 可以描述非对称负相依且存在右下尾相依，旋转 Clayton 可以描述非对称正相依且存在上尾相依，R2 Clayton 可以描述非对称负相依且存在左上尾相依。总之，以上六种 copula（包括 Normal、t、Clayton、R1 Clayton、旋转 Clayton、R2 Clayton）可以捕捉原油和汇率市场间可能存在的各种相依结构。因此，我们构建六种代表性时变 copula 模型探索汇率和原油收益间的各种动态相依特征。

参考 Patton（2006）的研究，$\frac{1}{m}\sum_{j=1}^{m}\phi^{-1}(u_{1,t-j})\cdot\phi^{-1}(u_{2,t-j})$和$\frac{1}{m}\sum_{j=1}^{m}t_n^{-1}(u_{1,t-j})\cdot t_n^{-1}(u_{2,t-j})$分别作为时变 Normal 和时变 t copula 相依参数过程的驱动变量，具体如下：

$$\rho_t=\Lambda\left(\bar{\omega}+\bar{\beta}\cdot\rho_{t-1}+\bar{\alpha}\cdot\frac{1}{m}\sum_{j=1}^{m}\phi^{-1}(u_{1,t-j})\cdot\phi^{-1}(u_{2,t-j})\right),\quad \theta_c=(\bar{\omega},\bar{\beta},\bar{\alpha})^{\mathrm{T}} \tag{6-3}$$

$$\rho_t = \Lambda\left(\bar{\omega} + \bar{\beta}\cdot\rho_{t-1} + \bar{\alpha}\cdot\frac{1}{m}\sum_{j=1}^{m} t_n^{-1}(u_{1,t-j})\cdot t_n^{-1}(u_{2,t-j})\right),\quad \theta_c = (\bar{\omega},\bar{\beta},\bar{\alpha},n)^{\mathrm{T}} \tag{6-4}$$

其中，$u_{i,t} = F_{i,t}(r_{i,t}\mid\mathcal{F}_{t-1};\theta_i)$，$i=1,2$；$\Lambda(x) = (1-\mathrm{e}^{-x})(1+\mathrm{e}^{-x})^{-1}$。同时采用$\frac{1}{m}\sum_{j=1}^{m}|u_{1,t-j}-u_{2,t-j}|$作为时变 Clayton 和时变旋转 Clayton 的驱动变量，具体如下：

$$\delta_t = \Lambda\left(\bar{\omega} + \bar{\beta}\cdot\delta_{t-1} + \bar{\alpha}\cdot\frac{1}{m}\sum_{j=1}^{m}\left|u_{1,t-j} - u_{2,t-j}\right|\right),\quad \theta_c = (\bar{\omega},\bar{\beta},\bar{\alpha})^{\mathrm{T}} \tag{6-5}$$

其中，$u_{i,t} = F_{i,t}(r_{i,t}\mid\mathcal{F}_{t-1};\theta_i)$，$i=1,2$；$\Lambda(x) = x^2$。

参考 Liu 等（2017b）的研究，对于时变 90 度旋转 Clayton（R1 Clayton）和时变 270 度旋转 Clayton（R2 Clayton），$\frac{1}{m}\sum_{j=1}^{m}\left|u_{1,t-j}+u_{2,t-j}-1\right|$被用来作为相依参数动态过程的驱动变量，具体如下：

$$\delta_t = \Lambda\left(\bar{\omega} + \bar{\beta}\cdot\delta_{t-1} + \bar{\alpha}\cdot\frac{1}{m}\sum_{j=1}^{m}\left|u_{1,t-j} + u_{2,t-j} - 1\right|\right),\quad \theta_c = (\bar{\omega},\bar{\beta},\bar{\alpha})^{\mathrm{T}} \tag{6-6}$$

其中，转换函数 $\Lambda(x) = x^2$ 使得参数 δ_t 在区间 $(0,\infty)$ 内。

2. 边缘分布及其检验

由于汇率收益（$i=1$）和油价收益（$i=2$）可能存在自相关和条件异方差，本章采用 AR①-GJRGARCH-skew t 模型构建给定 $t-1$ 时刻信息集下 t 时刻的边缘分布函数 $F_{i,t}(\cdot\mid\mathcal{F}_{i,t-1})$，$i=1,2$，具体如下：

$$r_{i,t} = \varphi_0 + \sum_{j=1}^{2}\varphi_j r_{i,t-j} + \varepsilon_{i,t} + \sum_{j=1}^{2}\psi_j\varepsilon_{i,t-j} = \mu_{i,t} + \varepsilon_{i,t} \tag{6-7}$$

$$\varepsilon_{i,t} = \sigma_{i,t}z_{i,t},\quad z_{i,t}\sim\text{i.i.d. } t_{\upsilon,\lambda} \tag{6-8}$$

$$\sigma_{i,t}^2 = \alpha_0 + \sum_{j=1}^{q}(\alpha_j + \gamma_j I_{t-j})\varepsilon_{i,t-j}^2 + \sum_{j=1}^{p}\beta_j\sigma_{i,t-j}^2 \tag{6-9}$$

其中，$\mu_{i,t} = E(r_{i,t}\mid\mathcal{F}_{i,t-1})$；$\sigma_{i,t}^2 = \mathrm{Var}(r_{i,t}\mid\mathcal{F}_{i,t-1})$；$I_{t-j} = \begin{cases}1, & \varepsilon_{i,t-j}<0\\ 0, & \text{否则}\end{cases}$；$t_{\upsilon,\lambda}$ 为均值为 0、方差为 1 的偏 t 分布（Hansen，1994；Jondeau and Rockinger，2003）。

① AR 的全称为自回归（auto-regressive）。

通过标准化残差分布可以得到 $r_{i,t}$ 的条件分布如下：

$$F_{i,t}(x_i \mid \mathcal{F}_{i,t-1};\theta_i) = \Pr(r_{i,t} \leqslant x_i \mid \mathcal{F}_{i,t-1}) = \Pr\left(\frac{r_{i,t}-\mu_{i,t}}{\sigma_{i,t}} \leqslant \frac{x_i-\mu_{i,t}}{\sigma_{i,t}} \middle| \mathcal{F}_{i,t-1}\right)$$

$$= t_{\upsilon,\lambda}\left(\frac{x_i-\mu_{i,t}}{\sigma_{i,t}} \middle| \mathcal{F}_{i,t-1}\right) \tag{6-10}$$

从而，式(6-1)中的 $F_{i,t}(x_i \mid \mathcal{F}_{i,t-1};\theta_i)$ 可以基于 $r_{i,t} \mid \mathcal{F}_{t-1} \underset{=}{d}\, r_{i,t} \mid \mathcal{F}_{i,t-1}$ 假设通过式(6-10)得到。

基于式（6-10），可以通过已估参数 θ_i 得到条件概率积分转换变量，具体如下：

$$u_{i,t} = F_{i,t}(r_{i,t} \mid \mathcal{F}_{i,t-1};\theta_i) = t_{\upsilon,\lambda}(z_{i,t} \mid \mathcal{F}_{i,t-1}) \tag{6-11}$$

进而计算 KS 和 CvM 统计量如下：

$$\mathrm{KS}_i = \max_t \left| u_{i,(t)} - \frac{t}{T} \right| \tag{6-12}$$

$$\mathrm{CvM}_i = \sum_{t=1}^{T} \left(u_{i,(t)} - \frac{t}{T} \right)^2 \tag{6-13}$$

其中，$u_{i,(t)}$ 为 $\{u_{i,t}\}_{t=1}^{T}$ 的 t^{th} 顺序统计量；KS 和 CvM 为拟合优度检验的 KS 统计量和 CvM 统计量。

本章采用模拟方法来获得边缘分布拟合优度检验 p 值，具体如下。

第一步：基于已估边缘分布参数 θ_i 的 AR-GJRGARCH-skew t 模型模拟序列 $\{\tilde{r}_{i,t}\}_{t=1}^{T}$。

第二步：对第一步中模拟的时间序列重新估计 AR-GJRGARCH-skew t 模型的参数 $\tilde{\theta}_i$，从而得到概率积分转换变量 $\tilde{u}_{i,t} = F_{i,t}(\tilde{r}_{i,t} \mid \mathcal{F}_{i,t-1};\theta_i)$。

第三步：对第二步中得到的 $\{\tilde{u}_{i,t}\}_{t=1}^{T}$ 通过式(6-12)和式(6-13)计算 $\widetilde{\mathrm{KS}}_i$ 和 $\widetilde{\mathrm{CvM}}_i$ 统计量。

第四步：重复第一步～第三步 N 次（本章重复 1000 次），从而 KS_i 和 CvM_i 统计量的 p 值分别为示性函数 $I(\widetilde{\mathrm{KS}}_i \geqslant \mathrm{KS}_i)$ 和 $I(\widetilde{\mathrm{CvM}}_i \geqslant \mathrm{CvM}_i)$ 的均值。

3. 估计

参数 θ 可通过 Joe 和 Xu（1996）提出的 IFM 两步法进行估计。

首先，估计式（6-11）中的条件边缘分布参数 θ_i，$i=1,2$，具体如下：

$$\hat{\theta}_i = \arg\max_{\theta_i} \sum_{t=1}^{T} \ln f_{i,t}(r_{i,t} \mid \mathcal{F}_{t-1};\theta_i) \tag{6-14}$$

其次，估计式（6-6）中的时变 copula 参数θ_c，具体如下：

$$\hat{\theta}_c = \arg\max_{\theta_c} \sum_{t=1}^{T} \ln c_t[F_{1,t}(r_{1,t} \mid \mathcal{F}_{t-1};\hat{\theta}_1), F_{2,t}(r_{2,t} \mid \mathcal{F}_{t-1};\hat{\theta}_2) \mid \mathcal{F}_{t-1};\theta_c] \tag{6-15}$$

Joe（1997）证明，在一些规则条件下，IFM 估计$\hat{\theta} = (\hat{\theta}_1^{\mathrm{T}}, \hat{\theta}_2^{\mathrm{T}}, \hat{\theta}_c^{\mathrm{T}})^{\mathrm{T}}$满足式（6-16）的渐进正态性，具体如下：

$$\sqrt{T}(\hat{\theta} - \theta) \to N[0, G^{-1}(\theta)] \tag{6-16}$$

6.2.2 copula 相依结构变点检验

由于汇率和原油市场均经历金融危机和平稳阶段，汇率和原油收益间相依特征随时间变化且可能伴随着结构性变化。然而，时变 copula 更适合捕捉较小的相依变化，很难捕捉大的结构性变化。为研究油价和汇率间相依的结构性变化，本章采用 Dias 和 Embrechts（2009）的结构变点检验模型来识别 copula 相依的结构性变化。另外，Narayan 和 Popp（2010）提出了对单个时间序列建模的结构变点模型。本章构建了 AR-GJRGARCH 单变量边缘分布，进而检测相依结构性变化（Dias and Embrechts，2009）。

对于$[0,1]^2$的随机向量$U_t = (U_{1t}, U_{2t})$，边缘分布为均匀分布，copula 相依结构为$C(u;\theta_t)$，其中参数向量$\theta_t \in \Theta \subseteq \mathbb{R}^n$。考虑到 copula 相依参数序列可能存在结构性变化，构建原假设和备择假设如下：

$$H_0\text{：}\theta_1 = \theta_2 = \cdots = \theta_T \quad \text{vs.} \quad H_A\text{：}\theta_1 = \cdots = \theta_{k^*} \neq \theta_{k^*+1} = \cdots = \theta_T \tag{6-17}$$

如果原假设H_0被拒绝，则k^*为相依变点时间。因此，该检验的似然比统计量为

$$\Lambda(k) = \frac{\sup\limits_{(\theta',\theta'')\in\Theta\times\Theta} \prod\limits_{1\leqslant t\leqslant k} c(u_t;\theta') \prod\limits_{k<t\leqslant T} c(u_t;\theta'')}{\sup\limits_{\theta\in\Theta} \prod\limits_{1\leqslant t\leqslant T} c(u_t;\theta)} \tag{6-18}$$

如果$l(\theta',\theta'') = \sum\limits_{1\leqslant t\leqslant k} \ln c(u_t;\theta') + \sum\limits_{k<t\leqslant T} \ln c(u_t;\theta'')$，且$l_0(\theta) = \sum\limits_{1\leqslant t\leqslant T} \ln c(u_t;\theta)$，则

$$2\ln\Lambda(k) = 2\left[\sup_{(\theta',\theta'')\in\Theta\times\Theta} l(\theta',\theta'') - \sup_{\theta\in\Theta} l_0(\theta)\right] \tag{6-19}$$

显然，$2\ln\Lambda(k)$可以通过最大似然方法得到。给定检验水平α，如果$2\ln\Lambda(k)$足够大，则原假设H_0将被拒绝。

变点 k 的位置未知，因而首先通过 $Z_T=\max\limits_{1\leqslant k<T} 2\ln \Lambda(k)$ 统计量进行检验，原假设 H_0 将被大的统计量 Z_T 拒绝。参考 Csörgö 和 Horváth（1997）的研究，$Z_T^{1/2}$ 的渐进分布近似为

$$\Pr(Z_T^{1/2}\geqslant x)\approx\frac{x^n\cdot\exp(-x^2/2)}{2^{n/2}\cdot\Gamma(n/2)}\times\left[\ln\frac{(1-h)(1-l)}{hl}-\frac{n}{x^2}\cdot\ln\frac{(1-h)(1-l)}{hl}+\frac{4}{x^2}+O\left(\frac{1}{x^4}\right)\right],\quad x\to\infty \tag{6-20}$$

其中，$h=l=(\ln T)^{3/2}/T$。给定水平 α 和上述统计量值 z_T，如果 $\Pr(Z_T^{1/2}\geqslant z_T^{1/2})<\alpha$，则原假设 H_0 将被拒绝。此时，相依变点时间为

$$\hat{k}=\min\{1\leqslant k<T:\ 2\ln\Lambda(k)=z_T\} \tag{6-21}$$

由于变点数目是未知的，本章采用 Vostrikova（1981）提出的二分割程序来检测变点数目及其位置。当单个变点被检测到时，样本将根据变点位置划分为两个子样本，并在每个子样本中分别进行上述检验。如果在某个子样本内识别出了新的相依变点，则继续执行二分割程序直至所有子样本没有变点为止。

6.2.3　风险值和条件风险值

VaR 广泛应用于度量金融资产风险。VaR 定义为投资组合可能损失的统计测度，其中损失大于 VaR 是小概率。本节对中国和美国汇率市场下行和上行风险进行定量分析。

如果汇率收益 $r_{1,t}$ 的分布是连续的，则市场下行风险 $\mathrm{VaR}_{1,t}^{D,\alpha}$ 为收益分布的 α 分位数，而上行风险 $\mathrm{VaR}_{1,t}^{U,\alpha}$ 为收益分布的 $(1-\alpha)$ 分位数，具体如式（6-22）所示：

$$\Pr(r_{1,t}\leqslant \mathrm{VaR}_{1,t}^{D,\alpha})=\alpha,\quad \Pr(r_{1,t}<\mathrm{VaR}_{1,t}^{U,\alpha})=1-\alpha \tag{6-22}$$

进而，基于式（6-10），汇率市场下行风险 $\mathrm{VaR}_{1,t}^{D,\alpha}$ 和上行风险 $\mathrm{VaR}_{1,t}^{U,\alpha}$ 可由式（6-23）得到。

$$\mathrm{VaR}_{1,t}^{D,\alpha}=\mu_{1,t}+\sigma_{1,t}\cdot t_{\upsilon,\lambda}^{-1}(\alpha),\quad \mathrm{VaR}_{1,t}^{U,\alpha}=\mu_{1,t}+\sigma_{1,t}\cdot t_{\upsilon,\lambda}^{-1}(1-\alpha) \tag{6-23}$$

Adrian 和 Brunnermeier（2016）提出通过分位数回归方法度量 CoVaR，以作为资产间风险溢出效应新的度量。然而，CoVaR 是从分布视角定义的，而 copula 具有以下优势从而更适合度量 CoVaR。首先，copula 适合构建联合分布进而导出条件分布。其次，copula 不需要度量条件变量的VaR，只需要识别条件变量的分位水平 β 值。

给定二元时间序列 $r_t=(r_{1,t},r_{2,t})$，copula-CoVaR 方法主要分为两类，即 copula 分位数方法（Hakwa et al.，2015；Liu et al.，2017b）和 copula 分布函数捕捉尾相依方法（Girardi and Ergün，2013；Reboredo and Ugolini，2015；Reboredo et al.，2016；Mensi et al.，2017b）。对于 copula 分位数方法，Hakwa 等（2015）从理论上探讨了如何导出条件 copula 分布来度量 A-B CoVaR，进而 Liu 等（2017b）引入动态 copula 分位数方法来度量 A-B CoVaR。对于 copula 分布函数捕捉尾相依方法，Girardi 和 Ergün（2013）将 A-B CoVaR 修正为 G-E CoVaR，进而 Reboredo 和 Ugolini（2015）采用时变 copula 模型通过下尾相依度量下行 G-E CoVaR，而 Reboredo 等（2016）和 Mensi 等（2017b）通过上尾相依度量在给定另一个变量极端上行运动条件下的上行 G-E CoVaR。

然而，以往的研究表明油价与汇率间的负向关系存在于不同国家。因此，目前两类上行和下行 CoVaR 无法精确描述这一负向风险溢出效应。本章对目前的 G-E CoVaR 进行拓展，同时采用四个尾相依（包括左上尾相依、上尾相依、下尾相依、右下尾相依）来度量国际原油处于极端风险条件下汇率的条件风险 CoVaR。上述模型可以充分探索从原油到汇率市场的风险溢出效应，无论原油市场与汇率市场间相依为正相依还是负相依。

对于汇率收益 $r_{1,t}$ 和原油收益 $r_{2,t}$，在原油收益处于上行风险条件下汇率上行和下行 G-E CoVaR 通过左上尾相依和上尾相依度量如下：

$$\Pr(r_{1,t}\leqslant \mathrm{CoVaR}_{1|2U,t}^{D,\alpha}\mid r_{2,t}\geqslant \mathrm{VaR}_{2,t}^{U,\beta})=\alpha \tag{6-24}$$

$$\Pr(r_{1,t}\geqslant \mathrm{CoVaR}_{1|2U,t}^{U,\alpha}\mid r_{2,t}\geqslant \mathrm{VaR}_{2,t}^{U,\beta})=\alpha \tag{6-25}$$

类似地，式（6-26）和式（6-27）通过下尾相依和右下尾相依描述了原油收益处于下行风险条件下汇率的上行和下行 G-E CoVaR，具体如下：

$$\Pr(r_{1,t}\leqslant \mathrm{CoVaR}_{1|2D,t}^{D,\alpha}\mid r_{2,t}\leqslant \mathrm{VaR}_{2,t}^{D,\beta})=\alpha \tag{6-26}$$

$$\Pr(r_{1,t}\geqslant \mathrm{CoVaR}_{1|2D,t}^{U,\alpha}\mid r_{2,t}\leqslant \mathrm{VaR}_{2,t}^{D,\beta})=\alpha \tag{6-27}$$

在式（6-24）～式（6-27）中，$\mathrm{CoVaR}_{1|2U,t}^{D,\alpha}$ 描述了原油市场处于极端上行运动时汇率市场的下行条件风险，$\mathrm{CoVaR}_{1|2U,t}^{U,\alpha}$ 描述了原油市场处于极端上行运动时汇率市场的上行条件风险，$\mathrm{CoVaR}_{1|2D,t}^{D,\alpha}$ 描述了原油市场处于极端下行运动时汇率市场的下行条件风险，而 $\mathrm{CoVaR}_{1|2D,t}^{U,\alpha}$ 描述了原油市场处于极端下行运动时汇率市场的上行条件风险。因此，$\mathrm{CoVaR}_{1|2U,t}^{D,\alpha}$、$\mathrm{CoVaR}_{1|2U,t}^{U,\alpha}$、$\mathrm{CoVaR}_{1|2D,t}^{D,\alpha}$ 及 $\mathrm{CoVaR}_{1|2D,t}^{U,\alpha}$ 可以全面地度量从原油市场到汇率市场可能存在的各种风险溢出效应，而仅仅采用

$\text{CoVaR}_{1|2U,t}^{U,\alpha}$ 和 $\text{CoVaR}_{1|2D,t}^{D,\alpha}$ 研究从原油市场到汇率市场的溢出效应是不够的。

假设 $r_{i,t} \mid \mathcal{F}_{t-1} \overset{d}{=} r_{i,t} \mid \mathcal{F}_{i,t-1}$，基于式（6-1）和式（6-10），人民币汇率和美元汇率的 $\text{CoVaR}_{1|2U,t}^{D,\alpha}$、$\text{CoVaR}_{1|2U,t}^{U,\alpha}$、$\text{CoVaR}_{1|2D,t}^{D,\alpha}$ 及 $\text{CoVaR}_{1|2D,t}^{U,\alpha}$ 可以通过求解式（6-28）～式（6-31）得到。

$$F_{1,t}(\text{CoVaR}_{1|2U,t}^{D,\alpha} \mid \mathcal{F}_{t-1};\theta_1) - C_t[F_{1,t}(\text{CoVaR}_{1|2U,t}^{D,\alpha} \mid \mathcal{F}_{t-1};\theta_1), 1-\beta \mid \mathcal{F}_{t-1};\theta_c] - \beta\alpha = 0 \tag{6-28}$$

$$F_{1,t}(\text{CoVaR}_{1|2U,t}^{U,\alpha} \mid \mathcal{F}_{t-1};\theta_1) - C_t[F_{1,t}(\text{CoVaR}_{1|2U,t}^{U,\alpha} \mid \mathcal{F}_{t-1};\theta_1), 1-\beta \mid \mathcal{F}_{t-1};\theta_c] - \beta + \beta\alpha = 0 \tag{6-29}$$

$$C_t[F_{1,t}(\text{CoVaR}_{1|2D,t}^{D,\alpha} \mid \mathcal{F}_{t-1};\theta_1), \beta \mid \mathcal{F}_{t-1};\theta_c] - \beta\alpha = 0 \tag{6-30}$$

$$C_t[F_{1,t}(\text{CoVaR}_{1|2D,t}^{U,\alpha} \mid \mathcal{F}_{t-1};\theta_1), \beta \mid \mathcal{F}_{t-1};\theta_c] - \beta + \beta\alpha = 0 \tag{6-31}$$

6.3 实证分析

6.3.1 数据和描述性统计

本章采用 WTI 原油、美元指数、人民币汇率进行实证分析。美元指数表示美元相对于一篮子货币升值。人民币汇率采用一单位人民币的美元数量，因此人民币汇率增加表示人民币升值。尽管一些研究表明长历史数据可以揭示更多的信息（Narayan and Gupta，2015），但是中国政府已经在 2005 年 7 月后实行人民币汇率改革，形成一篮子货币的浮动汇率制，以完善人民币中间价形成机制。而且，2008 年全球金融危机阶段，人民币汇率又开始实行紧盯美元制度。因此，参考以往的研究（Cheung and Rime，2014；Fatum et al.，2017；Xu et al.，2017；McCauley and Shu，2019），本章采用 2011 年 1 月 3 日～2017 年 4 月 14 日的日度数据进行实证分析，且收集 2011 年 1 月 3 日～2017 年 4 月 14 日的周度数据进行鲁棒性分析。模型检验表明，这一阶段的实证结果具有鲁棒性且是合理的。同时，这一阶段的油价也经历了各种具有代表性的特征，即 2011～2014 年的高油价、2014 年下半年油价大幅下跌，以及 2015 年后的低油价阶段。所有数据均来源于 Datastream 数据库。在本章实证分析中，采用 $r_{i,t} = 100 \cdot \ln(P_{i,t} / P_{i,t-1})$ 计算各资产收益率。

日度收益序列的描述性统计如表 6-1 所示。人民币汇率均值接近于 0，其标准差也小于美元指数，意味着中国政府采取了更为稳定的汇率政策。WTI 原油的标准差相对于人民币汇率更大一些，表明原油市场具有更高的波动和风险。所有收益均具有较大的峰度值，表明尖峰分布。同时 Jarque-Bera 检验统计量也表明了非正态的分布性质。

表 6-1 日度收益序列描述性统计

变量	均值	标准差	偏度	峰度	Jarque-Bera 统计量
人民币汇率	−0.003	0.134	−1.306	31.933	57 635.580**
美元指数	0.015	0.463	0.028	4.693	195.933**
WTI 原油	−0.033	2.155	0.148	6.181	697.151**

** 表示在 1%的水平下显著

表 6-2 展示了日度收益序列的自相关和条件异方差检验。表 6-2 中，显著的 Q^2 和 LM 检验统计量表明所有收益均存在条件异方差特征，而 Q 检验统计量只有人民币汇率收益序列存在自相关性。所有残差的 Q 统计量不显著，但 Q^2 和 LM 统计量显著，同时所有标准化残差的 Q、Q^2 和 LM 统计量均不显著，表明选择 AR-GJRGARCH 模型构建边缘分布是合理的。

表 6-2 日度收益序列的自相关和条件异方差检验

检验统计量	人民币汇率	美元指数	WTI 原油
$Q_r(8)$	18.120*	0.939	10.200
$Q_r^2(8)$	105.789**	42.440**	441.001**
$\mathrm{LM}_r(8)$	108.762**	30.348**	197.811**
$Q_\varepsilon(8)$	2.767	0.939	10.200
$Q_\varepsilon^2(8)$	74.211**	42.678**	439.178**
$\mathrm{LM}_\varepsilon(8)$	75.199**	30.568**	197.321**
$Q_z(8)$	2.794	1.470	4.737
$Q_z^2(8)$	0.121	5.492	10.606
$\mathrm{LM}_z(8)$	0.122	5.117	10.212

注：Q 和 Q^2 分别表示收益序列和收益平方序列的 Ljung-Box 检验统计量；LM 表示自回归条件下异方差的 Lagrange-Multiplier 检验统计量

*、** 分别表示 5%、1%的显著性水平

表 6-3 展示了边缘分布 AR-GJRGARCH-偏 t 模型的系数估计。其中，人民币汇率收益服从 AR（3）-GJRGARCH-偏 t 过程，而美元指数和 WTI 原油收益均服从 AR（0）-GJRGARCH-偏 t 过程。t 分布自由度小于 10，表明误差项是非正态的。另外，GJRGARCH 模型中 β_1 接近于 1，表明美元指数和 WTI 原油收益存在较强

的波动持续性。表 6-3 的拟合优度检验统计量表明人民币汇率、美元指数及 WTI 原油收益的边缘分布是合理的。

表 6-3　日度收益序列边缘分布及其检验

参数	人民币汇率	美元指数	WTI 原油
	条件均值		
φ_0	–0.002（0.003）	0.015（0.011）	–0.033（0.053）
φ_1	0.082（0.009）		
φ_2	–0.038（0.021）		
φ_3	0.057（0.023）		
	条件方差		
α_0	0.001（0.000）	0.000（0.000）	0.018（0.005）
α_1	0.238（0.051）	0.040（0.006）	0.006（0.005）
β_1	0.760（0.027）	0.975（0.005）	0.954（0.005）
γ_1	0.003（0.054）	–0.033（0.006）	0.073（0.009）
	偏 t 分布		
λ	–0.022（0.021）	0.051（0.032）	–0.058（0.031）
υ	3.101（0.105）	6.306（0.803）	6.394（0.808）
	拟合优度检验（1000 次）		
K-S 检验 p 值	0.826	0.349	0.996
CvM 检验 p 值	0.894	0.733	0.999

注：括号内容为标准误差

6.3.2　边缘分布和相依的结构变化

2011 年后，原油市场见证了各种代表性的市场行情，即高油价、油价大幅下跌及低油价水平。人民币汇率在 2011 年至 2013 年间处于上行阶段，而在 2014～2017 年处于下行阶段，同时美国联邦储备系统在 2014 年之前进行了量化宽松政策。这些市场行情或经济情况可能引起各个边缘分布参数的结构变化，进而影响 2011 年至 2017 年间原油与汇率相依的稳定性和估计正确性。因此，在估计动态相依之前，边缘分布和相依结构的结构性变化需要被检测。

首先，对边缘分布采用结构性变化检验。如果边缘分布是合适的，则标准化残差将服从偏 t 分布。因此，参考 Dias 和 Embrechts（2009）的研究，本章采用式（6-19）和式（6-20）检验标准化残差的偏 t 分布参数是否存在结构性变化。检验结果如表 6-4 所示。人民币汇率、美元指数及 WTI 原油收益的 $z_T^{1/2}$ 统计量分别是

3.130、3.491 及 3.576，在 5%的水平下三个标准化残差序列中无结构变点的原假设不能被拒绝。以上检验结果表明，在整个样本阶段可以通过相同参数的边缘分布进行建模。

表 6-4　日度收益序列标准化残差分布的变点检验

阶段	p	T	$z_T^{1/2}$	$\Pr(Z_T^{1/2}>z_T^{1/2})$	H_0（0.95）	变点时间
人民币汇率：I（2011 年 1 月 4 日至 2017 年 4 月 14 日）						
I	2	1639	3.130	0.270	不拒绝	—
美元指数：I（2011 年 1 月 4 日至 2017 年 4 月 14 日）						
I	2	1639	3.491	0.106	不拒绝	—
WTI 原油：I（2011 年 1 月 4 日至 2017 年 4 月 14 日）						
I	2	1639	3.576	0.082	不拒绝	—

表 6-5 展示了采用 Dias 和 Embrechts（2009）的方法对 WTI 原油与人民币汇率以及美元指数相依结构变化的检验结果。为避免选择不同 copula 对检验的影响，全样本相依结构采用六个之前定义的 copula 进行估计。表 6-5 的 A 部分表明基于最小 AIC，Clayton copula 为人民币汇率与 WTI 收益间最优拟合的 copula，而 *t* copula 为美元指数与 WTI 收益间最优拟合的 copula。正态 copula 为以上两对资产间次优拟合 copula，且 AIC 值与最优 copula 的较为接近。为不失一般性，同时提供最优拟合 copula 和次优拟合 copula 相依结构变化的检验结果。

表 6-5　日度原油与汇率相依的结构变化检验

A 部分：最优 copula 选择（AIC 值）

资产组合	Kendall	正态	t	Clayton	R1 Clayton	旋转 Clayton	R2 Clayton
人民币汇率-WTI	0.047**	–7.669	–1.849	–12.666	2.000	0.870	2.000
美元指数-WTI	–0.145**	–82.108	–95.386	2.000	–77.610	2.000	–56.317

B 部分：结构变化检验

阶段	p	T	$z_T^{1/2}$	$\Pr(Z_T^{1/2}>z_T^{1/2})$	H_0（0.95）	变点时间
人民币汇率–WTI 原油（最优拟合 copula） I：2011 年 1 月 4 日至 2017 年 4 月 14 日						
I	1	1639	1.994	0.825	不拒绝	—
人民币汇率–WTI 原油（次优拟合 copula） I：2011 年 1 月 4 日至 2017 年 4 月 14 日						
I	1	1639	2.183	0.625	不拒绝	—

续表

美元指数-WTI 原油（最优拟合 copula）Ⅰ：2011 年 1 月 4 日至 2017 年 4 月 14 日　Ⅱ$_1$：2011 年 1 月 4 日至 2013 年 3 月 22 日　Ⅱ$_2$：2013 年 3 月 25 日至 2017 年 4 月 14 日						
Ⅰ	2	1639	7.243	0.000	拒绝	2013 年 3 月 22 日
Ⅱ$_1$	2	579	3.359	0.124	不拒绝	—
Ⅱ$_2$	2	1060	2.913	0.405	不拒绝	—
美元指数-WTI 原油（次优拟合 copula）Ⅰ：2011 年 1 月 4 日至 2017 年 4 月 14 日　Ⅱ$_1$：2011 年 1 月 4 日至 2013 年 3 月 7 日　Ⅱ$_2$：2013 年 3 月 8 日至 2017 年 4 月 14 日						
Ⅰ	1	1639	7.630	0.000	拒绝	2013 年 3 月 7 日
Ⅱ$_1$	1	568	2.434	0.330	不拒绝	—
Ⅱ$_2$	1	1071	1.941	0.824	不拒绝	—

注：下划线表示次优拟合 copula

** 表示 Kendall 系数在 1%的水平下显著不为 0

表 6-5 的 B 部分中，最优拟合 copula 与次优拟合 copula 的结果是一致的，表明人民币汇率与 WTI 日度收益间不存在相依关系的结构性变化。然而，在 5%的显著水平下，美元指数与 WTI 收益间相依关系存在一个显著的结构变点，其中最优拟合 copula 检测的变点时间为 2013 年 3 月 22 日，次优拟合 copula 检测的变点时间为 2013 年 3 月 7 日。由于这两个变点时间十分接近，本章选取最优拟合 copula 的检测结果 2013 年 3 月 22 日作为美元指数和 WTI 收益间相依结构变点。

一般来讲，相依结构变化主要由市场环境外部冲击和变化引起。当追踪油价和汇率历史趋势时，存在结构变化的实证结果是合理的。美元指数与 WTI 收益间相依结构变点在 2013 年，此时美国量化宽松政策已经开始弱化。进而，美元呈现上行趋势，原油与美元指数间关系发生显著变化。人民币汇率-原油与美元指数-原油间关系较大差异主要是因为全球原油贸易定价结算货币、中美汇率政策及人民币美元国际化程度等多个因素共同驱动。由于美元是原油贸易的结算货币且国际化程度最大，原油与美元间相依强度较大，且市场极端事件对二者具有较大影响，甚至很大程度上改变了二者间相依关系。然而，原油与人民币汇率间相依关系不存在结构性变化，可能是由人民币汇率主要由中国政府管控，且人民币汇率与 WTI 间相依强度在大多数时间相对较弱等因素导致。

6.3.3　动态相依和尾相依

在识别相依关系发生结构性变化后，每个子样本内原油与汇率间动态相依通过六个时变 copula 模型估计得到。表 6-6 展示了每个时变 copula 模型的 AIC 值。

根据 AIC 值，采用时变 Clayton copula 拟合人民币汇率与 WTI 资产对，采用时变正态 copula 捕捉美元指数与 WTI 收益在第一个子样本区间内的相依关系及采用时变 *t* copula 对第二个子样本建模。

表 6-6　时变 copula 模型 AIC 值

资产组合及阶段	Kendall	TV-N	TV-*t*	TV-C	TV-R1C	TV-RC	TV-R2C
人民币汇率–WTI 原油 I	0.047**	–7.250	–3.328	–15.332	6.150	–7.964	6.521
美元指数–WTI 原油 II_1	–0.296**	–128.931	–126.734	7.853	–105.337	7.412	–89.936
美元指数–WTI 原油 II_2	–0.063**	–13.702	–16.584	2.756	–10.123	6.162	–3.104

**表示 Kendall 系数在 1%的水平下显著不为 0

原油与各汇率间的Kendall系数显示出不同特征。人民币汇率与WTI间的Kendall系数 0.047 显著不为 0。美元指数与 WTI 间 Kendall 系数在第一个样本区间为–0.296，在第二个样本区间内为–0.063，且均显著不为 0。以上实证结果表明原油与美元指数间为负相依，而与人民币汇率为弱正相依。另外，美元指数与 WTI 间相依强度大于人民币汇率与 WTI 间相依强度。

图 6-2 展示了 WTI 与美元指数及人民币汇率间动态相依关系。人民币汇率与 WTI 间正相依关系表明人民币升值通常伴随着油价上涨。尽管美元贬值将促使油价上涨和人民币对美元升值，但是高油价使原油进口国财富转移到原油出口国而导致原油进口国货币贬值。因此，原油与人民币汇率间弱正相依关系是综合因素的结果。美元指数与 WTI 间动态相依关系表明不同子样本间相依关系存在明显的跳跃，该跳跃特征反映了相依关系的结构性变化。

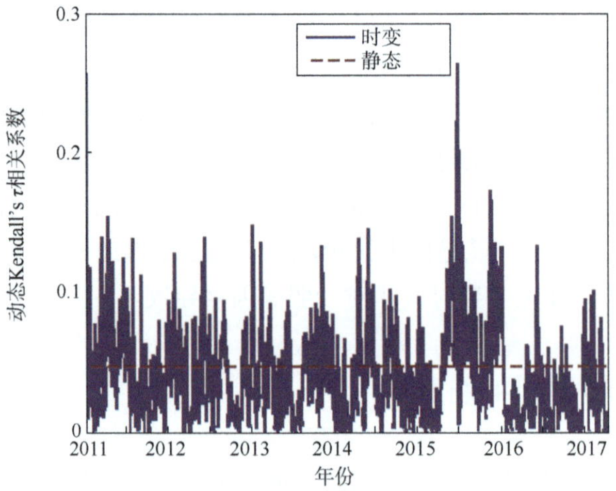

（a）人民币汇率-WTI原油

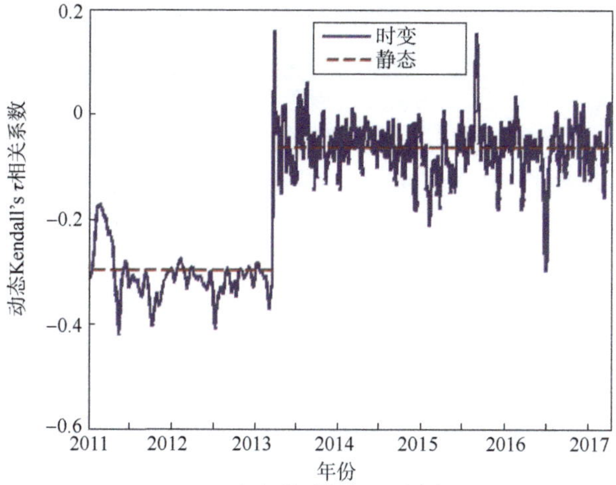

（b）美元指数-WTI原油

图 6-2　日度汇率和原油市场动态相依关系

图 6-3 展示了人民币汇率和美元指数与 WTI 的四类动态尾相依关系，其用来度量市场处于高度不确定条件下的极端协同运动。结果表明，人民币汇率与 WTI 间存在非对称的尾相依，其下尾相依大于上尾相依，这表明人民币贬值对油价下跌更加敏感。美元指数与 WTI 间动态尾相依呈现与图 6-2 动态相依类似的结构性变化特征。同时，整个样本区间内左上尾和右下尾相依大于上尾相依和下尾相依，意味着油价下跌倾向于伴随着美元升值。

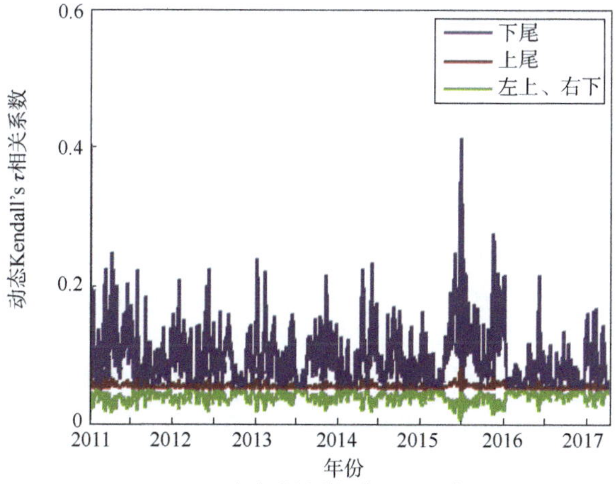

（a）人民币汇率-WTI原油

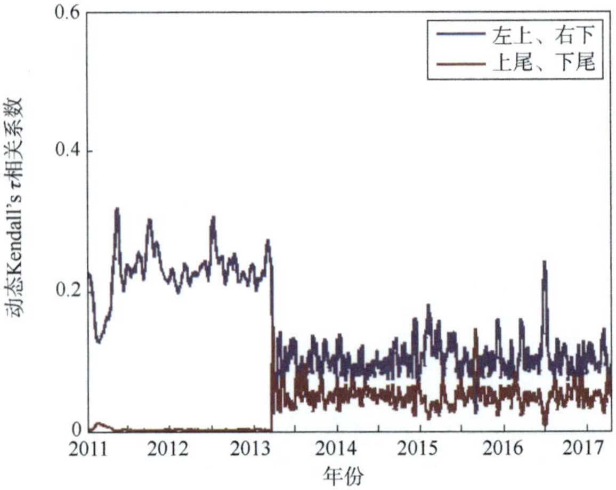

（b）美元指数-WTI原油

图 6-3　日度汇率与原油市场动态尾相依关系

6.3.4　风险相依与条件风险 CoVaR

为进一步探索原油极端运动条件下与汇率的风险相依，本节通过最优的时变 copula 模型度量了不同子样本区间人民币和美元的上行和下行 VaR 和 CoVaR。表 6-7 展示了日度汇率收益 VaR 和 CoVaR 的描述性统计。本节中，CoVaR 为在原油收益 95%置信水平下的 VaR 条件下，人民币或美元汇率收益在 95%置信水平下的 VaR。表 6-7 的 A 部分总结了整个样本区间人民币上行、下行 VaR 和 CoVaR 的基本描述性统计，美元指数在子样本的上行、下行 VaR 和 CoVaR 的描述性统计分别在表 6-7 的 B1 部分和 B2 部分展示。结果表明，人民币 VaR 和 CoVaR 均值的绝对值小于美元的，同时标准差也相对较小，表明人民币由于监管政策其风险及风险变化相对较小。B1 部分和 B2 部分中的结果表明在 2011 年至 2013 年阶段（B1 部分）上行和下行 VaR 均值绝对值以及 VaR 与 CoVaR 之间的差异要大于 2013 年至 2017 年阶段(B2 部分)。这说明尽管原油市场在 2013～2017 年经历了大幅下跌以及低油价阶段，但是美元指数较高的风险以及 WTI 对美元较大的风险溢出效应主要出现在美国量化宽松阶段。

表 6-7　日度汇率收益 VaR 和 CoVaR 的描述性统计

变量	均值	中位数	最大值	最小值	标准差
A 部分：2011 年 1 月 4 日至 2017 年 4 月 14 日					
$\mathrm{VaR}_{\mathrm{CNY}}^{D}$	−0.177	−0.148	−0.077	−1.396	0.104
$\mathrm{CoVaR}_{\mathrm{CNY\|OIL}(D)}^{D}$	−0.237	−0.202	−0.089	−2.263	0.153
$\mathrm{CoVaR}_{\mathrm{CNY\|OIL}(U)}^{D}$	−0.161	−0.135	−0.043	−1.175	0.095

续表

变量	均值	中位数	最大值	最小值	标准差
VaR_{CNY}^{U}	0.167	0.141	1.192	0.071	0.097
$CoVaR_{CNY\|OIL(D)}^{U}$	0.151	0.127	1.021	0.016	0.089
$CoVaR_{CNY\|OIL(U)}^{U}$	0.173	0.146	1.247	0.073	0.100
B1 部分：2011 年 1 月 4 日至 2013 年 3 月 22 日					
VaR_{USDX}^{D}	−0.723	−0.706	−0.426	−1.149	0.177
$CoVaR_{USDX\|OIL(D)}^{D}$	−0.201	−0.189	−0.033	−0.422	0.077
$CoVaR_{USDX\|OIL(U)}^{D}$	−1.251	−1.223	−0.738	−2.105	0.329
VaR_{USDX}^{U}	0.785	0.766	1.229	0.475	0.185
$CoVaR_{USDX\|OIL(D)}^{U}$	1.373	1.342	2.294	0.821	0.355
$CoVaR_{USDX\|OIL(U)}^{U}$	0.216	0.202	0.454	0.040	0.079
B2 部分：2013 年 3 月 25 日至 2017 年 4 月 14 日					
VaR_{USDX}^{D}	−0.673	−0.688	−0.312	−1.025	0.164
$CoVaR_{USDX\|OIL(D)}^{D}$	−0.661	−0.656	−0.291	−1.319	0.177
$CoVaR_{USDX\|OIL(U)}^{D}$	−0.881	−0.880	−0.375	−1.625	0.243
VaR_{USDX}^{U}	0.732	0.748	1.100	0.355	0.171
$CoVaR_{USDX\|OIL(D)}^{U}$	0.964	0.961	1.776	0.425	0.260
$CoVaR_{USDX\|OIL(U)}^{U}$	0.719	0.713	1.436	0.331	0.188

VaR 与相应 CoVaR 间的统计差异通过 Reboredo 等（2016）采用的 Bootstrap K-S 检验方法得到，揭示了原油到汇率市场的风险溢出效应。表 6-8 的 A 部分展示了原油处于极端风险条件下的人民币风险溢出特征。结果表明，人民币上行和下行 CoVaR 与其对应的 VaR 显著不同，这意味着尽管人民币风险水平较低，但是原油对其风险溢出效应不能被忽略。进一步地，风险溢出非对称效应可以通过 CoVaR 除以其相应上行和下行 VaR 进行检验得到。这表明，下行风险溢出强度显著大于上行风险溢出强度。

表 6-8　日度收益的风险溢出和非对称效应检验

A 部分：人民币（2011 年 1 月 4 日至 2017 年 4 月 14 日）	
H_A^1：$CoVaR_{CNY\|OIL(D)}^{D} < VaR_{CNY}^{D}$	H_A^2：$CoVaR_{CNY\|OIL(U)}^{D} > VaR_{CNY}^{D}$
0.289**	0.122**
H_A^3：$CoVaR_{CNY\|OIL(D)}^{U} < VaR_{CNY}^{U}$	H_A^4：$CoVaR_{CNY\|OIL(U)}^{U} > VaR_{CNY}^{U}$
0.137**	0.046*
H_A^5：$\dfrac{CoVaR_{CNY\|OIL(D)}^{D}}{VaR_{CNY}^{D}} > \dfrac{CoVaR_{CNY\|OIL(U)}^{U}}{VaR_{CNY}^{U}}$	
0.724**	

续表

B1 部分：美元子样本Ⅰ（2011 年 1 月 4 日至 2013 年 3 月 22 日）		B2 部分：美元子样本Ⅱ（2013 年 3 月 25 日至 2017 年 4 月 14 日）	
H_A^1: $\text{CoVaR}_{\text{USDX}\mid\text{OIL}(D)}^D > \text{VaR}_{\text{USDX}}^D$	H_A^2: $\text{CoVaR}_{\text{USDX}\mid\text{OIL}(U)}^D < \text{VaR}_{\text{USDX}}^D$	H_A^1: $\text{CoVaR}_{\text{USDX}\mid\text{OIL}(D)}^D > \text{VaR}_{\text{USDX}}^D$	H_A^2: $\text{CoVaR}_{\text{USDX}\mid\text{OIL}(U)}^D < \text{VaR}_{\text{USDX}}^D$
1.000**	0.684**	0.092**	0.461**
H_A^3: $\text{CoVaR}_{\text{USDX}\mid\text{OIL}(D)}^U > \text{VaR}_{\text{USDX}}^U$	H_A^4: $\text{CoVaR}_{\text{USDX}\mid\text{OIL}(U)}^U < \text{VaR}_{\text{USDX}}^U$	H_A^3: $\text{CoVaR}_{\text{USDX}\mid\text{OIL}(D)}^U > \text{VaR}_{\text{USDX}}^U$	H_A^4: $\text{CoVaR}_{\text{USDX}\mid\text{OIL}(U)}^U < \text{VaR}_{\text{USDX}}^U$
0.705**	1.000**	0.475**	0.095**
H_A^5: $\dfrac{\text{CoVaR}_{\text{USDX}\mid\text{OIL}(D)}^U}{\text{VaR}_{\text{USDX}}^U} > \dfrac{\text{CoVaR}_{\text{USDX}\mid\text{OIL}(U)}^D}{\text{VaR}_{\text{USDX}}^D}$		H_A^5: $\dfrac{\text{CoVaR}_{\text{USDX}\mid\text{OIL}(D)}^U}{\text{VaR}_{\text{USDX}}^U} > \dfrac{\text{CoVaR}_{\text{USDX}\mid\text{OIL}(U)}^D}{\text{VaR}_{\text{USDX}}^D}$	
0.149**		0.030	

*、** 分别表示 5%、1%的显著性水平

在表 6-8 的 B1 部分和 B2 部分展示了不同子样本中 CoVaR 风险溢出及其非对称效应检验。检验结果表明，美元与 WTI 风险相依主要依赖于美元货币政策及能源市场环境，而且随时间变化。同时，检验结果说明了 CoVaR 与其相应 VaR 间存在显著差异，在子样本Ⅰ(2011 年 1 月 4 日至 2013 年 3 月 22 日)和子样本Ⅱ(2013 年 3 月 25 日至 2017 年 4 月 14 日）中均存在从原油到美元指数的风险溢出效应。然而，两个子样本区间非对称效应检验结果有所差异，即仅在子样本Ⅰ（2011 年 1 月 4 日至 2013 年 3 月 22 日）中存在非对称效应，表明在原油处于下行风险条件下美元上行 CoVaR 除以美元上行 VaR 的结果显著大于原油处于极端上行风险条件下美元下行 CoVaR 除以美元下行 VaR 的结果。

图 6-4 展示了人民币和美元汇率的动态上行、下行 VaR 和 CoVaR。结果表明汇率风险与原油风险相依，且与汇率市场主要改革高度关联。人民币汇率 VaR 或 CoVaR 形状表明，2015 年 8 月 11 日存在较大的变化，此时中国政府开始实行新的汇率政策来增强人民币国际化，导致人民币指数出现最大跌幅。VaR 和 CoVaR 的这些突变也表明本章采取的模型是有效的。美元指数动态 CoVaR 在两个子样本中明显展示了不同形状，第一个子样本中 VaR 和 CoVaR 间的差异比第二个子样本大，表明了风险溢出效应在前一个阶段较大。

6.3.5 鲁棒性分析

Narayan 和 Liu（2015）发现数据频率可能影响实证结果的鲁棒性。因此，本节进一步采用周度数据分析相依结构性变化以及风险相依 CoVaR。

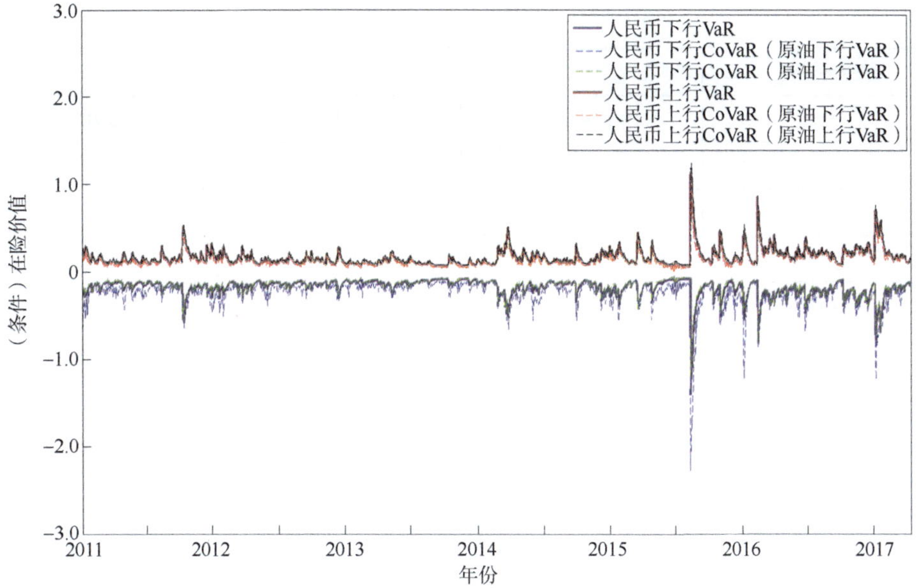

（a）日度人民币VaR和CoVaR

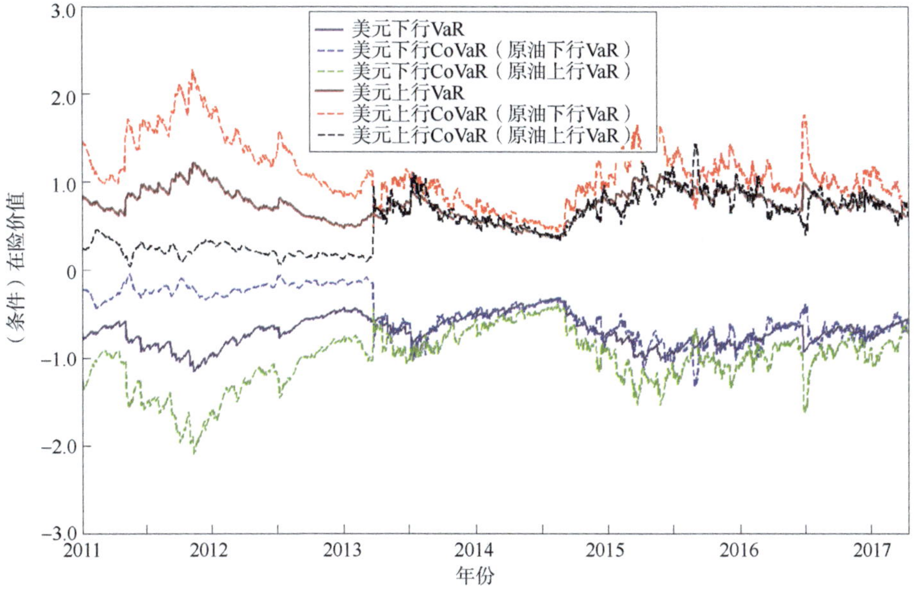

（b）日度美元VaR和CoVaR

图 6-4　动态日度汇率 VaR 和原油市场处于极端风险下的汇率 CoVaR

表 6-9 展示了所有周度收益序列的自相关和条件异方差检验结果。可以发现，周度人民币收益序列不存在条件异方差，这意味着其波动为常数。此时，分析人民币汇率市场风险以及原油对人民币汇率的风险溢出效应意义不大。因此，本节只分析原油与美元相依以及原油对美元指数的风险溢出效应。

表 6-9　周度收益序列自相关和条件异方差检验

检验统计量	人民币汇率	美元指数	WTI 原油
$Q_r(8)$	17.962**	13.449*	6.913
$Q_r^2(8)$	0.419	35.950**	21.311**
$LM_r(8)$	0.408	27.348**	15.768*
$Q_\varepsilon(8)$	1.810	3.820	6.913
$Q_\varepsilon^2(8)$	0.287	22.812**	21.122**
$LM_\varepsilon(8)$	0.283	17.876**	15.654*
$Q_z(8)$	—	4.743	4.215
$Q_z^2(8)$	—	0.731	5.066
$LM_z(8)$	—	0.481	4.193

注：Q 和 Q^2 分别表示收益序列和收益平方序列的 Ljung-Box 统计量；LM 表示自回归条件下异方差的 Lagrange-Multiplier 检验统计量

*、**分别表示 5%、1%的显著性水平

本节采用 AR（3）-GJRGARCH（1, 1）-正态模型构建美元指数边缘分布，采用 AR（0）-GJRGARCH（1, 1）-偏 t 模型构建 WTI 边缘分布，其参数估计如表 6-10 所示。同时，本节也采用模拟方法构建式（6-12）和式（6-13）中的 KS 和 CvM 统计量来检验边缘分布。其中，美元指数收益的 K-S 和 CvM 检验 p 值分别为 0.951 和 0.893，WTI 收益的 K-S 和 CvM 检验 p 值分别为 0.987 和 0.987，表明上述边缘分布是合理的。

表 6-10　周度收益边缘分布

参数	美元指数	WTI 原油
	条件均值	
φ_0	0.081（0.058）	−0.154（0.241）
φ_1	−0.015（0.052）	
φ_2	−0.067（0.052）	
φ_3	−0.156（0.050）	
	条件方差	
α_0	0.016（0.018）	0.207（0.134）
α_1	0.102（0.041）	0.006（0.016）
β_1	0.904（0.041）	0.947（0.022）
γ_1	−0.045（0.036）	0.061（0.016）

续表

参数	美元指数	WTI 原油
	偏 t 分布	
λ	—	−0.169（0.032）
υ	—	8.296（0.803）
	拟合优度检验（1000 次）	
K-S 检验 p 值	0.951	0.987
CvM 检验 p 值	0.893	0.987

注：括号中的数据为相关统计量的标准差

探讨周度和日度数据在边缘分布及相依结构的变点差异是非常重要的。表 6-11 和表 6-12 展示了周度边缘分布和相依结构的变点检验结果，表明周度数据和日度数据结果是一致的，特别是变点时间的一致性。而且上述结果表明将 2013 年 3 月 22 日作为美元指数与 WTI 收益相依结构变点是合理的。

表 6-11　周度收益序列标准化残差分布的变点检验

阶段	p	T	$z_T^{1/2}$	$\Pr(Z_T^{1/2}>z_T^{1/2})$	H_0（0.95）	变点时间
美元指数：Ⅰ（2011 年 1 月 14 日至 2017 年 4 月 14 日）						
Ⅰ	2	327	2.763	0.429	不拒绝	—
WTI 原油：Ⅰ（2011 年 1 月 14 日至 2017 年 4 月 14 日）						
Ⅰ	2	327	2.467	0.701	不拒绝	—

表 6-12　周度原油和汇率相依的结构变点检验

A 部分：copula 选择（AIC 值）							
资产组合	Kendall	Normal	t	Clayton	R1 Clayton	R Clayton	R2 Clayton
美元指数–WTI 原油	−0.124**	−13.686	−12.127	2.000	<u>−12.676</u>	2.000	−8.011

B 部分：结构变点检验						
阶段	p	T	$z_T^{1/2}$	$\Pr(Z_T^{1/2}>z_T^{1/2})$	H_0（0.95）	变点时间
美元指数–WTI 原油（最优拟合 copula）Ⅰ：2011 年 1 月 14 日至 2017 年 4 月 14 日　Ⅱ$_1$：2011 年 1 月 14 日至 2013 年 3 月 22 日　Ⅱ$_2$：2013 年 3 月 29 日至 2017 年 4 月 14 日						
Ⅰ	1	327	3.358	0.029	拒绝	2013 年 3 月 22 日
Ⅱ$_1$	1	115	1.264	0.961	不拒绝	—
Ⅱ$_2$	1	212	1.902	0.638	不拒绝	—

续表

美元指数-WTI 原油（次优拟合 copula）Ⅰ：2011 年 1 月 14 日至 2017 年 4 月 14 日　Ⅱ$_1$：2011 年 1 月 14 日至 2013 年 3 月 22 日　Ⅱ$_2$：2013 年 3 月 29 日至 2017 年 4 月 14 日						
Ⅰ	1	327	2.930	0.095	拒绝	2013 年 3 月 22 日
Ⅱ$_1$	1	115	1.590	0.785	不拒绝	—
Ⅱ$_2$	1	212	1.411	0.994	不拒绝	—

注：下划线表示次优拟合 copula

** 表示 Kendall 系数在 1%的水平下显著不为 0

表 6-13 展示了周度数据的风险溢出和非对称效应检验。如表 6-13 所示，原油市场至美元指数市场存在显著的风险溢出效应，与日度数据结果一致。然而，周度数据在任一子样本内均不存在显著的非对称效应，而日度数据在 2011 年 1 月 4 日至 2013 年 3 月 22 日期间存在显著的非对称效应。

表 6-13　周度收益的风险溢出和非对称效应检验

A1 部分：美元子样本Ⅰ（2011 年 1 月 14 日至 2013 年 3 月 22 日）		A2 部分：美元子样本Ⅱ（2013 年 3 月 29 日至 2017 年 4 月 14 日）	
H_A^1: $\mathrm{CoVaR}^D_{\mathrm{USDX\|OIL}(D)} > \mathrm{VaR}^D_{\mathrm{USDX}}$	H_A^2: $\mathrm{CoVaR}^D_{\mathrm{USDX\|OIL}(U)} < \mathrm{VaR}^D_{\mathrm{USDX}}$	H_A^1: $\mathrm{CoVaR}^D_{\mathrm{USDX\|OIL}(D)} > \mathrm{VaR}^D_{\mathrm{USDX}}$	H_A^2: $\mathrm{CoVaR}^D_{\mathrm{USDX\|OIL}(U)} < \mathrm{VaR}^D_{\mathrm{USDX}}$
0.922**	0.722**	0.340**	0.264**
H_A^3: $\mathrm{CoVaR}^U_{\mathrm{USDX\|OIL}(D)} > \mathrm{VaR}^U_{\mathrm{USDX}}$	H_A^4: $\mathrm{CoVaR}^U_{\mathrm{USDX\|OIL}(U)} < \mathrm{VaR}^U_{\mathrm{USDX}}$	H_A^3: $\mathrm{CoVaR}^U_{\mathrm{USDX\|OIL}(D)} > \mathrm{VaR}^U_{\mathrm{USDX}}$	H_A^4: $\mathrm{CoVaR}^U_{\mathrm{USDX\|OIL}(U)} < \mathrm{VaR}^U_{\mathrm{USDX}}$
0.704**	0.948**	0.241**	0.354**
H_A^5: $\dfrac{\mathrm{CoVaR}^U_{\mathrm{USDX\|OIL}(D)}}{\mathrm{VaR}^U_{\mathrm{USDX}}} > \dfrac{\mathrm{CoVaR}^D_{\mathrm{USDX\|OIL}(U)}}{\mathrm{VaR}^D_{\mathrm{USDX}}}$		H_A^5: $\dfrac{\mathrm{CoVaR}^U_{\mathrm{USDX\|OIL}(D)}}{\mathrm{VaR}^U_{\mathrm{USDX}}} > \dfrac{\mathrm{CoVaR}^D_{\mathrm{USDX\|OIL}(U)}}{\mathrm{VaR}^D_{\mathrm{USDX}}}$	
0.009		0.033	

**表示 1%的显著性水平

图 6-5 展示了周度汇率收益的动态 VaR 和 CoVaR。与图 6-4 相比，周度美元风险比日度风险大一些，意味着周度美元指数具有更大的不确定性。尽管如此，周度数据在两个样本区间内的风险溢出水平相对大小与日度数据一致，即第一个样本阶段的风险溢出水平均大于第二个样本阶段。

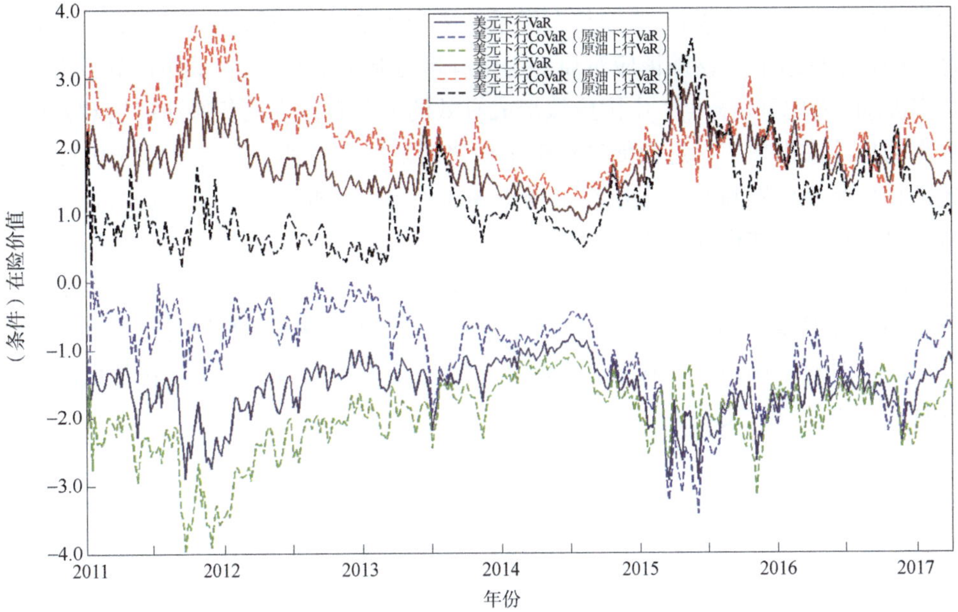

图 6-5　动态周度美元 VaR 和原油处于极端风险下的美元 CoVaR

总之，有关边缘分布和相依结构变点、风险溢出水平及其非对称性等实证结果，周度数据与日度数据基本一致。但是，周度数据与日度数据存在两大差异，一是周度人民币收益不存在条件异方差，二是周度数据在第一个样本区间不存在从原油到美元指数的非对称效应。

6.4　本 章 小 结

本章通过六个时变 copula-CoVaR 模型将原油与中美汇率间风险相依进行对比，在研究内容和模型方法方面对已有文献具有如下贡献。

模型方法方面，本章提出采用时变半旋转 copula 模型捕捉左上尾相依和右下尾相依来度量 CoVaR，特别是对金融市场间相依关系为负相依情形进行风险相依分析。

实证结果表明了原油极端协同对汇率极端协同运动影响的动态性、风险溢出及非对称性。原油与人民币汇率间相依结构具有动态性且为弱正相依，而与美元指数为负相依且存在结构性变化。尽管中国政府的汇率管控政策使得中国汇率市场风险与美国相比相对较小，但仍然存在从原油到人民币汇率的风险溢出效应。随着中国推出原油期货，交易结算货币为人民币和美元，可能将进一步推动人民币的国际化。因此，WTI 原油与人民币汇率间相依关系将增强。在人民币国际化进程中，中国政府应该谨慎应对油价变化引起的国际金融环境，其可能导致人民币汇率波动。考虑到这一点，中国应该形成有效的汇率政策来避免原油市场对人民币汇率的风险溢出效应，进而促进经济平稳快速发展。另外，美元指数与 WTI 原油尾部相依呈现跳跃特征，表明在市场极端风险下构建原油与汇率投资组合时需要考虑风险相依的结构性变化。

总之，本章从风险相依视角拓展了原油与汇率间关系的研究，并总结了一些重要的实证发现。相关研究可以为金融投资者构建投资组合和规避市场风险提供启示，同时对中国政府在极端油价冲击情形下更好地了解汇率市场化的风险压力也有一定的指导意义。

第7章

碳市场与能源市场间信息溢出机制研究

欧盟ETS是世界上第一个也是最大的碳交易市场，涵盖了所有能源行业及其他主要的高耗能行业，碳排放约占欧盟温室气体排放的45%。碳排放交易被认为是应对气候变化的最重要的缓解措施之一。因此，自2005年启动以来，欧盟ETS引起了市场参与者和学术研究人员的极大关注。

7.1 引　言

到2020年为止，欧盟ETS主要经历了三个阶段：第一阶段为2005～2007年，第二阶段为2008～2012年，第三阶段为2013～2020年。欧盟ETS的主要目的是鼓励企业减少以化石燃料为基础的能源消耗，增加对清洁、低碳技术的投资或采用可再生能源。为此，它引入了一种复杂的机制，即将ETS中的碳价格和能源市场联系起来。例如，较低的化石燃料价格可能会增加企业对其的消费，这可能会导致市场对有限资源的过度需求，从而提高了碳价格。然而，ETS中更高的碳价格将会激励企业开发清洁能源技术，从而降低可再生能源的价格，并对其他能源的价格产生影响。鉴于欧盟是世界上最大的能源市场和能源消费者之一，个别企业优化后的能源需求变化也会引发国际能源市场的价格变化，从而使得定价体系更加复杂。此外，碳价格和能源市场之间的联系是动态的，这反映了ETS基本结构的变化性和全球能源市场的动态性。因此，揭示这种动态联系机制有利于理解ETS机制是如何起作用的，同时也有利于企业对市场变化做出最佳反应。

欧盟ETS自推出以来就在学术界引起了广泛的关注。它拥有大量的时间序列数据，从而使得我们能够据此研究碳市场与其他市场之间的动态关系。早期的研究，如Christiansen等（2005）的研究表明市场基本面，如天气、燃料价格和燃料转换，与政策和监管一样发挥着重要作用。Mansanet-Bataller等（2007）的研究表明，滞后的 Brent 原油期货和天然气期货价格变动对碳价格变动有显著的正向影响。Alberola 等（2008）也证实了天然气价格对碳价格变动的积极作用，但认为煤炭价格的变化对碳价格变化有负向影响。Hintermann（2010）将碳市场在 2006 年 4 月出现的结构性变化考虑在内，证实了燃料价格和水力发电的利用率在碳价急剧下降的后续时期具有重要作用。这些研究都假设了能源价格的外生性，没有考虑碳价格对能源价格的反馈作用。

为了说明碳市场对能源市场的反馈机制，Fezzi 和 Bunn（2009）采用结构向量误差修正模型（error correction model，ECM），将碳价格与各种能源价格之间的长期均衡和短期调整结合起来。Keppler 和 Mansanet-Bataller（2010）对欧盟 ETS 第一阶段和第二阶段的碳价格与能源价格进行格兰杰因果检验，结果显示碳价格与电价之间存在反向因果关系。Creti 等（2012）分析了欧盟 ETS 在两个阶段中碳价格的驱动因素，研究结果表明原油、煤炭及天然气价格，股票价格指数与碳价格存在长期的协整关系。在这些早期研究之后，大量文献使用高级计量经济学技术探索了这一领域（Aatola et al.，2013a，2013b；Lutz et al.，2013；Hammoudeh et al.，2014；Zhuang et al.，2014；Sousa et al.，2014；Yu et al.，2015；Cao and Xu，2016；Tan and Wang，2017；Zhang and Sun，2016；Zhu et al.，2017；Dutta，2018）。此外，碳价格的变化也会影响碳汇过程（Maroušek，2014；Maroušek et al.，2017）。尽管结果因数据和方法的不同而有所不同，但人们普遍认为，能源价格和碳价格是相互关联的，已经形成了一个复杂体系。

总的来说，现有文献主要揭示了能源价格和碳价格之间的相互关系，了解这些机制对政策制定者和实践者都有意义。理论和实证均表明，碳市场和能源市场是一体化的且相互关联的。虽然已经证实了统计上的重要联系，但还缺乏系统性的观点，特别是动态时变的观点。因此，在这个统一的框架下，我们发现了新的证据来支持一些现有的争论。例如，石油市场是否是能源市场中影响碳市场的主要因素（Chevallier，2011），电力价格的变化是否严重依赖于碳价格等问题。

本章采用动态系统的方法对碳–能源系统进行研究，在文献上主要有三点贡献。首先，我们采用 VAR 模型建立了一个包含各种能源价格和碳价格的系统，并且允许所有变量内生并相互作用。除一次能源价格外，我们还将电力和清洁能源价格纳入该系统。其次，虽然 VAR 模型在多变量时间序列分析中非常有用，但由于需要估计的参数太多，经济含义很难解释。此外，VAR 的结果对变量的顺序很敏感，很难预先确定。为了解决这个问题，本章采用由 Diebold 和 Yilmaz（2014）提出的溢出指标方法，从数字和图形上识别系统内部的溢出效应，从而能够清楚地理解系统中的各个变量的相互作用机制。为了解决 VAR 中的排序问题，我们采用由 Koop 等（1996）、Pesaran 和 Shin（1998）提出的广义预测误差方差分解方法。

此外，我们采用了滚动窗口方法来识别系统中的时变关系。最后，本章同时考虑了收益率和波动率指标，从而比较收益率系统与波动率系统的实证结果。

7.2　碳市场与能源市场间信息溢出建模

VAR 模型已经被广泛应用于交互经济系统的研究中。一个简单的 VAR 模型可以写成如下形式：

$$y_t = \sum_{i=1}^{p} \beta_i y_{t-i} + \varepsilon_t \tag{7-1}$$

其中，y 为包含 k 个变量的向量；β 为 $k \times k$ 的系数矩阵；$\varepsilon \sim (0, \Sigma)$ 为服从独立分布的误差向量。Diebold 和 Yilmaz（2009）通过对 VAR 的广义方差分解进行改进，提出了一种简单而有效的解释 VAR 结果的方法。通过广义方差分解，能够得到一个变量的变化被自身和其他变量的解释程度。依此思路，在 k 个变量的系统中可以生成 $k \times k$ 矩阵，θ_{ij}^{H} 表示在 H 期预测误差中变量 j 对变量 i 变化的贡献。对于系统中的任意变量，其受到的系统影响程度总和可以定义为 $\sum_{j=1}^{k} \theta_{ij}^{H}\ (j \neq i)$；其对系统的总贡献程度可以定义为 $\sum_{j=1}^{k} \theta_{ji}^{H}\ (i \neq j)$。根据 Diebold 和 Yilmaz（2014）的研究，通过变量 i 的总贡献程度和所受影响程度总和之间的差异可以得到变量 i 的净溢出指数：

$$\mathrm{NDC}_i = \sum_{j=1}^{k} \theta_{ji}^{H} - \sum_{j=1}^{k} \theta_{ij}^{H}\ ,\quad i \neq j \tag{7-2}$$

在这种逻辑下，也可以为每一对变量构建一个有向净溢出指数来显示相对的解释力，即

$$\mathrm{Net}_{ij} = \theta_{ij}^{H} - \theta_{ji}^{H} \tag{7-3}$$

如果 $\mathrm{Net}_{ij} > 0$，则表示变量 j 对变量 i 的贡献程度大于变量 j 受到变量 i 的影响程度，那么我们可以说变量 j 是相对于变量 i 的净贡献者。因此，可以计算出系统中所有两两变量之间的净溢出指标，从而可以采用图形中的方向箭头来显示系统中变量是如何相互联系的以及系统内部信息的流向。此外，系统中的溢出效应可能会随时间而改变，本章将进一步考虑信息溢出效应的时变特征。Diebold 和 Yilmaz（2014）提出了简单的滚动窗口方法能够揭示系统内部信息溢出效应的时变特征，该方法

已经在最近的文献中被广泛采用（Zhang，2017；Zhang et al.，2019）。

7.3 数据和基本统计分析

在参考了大量文献的基础上，本章采用欧盟排放配额期货价格和能源价格，包括原油、天然气、煤炭、电力和其他清洁能源的期货价格。具体来说，我们采用欧洲气候交易所的排放配额期货结算价格。能源价格方面，美国洲际交易所煤炭期货、Brent 原油期货、北欧电力交易所电力期货、英国天然气交易中心天然气期货、S&P500 全球清洁能源指数均来自路孚特数据库。数据频率为周度，从 2006 年 7 月 17 日到 2017 年 10 月 31 日，共计 588 个观测值。所有的价格序列都通过取对数差分转换成收益率，数据的周波动率采用同一周内每日收益率的方差计算得出。

表 7-1 展示了碳市场和能源市场的收益率和波动率的描述性统计结果。表 7-1 的面板 A 显示，在我们的样本期内，所有变量的收益率均值均为负值，反映了价格具有普遍下降的趋势。清洁能源收益率的均值最小，为–0.352，其次是碳市场收益率均值，为–0.278。电力收益率均值最大，为–0.023，其标准差也最大，为 15.718。碳市场收益率的标准差高于大多数能源产品收益率的标准差。所有收益率序列均表现为尖峰后尾状态。Jarque-Bera 检验拒绝原假设，表明没有一个收益率序列服从正态分布。在表 7-1 的面板 B 中，波动率均值的顺序与收益率标准差的顺序大致相似。此外，波动率序列也不服从正态分布。

表 7-1 碳市场和能源市场收益率及波动率序列描述性统计结果

变量	均值	标准差	偏度	峰度	Jarque-Bera 值
面板 A：收益率					
碳市场	–0.278	5.341	–0.774	6.464	293.365***
煤炭	–0.133	3.124	–0.611	12.707	1 950.100***
原油	–0.169	3.885	–0.312	5.132	100.537***
电力	–0.023	15.718	–0.817	16.820	3 945.594***
天然气	–0.070	6.691	–0.208	7.388	395.747***
清洁能源	–0.352	4.156	–1.378	12.233	1 891.431***
面板 B：波动率					
碳市场	2.492	1.839	2.889	20.546	8 360.572***
煤炭	1.011	1.173	3.448	19.913	8 173.464***
原油	1.834	1.171	1.638	6.408	547.522***
电力	7.163	6.287	2.353	10.983	2 103.934***

续表

变量	均值	标准差	偏度	峰度	Jarque-Bera 值
面板 B：波动率					
天然气	3.649	4.401	7.987	108.724	280 103.500***
清洁能源	1.468	1.225	3.454	21.123	9 215.973***

***表示 1%的显著性水平

7.4　收益率系统实证结果

在本节中，我们通过研究静态和动态收益率系统内部的连通性识别碳市场与五个能源市场之间的信息流动和传导机制。换言之，首先在全样本上估计一个包含六个变量的 VAR 模型；其次采用滚动窗口估计方法进行扩展得出时变结果。

首先，采用 VAR 和广义方差分解方法估计整个样本期内静态的收益率系统的连通性。表 7-2 给出了收益率系统的连通性矩阵，以及一系列相应的连通网络溢出指标。矩阵中的对角线元素表示变量的自我贡献程度。总溢出指数表示整个系统中变量之间的相互解释能力，收益率系统的总溢出指数为 15.68%，其余的 84.32%是由市场其他特定因素引起的。

表 7-2　样本期内收益率系统连通性矩阵

变量	碳市场	煤炭	原油	电力	天然气	清洁能源	受系统影响程度
碳市场	92.77%	1.04%	2.88%	0.21%	1.23%	1.88%	7.23%
煤炭	0.84%	79.62%	9.53%	1.13%	2.86%	6.03%	20.38%
原油	2.47%	9.28%	72.28%	0.46%	1.71%	13.80%	27.72%
电力	1.31%	1.36%	0.01%	93.60%	3.25%	0.48%	6.40%
天然气	1.32%	2.51%	1.46%	2.50%	91.55%	0.65%	8.45%
清洁能源	1.75%	5.13%	15.32%	0.25%	1.47%	76.08%	23.92%
贡献度	7.68%	19.32%	29.19%	4.55%	10.52%	22.83%	总溢出指数=15.68%
净溢出	0.46%	−1.07%	1.48%	−1.85%	2.07%	−1.08%	

注：“净溢出”等于相对应的“贡献度”减去“受系统影响程度”；该表数据是四舍五入后的结果

在每个市场中，自我贡献的比例均很大，但在不同市场之间有很大差异。电力市场的自我贡献比例最大，93.60%由它自己的变化引起，其次是碳市场（92.77%）和天然气（91.55%）。煤炭、原油和清洁能源的自我贡献比例相对较低，约在 70%以上。对比每个市场的贡献程度及其受到系统的影响程度指标，原油、清洁能源和煤炭排在前三位。换句话说，这些市场在连接系统方面扮演着关键角色，并且对系统内信息溢出至关重要。

具体来说，7.23%的碳市场收益率变化由五种能源收益率变化来解释，其中原油（2.88%）贡献最大，其次是清洁能源（1.88%）和天然气（1.23%）。碳市场对原油收益率变化的贡献率为2.47%，对清洁能源收益率变化的贡献率为1.75%，对天然气收益率变化的贡献率为1.32%。显然，欧盟ETS涵盖的一些行业可以改变其生产过程中使用的燃料（Creti et al.，2012）。例如，欧洲的许多发电厂可以使用煤炭或天然气，并通过改变价格比例在两者之间转换（Zhang and Ji，2018）。尽管欧洲天然气定价以原油指数为依据，但欧洲天然气市场正在向市场化体系转变（Zhang and Ji，2018）。从这个意义上说，由于燃料转换，欧洲天然气市场的价格敏感性将更高。天然气、原油和碳市场是系统的三个正向的净信息贡献者，而所有其他市场都是系统的净信息接收者。尽管碳价格对能源价格的贡献率数值相对较小，但它们表明，欧洲的碳市场在能源市场中扮演着重要角色。值得注意的是，该系统最大的净贡献者是天然气价格的变化，其次是原油价格的变化。

分析图7-1中的成对净溢出指标能够获得更多的信息。节点代表六个市场，箭头表示从起始节点到结束节点的成对净溢出为正。为了更直观地描述相对重要性，我们根据成对有向净溢出的值为每条边分配一个权重（粗箭头表示净溢出值较高的边）。例如，原油对清洁能源的净影响最大，因此，从原油到清洁能源的箭头最粗。

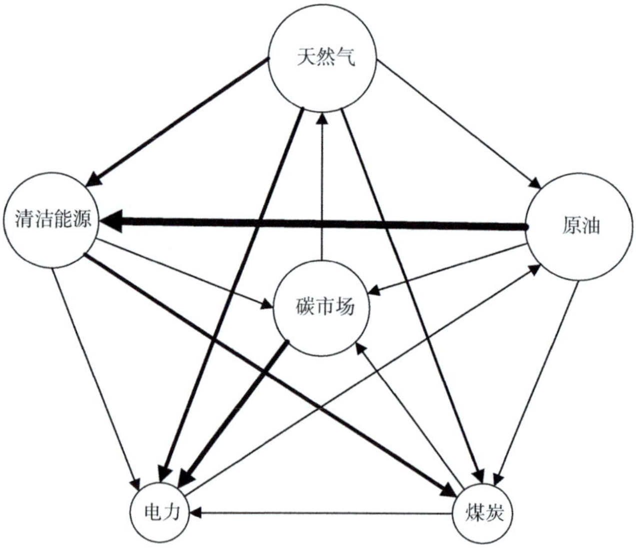

图7-1　收益率系统有向净溢出网络

此外，节点的大小表示该变量向外溢出的程度，节点越大说明对外溢出程度越大，反之，对外溢出程度越小。例如，天然气的向外箭头数最多（对其他四个市场的净贡献），因此天然气的节点最大，而电力市场的向内箭头数最多（为其他市场的净接收者），所以电力节点最小。总的来说，结果表明碳市场和能源市场在一个复杂的系统中相互作用，特别是电力市场受到碳价格的影响，这些结果也与之前的研究一致。

考虑到欧盟 ETS 在我们的样本期内经历了三个阶段，国际能源市场也经历了重大变化，有必要动态地研究系统中复杂联系机制。为此，我们采用滚动窗口方法，滚动窗口设定为 100 周（大约每个窗口覆盖两年时间）。图 7-2 绘制了总的动态溢出指数，可以看到明显的时间变化，能源–碳系统中总溢出指数最高时达到 30%以上，几乎是静态系统中全样本估计出的总溢出指数的两倍。

图 7-2 能源–碳市场收益率系统总溢出指数

由于样本的局限性，在第一个滚动窗口中，欧盟 ETS 的第一阶段和第二阶段不能完全分离，但第二阶段（2008～2012 年）的全样本周期在图中可以清楚地看到。图中开始时的总溢出指数值非常低，包括第一阶段的一部分。这说明碳市场和能源市场没有一体化，在试点阶段，欧盟碳价格与其他价格是分开的。2009 年 2 月之后，总溢出指数值显著增加，达到 30%左右，部分原因是 2008 年全球金融危机造成了更大的市场不确定性，所有市场的价格普遍下跌。直到 2013 年，总溢出指数值仍然很高，这表明碳和能源价格确实密切相关。2013～2016 年，该溢出指数形成“V”形，这一时期是欧盟 ETS 进入第三阶段的时期。总溢出指数在 2014 年 5 月之前下降到接近 10%，然后持续增加，直到恢复到早期水平。一个比较合理的解释是，2013～2014 年，天然气价格与原油价格开始脱钩。由于美国页岩气冲击，天然气价格开始下跌，但 Brent 油价在这一时期仍保持在相对较高的水平。此外，在此期间，由于天然气替代导致煤炭需求疲软，煤炭价格维持在低位。与此同时，碳价格开始从2013年以来的最低值上升，这进一步推动了系统溢出的逆转趋势。

对于每个滚动窗口，我们可以得到每个市场的贡献度、受到系统的影响程度和净溢出指数值。表7-3展示了这些指标的汇总统计结果。与全样本结果一样，原油的贡献度和受系统影响程度均值最高，说明原油价格在该系统中起关键作用。在贡献度和受系统影响程度这两项指标中，清洁能源仍排在第二位。净溢出指数的平均值一般较小，但天然气市场和碳市场平均值为正，在系统中保持着信息传递者的角色。本节还计算出每个市场的净溢出为正值的比例。天然气占比最高，71.37%的净溢出值为正。结果表明，净溢出指标的正、负随时间变化频繁转换，表明能源–碳系统的信息传递机制随时间变化，且具有明显的不确定性。

表7-3　收益率系统中动态有向连通指标统计结果

变量	贡献度		受系统影响程度		净溢出		比例
	均值	标准差	均值	标准差	均值	标准差	
碳市场	17.00%	6.80%	16.90%	5.80%	0.10%	3.20%	52.15%
煤炭	20.90%	11.20%	22.00%	10.90%	−1.10%	5.60%	43.15%
原油	30.70%	10.90%	30.80%	9.00%	−0.10%	4.10%	46.01%
电力	15.10%	7.30%	16.90%	3.70%	−1.80%	3.70%	26.18%
天然气	22.10%	6.20%	18.10%	6.10%	4.00%	5.10%	71.37%
清洁能源	28.10%	11.00%	29.20%	10.90%	−1.20%	4.30%	39.47%

注：“比例”表示净溢出连通度的正值占总的净溢出连通度的比重

7.5　波动率系统实证结果

根据现有文献，理解能源–碳系统中波动的动态联系机制有利于投资组合的形成、对冲风险分析和政策分析。本节遵循前文的逻辑，利用每个市场的波动率构建波动率系统，然后研究碳市场与不同能源的动态相互作用机制。表7-4展示了连通性矩阵、关于不同市场的贡献度、受系统影响程度和净溢出指数这些关键指标。系统的总溢出指数增加到30.52%，这大大高于收益率系统的总溢出指数。但是，波动率系统中的自我贡献程度普遍低于7.4节。

表 7-4　样本期内波动率系统连通性矩阵

变量	碳市场	煤炭	原油	电力	天然气	清洁能源	受系统影响程度
碳市场	73.67%	4.22%	8.69%	6.38%	2.91%	4.13%	26.33%
煤炭	3.64%	64.93%	12.49%	1.06%	3.26%	14.61%	35.07%
原油	3.75%	9.37%	58.70%	7.24%	3.99%	16.95%	41.30%
电力	7.11%	1.46%	11.37%	76.76%	1.16%	2.13%	23.24%
天然气	3.80%	2.87%	8.33%	1.02%	79.55%	4.42%	20.45%
清洁能源	2.58%	12.72%	15.96%	1.56%	3.90%	63.28%	36.72%
贡献度	20.88%	30.65%	56.83%	17.26%	15.23%	42.25%	总溢出指数=30.52%
净溢出	–5.44%	–4.41%	15.53%	–5.98%	–5.22%	5.53%	

注："净溢出"等于相对应的"贡献度"减去"受系统影响程度"；该表数据是四舍五入后的结果

在波动率系统中，原油、清洁能源和煤炭是该系统的前三名贡献者，分别解释了其他市场的 56.83%、42.25%和 30.65%的变化。它们也是系统中信息接收的前三名，在波动率系统中发挥着至关重要的作用。原油是波动率系统中最大的净贡献者，净贡献为 15.53%，其次是清洁能源，净贡献为 5.53%，其他都是净接收者。在波动率系统中，碳市场与能源市场的融合程度要大于其在收益率系统中的融合程度，碳市场对能源市场系统的贡献增加到 20.88%，而在收益率系统中是 7.68%。碳市场从能源市场中获得的信息也显著增加，其总变化的 26.33%能够被能源市场解释。

图 7-3 描述了波动率系统的两两变量之间的连通性网络，该图与收益率系统连通图类似。净信息流从原油、清洁能源和煤炭流向碳市场。换句话说，风险从能源市场溢出到碳市场。除了清洁能源以外，原油的净影响力最大。电力市场在波动率系统中也是最大的净信息接收者。

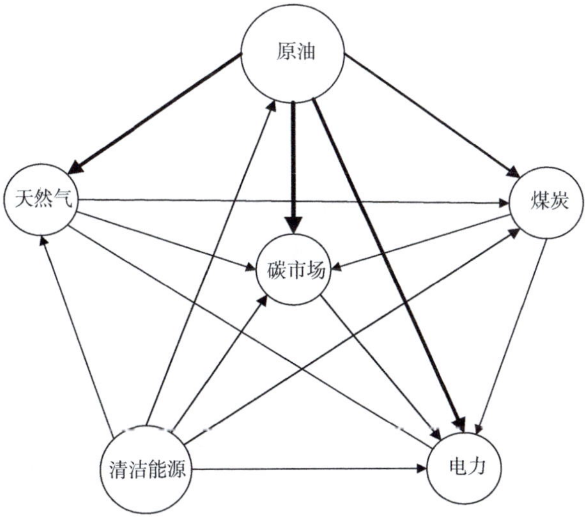

图 7-3　波动率系统中有向净溢出网络

图 7-4 为波动率系统的总溢出指数。显然，动态波动率系统溢出指数与动态收益率系统溢出指数存在很大差异。首先，波动率系统的溢出程度高于收益率系统的溢出程度，其范围在 35%到 55%之间。其次，市场动态波动性较大，呈现出周期性变化，分别在 2011 年、2014 年和 2016 年出现了三个明显的峰值，均超过 50%，这些峰值与全球一些重大事件相对应。第一次溢出指数峰值出现在利比亚内乱发生时期（2011 年），当时 Brent 原油价格上涨了 20%，全球能源市场普遍存在高风险；第二次溢出指数峰值的出现正值 2014 年 Brent 油价突然下跌，当时油价从每桶 100 美元跌至 50 美元左右，给市场带来了高度的不确定性；第三个高峰正值英国宣布计划退出欧盟，这在其他欧盟成员国中引发了巨大的不确定性。总体而言，波动率系统溢出比收益率系统溢出更易受信息驱动，全球风险因素可以对能源–碳波动率系统产生深远影响。

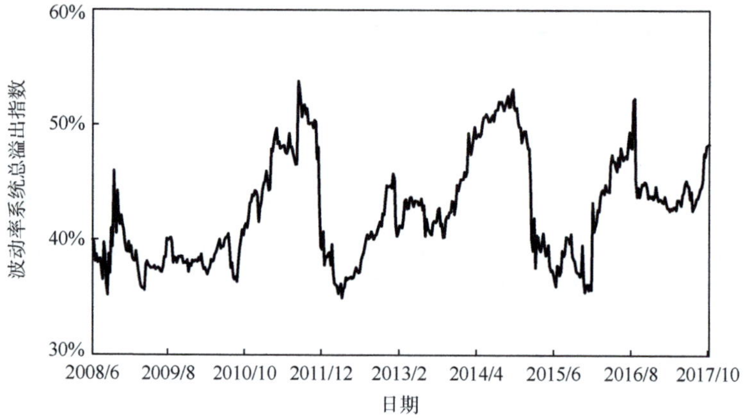

图 7-4　能源–碳市场波动率系统总溢出指数

表 7-5 展示了每个市场贡献度、受系统影响程度和净溢出的动态波动溢出指标。结果表明，原油和天然气在贡献度指标中均值最大，超过 50%，而清洁能源和原油的受系统影响程度指标均值最大。原油和天然气的净溢出均值皆为正值。尽管天然气在系统中保持了较高水平的正向净溢出，但仍有明显证据表明，所有市场的净溢出都会随着时间的变化而改变。

表 7-5　波动率系统中动态有向连通指标统计结果

变量	贡献度		受系统影响程度		净溢出		比例
	均值	标准差	均值	标准差	均值	标准差	
碳市场	35.10%	22.30%	44.70%	11.80%	–9.60%	29.30%	40.90%
煤炭	32.70%	16.50%	40.30%	6.10%	–7.60%	17.80%	40.08%
原油	55.30%	20.10%	49.50%	8.60%	5.80%	23.20%	57.67%

续表

变量	贡献度		受系统影响程度		净溢出		比例
	均值	标准差	均值	标准差	均值	标准差	
电力	30.50%	20.50%	33.00%	9.50%	−2.50%	18.50%	42.33%
天然气	55.60%	28.20%	34.50%	8.90%	21.10%	30.60%	70.55%
清洁能源	45.90%	14.50%	53.20%	5.60%	−7.30%	17.50%	36.81%

注："比例"表示净溢出连通度的正值占总的净溢出连通度的比重

7.6 本章小结

本章在研究大量文献的基础上，发现了欧盟 ETS 建立后碳市场和能源市场之间的联系机制。本章采用 Diebold 和 Yilmaz（2014）的方法研究了能源市场和碳市场之间的收益率系统溢出和波动率系统溢出。本章采用网络图和滚动窗口方法来描述动态模式，可以使我们更清楚地识别能源–碳系统中的信息联系机制和溢出效应。一般来说，原油、清洁能源和煤炭在收益率和波动率系统中都扮演着关键角色。其中，原油价格（在收益率系统和波动率系统中）在全样本期内对碳价格的贡献程度最大。无论从收益率系统还是波动率系统来看，电力市场均是主要的净信息接收者。我们的实证结果证实了之前的一些文献发现，更重要的是，本章得出的收益率系统和波动率系统的指标结果具有直接可比性。波动率系统中的信息溢出效应要比收益率系统中的信息溢出效应强得多。换言之，风险和不确定性比价格变动更为有效地在市场上扩散。同时，收益率系统和波动率系统的溢出效应均具有明显的时变特征。

这些发现对政策制定者和碳市场交易者具有重要意义。对于能源政策制定者来说，有利于他们理解碳市场和能源市场之间的价格联系机制和溢出模式，从而能够更有效地设计市场机制和政策应对极端事件，进而确保两个市场的健康发展。此外，应该更多地关注原油市场的风险溢出。对于市场上的交易者来说，在形成投资组合时，应该仔细评估极端事件中不断上升的溢出水平和市场间的动态联系，以便能够设计出更好的对冲策略。尤其对于风险管理和投资组合形成而言，特别是在极端事件导致市场环境变化的时期，能源市场和碳市场可以共同行动，这一点非常重要。总体而言，我们的研究为理解碳市场和能源市场的信息传递机制和溢出效应提供了一个新的、系统的视角。这对中国和其他国家发展碳排放交易系统也具有重要意义。

第 8 章

国际天然气定价机制比较研究

“油价指数化”定价和“交易中心”定价是当前国际天然气市场最主要的两种定价方式。针对交易中心定价是否比油价指数化定价更有优势，东亚天然气市场是否也应采用交易中心定价等问题，国内外学者及相关从业者进行了激烈的讨论。本章对不同定价方式下的天然气价格进行多重泡沫检测，为这场争论提供实证分析。鉴于能源市场的逐渐金融化趋势，当投资者不清楚天然气真实价值时，天然气价格更可能偏离其基本价值，进而产生价格泡沫。结果显示，日本和欧洲天然气市场存在的价格泡沫比美国市场更多，说明交易中心的天然气价格受市场投机行为的影响较小，在反映天然气基本价值方面表现更好。尽管油价指数化定价操作简便，且在过去几十年一直是一个有效的天然气定价工具，但交易中心价格更稳定，很少出现极端价格波动。因此建立天然气交易中心，采取竞争性定价方式无论是对政策决定者，还是对市场从业者来说都是更好的选择。

8.1 引　　言

目前国际上比较流行的两种天然气定价方式是“油价指数化”定价和“交易中心”定价。油价指数化定价（oil price escalation，OPE）指天然气价格以某一可替代能源（如原油、柴油、汽油或燃料油）基准价作为参照，通过逐步加价条款，将天然气价格与原油价格挂钩。交易中心定价也可称为不同气源间竞争性定价（gas-on-gas competition，GOG），指天然气价格由市场供求双方的相互影响及不同气源之间的相互竞争决定。国际天然气市场在地理上可被划分为三个区域（IEA，2013）：北美实行不同气源之间的竞争定价，具有以美国 Henry Hub（亨利中心）为核心的交易中心定价系统；以原油价格为基准的油价指数化定价方式主要存在于东亚市场（IGU，2017）；欧洲市场的天然气价格正逐渐由油价指数化定价向竞争性定价方式转变（Grandi，2014；Shi，2016）。到底哪种定价机制更有利于天然气市场的健康发展已经引起学术界及相关行业的广泛关注与讨论。

20 世纪 60 年代，油价指数化概念在荷兰的一份政策文件中首次被提出，此种定价方式保证了天然气比石油产品更具竞争力，从而为其赢得市场份额（IEA，2013）。但自 2008 年全球金融危机以来，国际天然气市场价格发生了很大的改变，美国市场天然气价格一直保持在较低的水平，而欧亚市场的天然气价格却居高不下。在过去几十年一直运行良好的 OPE 定价方式由此面临着巨大争议（Stern，2014；Komlev，2016）。欧洲能源市场监管机构在 20 世纪下半叶积极地推进了欧洲天然气市场改革，具体措施包括取消目的地条款、建立第三方准入机制，以及至关重要的天然气交易中心建设。截止到 2019 年，欧洲市场采用 OGO 定价的天然气贸易量约占欧洲市场天然气总贸易量的 78%，而该比率在 2005 年仅为 15%（IGU，2019，2020），竞争性定价已经在欧洲市场逐渐占据主导地位。与此同时，东亚地区各国借鉴美国与欧洲经验，为尽早形成亚洲地区更加自由、更加具有竞争性的天然气贸易枢纽做出了许多努力。例如，中国于 2015 年、2017 年、2020 年相继在上海、重庆、深圳建立了天然气交易中心；日本天然气下游市场在 2017 年 4 月全面放开，所有的天然气消费者都能自主选择其天然气供应商；新加坡还创建了一系列液化天然气（liquefied natural gas，LNG）价格指数（Shi and Variam，2016）。

支持 OGO 定价的主要依据在于原油与天然气并不是完全可替代的能源，且造成两种能源价格变动的因素并不相同（Stern，2014；Zhang et al.，2018a，2018b）。如果不了解天然气价格变动的主要推动因素是什么，那么能源价格极有可能脱离其基本价值，发生不正常的波动。尤其是 2008 年全球金融危机以来，能源市场金融化程度逐渐加深（Zhang，2017），这意味着能源商品（如原油，天然气）价格有可能表现出与金融资产相似的特征。噪声交易、投机性行为及资产泡沫都有可能引起能源市场的巨大波动。例如，Su 等（2017）发现国际原油市场确实存在许多的价格泡沫。北美、欧洲和亚洲市场天然气价格的巨大差距也被用作反对 OPE 定价的理由（Shi and Variam，2016），但这种不同地区间的天然气价格差距是由天然气市场不同的定价方式引起的，而不是市场基本面信息（Zhang et al.，2018b）。

尽管越来越多的学者支持 OGO 定价形式（Shi and Variam，2016; Stern，2014），但 OPE 定价仍然被认为是市场失灵的最佳补救办法，并且得到了许多天然气生产商的支持（Komlev，2016）。“市场失灵”一词是 Komlev（2016）使用的一个经济概念，描述了次优价格导致天然气市场持续失衡的情况，即当价格无法响应需求和供应方面的冲击时，这种“失灵”就会发生。Komlev（2016）指出当前全球天然气市场格局及价格特征可以说是油价指数化的结果。由于现存的大量基于 OPE 的长期贸易合同，交易中心价格只能反映市场供需的有限信息，也可称之为“剩余市场信息”。因此，竞争性的天然气定价方式更有可能发生市场失灵，原油价格仍然是交易中心天然气价格形成过程中的重要参考。还有一种观点认为，与天然气市场相比，石油市场规模更大，市场参与者更多，因此被操纵的可能性更小。

以上争论无非是想知道 OGO 与 OPE 哪种定价方式是天然气市场失灵的最佳补救措施。Stern（2014）是 OGO 定价的有力支持者；Komlev（2016）对 OPE 定价方式给予了充分肯定。两位学者都是基于现实背景与事实环境提出自己的理由，并没有提供明确的统计证据。本章通过 Phillips 等（2015）的广义上确界单位根（generalized sup augmented Dickey-Fuller，GSADF）检验，对国际原油价格以及美国、欧洲和日本的天然气价格进行多重泡沫检测，探究哪种定价机制下的天然气价格更能反映天然气市场基本信息、更少受到市场投机行为的影响。解决这场争论具有重要的现实意义，因为支持不同定价机制的任何一方都不希望天然气市场出现极端的价格变动或价格失衡。从学术价值角度看，本章可以对近年来有关天然气定价机制的争论做出补充。从实际操作角度看，东亚和中东欧仍然是油价指数化定价和交易中心定价争夺市场份额的主要地区（EIA，2017），比较两种定价机制下的天然气价格稳定性可以为相关决策者提供政策参考。

8.2 能源市场“金融化”与资产“泡沫”

能源市场金融化并不是简单地将能源价格（如石油价格）与金融市场联系起来（Broadstock et al.，2012）。它强调能源商品已经开始显示出金融产品的特征。例如，石油已经被全球投资者视为重要的投资商品（Sari et al.，2012），尤其在全球金融危机期间，石油是最常用的对冲和投机工具（Nicolau and Palomba，2015）。能源市场金融化意味着投机交易的存在会导致极端的价格波动，或价格泡沫（Hache and Lantz，2013）。相对于全球化的石油市场，天然气贸易具有明显的地域特征，也具有不同的价格驱动因素（Ji et al.，2014；Zhang et al.，2018b）。我们认为，基于 OPE 的定价方式会造成不同地区的天然气价格扭曲，从而导致投机和非理性投资。

因此，以上有关天然气定价方式的比较在技术上便可以转化为资产泡沫检验：一个更好的定价方式应该使市场更有效率，不会产生过多的资产泡沫。借用金融学中的有效市场假说（efficient market hypothesis，EMH），在有效市场环境下，一切有价值的信息都已经及时、准确、充分地反映在商品价格走势当中，除非存在市场操纵，否则投资者不可能通过分析以往价格获得高于市场平均水平的超额利润（Fama，1965）。如果价格不能有效地反映市场信息，那么资产价格就会偏离其基本价值，进而导致泡沫的出现。如果市场效率低下，投资者的交易行为会影响资产价格，那么投机也是可能的。金融市场的噪声交易风险（de Long et al.，1990a）及投机性行为（de Long et al.，1990b）都有可能引起极端的价格变动及资产泡沫，从而使市场付出巨大的代价并造成一定的福利损失。

我们的假设是，基于 OGO 定价的天然气价格能够很好地反映天然气基本价值；而 OPE 定价机制下的天然气价格直接与原油价格挂钩，并没有考虑天然气市场的特性，会导致潜在的错误定价。此外，围绕交易中心的竞争性定价方式能够对市场信息做出快速反应，能够提高天然气市场运行的有效性。在效率较低的市场（即 OPE 定价市场），天然气价格更容易受到投机或非理性投资行为的影响，从而导致天然气价格持续偏离其基本价值。换句话说，我们预计日本天然气价格（OPE 定价）会比欧洲天然气价格（OPE 定价与 OGO 定价并存）出现更多的异常波动，而美国天然气价格（OGO 定价）泡沫存在数量应该最少。

8.3　GSADF 泡沫检测理论

本章采用的 GSADF 多重泡沫检测方法由 Phillips 和 Yu（2011）提出，并由 Phillips 等（2015）进行扩展。该技术手段在判定市场是否存在泡沫的同时，还能确定泡沫的产生时点和破灭时点。在 GSADF 泡沫检验之前，理性泡沫的实证检测经常是基于 Campbell 和 Shiller（1988）提出的标准单位根检验，但此种方式并不考虑市场极端行为。一个平稳的价格序列（或具备协整关系的多变量序列）表明价格会回归其基本价值，而存在单位根的非平稳价格序列表明商品价格与其基本价值之间存在持续偏差，即泡沫存在（Craine，1993；Zhang et al.，2016a）。在此基础上，Phillips 和 Yu（2011）证明了资产价格可以以一种极端的方式偏离基本价值，然后开发了一个基于 ADF 回归的滚动窗口估计，将 ADF 检验最大值（sup-ADF）用作右尾统计量。

假设 y_t 是所需检测的，包含 T 个观测值的时间序列，r_1 与 r_2 分别表示滚动窗口的起点与终点，则滚动窗口规模为 $r_w = r_2 - r_1$，ADF 回归可以表示为

$$\Delta y_t = \hat{c}_{r_1 r_2} + \hat{\beta}_{r_1 r_2} y_{t-1} + \sum_{i=1}^{k} \hat{\phi}_{r_1 r_2}^{i} \Delta y_{t-1} + \hat{\varepsilon}_t \tag{8-1}$$

其中，$\hat{c}$、$\hat{\beta}$、和 $\hat{\phi}$ 为待估参数；误差项 $\hat{\varepsilon}_t \sim N(0,\sigma^2)$；$k$ 为由施瓦茨信息准则（Schwarz information criterion，SIC）确定的最优滞后数。传统 ADF 检测含原假设 H_0：y_t 含有单位根；备择假设 H_1：$\beta<0$，即序列是平稳的。Phillips 和 Yu（2011）将传统 ADF 检验中的备择假设扩展成右尾单位根检测 H_1：$\beta>0$。

sup-ADF 检验将整个检测区间简化至 0～1，然后使用 r_w 表示估计窗口占整体的样本规模的比例，则每一个观测窗口的样本规模可表示为 $T_W=[r_w T]$，$[\cdot]$ 计算了括号内数字的整数部分。如果最小的窗口规模是 r_0，则可得到起点 $r_1=0$，终点 r_2 向前延伸的检测统计值序列，这些统计量的最大值就是 sup-ADF（SADF）测试统计量，可表示为

$$\mathrm{SADF}(r_0)=\sup_{r_2=[r_0,1]}\mathrm{ADF}_0^{r_2} \tag{8-2}$$

商品价格波动往往存在多个泡沫区间，然而 SADF 仅对单个泡沫检测有效。为检测多个泡沫区间，Phillips 等（2015）提出了 GSADF 检验，其主要改变在于将式（8-2）中的子窗口起点 r_1 进行扩展，使其在 0 至 r_2-r_0 之间变动。则由 SADF 统计值构成的 GSADF 序列可表示为

$$\mathrm{GSADF}(r_0)=\sup_{r_2=[r_0,1],r_1=[0,r_2-r_0]}\mathrm{ADF}_{r_1}^{r_2} \tag{8-3}$$

Phillips 等（2015）对这些测试数据的分布情况进行了说明，并提供了 SADF 和 GSADF 统计数据的渐近临界值。在多个泡沫存在的情况下，向前展开法在识别第一个泡沫之后，对剩余泡沫的检测往往不太有效。因此，Phillips 等（2015）基于向后扩展的样本，提出了双重递归测试过程和倒向上确界单位根（backward sup augmented Dickey-Fuller，BSADF）检测方法：

$$\mathrm{BSADF}(r_0)=\sup_{r_1=[0,r_2-r_0]}\mathrm{ADF}_{r_1}^{r_2} \tag{8-4}$$

由 BSADF 统计值构成的 GSADF 序列可表示为

$$\mathrm{GSADF}(r_0)=\sup_{r_2=[r_0,1]}(\mathrm{BSADF}_{r_2}(r_0)) \tag{8-5}$$

相比之前的 SADF 检验，双重递归的 BSADF 检验在检测多重泡沫时更加有效。具体做法是将 BSADF 测试的统计序列与 GSADF 测试的临界值进行比较。当 BSADF 统计值超过临界值时，泡沫产生；当 BSADF 统计值低于临界值时，泡沫破裂。

8.4 数据基本统计

本章数据采用的是 1982 年 1 月～2020 年 12 月国际原油价格及天然气价格的月度数据，数据来源于世界银行商品价格数据库。对于原油市场，我们对美国 WTI 原油价格和英国 Brent 原油价格进行研究。对于天然气市场，我们对美国 Henry Hub 天然气现货价格（US），欧洲市场（2001 年 6 月至 2010 年 3 月间的英国天然气价格不包含在内）天然气平均价格（EUR）和日本市场 LNG（liquefied natural gas，液化天然气）进口价格（JPN）进行研究。文章中原油的价格单位是美元/桶，天

然气价格单位是美元/百万英热单位（MMBtu①）。

图 8-1 与图 8-2 分别展示了国际市场原油价格以及不同地区天然气价格的月度变动趋势。我们可以清楚地观察到，WTI 原油价格与 Brent 原油价格保持着相同的变动趋势，而不同地区天然气价格的变化相差较大。尤其在 2008 年之后，受全球金融危机以及美国页岩气革命的影响(Caporin and Fontini，2017；Geng et al.，2016a，2016b)，美国 Henry Hub 天然气价格明显低于欧洲与亚洲市场天然气价格（IEA，2013）。

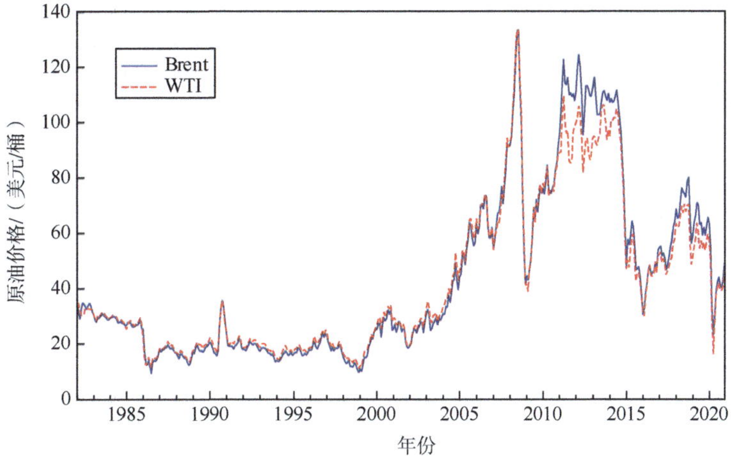

图 8-1　原油价格变化

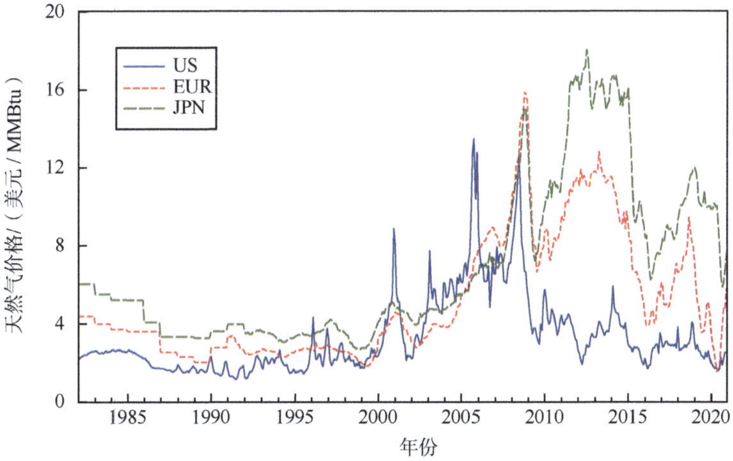

图 8-2　天然气价格变化

① 1Btu=1.055 06×10³J。

2011 年福岛核电站事故后，日本发电用气进口量突增，导致日本 LNG 价格上涨至美国天然气价格的 4 倍左右。从表 8-1 的统计信息中，我们可以看到日本市场天然气均价最高，并具有最高的波动性。相比之下，美国天然气市场的平均价格大约只有日本天然气平均价格的一半。若简单地将波动率作为市场风险的衡量标准，则基于 OGO 定价的美国天然气市场风险最低，而基于 OPE 定价的日本天然气市场风险最高。值得注意的是，天然气价格风险最高的市场同时面临着最昂贵的天然气使用成本，即存在“亚洲天然气溢价”。

表 8-1　原油价格与天然气价格数据统计

变量	均值	中值	最大值	最小值	标准差	偏度	峰度
US	3.36	2.64	13.52	1.19	2.04	1.98	7.72
EUR	5.20	3.90	15.93	1.58	3.15	1.17	3.40
JPN	6.86	5.23	18.11	2.72	4.04	1.18	3.29
Brent	43.70	29.84	133.87	9.45	30.92	1.09	3.08
WTI	42.60	30.63	133.93	11.31	27.62	1.04	3.05
WTI/US	13.45	11.48	53.06	3.17	6.97	1.58	6.80
WTI/EUR	8.16	7.90	22.63	2.67	2.09	2.02	13.87
WTI/JPN	6.12	5.82	11.10	1.65	1.54	0.92	4.08
Brent/US	13.76	11.01	61.88	2.81	8.31	1.79	7.57
Brent/EUR	8.15	7.84	23.77	2.59	2.42	1.99	11.90
Brent/JPN	6.07	5.69	11.02	2.30	1.60	0.80	3.54

对于原油价格和天然气价格之比，Brown 和 Yücel（2008）曾提出原油价格和天然气价格之间的关系有一个简单的 10/1 规律。也有学者认为原油价格和天然气价格应该符合 6/1 定律，因为从能量的角度出发，一桶原油具备大约 5.55MMBtu 的热量。油–气价格比率的地区差异也与各地区天然气定价方式有关（Zhang and Ji，2018）。如表 8-1 所示，OGO 定价下的美国市场油–气价格比波动（标准差）最大，其次为欧洲市场，OPE 定价下的日本市场油–气价格比波动最小。图 8-3 绘制了 WTI 原油价格、Brent 原油价格分别与美国、欧洲及日本天然气价格的比率变化图。美国的油–气价格比大约分为三个阶段：早期大约为 10∶1，随后在 6∶1 附近波动，2009 年之后受天然气价格下降与原油价格上升的双重影响，波动幅度较大。欧洲市场天然气平均价格在 2020 年受新冠肺炎疫情影响跌至与美国市场天然气价格水平，其油–气价格比率也出现大幅波动。在此之前，欧洲市场油–气价格比率较美国与日本市场一直相对稳定。日本市场的油–气价格比在 21 世纪初发生了明显的结构变化，随后在 2008 年全球金融危机期间大幅上升。不同油价与同一市场天然气价格比率的变动趋势基本相同，因此我们在以下实证研究中均采用 Brent 原油价格代表国际原油价格。

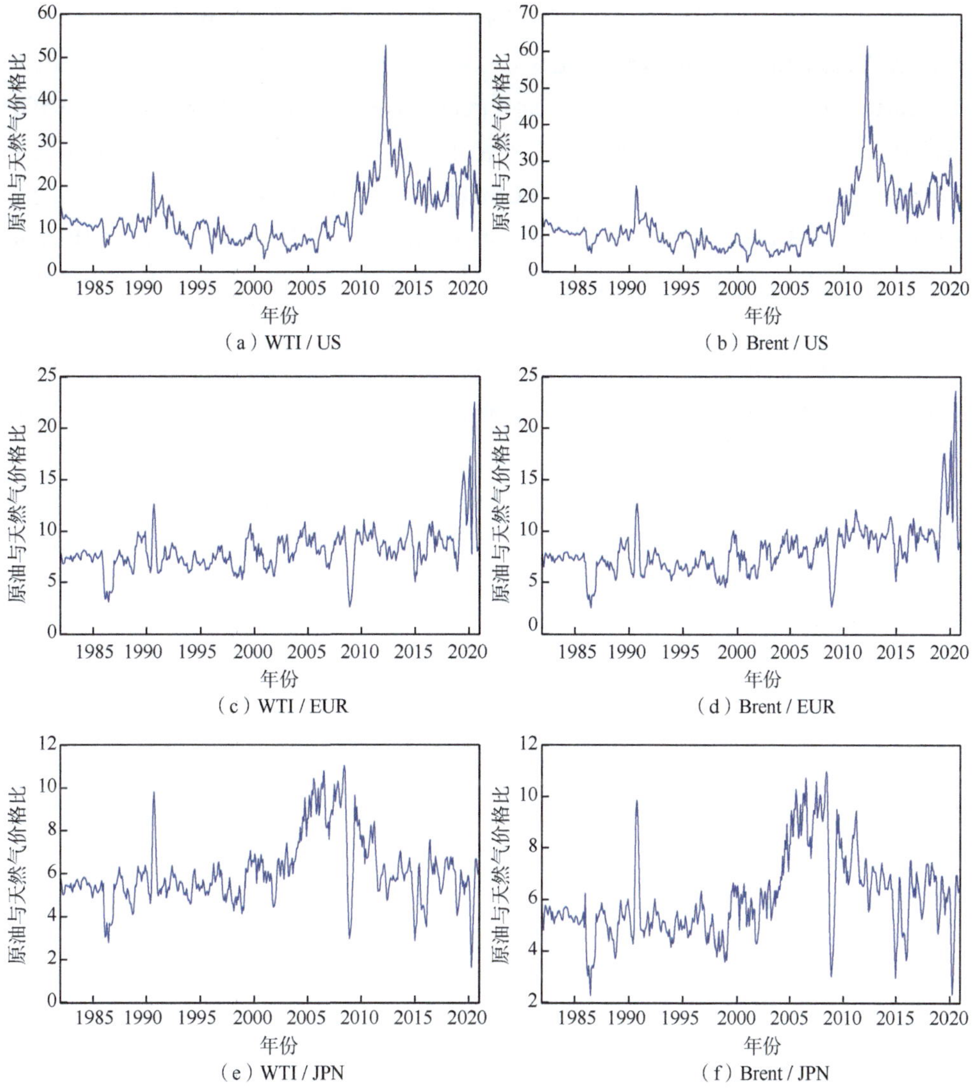

图 8-3　原油与天然气的价格之比

8.5　实证分析及结果解释

8.5.1　原油价格与天然气价格的 GSADF 检验

原油价格多重泡沫在以往文献中已经被多次分析（Gronwald，2016；Su et al.，2017；Caspi et al.，2018），本章对原油价格进行检测得到的泡沫区间与 Su 等（2017）的检测结果大致相同，因此将原油价格泡沫区间作为天然气价格泡沫区间的参照，并不对其进行详细分析。GSADF 检测由 EViews 中 Caspi（2017）开发的附加包“Right Tailed ADF Tests”完成。在检测过程中，我们使用贝叶斯信息准则（Bayesian information criterion，BIC）选择最优滞后系数，95%置信区间内的 GSADF 临界值由基于实际样本量的 500 次蒙特卡洛模拟进行计算。图 8-4～图 8-7 分别展示了三个天然气市场与 Brent 原油价格的 GSADF 检测结果，阴影区域表示该序列的泡沫区间。每当 BSADF 突破临界值（critical value，CV）时，泡沫产生；当 BSADF 低于临界值 CV 时，泡沫破灭。表 8-2 对泡沫存在的数量和时长进行了整理，并总结出以下特征。

（1）美国 Henry Hub 天然气现货价格泡沫存在数量最少，且泡沫存在的时段显然不同于其他所有序列。2008 年全球金融危机对美国天然气价格有一定影响，但该时期并未检测出异常波动。

（2）欧洲市场天然气平均价格、日本 LNG 进口价格和 Brent 原油价格在 2008 年（全球金融危机时期）前后都出现了明显的异常波动。在这段时间，欧洲市场天然气价格泡沫与 Brent 原油价格泡沫持续时间基本相同；日本市场 LNG 进口价格泡沫持续时间最长。

（3）日本 LNG 进口价格被检测出的泡沫数量最多。更有趣的是，如果排除全球金融危机时期，日本 LNG 进口价格泡沫的另一个独特特征是持续时间短（通常只持续 1～4 个月）。

（4）每当全球原油价格出现爆炸性波动时，欧洲天然气价格和日本 LNG 进口价格都会随之出现异常波动。即使石油市场价格不存在异常波动，欧亚市场天然气价格也会出现泡沫。

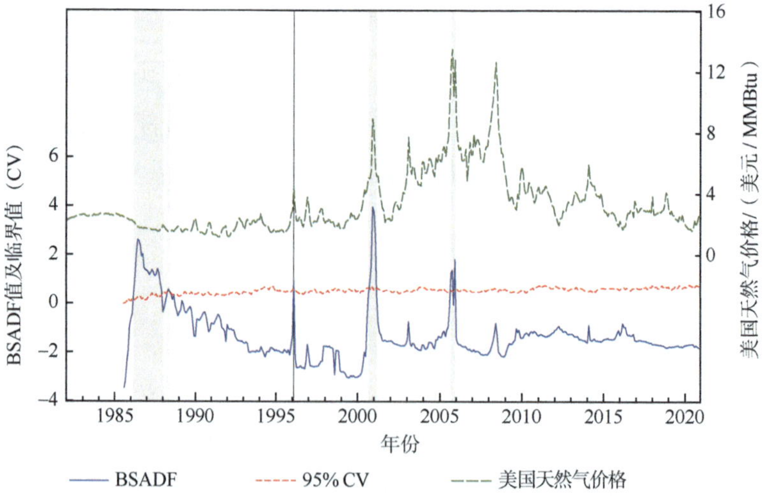

图 8-4　美国市场天然气价格的 GSADF 检测

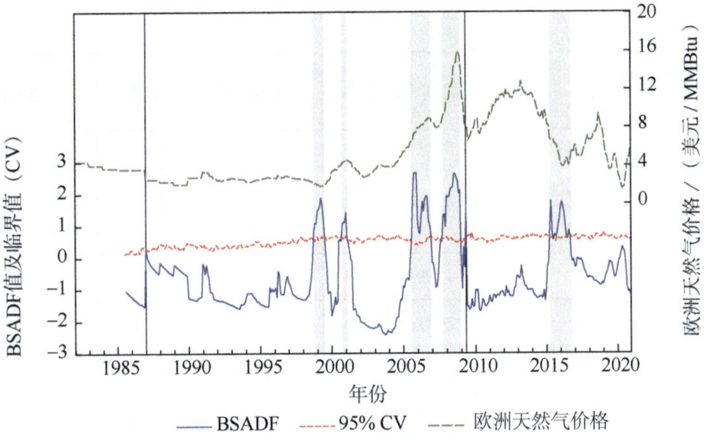

图 8-5　欧洲市场天然气价格的 GSADF 检测

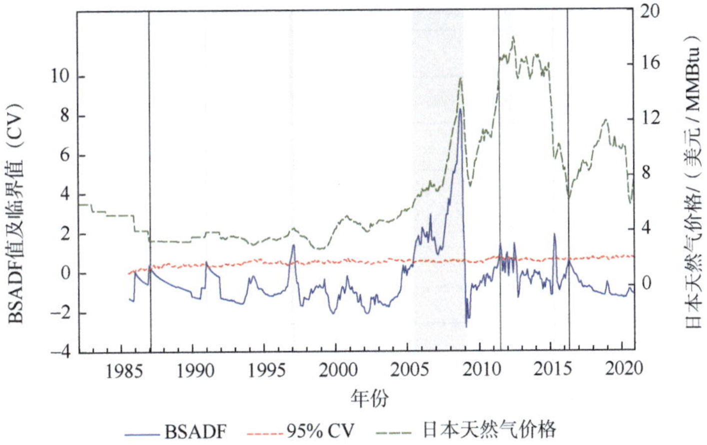

图 8-6　日本市场天然气价格的 GSADF 检测

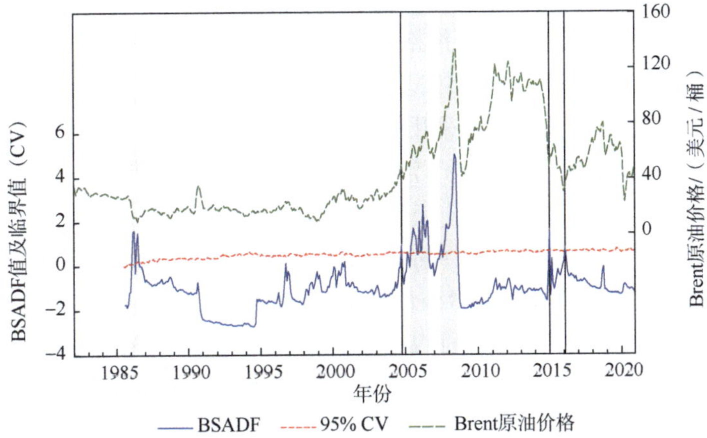

图 8-7　Brent 原油价格的 GSADF 检测

表 8-2　能源价格的 GSADF 检测结果比较

变量	美国 Henry Hub 天然气价格		欧洲天然气平均价格		日本 LNG 进口价格		Brent 原油价格	
	泡沫区间	时长/月	泡沫区间	时长/月	泡沫区间	时长/月	泡沫区间	时长/月
1	1986/03～1988/01	23	1987/01	1	1987/02	1	1986/02～1986/04	3
2	1988/04～1988/06	3	1998/10～1999/07	10	1991/01～1991/02	2	1986/06～1986/07	2
3	1996/02	1	2000/10～2001/02	5	1996/12～1997/03	4	2004/10	1
4	2000/09～2001/03	7	2005/08～2006/12	17	2005/07～2009/01	43	2005/05～2006/08	16
5	2005/09～2005/12	4	2007/10～2008/12	15	2011/07～2011/08	2	2007/06～2008/08	15
6			2009/05	1	2011/12～2012/01	2	2015/01	1
7			2015/04～2016/10	19	2012/03～2012/05	3	2016/02	1
8					2012/07～2012/08	2		
9					2015/04～2015/05	2		
10					2016/05	1		
泡沫数量	5（4）		7（5）		10（8）		7（4）	
平均时长	7.6		9.7		6.2		5.6	
最大时长	23		19		43		16	

注：括号中泡沫数量的计算除去了只含 1 个月的泡沫区间

以上检测信息为 OGO 定价优于 OPE 定价提供了有力的支持证据。日本尚未建立天然气交易中心，其天然气价格几乎完全跟随国际原油价格变动而变动，而美国围绕交易中心的竞争性定价模式已运行多年。欧洲的天然气价格市场化程度介于这两个市场之间，其大陆多采用 OPE 定价方式，英国、荷兰等欧洲西北部采用 OGO 定价方式。不同定价系统下清晰的地域划分有助于我们评估哪种定价机制更有助于天然气价格稳定，从而使天然气市场运行更加有效。参照表 8-1 中的描述性统计数据，我们可以发现美国 Henry Hub 天然气价格泡沫特征与其最低的均价以及标准差有关。日本 LNG 进口价格均值最高，且具备“亚洲天然气溢价”特征（Zhang et al.，2018a），其波动性也最高。每当国际原油市场出现异常的价格变动（即泡沫）时，日本 OPE 定价方式下的天然气价格也会出现异常波动。

由于 OPE 定价体系忽略了天然气本身的基本价值，市场往往会对相关信息做出不合理的反应，从而产生比原油市场更多的泡沫。这种额外的价格泡沫会随着能源市场金融化趋势出现得更加频繁。并且这种不合理的表现会伴随能源市场金融化趋势日益明显。从表 8-2 中可以看出，自 2008 年全球金融危机以来，日本 LNG 进口价格经历了 6 个异常波动区间，欧洲天然气价格经历了两个异常波动区间，而美国 Henry Hub 天然气价格在金融危机之后并未检测出任何泡沫区间。这些证据可以清楚地表明，在维持市场稳定性和有效性方面，竞争性的 OGO 定价方式比与油价挂钩的 OPE 定价方式表现更好。

8.5.2　油–气价格比的 GSADF 检验

假设原油价格中也包含天然气市场的基本信息，那么油–气价格比的异常波动会体现油–气价格的偏离。图 8-8～图 8-10 绘制了美国、欧洲及日本市场油–气价格比的 GSADF 结果，表 8-3 对泡沫存在的数量和时长进行了总结。可以看出，日本市场油–气价格比不存在任何泡沫；1986 年的原油价格大幅下跌使美国与欧洲市场油–气价格比均出现大幅波动；此后美国油–气价格比又出现两次较大幅度的波动。表 8-1 中的统计数据也可以说明美国市场的油–气价格比波动性最大。这些证据支持了以往研究中美国市场油–气价格在 2008 年全球金融危机之后已逐渐脱钩的结论（Erdős，2012；Ramberg and Parsons，2012；Batten et al.，2017）。

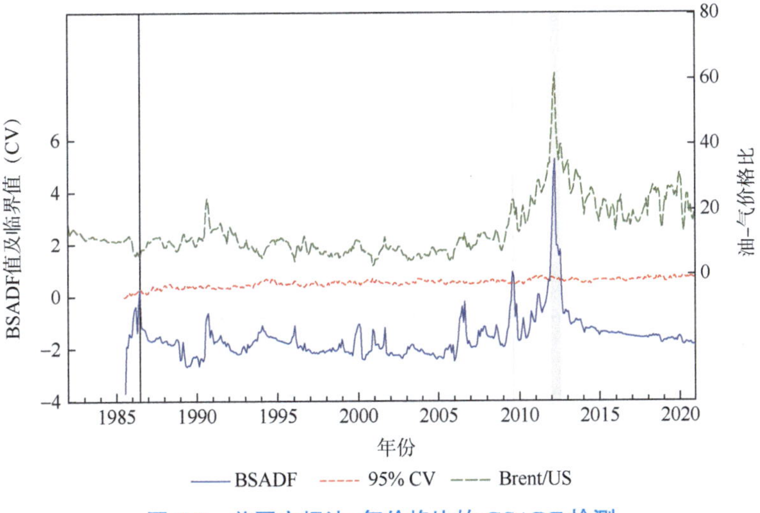

图 8-8　美国市场油–气价格比的 GSADF 检测

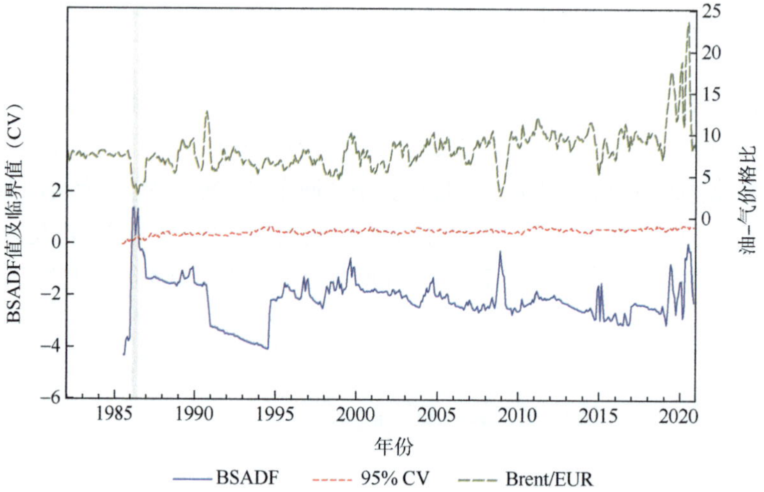

图 8-9　欧洲市场油–气价格比的 GSADF 检测

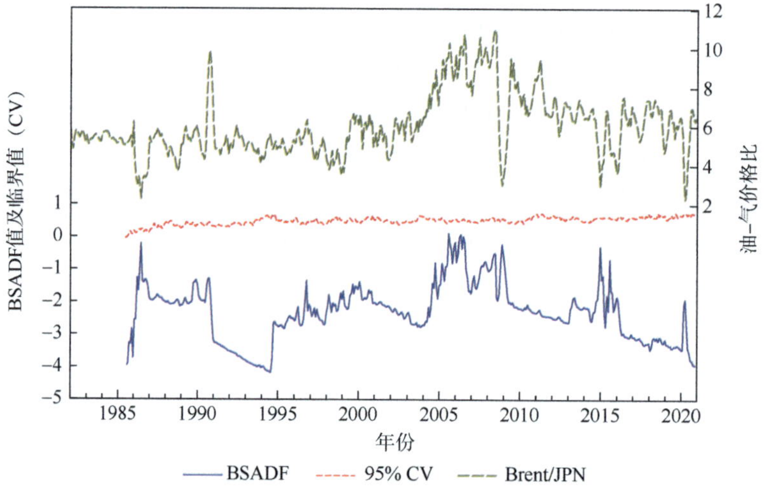

图 8-10　日本市场油–气价格比的 GSADF 检测

表 8-3　油–气价格比的 GSADF 检测结果比较

变量	美国市场油–气价格比（Brent/US）		欧洲市场油–气价格比（Brent/EUR）		日本市场油–气价格比（Brent/JPN）	
	泡沫区间	时长/月	泡沫区间	时长/月	泡沫区间	时长/月
1	1986/07	1	1986/03～1986/07	5		
2	2009/08～2009/09	2				
3	2012/01～2012/08	8				
泡沫数量	3（2）		1		0	

续表

变量	美国市场油–气价格比（Brent/US）		欧洲市场油–气价格比（Brent/EUR）		日本市场油–气价格比（Brent/JPN）	
	泡沫区间	时长/月	泡沫区间	时长/月	泡沫区间	时长/月
平均时长	3.7		5		0	
最大时长	8		5		0	

注：括号中泡沫数量的计算除去了只含 1 个月的泡沫区间

8.6　本 章 小 结

本章通过对比原油价格以及不同定价方式下的天然气价格泡沫区间，探究了 OPE 定价与 OGO 定价在维持天然气价格稳定性方面的表现。近年来，为应对较高的天然气使用成本（相较于美国），欧洲和亚洲市场建立天然气定价中心的呼声越来越高。支持交易中心定价的论点认为，定价中心可以更好地反映天然气市场基本信息，从而使市场运行更有效率。而反对交易中心定价、支持油–气价格挂钩的论点认为，油价指数化定价方式是天然气市场失灵的最佳补救措施。通过 Phillips 等（2015）的 GSADF 多泡沫检测理论，我们对美国、欧洲及日本的天然气价格进行实证研究。在这些市场中，美国早已建立天然气交易中心，有着成熟的竞争性定价体系，日本的 LNG 进口价格与国际油价挂钩，而欧洲市场是集交易中心定价和油价指数化定价的混合定价市场。不同定价方式下清晰的区域划分，有利于我们对不同定价方式下的天然气价格稳定性进行有效的研究与评价。

实证结果表明，完全基于 OPE 定价的日本天然气市场具有价格高、波动性大、异常波动频繁的特点。每当原油价格出现泡沫时，与原油价格挂钩的日本 LNG 进口价格也会经历一系列的异常波动。此外，天然气市场自身的一些不确定信息也会使得天然气价格产生与原油价格不同的泡沫，并且这种趋势在 2008 年全球金融危机之后体现得更加明显。美国 Henry Hub 的天然气价格可以更好地反映天然气市场基本信息，所检测出的异常波动区间不仅少于其他两个市场，而且与国际原油市场存在明显差异，这种差异性在 2008 年金融危机之后同样被体现得更加明显。由于欧洲市场两种天然气定价方式并存，其价格被检测出的泡沫数量少于日本，多于美国。同时，考虑到本章所使用的欧洲天然气平均价格有一段时间并未计算英国国家平衡点（national balancing point，NBP）价格，因此该检测结果更能反映油价指数化的泡沫特征，其泡沫区间基本上与 Brent 原油价格的泡沫区间一致。针对以上研究结论，我们为天然气市场健康发展提出以下建议。

首先，天然气定价机制由油价指数化定价向交易中心定价转变有助于提高天然气市场运行效率。价格泡沫在任何市场都具备破坏性的力量，无论是在出口国还是进口国，无论是政策制定者还是消费者都不想面对更高的风险。从这个角度出发，我们为支持交易中心定价提供了明确的证据。一个有效市场的天然气价格应该能够迅速、准确地反映市场基本信息，脱离基本价值的天然气价格很难实现市场效率。这些发现对政策制定者，尤其是东亚、中欧及东欧的政策制定者具有重要的现实意义，因为这些地区是油价指数化定价与交易中心定价争夺市场份额的主要战场。他们应坚定地推动天然气定价向市场化方向过渡，积极推动天然气贸易枢纽建设，尽快形成完善的天然气贸易系统。

其次，被认为是彼此利益对立面的天然气进口国和出口国应该在转型期内加强合作，一起改变定价方式。与原油价格挂钩的天然气市场存在溢价特征，这也是大部分天然气出口商支持油价指数化定价方式的理由。因此，天然气进出口双方的合作应建立在这种溢价被消除的基础上。换句话说，天然气现货价格不能总是低于油价指数化价格，只有这样，交易中心定价对出口商和进口商的效应才是中性的。例如，亚洲 LNG 现货价格一直低于油价指数化天然气价格，却在 2017 年 10 月相比同年 6 月的低价翻了将近一倍，高于与油价挂钩的天然气价格（Vukmanovic，2017）。因此，从市场效率角度出发，出口商和进口商应共同努力实现定价方式的转变。

第 9 章

北美天然气价格驱动机制研究

近年来，由于能源安全与气候改变的双重挑战，天然气开发日益受到关注。特别是在美国页岩气革命之后，天然气价格在能源经济领域已然成为一个热点问题并且受到研究者的广泛关注（Shi，2016；Shi and Variam，2016）。一般来说，价格作为最重要的市场信号，会影响天然气市场投资和需求状况。因此，理解天然气价格驱动机制对于市场投资者和政策制定者来说都尤为重要。

9.1 引　　言

国际天然气联盟将现有的天然气定价机制分为八类，其中，北美和英国市场主要采用天然气市场供需定价机制（IGU，2017）。北美天然气市场完全开放管制并且以市场为导向，引起天然气价格变化的因素复杂多样，其中包括宏观经济形势、国际贸易流动、投机活动、季节因素和替代效应等。对天然气价格驱动因素的研究远滞后于对原油定价机制的研究。

以往研究仅关注于原油和天然气价格之间是否存在相关关系（Serletis and Herbert，1999）。随后，大量研究集中在原油和天然气复杂联系机制的问题上。早期的文献，包括 Asche 等（2006）、Panagiotidis 和 Rutledge（2007）、Hartley 等（2008）及 Brown 和 Yücel（2008）都认为原油和天然气市场是相融合的。随后，Ramberg 和 Parsons（2012）、Erdős（2012）、Brigida（2014）研究得出，油气价格之间的协整关系较弱甚至可以忽略不计。Geng 等（2016a，2016b）研究了北美页岩气革命对油气关系的负面影响。Batten 等（2017）的研究考察了天然气和原油之间的时变价格溢出，发现 2006 年后它们之间的相依性较弱。由于美国天然气定价自由化，在分析框架中应该考虑更多的因素，这得到了 Brown 和 Yücel（2008）的证实，他们认为在考虑其他因素时，天然气价格可以很好地用原油价格解释。因此，本章将选择大量影响因素进行综合分析。然而，在天然气价格驱动因素的研究中，考虑多个因素影响的研究很少，大部分研究仅包括几个影响因素。据我们所知，Nick 和 Thoenes（2014）的文章是唯一考虑六个因素——天气、供应短缺、石油价格、煤炭价格、液化天然气进口和存储量，使用 SVAR 模型分析德国天然气市场价格决定因素的研究。

在本章中，我们引入一种研究天然气价格影响因素的新方法，贡献如下。首先，介绍了一种以数据驱动的有向无环图方法（directed acyclic graph，DAG）。尽管大量文献致力于研究原油和天然气之间的关系，但仍然缺乏对两者同时期因果关系的论证。Nick 和 Thoenes（2014）也考虑了 SVAR 模型同时期的因果关系，但最终确认的同时期限制是建立在他们的主观假设之上。相反，本章引入的有向无环图方法不做先验因果假设，而是基于观测相关性和偏相关性来识别同时期因果关系。这种方法使我们能够在不依赖特定网络结构的情况下，揭示天然气、原油和其他因素之间的同时期因果关系。其次，与 Nick 和 Thoenes（2014）的研究不同的是，本章收集了较为全面的八个因素，包括两个季节性因素、库存、油价、精炼石油产品的裂解价差交易、钻机数量和两个投机因素。最后，本章进一步基于有向无环图方法获得方差分解结果，并检测天然气价格内生结构突变的存在。

9.2　天然气价格驱动机制建模

在本节中，对天然气收益率和各因素之间的同时期因果结构，使用有向无环图数据驱动方法进行建模。基于 VAR 模型和 ECM，结合有向无环图方法的同时期因果排序对方差分解进行估计。

9.2.1　VAR 和 ECM

给定一个向量 X_t 包含九个选定的变量，VAR 模型可以表达如下：

$$X_t = \sum_{i=1}^{k} \lambda_i X_{t-i} + u_t, \quad t = 1, 2, \cdots, T \tag{9-1}$$

如果 X_t 的变量之间存在协整关系，那么 ECM 可以进一步表示如下：

$$\Delta X_t = \Pi X_{t-1} + \sum_{i=1}^{k-1} \Gamma_i \Delta X_{t-i} + \mu + \varepsilon_t, \quad t = 1, 2, \cdots, T \tag{9-2}$$

式(9-2)表示 VAR 模型的一阶差分，其中 Δ 是差分运算符（$\Delta X_t = X_t - X_{t-1}$）。

矩阵 $\varPi=\alpha\beta^{\mathrm{T}}$ 中的系数包含了长期协整关系的信息。具体来说，β 是协整向量，α 表示每个变量响应偏离协整关系的调整速度。$\varGamma_i$ 是测量短期动态的系数矩阵，μ 是截距向量，ε_t 是误差向量。

一般来说，很难对 VAR 和 ECM 中的系数进行经济解释（Sims，1980）。因此，在大多数使用 VAR 或者 ECM 的文献中，预测误差方差分解被广泛使用。

ΔX_t 可以被改写成一个无限移动平均的过程：

$$\Delta X_t=\sum_{i=0}^{\infty}A_i\varepsilon_{t-i},\quad t=1,2,\cdots,T \tag{9-3}$$

参考 Yang 等（2006）的文献，基于前 $t-1$ 期的信息，提前 n 步预测的 ΔX_t 为 $\xi_{t,n}=\sum_{i=0}^{n}A_l\varepsilon_{t+n-l}$。

总预测误差的方差–协方差矩阵为 $\mathrm{Cov}(\xi_{t,n})=\sum_{i=0}^{n}A_l\,\Sigma\,A_l^{\mathrm{T}}$。$\Sigma$ 是误差项 ε_t 的协方差矩阵。以前的文献通常采用乔里斯基分解法估计方差分解结果（Sims，1980）。乔里斯基分解法假设了一个递归的同生因果结构。这意味着后面变量的变化不能引起前面变量的同期变化。因此，乔里斯基分解法对变量的输入顺序有严格的限制。不同的变量输入顺序会导致不同的方差分解结果。由于经济理论几乎不能给同时期因果顺序提供指导，大多数顺序假设仅基于主观设置（Ji，2012）。例如，Nick 和 Thoenes（2014）选择递归识别结构作为起点，然后依据他们的知识从经济结构角度施加更多的具体限制。这种方法仍然严重依赖于一些带有偏见的主观选择。然而，有向无环图方法可以识别完全由数据驱动的同时期因果模式，同时能够弥补乔里斯基分解中递归结构的假设和结构分解的不足（Cody and Mills，1991；Swanson and Granger，1997）。

9.2.2 有向无环图方法模型

在因果识别中具有优势的有向无环图方法，是由 Sprites 等（2000）提出的，并且在金融市场的实证文献中得到广泛应用（Awokuse and Bessler，2003；Bessler and Yang，2003；Yang et al.，2006；Yang and Bessler，2008）。有向无环图方法已经开始应用于能源经济领域，Ji（2012）使用有向无环图方法研究国际原油市场的影响因素。Yang 和 Zhao（2014）使用格兰杰因果检验和有向无环图方法研究了印度经济增长、能源消耗和碳排放之间的因果关系。Ji 和 Fan（2015）使用此方法研究了国际原油市场的动态融合。在另一项研究中，Ji 和 Fan（2016b）使用有向无环图的 ECM 研究了中国石油市场和其他商品市场的同期因果关系。本章研究是有向无环图在天然气市场分析中的首次运用。

有向无环图方法本质上是一种由观测相关性和偏相关性决定的图形结构。该方法是对一组变量之间同期因果关系的描述。该方法中的有向边 $X \to Y$ 表示 X 可以在同期作用于 Y。本章采用 Peter 和 Clark 算法（PC 算法）（Sprites et al.，2000）建立有向无环图，并使用了 TETRAD 软件。PC 算法有两个主要步骤（Ji，2012）。首先，建立一个所有变量都存在连接的完整无向图。如果变量之间的非条件相关系数在统计上不为 0，则计算非条件相关矩阵，并从无向图中移除边。其次，对剩余边进行一阶偏相关性检验，并去除连接两个变量的一阶偏相关性在统计学上不为 0 的边。再对通过一阶偏相关检验的边进行二阶偏相关检验，该算法持续进行，直到所有的边被去除或者对 N 个变量完成了 $N-2$ 阶偏相关检验。

将已被移除边的条件变量定义为一个成对变量的独立集合。如果一条边在计算非条件相关系数时被移除，则它的独立集为空。基于上述两个步骤的所有剩余边可以使用独立集合来确定方向（Bessler and Yang，2003）。考虑三个变量确定方向，如 $X-Y-Z$，X 和 Y 相邻及 Y 和 Z 相邻，但是 X 和 Z 不相邻。如果 Y 不在 X 和 Z 的独立集合中，那么 $X-Y-Z$ 的方向为 $X \to Y \leftarrow Z$。否则，会有三种可能的结果：$X \to Y \to Z$，$X \leftarrow Y \to Z$ 和 $X \leftarrow Y \leftarrow Z$。为了确定正确的方向，需要已确定的三个其他相邻变量的额外信息，如 $Y \to Z \leftarrow L$（L 为提供额外信息的其他相邻变量之一），以及外源性限制，如 $X \to Y$。通过这些基本的逻辑算法，可以确定所有剩余边的方向，从而可以确定有向无环图。

在本章中，费希尔的 z 统计量用于检验条件相关系数是否显著不为零：

$$z(\rho(i,j\,|\,k),n)=\left(\frac{1}{2}\sqrt{n-|k|-3}\right)\ln\left(\frac{1+\rho(i,j\,|\,k)}{1-\rho(i,j\,|\,k)}\right) \tag{9-4}$$

其中，n 为观测值的数目；$\rho(i,j\,|\,k)$ 为以序列 k 为条件的序列 i 和 j 之间的总体条件相关性；$|k|$ 为序列 k 的数量。如果序列 i，j 和 k 服从正态分布，并且 $\rho_1(i,j\,|\,k)$ 是给定 k 的 i 和 j 的样本条件相关性，那么 $z(\rho(i,j\,|\,k),n)-z(\rho_1(i,j\,|\,k),n)$ 服从标准正态分布（Bessler and Yang，2003；Ji and Fan，2016b）。

9.3 数据和基本统计

本章通过参考以往文献，选择了影响天然气供需的多个因素。第一，我们考虑了一些常见因素，如原油价格、天然气库存和季节性因素（Brown and Yücel，

2008；Ji et al.，2014；Geng et al.，2016c）。原油价格与天然气价格的关系一直是天然气市场研究的热门话题（Shi and Variam，2016）。天然气库存量被广泛认为是天然气供求缺口的敏感指标。天气的变化也会影响天然气价格，因为天然气需求是季节性的。第二，除了这些基本因素以外，对于钻探开采行业，天然气开采的钻井活动是钻井环境的重要商业晴雨表，在一定程度上可以反映天然气市场的繁荣程度。第三，在美国工业和发电行业中，天然气和燃料油有着密切的替代关系。根据市场价格，对天然气和燃料油的需求可以通过双燃料技术进行部分转换（Ohana，2010）。因此，燃料油和原油之间的裂解价差也被认为是衡量精炼石油产品收益对天然气价格影响的因素。第四，能源金融化、投机活动与能源价格变化显著相关（Ji，2012；Manera et al.，2016）。因此，本章考虑八个因素：原油价格、天然气库存、两个季节性因素、钻探活动、石油产品的裂解价差和两个投机性活动。

具体而言，美国亨利中心天然气期货价格、美国 WTI 期货价格和纽约港二号燃油期货价格均来自 EIA。裂解价差为燃料油价格和原油价格之间的差值。由于原油以美元/桶报价，而燃料油以美元/加仑[①]报价，所以燃料油价格必须先换算成美元/桶（一桶约 42 加仑）。用开采天然气的钻井数测度钻探活动，该数据来源于贝克休斯公司。美国天然气库存量也来源于 EIA。库存差为给定一周库存量与过去五年周平均库存量间的差值（Brown and Yücel，2008；Geng et al.，2016b）。同样，采暖度日数和季节标准的偏差及制冷度日数和季节标准的偏差，用以反映天气和季节的影响（Brown and Yücel，2008；Geng et al.，2016c）。采暖度日数和制冷度日数的数据来自美国国家海洋和大气管理局。投机活动使用两个指标来衡量：非商业交易商比例和非商业净多头比例。参考 Fan 和 Xu（2011）及 Ji（2012）的研究，详细的多头数据来自 CFTC。值得注意的是，CFTC 于 2009 年 9 月 4 日开始发布分类报告，将贸易商分为四类，包括生产者/商人/加工者/用户、掉期交易商、资管机构从业人员和其他人。分类报告与传统报告的主要区别在于，分类报告将掉期交易从商业类别中移掉，作为加强投机监管的新分类。然而，由于分类报告缺乏金融危机前的历史数据，本章仍然采用传统分类法进行实证分析，这也是近期文献中所常用的方法（Alizadeh and Tamvakis，2016；Andreasson et al.，2016；Manera et al.，2016）。

考虑到数据的可用性，所有数据都是在 1999 年 1 月 1 日至 2017 年 4 月 7 日期间以周为口径收集。图 9-1 描述了天然气价格和各种影响因素的历史趋势。从图 9-1 可以看出，在 2009 年之前，天然气价格有四次大幅度上涨。如图 9-1 所示，

① 1 加仑=3.785 43 升。

前两次大幅上涨发生在 2001 年和 2003 年的冬季，是寒冷天气造成的，这与同时期天然气库存量急剧减少是一致的。第三次急剧上涨是在 2005 年 10 月～2005 年 12 月，这一时期是卡特里娜和丽塔飓风接连发生时期。根据美国海洋能源管理局统计，2005 年 10 月 26 日至 2005 年 12 月 29 日期间，因卡特里娜和丽塔飓风导致关井而减少的累计天然气产量达到 5607.66 亿立方英尺[①]，相当于墨西哥湾天然气年产量的 15.363%。第四次急剧上涨发生在 2008 年全球金融危机之前，是由对天然气的强劲需求和天然气价格与原油价格的紧密联动引发的。自 2009 年以来，美国天然气价格一直保持在较低水平，这主要是因为美国页岩气的快速发展导致天然气供应过剩。

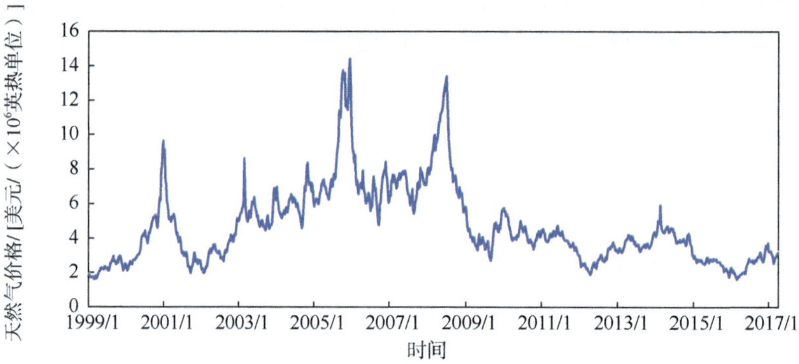

（a）

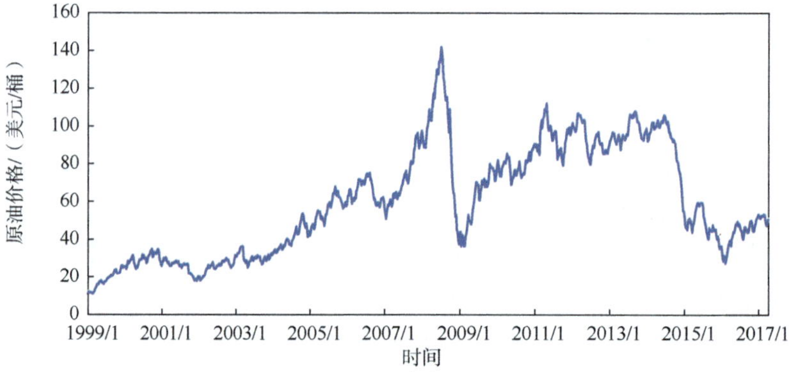

（b）

① 1 英尺 ^{3}=2.831 685×10^{-2} 米 ^{3}。

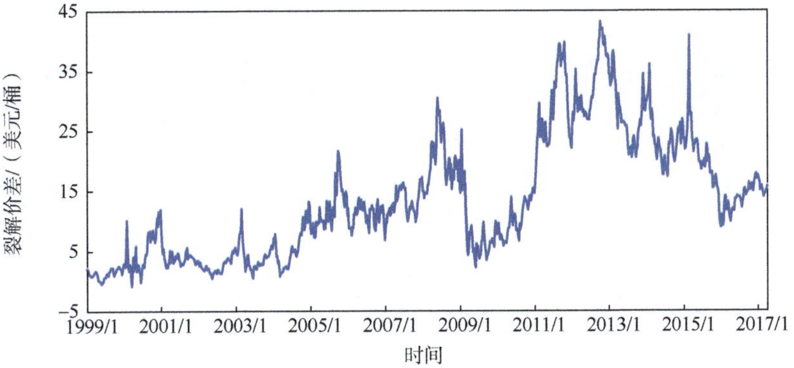
45
35
25
15
5
−5
裂解价差/（美元/桶）
1999/1
2001/1
2003/1
2005/1
2007/1
2009/1
2011/1
2013/1
2015/1
2017/1
时间

（c）

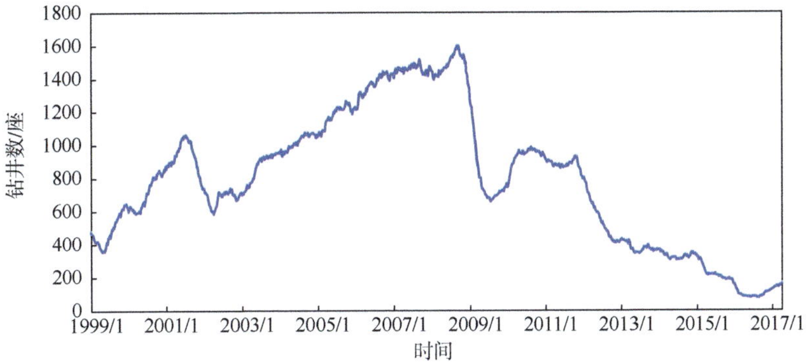
1800
1600
1400
1200
1000
800
600
400
200
0
钻井数/座
1999/1
2001/1
2003/1
2005/1
2007/1
2009/1
2011/1
2013/1
2015/1
2017/1
时间

（d）

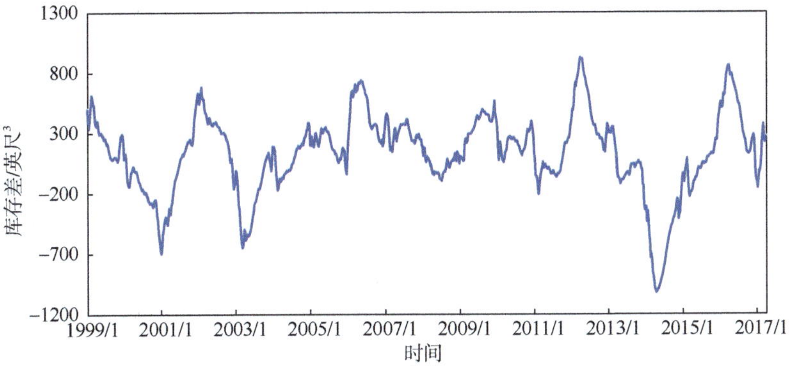
1300
800
300
−200
−700
−1200
库存差/英尺³
1999/1
2001/1
2003/1
2005/1
2007/1
2009/1
2011/1
2013/1
2015/1
2017/1
时间

（e）

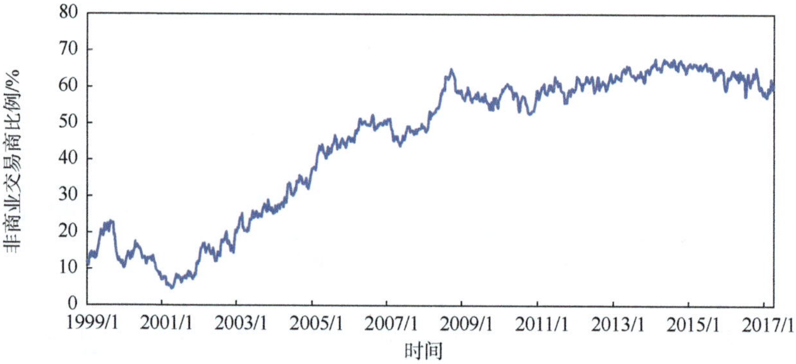

非商业交易商比例/%
0
10
20
30
40
50
60
70
80
1999/1
2001/1
2003/1
2005/1
2007/1
2009/1
2011/1
2013/1
2015/1
2017/1
时间

（f）

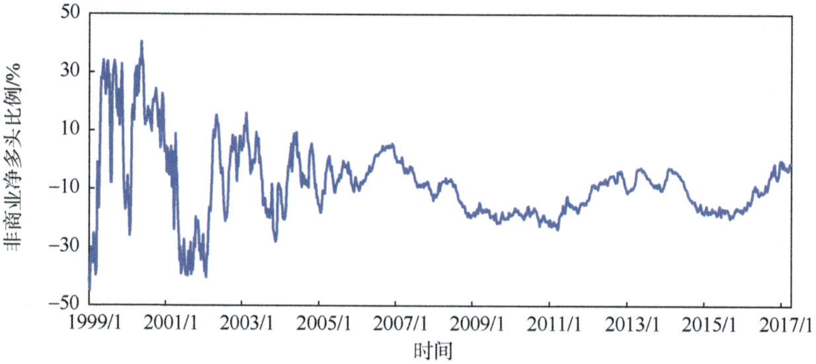

非商业净多头比例/%
−50
−30
−10
10
30
50
1999/1
2001/1
2003/1
2005/1
2007/1
2009/1
2011/1
2013/1
2015/1
2017/1
时间

（g）

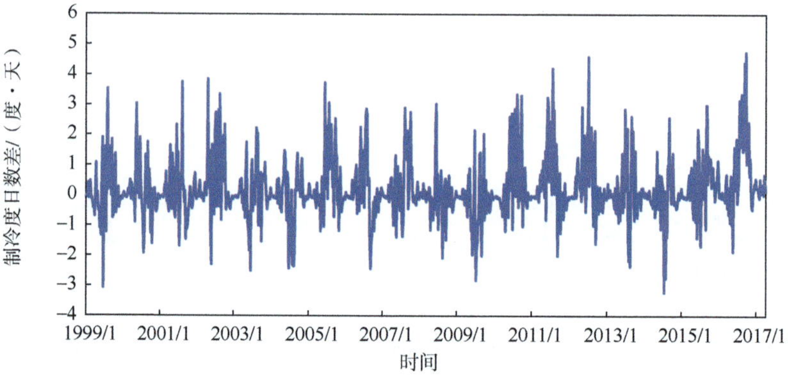

制冷度日数差/（度·天）
−4
−3
−2
−1
0
1
2
3
4
5
6
1999/1
2001/1
2003/1
2005/1
2007/1
2009/1
2011/1
2013/1
2015/1
2017/1
时间

（h）

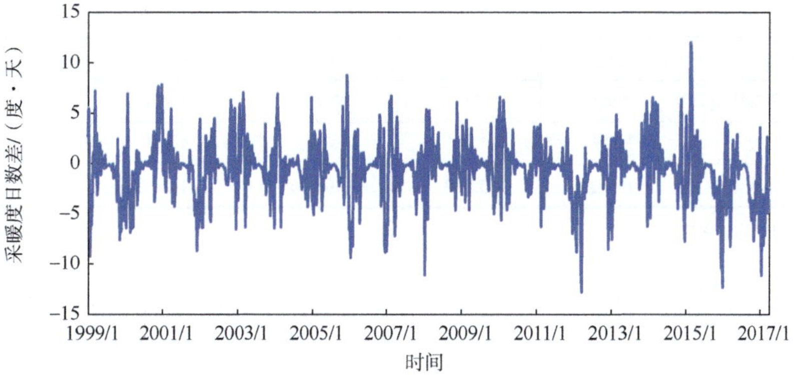

(i)

图 9-1　天然气价格及各种因素的历史走势

此外，影响因素的一些具体特征也可以从图 9-1 中观察到。随着时间的推移，燃料油和原油之间的裂解价差继续扩大，特别是在 2008 年之后，这可以归因于原油价格的暴跌。钻井数量与天然气价格基本保持一致的趋势，这表明钻井行业的商业活动严重依赖于市场形势和潜在利益。非商业交易商比例呈上升趋势，而非商业净多头比例呈下降趋势，这反映出天然气市场的金融属性逐渐增强，越来越多的投机者参与市场交易。采暖度日数差的波动范围是制冷度日数差的两倍，这表明美国冬季气温变化比夏季更不确定，影响了对冬季天然气需求的预期。

表 9-1 给出了天然气价格取自然对数和各种因素的汇总统计。一般来说，天然气价格的标准差相对于原油价格的标准差较小。精炼燃料油相对于原油的平均收益是每桶 13.727 美元。天然气库存差的正平均值意味着给定一周的储存量在大多数情况下大于过去五年的平均值。这表明，随着时间的推移，天然气的库存水平一直在增加，这主要是由美国的页岩气革命造成的。非商业净多头负比例也表明投机者缺乏在疲软市场环境下推高天然气价格的动机。Jarque-Bera 结果表明所有序列呈现非正态分布。

表 9-1　天然气价格及影响因素基本信息统计结果（2010/7/19～2017/1/31）

变量	均值	标准差	偏度	峰度	Jarque-Bera 值
天然气价格	1.459	0.447	0.246	2.537	18.123**
油价	3.961	0.540	−0.395	2.214	49.408**
裂解价差	13.727	10.124	0.717	2.692	85.499**
钻井数	794.294	411.308	0.094	2.085	34.693**
库存差	136.780	332.160	−0.667	4.195	127.523**
非商业交易商比例	44.621	19.950	−0.640	1.865	116.298**

续表

变量	均值	标准差	偏度	峰度	Jarque-Bera 值
非商业净多头比例	−7.999	13.027	0.767	4.586	193.583**
制冷度日数差	0.229	1.023	0.912	5.494	379.462**
采暖度日数差	−0.522	3.002	−0.196	4.835	140.020**

**表示 1%的显著性水平

表 9-2 进一步计算了天然气价格和各种因素之间的相关性。可以看出，天然气价格和原油价格之间的相关性是显著为正的。天然气价格和裂解价差之间的显著正相关性表明，随着天然气价格的上涨，裂解价差收益将变大，这意味着燃料油价格将随着天然气价格的上涨而上涨。因此，天然气和精炼石油产品之间存在着替代关系。钻井数量和天然气价格之间也有显著的正相关关系，说明了天然气市场繁荣与钻井活动活跃的一致性。毫无疑问，天然气库存差与天然气价格呈负相关。这意味着高于标准的天然气库存量会压低价格，而低于标准的天然气库存量会推高价格。非商业净多头比例与天然气价格之间存在正相关关系，与原油价格及裂解价差之间存在负相关关系。这表明，投机者是以利益为目标的，当油价上涨时，投机资金将从天然气市场流向原油市场。因此，当油价上涨时，非商业净多头比例将会下降。采暖度日数差和天然气价格之间的显著正相关关系也证实了天然气需求是季节性的。

表 9-2　变量间相关性分析结果

变量	天然气价格	油价	裂解价差	钻井数	库存差	非商业交易商比例	非商业净多头比例	制冷度日数差	采暖度日数差
天然气价格	1								
油价	0.343**	1							
裂解价差	0.167**	0.813**	1						
钻井数	0.686**	0.101**	−0.147**	1					
库存差	−0.256**	−0.048	−0.053	0.019	1				
非商业交易商比例	0.012	0.821**	0.803**	−0.317**	0.085**	1			
非商业净多头比例	0.157**	−0.168**	−0.254**	0.011	−0.188**	−0.269**	1		
制冷度日数差	−0.059	0.027	0.044	−0.095**	0.078*	0.053	−0.007	1	
采暖度日数差	0.188**	0.028	0.021	0.116**	−0.211**	−0.036	0.046	−0.189**	1

*、** 分别表示 5%和 1%的显著性水平

此外，我们采用 Bai（1997）、Bai 和 Perron（1998）提出的结构断点检验方法来分析天然气价格可能出现的结构变化。表 9-3 显示了一个检测到的结构断点。结

构断点发生日期是 2008 年 7 月 11 日，根据上述分析，这个结果是合理的。因此，将整个样本期分为两个子样本期：1999 年 1 月 1 日～2008 年 7 月 11 日和 2008 年 7 月 18 日～2017 年 4 月 7 日，分别在全球金融危机之前和之后。

表 9-3　天然气价格的多重结构断点检验

结构断点检验	*F* 统计量	标度 *F* 统计量	临界值
0 vs. 1 *	7.066	14.133	11.47
1 vs. 2	4.113	8.225	12.95
结构断点日期			
2008 年 7 月 11 日			

注：临界值指 Bai 和 Perron（2003）对标度统计量的临界值

*表示 5%的显著性水平

9.4　全球金融危机前的驱动机制分析

本节采用有向无环图的 ECM 得出了天然气收益率与各种影响因素之间同期因果关系和方差分解结果。

首先，对所有变量采用 ADF 单位根检验、Phillips-Perron（PP）单位根检验和 Kwiatkowski-Phillips-Schmidt-Shin（KPSS）单位根检验，检验结果如表 9-4 所示。结果表明，除了非商业净多头比例、采暖度日数差和制冷度日数差外，其余所有变量均为一阶单整序列。其次，采用 Johansen 协整检验（Johansen and Juselius，1990）。表 9-4 的结果表明，在 5%显著性水平上不能拒绝四个向量存在协整关系。因此，进一步建立 ECM。最长滞后阶数设置为 12，依据 AIC 确定最优滞后阶数为 2。最后，参考 Bessler 和 Yang（2003）的研究估计两个稳健性检验，包括长期排除性检验和弱外生性检验。

表 9-4　全球金融危机前单位根检验和协整检验结果

变量	ADF 检验	PP 检验	变量	ADF 检验	PP 检验
天然气价格	−3.090	−3.033	Δ天然气价格	−18.938**	−18.979**
油价	−2.328	−2.062	Δ油价	−19.173**	−19.115**
裂解价差	−2.929	−3.556	Δ裂解价差	−19.656**	−21.665**
钻井数	−2.695	−2.225	Δ钻井数	−7.536**	−23.101**
库存差	−2.620	−2.526	Δ库存差	−13.441**	−13.516**

续表

变量	ADF 检验	PP 检验	变量	ADF 检验	PP 检验
非商业交易商比例	−1.960	−1.946	Δ非商业交易商比例	−22.130**	−22.130**
非商业净多头比例	−4.317**	−4.465**	Δ非商业净多头比例	—	—
制冷度日数差	−15.965**	−16.258**	Δ制冷度日数差	—	—
采暖度日数差	−14.322**	−14.119**	Δ采暖度日数差	—	—
协整向量的个数	迹检验统计量	*C*（5%）	最大特征值统计量	*C*（5%）	*D*
0 个协整向量*	413.205	197.371	126.912	58.434	R
至少 1 个协整向量*	286.293	159.530	108.547	52.363	R
至少 2 个协整向量*	177.746	125.615	69.708	46.231	R
至少 3 个协整向量*	108.038	95.754	44.619	40.078	R
至少 4 个协整向量*	63.419	69.819	22.507	33.877	F

注：协整向量的个数采用迹检验和最大特征值进行检验，趋势项和截距项均在 5%水平；"*C*（5%）"为迹检验和最大特征值检验在 5%显著水平下的临界值；"*D*"表示在 5%显著水平下拒绝（R）或不拒绝（F）原假设

*、**分别表示 5%和 1%的显著性水平

对两个稳健性检验的解释如下。

（1）长期排除性检验。该检验提供了每个变量是否在协整向量中的证据：通过将每个变量中的β值限制为零，对 ECM 进行重新估计，并检验卡方统计量。表 9-5 显示，除了非商业交易商比例，其余所有变量都在协整向量中。

表 9-5　全球金融危机前长期排除性和弱外生性检验结果

排除性检验			弱外生性检验		
变量	χ^2 统计量	*D*	变量	χ^2 统计量	*D*
天然气收益	13.218**	R	天然气收益	1.326	F
油价收益	31.399**	R	油价收益	8.205	F
裂解价差	27.904**	R	裂解价差	18.486**	R
钻井数	17.325**	R	钻井数	64.834**	R
库存差	6.423**	R	库存差	21.958**	R
非商业交易商比例	5.078	F	非商业交易商比例	8.860	F
非商业净多头比例	65.192**	R	非商业净多头比例	45.891**	R
制冷度日数差	128.170**	R	制冷度日数差	124.702**	R
采暖度日数差	154.849**	R	采暖度日数差	59.624**	R

注：排除性检验是在"假设所列的某个变量不在协整空间中"的原假设下进行检验；弱外生性检验中变量的调节速度为零；"*D*"表示在 1%的显著水平下拒绝（R）或不拒绝（F）原假设

** 表示 1%的显著性水平

（2）弱外生性检验。该检验通过将每个变量的调整速度参数α限制为零，提供了每个变量是否能够响应协整向量偏差的证据。表 9-5 的结果表明，只有天然气收益、油价收益[①]和非商业交易商比例在偏离平衡关系后无法调整。

对无法通过检验的上述变量施加约束后，对 ECM 进行重新估计并得到残差相关矩阵。然后，采用 PC 算法建立有向无环图。根据 Awokuse 和 Bessler（2003）的研究，在小样本的情况下，PC 算法很可能会忽略属于模型的一条边。这意味着采用更高的显著性水平可以提高小样本情况下的模型计算性能（Sprites et al.，2000）。由于 PC 算法低效率和有限的观测数量，Sprites 等（2000）建议 10%的显著性水平是最合适的。然而，Awokuse 和 Bessler（2003）发现，在他们的研究中，高达 30%的显著性水平能够呈现清晰的结构顺序。通过比较不同显著性水平和给定样本量的稳定结果，本章确定 15%的显著性水平。

图 9-2 显示了 15%显著水平下的有向无环图同期因果结果和 15%显著水平下的格兰杰滞后期因果检验结果。图 9-2（a）显示，在全球金融危机之前，大多数因素对天然气收益率有直接或者间接的同期影响。例如，存在从油价收益、裂解价差、非商业交易商比例和制冷度日数差到天然气收益的有向边，也存在从钻井数量通过非商业交易商比例到天然气收益的有向路径。总的来说，石油市场和天然气市场之间密切的同期因果关系突出了这两个市场之间的信息溢出。此外，从图 9-2（a）中还可以看出，天然气收益和季节因素是同期天然气库存差的原因。然而，图 9-2（b）所示的滞后因果关系结果发生了改变，从油价收益到天然气收益的格兰杰因果消失了，这支持了 Batten 等（2017）的发现。此外，天然气库存差和天然气的制冷度日数差之间存在格兰杰因果关系，与同期结果相似。

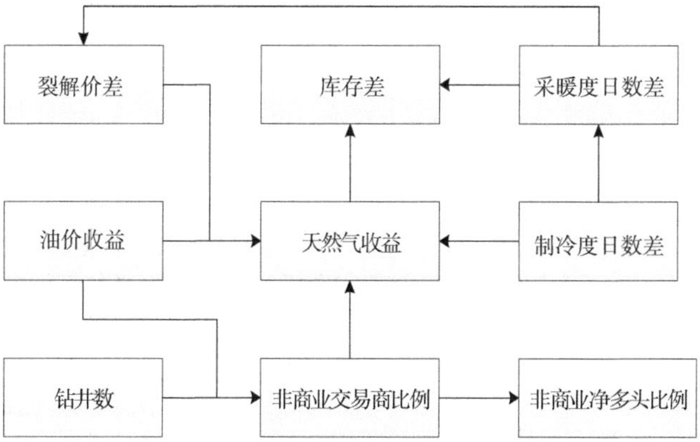

（a）全球金融危机前的有向无环图

① 由于天然气和原油的价格不平稳，在单位根检验以后采用收益进行有向无环图的构建。

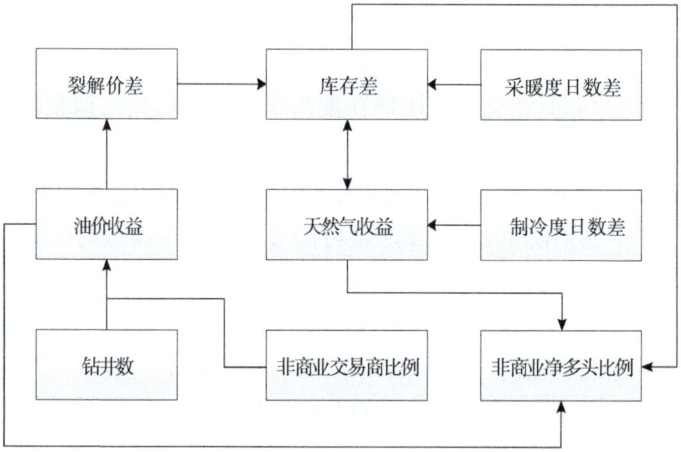

（b）全球金融危机前的格兰杰因果关系图

图 9-2　同期及滞后期的因果关系结构图（金融危机前）

表 9-6 显示了图 9-2（a）中基于全球金融危机之前的同期因果关系在同期、提前 1 周和提前 24 周（6 个月）的方差分解结果。表 9-6 显示，约 81%的天然气收益变动可在同期自行解释，在 24 周的时间范围内，该值降至不超过 50%。除了天然气本身，无论时间跨度如何，天然气的收益率受到石油市场的影响最大。在同期和未来 24 周的水平上，油价收益和裂解价差对天然气收益变动的总贡献分别约为 17%和 24%，在未来 24 周的时间范围内，天然气收益的变动有约 12%来自天然气库存量变化。

表 9-6　全球金融危机前的方差分解

因素		天然气收益	油价收益	裂解价差	钻井数	库存差	非商业交易商比例	非商业净多头比例	制冷度日数差	采暖度日数差
天然气收益	0	80.771	5.589	11.154	0.004	0.000	0.312	0.000	1.900	0.270
	1	77.718	4.910	12.648	0.180	0.112	0.333	0.079	3.626	0.395
	24	49.827	7.081	16.573	6.211	11.886	2.856	1.392	3.127	1.046
油价收益	0	0.000	100.000	0.000	0.000	0.000	0.000	0.000	0.000	0.000
	1	0.047	98.481	0.049	0.394	0.086	0.715	0.007	0.220	0.001
	24	0.337	84.522	0.424	1.034	0.346	3.566	6.536	1.220	2.014
裂解价差	0	0.000	0.000	97.503	0.000	0.000	0.000	0.000	0.138	2.358
	1	0.407	0.760	96.852	0.174	0.052	0.000	0.356	0.088	1.310
	24	4.280	29.499	54.280	0.939	2.090	0.942	5.643	0.455	1.872
钻井数	0	0.000	0.000	0.000	100.000	0.000	0.000	0.000	0.000	0.000
	1	0.004	0.016	0.031	98.169	0.136	0.817	0.783	0.005	0.038
	24	3.671	7.859	2.242	62.929	1.674	4.502	7.575	1.337	8.211

续表

因素		天然气收益	油价收益	裂解价差	钻井数	库存差	非商业交易商比例	非商业净多头比例	制冷度日数差	采暖度日数差
库存差	0	1.136	0.079	0.157	0.000	64.565	0.004	0.000	1.451	32.608
	1	3.199	0.279	0.910	0.004	43.666	0.095	0.136	0.460	51.250
	24	2.641	6.015	6.603	3.314	45.534	2.211	2.347	0.377	30.960
非商业交易商比例	0	0.000	1.263	0.000	1.199	0.000	97.538	0.000	0.000	0.000
	1	0.074	0.813	0.002	0.846	0.065	97.927	0.167	0.000	0.106
	24	0.502	0.466	1.148	7.202	1.340	66.807	14.089	5.786	2.661
非商业净多头比例	0	0.000	0.011	0.000	0.011	0.000	0.870	99.108	0.000	0.000
	1	3.619	1.348	0.405	0.480	0.156	0.460	93.370	0.152	0.010
	24	7.272	1.554	1.292	6.809	14.613	2.045	56.009	4.885	5.519
制冷度日数差	0	0.000	0.000	0.000	0.000	0.000	0.000	0.000	100.000	0.000
	1	0.239	0.423	0.022	1.769	0.002	0.034	0.313	97.176	0.023
	24	1.767	2.789	2.242	3.083	2.729	1.359	1.221	83.740	1.069
采暖度日数差	0	0.000	0.000	0.000	0.000	0.000	0.000	0.000	5.541	94.459
	1	3.214	0.691	1.185	0.008	0.281	0.016	0.110	4.687	89.808
	24	6.166	3.446	4.873	2.128	5.440	1.244	2.415	4.380	69.907

注：该表数据是四舍五入后的结果

然而，天然气收益对其他因素变动的影响较小，即使在 24 周的水平上，影响程度也均小于 10%。此外，在 24 周的时间范围内，原油价格可以解释约 30%的裂解价差变动，采暖度日数差是天然气库存差的主要影响因素，可以解释约 31%的天然气库存变动。

9.5　全球金融危机后的驱动机制分析

表 9-7 显示了全球金融危机后单位根检验的结果，结果表明除了天然气价格、非商业交易商比例、采暖度日数差和制冷度日数差外，其余所有的变量均为一阶单整序列。迹检验和最大特征值检验都表明在 5%显著水平上存在四个协整向量。根据施瓦兹准则和汉南–奎因准则构建一个时滞 ECM，进一步估计长期排除性检验和弱外生性检验。表 9-8 中的结果表明，只有裂解价差不在协整向量中，也不能根据均衡关系的偏差进行调整。

表 9-7　全球金融危机后单位根检验和协整检验结果

变量	ADF 检验	PP 检验	变量	ADF 检验	PP 检验
天然气价格	−3.475*	−3.723*	Δ天然气价格	—	—
油价	−1.913	−2.230	Δ油价	−17.387**	−17.945**
裂解价差	−2.251	−2.195	Δ裂解价差	−21.238**	−21.390**
钻井数	−2.222	−1.862	Δ钻井数	−5.600**	−20.900**
库存差	−1.978	−2.157	Δ库存差	−13.476**	−13.917**
非商业交易商比例	−3.715*	−3.434*	Δ非商业交易商比例	—	—
非商业净多头比例	−2.119	−2.206	Δ非商业净多头比例	−20.049**	−20.030**
制冷度日数差	−6.612**	−16.474**	Δ制冷度日数差	—	—
采暖度日数差	−13.883**	−14.416**	Δ采暖度日数差	—	—
协整向量的个数	迹检验统计量	*C*（5%）	最大特征值统计量	*C*（5%）	*D*
0 个协整向量*	492.868	197.371	169.414	58.434	R
至少 1 个协整向量*	323.455	159.530	140.952	52.363	R
至少 2 个协整向量*	182.503	125.615	87.088	46.231	R
至少 3 个协整向量*	95.415	95.754	47.957	40.078	R
至少 4 个协整向量*	47.458	69.819	20.978	33.877	F

注：协整向量的个数采用迹检验和最大特征值进行检验，趋势项和截距项均在 5%水平；“*C*（5%）”为迹检验和最大特征值检验在 5%显著水平下的临界值；“*D*”表示在 5%显著水平下拒绝（R）或不拒绝（F）原假设

*、**分别表示 5%和 1%的显著性水平

表 9-8　全球金融危机后长期排除性和弱外生性检验结果

排除性检验			弱外生性检验		
变量	χ^2 统计量	*D*	变量	χ^2 统计量	*D*
天然气收益	54.203**	R	天然气收益	15.858**	R
油价收益	46.585**	R	油价收益	17.369**	R
裂解价差	0.464	F	裂解价差	4.603	F
钻井数	61.873**	R	钻井数	74.808**	R
库存差	21.840**	R	库存差	53.296**	R
非商业交易商比例	32.503**	R	非商业交易商比例	19.909**	R
非商业净多头比例	11.717*	R	非商业净多头比例	10.506*	R
制冷度日数差	97.587**	R	制冷度日数差	91.692**	R
采暖度日数差	145.841**	R	采暖度日数差	51.171**	R

注：排除性检验是在“假设所列的某个变量不在协整空间中”的原假设下进行检验；弱外生性检验中变量的调节速度为零；“*D*”表示在 1%或 5%的显著水平下拒绝（R）或不拒绝（F）原假设

*、** 分别表示 5%和 1%的显著性水平

与全球金融危机前的样本保持一致，全球金融危机后的样本也选择了 15%的显著性水平。图 9-3（a）和图 9-3（b）分别显示了有向无环图同期因果结果和格兰杰滞后期因果检验结果。从图 9-3（a）中可以看出，相比于全球金融危机前的有向无环图，在金融危机之后天然气与各种因素的联系较弱。只有从油价收益和裂解价差到天然气收益的有向边存在。在全球金融危机之前存在的非商业交易商比例和制冷度日数差到天然气收益的直接联系已经消失。另一变化是天然气库存差和天然气收益之间存在双向边。这意味着天然气库存差对天然气收益具有同期影响。此外，从钻井数量到天然气收益的路径也消失了。

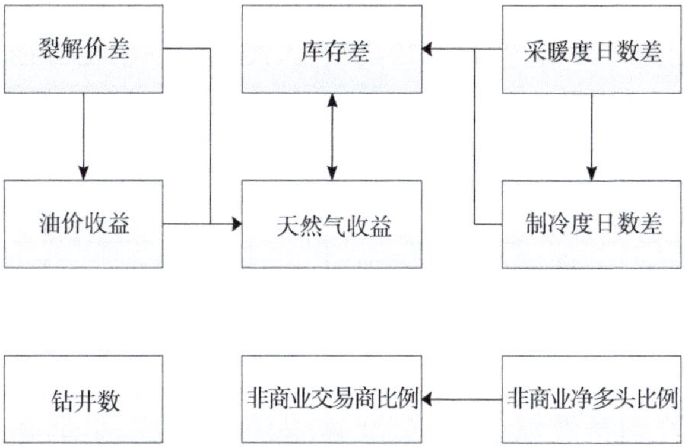

（a）全球金融危机后的有向无环图

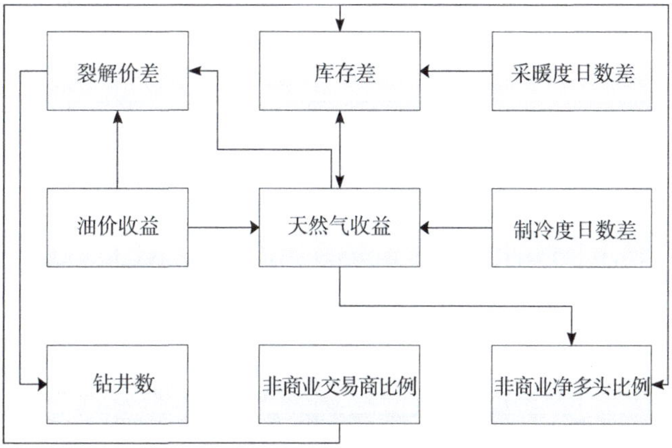

（b）全球金融危机后的格兰杰因果关系图

图 9-3　同期及滞后期的因果关系结构图（金融危机后）

图 9-3（b）显示了一些与同期因果关系类似的滞后期因果关系结果。例如，从油价收益到天然气收益的有向边及天然气库存差和天然气收益之间的双向边。最值得注意的是，存在一个从原油收益到天然气收益、从天然气收益到裂解价差

的滞后因果关系，这与图 9-2（b）显示的结果不同。此外，天然气收益和制冷度日数差之间的滞后因果关系随着时间的推移是稳定的。

表 9-9 和表 9-10 分别给出了天然气收益→天然气库存差和天然气库存差→天然气收益的两种不同的同期因果关系的方差分解结果。表 9-9 和表 9-10 中的结果类似。特别地，石油市场对天然气市场的影响减弱。在 24 周的范围内，油价收益和裂解价差的总和占天然气收益变动不超过 10%。在表 9-9 中可以看到，在 24 周的时间范围内，超过 71%的天然气收益变化由其自身的变动来解释，约 11%的天然气变化由采暖度日数差来解释。表 9-9 和表 9-10 显示，在 24 周的范围内，天然气收益分别约占天然气库存差变动的 21%和 26%。此外，如表 9-9 所示，在 24 周的水平上，采暖度日数差分别约占油价收益和天然气库存差变动的 21%和 52%。

表 9-9　全球金融危机后的方差分解（一）

因素		天然气收益	油价收益	裂解价差	钻井数	库存差	非商业交易商比例	非商业净多头比例	制冷度日数差	采暖度日数差
天然气收益	0	92.780	3.889	0.999	0.000	1.570	0.000	0.000	0.093	0.670
	1	88.511	3.990	0.431	0.017	4.899	0.128	0.093	0.239	1.691
	24	71.447	8.403	0.421	0.742	3.269	3.135	0.297	1.115	11.171
油价收益	0	0.000	97.019	2.981	0.000	0.000	0.000	0.000	0.000	0.000
	1	0.075	95.607	3.028	0.134	0.000	0.100	0.423	0.257	0.376
	24	3.220	59.067	0.880	1.230	1.719	9.511	3.778	0.072	20.524
裂解价差	0	0.000	0.000	100.000	0.000	0.000	0.000	0.000	0.000	0.000
	1	0.201	3.656	96.022	0.002	0.002	0.003	0.010	0.002	0.101
	24	6.242	2.420	73.843	3.739	2.756	0.838	1.331	7.956	0.874
钻井数	0	0.000	0.000	0.000	100.000	0.000	0.000	0.000	0.000	0.000
	1	0.017	0.123	0.127	99.033	0.265	0.156	0.101	0.090	0.088
	24	4.649	17.844	0.252	54.913	5.046	12.483	0.826	1.781	2.205
库存差	0	0.000	0.000	0.000	0.000	67.310	0.000	0.000	3.983	28.707
	1	0.599	0.319	0.004	0.046	46.562	0.299	0.043	5.278	46.851
	24	20.850	4.366	0.545	3.008	16.634	0.169	0.088	2.375	51.966
非商业交易商比例	0	0.000	0.000	0.000	0.000	0.000	94.390	5.610	0.000	0.000
	1	0.003	0.099	0.097	0.055	0.006	94.216	5.508	0.001	0.015
	24	0.283	4.539	1.828	15.010	2.332	61.281	4.213	5.755	4.760
非商业净多头比例	0	0.000	0.000	0.000	0.000	0.000	0.000	100.000	0.000	0.000
	1	4.114	0.000	0.058	0.003	1.201	0.026	93.666	0.757	0.176
	24	2.886	3.485	2.536	5.917	4.808	3.895	71.096	2.075	3.303

续表

因素		天然气收益	油价收益	裂解价差	钻井数	库存差	非商业交易商比例	非商业净多头比例	制冷度日数差	采暖度日数差
制冷度日数差	0	0.000	0.000	0.000	0.000	0.000	0.000	0.000	96.880	3.120
	1	1.575	0.002	0.215	0.336	0.019	0.056	0.101	94.645	3.052
	24	2.497	2.798	2.393	1.157	3.457	1.739	0.905	81.750	3.304
采暖度日数差	0	0.000	0.000	0.000	0.000	0.000	0.000	0.000	0.000	100.000
	1	4.983	0.675	0.960	0.254	2.046	0.407	0.051	0.007	90.617
	24	11.675	2.862	6.124	2.962	3.832	1.966	1.148	1.076	68.355

注：基于图 9-3（a）所示的“天然气收益→库存差”同期因果关系的结构，给出了同期、提前 1 周和提前 24 周的方差分解；该表数据是四舍五入后的结果

表 9-10　全球金融危机后的方差分解（二）

因素		天然气收益	油价收益	裂解价差	钻井数	库存差	非商业交易商比例	非商业净多头比例	制冷度日数差	采暖度日数差
天然气收益	0	95.248	3.809	0.943	0.000	0.000	0.000	0.000	0.000	0.000
	1	93.609	4.028	0.411	0.017	1.320	0.130	0.095	0.050	0.340
	24	75.671	8.502	0.429	0.765	1.855	3.230	0.306	1.616	7.626
油价收益	0	0.000	97.019	2.981	0.000	0.000	0.000	0.000	0.000	0.000
	1	0.076	95.590	3.025	0.134	0.000	0.100	0.423	0.248	0.405
	24	3.574	58.153	0.877	1.215	1.258	9.396	3.732	0.071	21.723
裂解价差	0	0.000	0.000	100.000	0.000	0.000	0.000	0.000	0.000	0.000
	1	0.206	3.653	96.044	0.002	0.000	0.003	0.010	0.004	0.078
	24	6.672	2.380	73.736	3.729	2.288	0.836	1.328	8.338	0.693
钻井数	0	0.000	0.000	0.000	100.000	0.000	0.000	0.000	0.000	0.000
	1	0.034	0.130	0.131	99.012	0.245	0.156	0.101	0.093	0.098
	24	3.743	17.513	0.235	55.299	6.331	12.571	0.832	1.645	1.831
库存差	0	0.725	0.029	0.007	0.000	67.282	0.000	0.000	3.896	28.061
	1	1.941	0.461	0.002	0.047	45.992	0.305	0.043	5.168	46.041
	24	25.935	4.873	0.611	3.214	13.569	0.181	0.094	2.157	49.366
非商业交易商比例	0	0.000	0.000	0.000	0.000	0.000	94.390	5.610	0.000	0.000
	1	0.004	0.100	0.096	0.055	0.005	94.217	5.508	0.001	0.013
	24	0.358	5.000	2.120	15.269	2.745	58.658	4.092	6.323	5.435
非商业净多头比例	0	0.000	0.000	0.000	0.000	0.000	0.000	100.000	0.000	0.000
	1	4.591	0.000	0.057	0.003	0.686	0.026	93.935	0.646	0.057
	24	3.315	3.636	2.582	5.921	4.332	3.898	71.147	1.952	3.218

续表

因素		天然气收益	油价收益	裂解价差	钻井数	库存差	非商业交易商比例	非商业净多头比例	制冷度日数差	采暖度日数差
制冷度日数差	0	0.000	0.000	0.000	0.000	0.000	0.000	0.000	96.880	3.120
	1	1.609	0.002	0.211	0.336	0.001	0.056	0.101	94.519	3.165
	24	2.729	2.844	2.406	1.157	3.213	1.739	0.905	81.640	3.366
采暖度日数差	0	0.000	0.000	0.000	0.000	0.000	0.000	0.000	0.000	100.000
	1	4.382	0.616	0.922	0.256	2.959	0.412	0.052	0.000	90.400
	24	10.984	2.919	6.093	2.995	4.994	1.987	1.161	1.220	67.646

注：基于图 9-3（a）所示的“库存差→天然气收益”同期因果关系的结构，给出了同期、提前 1 周和提前 24 周的方差分解；该表数据是四舍五入后的结果

9.6 本章小结

本章通过构建有向无环图模型，研究了驱动因素对天然气收益的影响，特别是它们之间的同期因果关系，该方法补充了以前只关注滞后因果关系的研究。

主要结果有三个方面。首先，随着时间的推移，从原油和裂解价差到天然气的传导方向是同时发生的。这一发现有助于从同期关系的角度讨论原油和天然气之间关系的分歧和趋同。由于选择了原油和天然气期货价格，我们认为这种同期因果关系是一种信息溢出效应，这是因为对一些常见因素或与能源相关的事件（如飓风）的变化做出了短暂的联合反应。此外，方差分解结果表明 2008 年后石油市场对天然气市场变化的影响减弱，这支持了 Geng 等（2016a）的研究。其次，天然气库存量的变化和季节性因素与天然气价格既存在同期因果关系，也存在滞后因果关系，这进一步证实了天然气市场分析师通常强调天气和天然气库存是天然气价格驱动因素的说法（Brown and Yücel，2008）。最后，投机活动对天然气价格的影响很小，这与以前的证据一致（Manera et al.，2016）。这表明天然气市场的金融作用仍然很弱，金融化迄今为止还不是天然气价格的主要驱动力。

我们的实证分析表明，在给定裂解价差、钻井数量、库存差等额外因素的情况下，原油和天然气价格收益率之间存在长期均衡关系。此外，2008 年全球金融危机后，驱动因素对天然气变化的综合解释力有所下降。在此期间，天然气价格在很大程度上是由供应驱动的，这是由美国页岩气生产供应过剩和供需失衡造成的。本章拓展了我们对天然气价格变化影响机制的理解，有助于市场投资者通过将石油和天然气视为一个投资组合来调整其对冲策略。

第 10 章

中国原油期货与国际基准原油间信息传导研究

2018 年 3 月 26 日，上海国际能源交易中心（Shanghai International Energy Exchange，INE）正式推出中质含硫原油期货。这是首个在中国上市的、以人民币计价和结算的原油期货，上市仅一个月，就已超越 Oman（阿曼）原油期货，跻身世界第三大原油期货交易品种，仅次于两大基准原油期货 WTI 和 Brent。中国原油期货的推出不仅完善了我国金融市场，还提升了亚洲原油期货市场的影响力，为我国争取原油定价话语权奠定了坚实的基础。然而，与 WTI 和 Brent 原油期货的国际地位相比，中国原油期货仍然存在一定差距。正确认识中国原油期货和国际原油期货价格之间的关系已经成为国内外学者关注的焦点问题之一。因此，本章旨在探究中国原油期货市场在国际原油定价系统中的地位，为完备我国原油期货市场相关的风险防范机制及如何提升国际原油定价话语权提供实证依据。

10.1 引　言

从 20 世纪 20 年代石油化工萌芽开始，世界原油工业的发展已经跨越了近 200 年历史。在此期间，原油定价体系经历了巨大的变化。最初原油定价权由西方跨国石油公司掌控。这些公司通过与石油生产国签订“租让协议”控制着全球绝大部分的原油产能，同时通过协议限定了相关的价格。然而这种定价体系长期压制原油的价格，损害了石油生产国的利益。1960 年，为打破西方对原油定价的控制，伊朗、伊拉克、沙特阿拉伯、科威特和委内瑞拉五国联合设立了石油产量和价格同盟——石油输出国组织（Organization of the Petroleum Exporting Countries，OPEC）。原油定价体系逐步由西方跨国石油公司的殖民定价体系转向石油输出国组织官方定价体系。

20 世纪 80 年代，两次石油危机促使非石油输出国组织国家意识到高油价的威胁。在此背景下，非石油输出国组织国家大力开发原油生产，在 20 世纪 80 年代中期产量已超越石油输出国组织国家。与此同时，美国纽约商业交易所（New York Mercantile Exchange，NYMEX）和伦敦国际石油交易所（International Petroleum Exchange，IPE）相继推出了 WTI 和 Brent 原油期货，逐渐取代石油输出国组织官方定价体系，形成了以期货市场为主导的多元定价体系。

如今，中国也已推出自己的原油期货合约超过 3 年。然而，关于中国原油期货在国际原油市场定价中扮演怎样的角色仍然有待讨论。本章将从信息溢出的角度出发，探究中国原油期货与国际两大基准原油期货（WTI 和 Brent）及亚洲基准原油期货（Oman）之间的价格联动关系，为我国原油期货市场风险防控政策的制定及如何提升国际原油定价话语权提供实证依据。本章贡献主要有两点：第一，本章量化了中国原油期货与三大国际原油期货之间的信息传导情况，明确了中国原油期货在国际原油市场中的地位，揭示了中国原油期货、Oman 原油期货与欧美基准原油期货的异同点；第二，本章采用不同长度的样本对模型进行了估计，区别探究了短期、中期和长期情况下，中国原油期货与国际原油期货日收益率之间信息传导的不同表现。

10.2 数据描述

本章在构建中国原油期货与国际原油期货日收益率之间信息溢出网络的过程中，选取了上海国际能源交易中心交易的 SC（Shanghai crude，上海原油）原油期货作为中国原油期货的代表，并分别选取了纽约商业交易所的 WTI 原油期货、伦敦洲际交易所（Intercontinental Exchange，ICE）的 Brent 原油期货和迪拜商品交易所（Dubai Mercantile Exchange，DME）的 Oman 原油期货作为美洲、欧洲和亚洲地区原油期货的代表。样本覆盖中国原油期货推出之日（2018 年 3 月 26 日）至 2020 年 12 月 30 日，共计 617 个日度价格数据[①]。考虑到中国原油期货以人民币计价，而国际原油期货以美元计价，中国原油期货与国际原油期货价格之间关联性可能受到汇率的影响，因此，我们使用人民币兑美元汇率将中国原油期货价格转化为美元计价，并采用 $y_t = \ln(P_t / P_{t-1})$ 将原油期货价格转化为日收益率。表 10-1 给出了上述原油期货日收益率的基本统计信息。

① 所有原油期货价格数据均来自 Wind 金融数据库。

表 10-1　原油期货日收益率基本统计信息

统计量	SC	WTI	Brent	Oman
样本量	616	616	616	616
均值	–0.0003	0.0011	0.0002	0.0003
最大值	0.1049	0.8620	0.3151	0.3802
最小值	–0.1060	–0.5000	–0.3097	–0.3258
标准差	0.0236	0.0595	0.0360	0.0374
偏度	–0.2364	4.9158	–0.7397	2.2542
峰度	6.4018	97.1052	30.5453	48.8860
JB 检验	0.001***	0.001***	0.001***	0.001***
DF 检验	0.001***	0.001***	0.001***	0.001***

注：Jarque-Bera（JB）检验、Dickey-Fuller（DF）检验结果均为 p 值

***代表在 1%的水平上显著

表 10-1 显示，四种原油期货日收益率均值均接近于 0，除中国原油期货呈现出轻微负收益率（–0.0003）外，国际原油期货均呈现正收益率。其中，WTI 原油期货日收益率均值最大，为 0.0011。由标准差可知，WTI 原油期货日收益率波动最大，标准差为 0.0595，而中国原油期货日收益率标准差最小，仅为 0.0236。这表明总体上中国原油期货日收益率的波动要小于国际原油期货。此外，由偏度和峰度我们发现，WTI 原油期货日收益率的偏度和峰度最大，这意味着 WTI 原油期货日收益率出现极端正值的可能性更高，并且分布更尖且尾部更厚。另外，中国原油期货日收益率的偏度为负，而峰度在所有原油期货中最小。这意味着中国原油期货日收益率分布存在负偏情况，但分布尾部要比其他三种原油期货薄。最后两行的检验结果显示，所有原油期货日收益率均显著异于正态分布且不存在单位根。

为了解四种原油期货日收益率之间简单的相关关系，表 10-2 报告了相关系数矩阵。结果表明，四种原油期货日收益率均呈现正相关关系。其中，WTI 和 Brent 原油期货日收益率相关性最高，相关系数高达 0.8072，而中国原油期货日收益率与 Oman 原油期货日收益率之间相关系数第三，为 0.5021。这与原油期货之间的实际状况相一致，即欧美原油期货价格关系更紧密，而中国原油期货日收益率和 Oman 原油期货日收益率在一定程度上反映了亚洲地区原油期货价格。此外，相关系数矩阵还显示中国原油期货日收益率与 WTI、Brent 原油期货日收益率之间相关程度相近（约为 0.35）。而 Oman 原油期货日收益率与 WTI、Brent 原油期货日收益率之间相关程度高于中国原油期货日收益率与 WTI、Brent 原油期货日收益率之间的相关程度，但弱于 WTI 与 Brent 原油期货日收益率之间的相关程度。总的来

说，原油期货日收益率相关性呈现出一定的地理划分。

表 10-2　原油期货日收益率相关系数矩阵

相关系数	SC	WTI	Brent	Oman
SC	1	0.3264	0.3898	0.5021
WTI	0.3264	1	0.8072	0.4637
Brent	0.3898	0.8072	1	0.6152
Oman	0.5021	0.4637	0.6152	1

进一步，图 10-1 绘制了四种原油期货之间 5%显著水平下的一阶滞后格兰杰因果关系网络图。该图为我们提供了原油期货日收益率之间领先–滞后关系。图中由原油期货 j 指向原油期货 i 的箭头表明原油期货 j 为原油期货 i 的格兰杰原因，即原油期货 j 单向影响原油期货 i。如图 10-1 所示，Brent 原油期货日收益率变化领先于 WTI 和 Oman 原油期货日收益率变化，与中国原油期货日收益率之间存在双向格兰杰因果关系。而 WTI、Oman 和中国原油期货日收益率之间均呈现双向格兰杰因果关系。

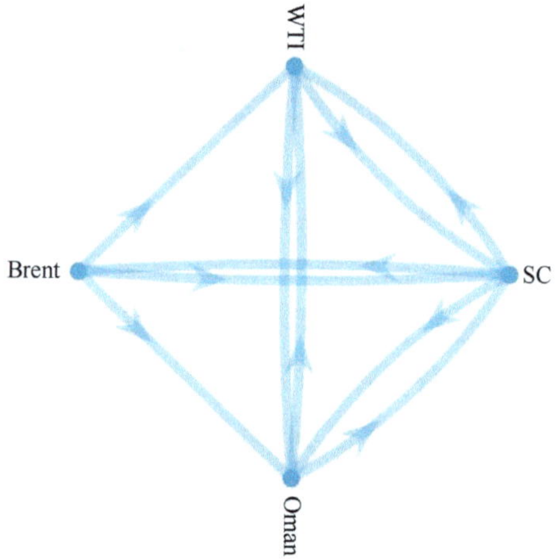

图 10-1　格兰杰因果关系网络图（滞后阶数为 1，显著性水平为 5%）

10.3　实证结果与分析

本节我们采用 Diebold 和 Yilmaz（2012，2014）提出的信息溢出度量方法对中国原油期货和国际原油期货建立信息溢出网络（详细方法见 2.2.3 节）。根据 BIC

准则以及 Diebold 和 Yilmaz（2012）提出的方法，我们选取五阶滞后 VAR 模型以及 10 步向前广义预测构建方差分解矩阵。

10.3.1 静态分析

我们基于全样本数据，对长期情况下中国和国际原油期货之间的信息溢出网络进行研究，具体结果见表10-3。表中显示，在长期情况下，四种原油期货之间的总体关联性高达55.4%，表明原油期货之间存在高度的信息整合，这与Yang和Zhou（2020）的发现一致。

表 10-3 全样本关联矩阵

关联性	SC	WTI	Brent	Oman	入度
SC	0.520	0.158	0.199	0.124	0.480
WTI	0.092	0.452	0.309	0.148	0.548
Brent	0.090	0.303	0.413	0.193	0.587
Oman	0.097	0.244	0.261	0.399	0.601
出度	0.279	0.705	0.768	0.465	总体关联性=0.554
净溢出	−0.201	0.156	0.182	−0.136	

注：该表数据是经过四舍五入保留三位小数的结果

具体来看，每种原油期货日收益率的信息溢出都存在相似性和差异性。从“入度”来看，四种原油期货的总体信息输入水平基本一致，均处于48%至61%之间，其中，Oman 原油期货对其他原油期货日收益率变化反应最为敏感，总体信息接收水平达到了60.1%，而中国原油期货对其他原油期货日收益率变化反应较弱，为48.0%。从“出度”来看，四种原油期货存在着明显的差异。Brent 原油期货的总体信息溢出水平最高，达到了76.8%，WTI、Oman 原油期货其次，分别为70.5%和46.5%，中国原油期货的总体信息溢出水平最小，仅为27.9%。同时，由原油期货总体信息水平的净溢出关系可知，WTI 原油期货和 Brent 原油期货在原油期货系统内表现为信息的净溢出者。而中国原油期货和 Oman 原油期货相反，表现为信息的净接收者。换句话说，WTI 原油期货和 Brent 原油期货在原油期货系统中处于信息传递的主导地位，而中国原油期货和 Oman 原油期货处于相对被动的地位。

各个原油期货日收益率之间的相互解释能力也存在差异性。Oman 原油期货对中国原油期货的信息溢出水平（12.4%）略高于反向的信息溢出水平（9.7%）。中国原油期货和 Oman 原油期货信息的主要来源为 WTI 和 Brent 原油期货。其中，

WTI 和 Brent 原油期货对 Oman 原油期货的风险溢出水平略高于对中国原油期货的风险溢出水平，且 Brent 对中国原油期货和 Oman 原油期货的信息流入要略高于 WTI 的信息流入，这与 Palao 等（2020）的结论相类似。就 WTI 原油期货和 Brent 原油期货而言，两者之间相互的信息溢出水平极为相似（约为 30.5%），并且 WTI 原油期货和 Brent 原油期货互为对方的最大信息来源。而中国原油期货和 Oman 原油期货对 WTI 原油期货和 Brent 原油期货的信息溢出水平较低，并且中国原油期货对 WTI 原油期货和 Brent 原油期货的信息溢出水平（分别为 9.2%和 9.0%）明显低于 Oman 原油期货对 WTI 原油期货和 Brent 原油期货的信息溢出水平（分别为 14.8%和 19.3%）。

为进一步分析原油期货两两之间的信息净流向情况，图 10-2 和表 10-4 分别给出了原油期货之间的信息净溢出网络图以及信息净溢出表。与图 10-1 不同，图 10-2 中由原油期货 j 指向原油期货 i 的箭头表明原油期货 j 是原油期货 i 的信息净传递者。另外，图中线段的宽度代表原油期货之间信息净溢出水平的大小，线段越宽表明信息净溢出水平越高。表 10-4 中第 i 行第 j 列的数字表示由原油期货 j 向原油期货 i 的信息净溢出水平。结果显示，Brent 原油期货在与其他原油期货的关系中均处于信息传递的主导地位。WTI 原油期货和 Oman 原油期货既表现为信息的净输出者，也表现为信息的净接收者。而中国原油期货在长期情况下表现为系统信息的净接收者。这表明中国原油期货目前在国际市场中仍然处于跟随交易的地位，对市场的引领作用还远没有显现。此外，图 10-2 和表 10-4 还显示，Brent 原油期货向中国原油期货的信息净溢出水平和 WTI 原油期货向 Oman 原油期货的信息净溢出水平最大，分别为 10.8%和 9.6%。而 Brent 原油期货向 WTI 原油期货的信息净溢出水平仅为 0.6%。

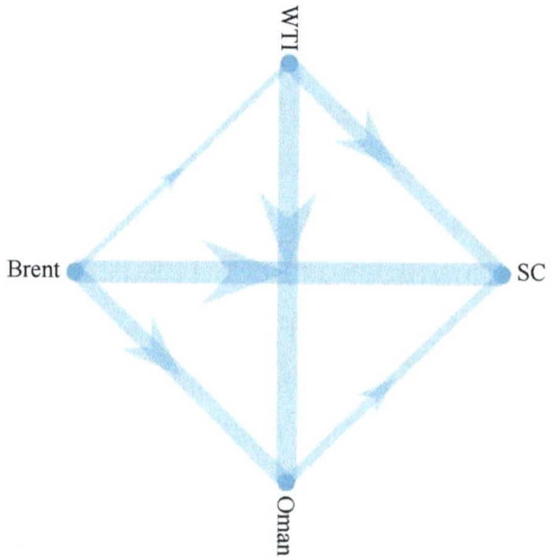

图 10-2　信息净溢出图

表 10-4　信息净溢出表

净溢出水平	SC	WTI	Brent	Oman
SC	0.000	0.066	0.108	0.027
WTI	−0.066	0.000	0.006	−0.096
Brent	−0.108	−0.006	0.000	−0.067
Oman	−0.027	0.096	0.067	0.000

注：表中数字代表由第一行中对应的原油期货向第一列中对应的原油期货的信息净溢出水平

10.3.2　动态分析

与前文中使用全样本数据考察原油期货之间的静态关系不同，为了更好地了解原油期货之间中短期联系随时间的动态变化，本节我们采取滚动窗口的方法，分别选用 44 个、66 个、132 个交易日（近 2 个月、3 个月和半年期工作日）作为滚动窗口长度，对原油期货系统的动态信息溢出网络加以估计。

图 10-3 绘制了原油期货系统的动态总体关联性，子图标题中给出了不同窗口长度的动态总体关联性的均值。整体而言，三种窗口长度下原油期货系统动态总体关联性的均值均处在 65%左右，随着窗口长度的增加均值略微下降，可见中短期内原油期货之间具有较高的整合度，并且短期（2 个月和 3 个月期，下文对短期的定义与此相同）的整合度要略高于中期（半年期，下文对中期的定义与此相同）的整合度。从波动范围来看，不同窗口长度下的总体关联性波动范围基本一致且波动较大，大部分时期均处在 55%至 75%之间，这意味着中短期原油期货系统的动态总体关联性均呈现明显的时变特征。

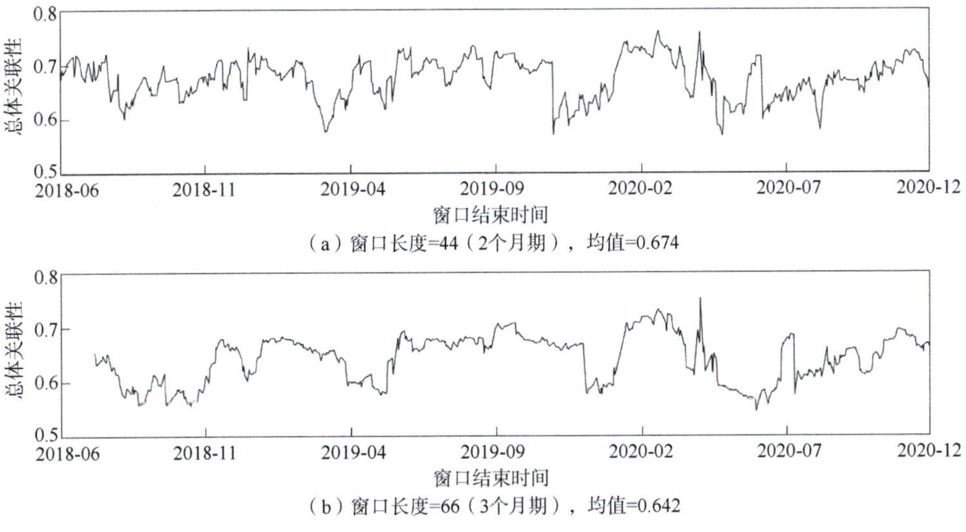

（a）窗口长度=44（2个月期），均值=0.674

（b）窗口长度=66（3个月期），均值=0.642

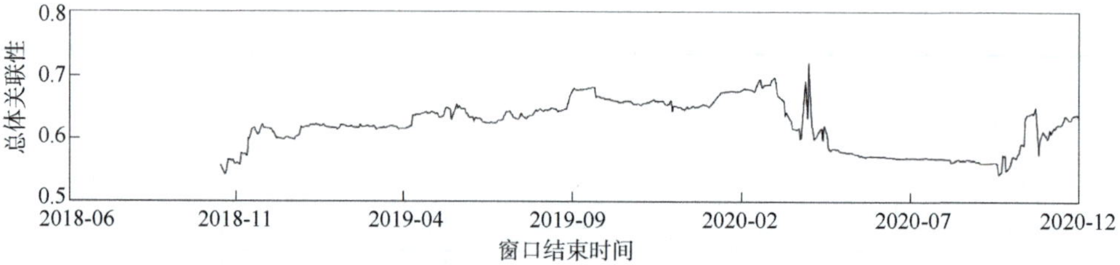

（c）窗口长度=132（半年期），均值=0.621

图 10-3　动态总体关联性

原油期货系统的短期总体关联性可以分为四个周期，每个周期先经历下降再上升至高位。第一个周期为由样本开始到 2018 年年底。在这一阶段中，2018 年 9 月前后总体关联性出现了大幅下跌，但总体关联性在 2018 年 11 月左右恢复至 67%左右。其主要原因为该周期前期美国宣布退出伊核协议，并限制他国从伊朗进口石油。这一事件短期内具有地域性，从而导致了不同区域原油期货价格变化的差异性，因此总体关联性下降。然而美国对伊朗石油出口的制裁加之美英法对叙利亚实施军事打击，导致随后的石油供给担忧情绪的不断升温，使得国际原油期货价格的联动性上升。第二个周期为 2019 年初至 2019 年 9 月左右。在这一阶段的前半段由于原油价格逐步走出了 2018 年年底油价剧烈下跌的阴霾，油价逐渐趋于稳定，投资者恐慌情绪得到了缓解，使得原油期货之间的关联性下降。然而，随后的俄罗斯德鲁日巴输油管污染事件、阿曼海油轮爆炸事件、伊拉克产油基地火箭弹袭击事件以及沙特石油设施遇袭事件再次引发了市场的恐慌，导致原油期货价格之间的联动性再次上升。最后两个周期对应 2019 年 9 月～2020 年 3 月和 2020 年 4 月至样本结束。2019 年年底国际原油期货市场向好，原油期货系统关联性降低。但受到 OPEC+谈判破裂、新冠肺炎疫情及美国页岩气巨头切萨皮克破产的影响，2020 年 2 月、4 月及 6 月左右投资者恐慌情绪出现了三次大幅上升，导致原油期货市场整体的联动增加。这里需要特别指出，新冠肺炎疫情对原油期货系统总体关联性的影响是短暂的（对应图中 2020 年 4 月左右的瞬时上涨），并未出现人们担心的持续性影响。整体来看，短期原油期货系统的总体关联性与外部事件密切相关，这与 Yang 等（2020）的发现一致。

与原油期货系统的短期总体关联性不同，中期总体关联性在 2020 年 3 月初之前呈现波动上升的趋势，不存在大幅的上涨和下跌情况。而从 2020 年 3 月底起，中期总体关联性下降并在大部分时间保持在 60%以下，仅在 2020 年 4 月左右，受新冠肺炎疫情影响，出现大幅上涨。这意味着从中期来看，2020 年 3 月初之前原油期货之间的信息互动程度逐步上升，而在 2020 年 3 月底之后互动程度有所降低。

原油期货两两之间动态信息净溢出水平的具体情况见表 10-5。从均值和正值比例来看，大部分时期呈现 WTI 和 Brent 原油期货向中国原油期货和 Oman 原油期货信息净传递的情况，但存在小部分时间呈现出反向的信息净传递情况，特别是在 44 个交易日情况下中国原油期货和 Oman 原油期货向 WTI 和 Brent 原油期货的信息净溢出水平正值出现的频率高于其他情况。这意味着尽管在中、短期情况下，原油期货系统中的 WTI、Brent 同样处于信息传递的主导地位，但中国原油期货和 Oman 原油期货初步具备了参与国际定价竞争的能力。

表 10-5　原油期货之间信息净溢出水平统计表

信息净溢出方向	均值			正值比例		
	44	66	132	44	66	132
SC → WTI	−0.136	−0.143	−0.145	5.2%	0.2%	0.0%
SC → Brent	−0.120	−0.136	−0.153	5.1%	0.5%	0.2%
SC → Oman	−0.020	−0.020	−0.016	38.2%	37.2%	16.5%
Oman → WTI	−0.094	−0.098	−0.103	18.3%	11.1%	4.3%
Oman → Brent	−0.086	−0.090	−0.090	16.4%	8.5%	4.7%
WTI → Brent	−0.008	−0.018	−0.015	36.3%	24.3%	16.3%

注：正值比例指的是对应信息净溢出方向上的信息净溢出水平为正值的比例

我们针对中国原油期货的相关情况进行进一步研究。图 10-4 展示了由中国原油期货到国际原油期货总体信息净溢出水平的动态结果。与表 10-5 的结果一致，中、短期中国原油期货的信息净溢出水平绝大部分时期为负值，即中国原油期货在原油期货系统内处于信息接收的被动位置。同时，图中显示，2 个月期的总体信息净溢出水平变化最大，变化范围在−80%至 40%之间；3 个月期其次，变化范围在−70%至 10%之间；而半年期的总体信息净溢出水平变化最小，且呈现出波动上升趋势，波动范围为−60%～0%。这意味着短期情况下，中国原油期货对国际原油期货的信息净溢出水平极易受外部事件的影响而发生变化；中期情况下，中国原油期货在原油期货系统中的信息传导地位逐步上升。另外，结合图 10-3 和图 10-4 发现，短期情况下，中国原油期货动态信息净溢出水平与原油期货系统动态总体关联性呈相反趋势。当国际上发生如俄罗斯德鲁日巴输油管污染事件、阿曼海油轮爆炸事件等影响原油期货价格的外部事件时，中国原油期货对国际原油期货的信息净溢出水平会降低。

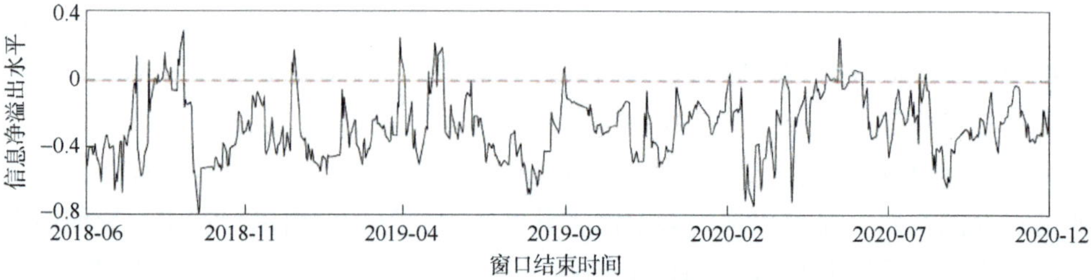

（a）窗口长度=44（2个月期），均值= -0.276

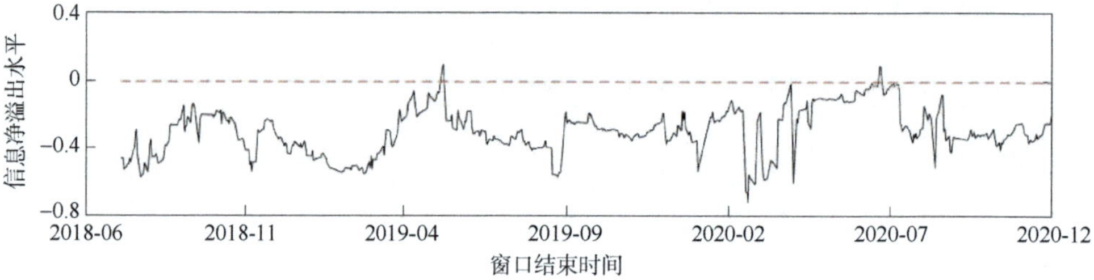

（b）窗口长度=66（3个月期），均值= -0.299

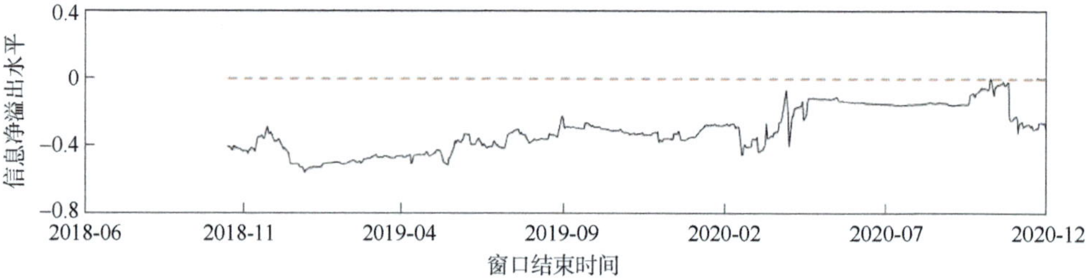

（c）窗口长度=132（半年期），均值= -0.314

图 10-4　中国原油期货动态信息净溢出水平（红色虚线为 0 值）

图 10-5 绘制了中国原油期货与国际原油期货之间的信息溢出水平，有助于我们进一步了解中国原油期货与国际原油期货之间的关联情况。对比图 10-5 左右两侧发现，通常情况下，由国际原油期货至中国原油期货的信息溢出水平要远大于反向的信息溢出水平，且由国际原油期货至中国原油期货的信息溢出水平的波动小于反向的信息溢出水平波动。图 10-5 左侧显示由国际原油期货至中国原油期货的信息溢出水平变动主要来自 WTI 和 Brent 原油期货，而右侧显示由中国原油期货至国际原油期货的信息溢出水平变动主要来自 Oman 原油期货。具体来看，短期的波动可以用于解释前文提到的当国际上发生外部事件时中国原油期货信息净溢出水平降低的情况。其原因主要在于国际上发生外部事件时，国际原油期货向中国原油期货的信息溢出水平上升，而中国原油期货向国际原油期货的信息溢出水平下降。此外，图 10-5 下面两幅图反映了中期中国原油期货在原油期货系统中信息净传导地位提升的原因，即前期国际原油期货至中国原油期货的信息溢出水平基本保持不变，反向的信息溢出水平有所上升，同时后期国际原油期货至中国原油期货的

信息溢出水平降低并保持在低位，而反向的信息溢出水平基本保持不变。

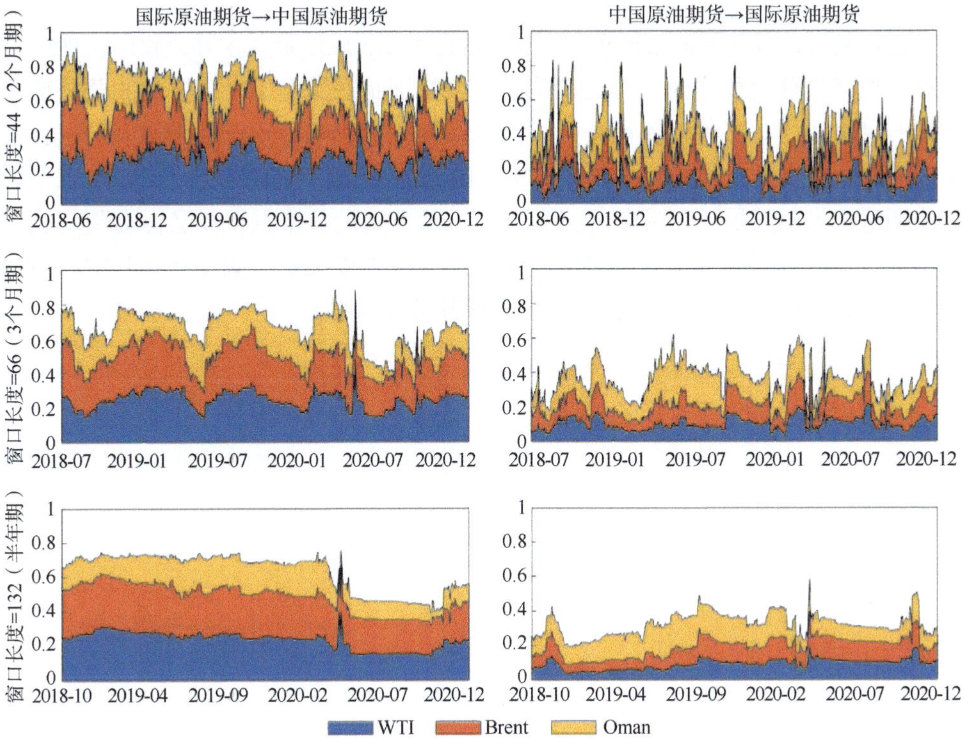

图 10-5　中国原油期货与国际原油期货之间信息溢出水平（横轴为窗口结束时间）

10.4　本 章 小 结

本章选取了上海国际能源交易中心交易的 SC 原油期货作为中国原油期货的代表，并选取了纽约商业交易所的 WTI 原油期货、伦敦洲际交易所的 Brent 原油期货和迪拜商品交易所的 Oman 原油期货作为国际原油期货的代表，采用 Diebold 和 Yilmaz（2012，2014）提出的信息溢出指标方法对中国原油期货与国际原油期货日收益率之间的信息溢出网络予以构建。

研究结果表明，四种原油期货之间信息整合度很高，并且短期整合度高于中长期整合度。同时，不论短、中、长期，WTI 和 Brent 原油期货均处于系统信息传递的主导地位，Oman 和中国原油期货更多地接收来自 WTI 和 Brent 原油期货的信息。目前，中国原油期货对国际原油期货价格的引导作用还未显现，但中国原油期货的信息传导地位正在呈现上升趋势，并在短期情况下初步具备了参与国际定价竞争的能力。此外，研究还发现，受到原油相关的外部事件影响，原油期货系统的总体关联性呈现出上升态势，中国原油期货对国际原油期货的信息接收更敏感。

总体来看，国际原油市场仍然是由 WTI、Brent 原油期货主导，我国仍然应该重点防控来自这两种原油期货的风险溢出，特别是在国际上发生原油相关外部事件时的风险溢出。另外，我们看到中国原油期货的影响力正在逐步提升，但我们应该清醒地认识到中国原油期货与 WTI、Brent 原油期货之间的差距。在未来中国原油期货市场的发展中，应积极完善中国原油期货的价格发现和套保避险功能，优化期货交易过程和管理。同时，应积极招揽境外投资者，激发其参与中国原油期货交易的热情，全面拓展我国原油期货的国际影响力。

第 11 章

中国新能源企业投资行为研究

近年来我国经济发展与资源约束、环境污染矛盾突出，为了应对能源短缺、大气污染、气候变暖等带来的威胁，新能源产业成为我国新兴战略产业之一。加快新能源产业发展不仅有利于优化我国能源结构、促进节能减排，还有助于打造新的经济增长点、促进我国经济发展方式的转变。在各项政策的支持和推动下，我国新能源产业得到迅速发展，规模不断壮大。“十二五”期间我国光伏、风电、核电等新能源产业发展取得突出成绩，太阳能发电、风电、核电等发电装机规模分别增长了 168 倍、4 倍和 2.6 倍。尽管有证据表明发展可再生能源有诸多好处（Zhao et al.，2014），但可再生能源投资的迅猛发展也可能存在一些问题。一方面，政府的补贴和支持只能为行业提供短期动力，而不能取代市场机制。另一方面，快速扩张会导致资源配置不当和产业结构失衡，从而使整个行业面临高风险。例如，自 2008 年以来，我国的太阳能光伏产业经历了一段时间的快速增长，成为全球最大的制造商，但该行业主要是出口驱动的，在很大程度上取决于欧盟和北美市场的需求，2011 年至 2012 年间，由于欧盟和美国采取了减少补贴和征收反倾销税等政策，市场需求急剧下降，在一定程度上造成了光伏产业的过剩，从而引发光伏产品价格大幅下降，我国风电行业也发生了类似的问题（Liu，2013）。鉴于中国可再生能源领域的战略重要性及存在的挑战，本章重点研究中国可再生能源投融资领域两个独立但相关联的问题。一是对我国可再生能源投资的合理性进行实证检验，检验该行业的企业投资是否存在“非理性繁荣”的问题。具体地，我们采用新能源上市公司财务数据，基于自由现金流假说，探讨是否存在过度投资问题。二是探讨我国新能源企业资本结构与企业绩效的关系，明确不同的融资渠道如何影响我国可再生能源公司的盈利能力，回答资本结构在可再生能源领域是否重要这一问题，并进一步引入油价冲击，探讨其是否影响我国新能源企业的盈利性。

11.1 引　言

11.1.1 可再生能源投资

面对不断增加的环境压力，我国制定了明确的减排目标。但是，经济规模及其高速增长的目标给政府实现减排带来了一定难度。在过去三十年的快速经济增长背后，由于对能源的需求不断增长，我国已经成为能源净进口国，严重依赖国际市场。因此在这两方面因素的影响下，大力发展可再生能源和利用替代能源成为我国能源部门发展的必然选择。从全球来看，过去十多年中，可再生能源领域的投资出现了快速的增长。彭博新能源财经 2014 年报告显示，2005～2013 年新能源投资年均增长率约达 24%。数据显示，2013 年至 2018 年间可再生能源的全球投资总额达 1.8 万亿美元。从区域来看，自 2011 年以来，欧洲和美国的新能源投资一直在下降，中国、亚洲（不包括中国和印度）和大洋洲国家的投资呈现持续增长态势。2013 年至 2018 年间，东亚和太平洋地区可再生能源投资占全球总量的 32%。其中，中国可再生能源投资最大，西欧和美洲的经合组织国家（包括加拿大、智利、墨西哥、美国）其次，分别占 19%和 18%。就我国情况来看，自从 2005 年全国人民代表大会通过了《中华人民共和国可再生能源法》后，我国新能源领域的投资额迅速增加，从 2004 年的 24 亿美元增加到 2012 年的 596 亿美元。2013 年，我国超过欧盟和美国成为全球可再生能源的最大投资国。在这一背景下，发展可再生能源行业的重要性引起了学界的广泛关注。

纵观公司金融领域的研究不难发现，在公司治理过程中非效率投资（过度投资或投资不足）的现象还普遍存在，有关我国一些大型能源企业过度消费等的报道也时常见诸报端。文献上关于能源企业存在过度投资的情况也得到了验证，如 Jensen（1986）列举了 20 世纪 70 年代石油危机背景下石油企业的非效率投资行为，发现拥有大量现金流的能源企业，在当时背景下没有将现金以股利形式发放给持股人，而是进行大量勘探开发投资和石油行业外的多元化投资，即存在过度投资。Griffin（1988）针对 1979～1985 年的石油行业进行了研究，发现存在混合的自由现金流问题。Lamont（1997）探讨了石油公司和非石油公司对油价冲击的反应，发现石油公司在油价下跌时不能有效做出最优响应，其行为与代理问题一致。Tan（2013）指出我国的能源公司倾向于非理性投资。类似的问题也可能出现在快速发展的可再生能源领域。如果存在过度投资，可能会导致资源的大量浪费，并损害新能源行业的发展。然而，针对我国能源企业投资行为尤其是投资效率的研究还较为缺乏。

11.1.2　可再生能源融资

能源产业作为资本密集型行业，在发展初期和成长期需要投入大量资金，投资回报期长，经营风险高。这些特点决定了在融资上新能源企业具有一定的特殊性，不仅融资金额大、期限长，而且融资风险高。国外学者研究指出，不同的资金来源可以应用于可再生能源发展的各个阶段。例如，在可再生能源发展的早期需要公共资金的介入（Grubb，2004），而私人资金更有可能投资潜在盈利能力较强的企业（Popp，2010），并有学者指出处在不同创新阶段的清洁能源企业其融资方案可能会有所不同（Olmos et al.，2012）。Corsatea 等（2014）研究发现公司债务是支持风力技术研究投资的主要因素。国际可再生能源署（International Renewable Energy Agency，IRENA）发布的《2020 年全球可再生能源融资前景》报告指出，可再生能源融资上存在资金分配不均的情况，在一些关键国家，私有资本投入规模远高于公共资金，2013 年至 2018 年间，可再生能源项目投资中私营部门投资平均占比达 86%，相当于每年 2570 亿美元，而公共部门投资同期为每年 440 亿美元。私有资本投入中，46%来自项目开发商，22%来自商业金融机构，2018 年这一数据分别为 55%和 24%。报告还指出，2013～2016 年，项目债券曾是最普及的金融工具，占可再生能源投资的 35%；2017 年后，常规债券超过项目债券，2017～2018 年占比达到 32%。从我国情况来看，我国新能源企业融资渠道相对单一，企业更多地依赖债务融资，尤其是银行信贷融资，市场化的融资方式利用程度低，相当一部分新能源企业融资困难。这就引出了一个问题，即资本结构对可再生能源企业是否重要。

学术界关于我国企业经营绩效与资产负债率两者之间究竟存在负相关关系还是正相关关系，或是存在非线性关系还存在一定的争议，有必要对两者关系进行重新探讨，从而提供进一步的证据支撑。

11.2　模 型 构 建

本节将构建不同的实证分析模型，分析我国可再生能源企业是否存在过度投资行为，并探讨资本结构在新能源企业经营绩效中的作用，以及加入油价冲击后对企业绩效的影响。

在是否存在过度投资这一问题上，本章的研究思路是首先基于托宾 Q 这一变量对企业投资机会进行刻画，区分新能源企业投资机会的好坏，其次对自由现金流假说进行实证检验，从而回答我国能源企业是否存在过度投资的问题。

资本结构影响分析的总体研究思路是：首先，采用资产负债率（总负债/总资产）来衡量企业的资本结构；其次，将总负债区分为流动负债和非流动负债，分析不同期限负债对公司盈利性的影响；再次，按来源和期限长短的不同，进一步将企业债务细化为银行长期贷款和短期贷款、债券融资、商业信用等，探讨不同类型负债对企业盈利性的影响；最后，按照新能源企业所处的产业链不同位置进行分组，对比分析资本结构的影响。之后再在绩效影响因素中加入国际原油价格冲击这一指标。

11.2.1 自由现金流假说检验模型

Jensen（1986）提出了自由现金流假说，认为由于经理目标是最大化自身利益，在不存在良好投资机会的情况下，经理倾向于将企业过去投资所产生的现金流投资在负净现值项目上，从而导致过度投资。自由现金流假说获得了经验证据的支持，研究发现拥有过多现金的公司具有较高的资本支出，且进行更多的并购活动，当投资机会较低时也依然如此（Lang and Litzenberger，1989；Stulz，1990；Lang et al.，1991；Richardson，2006）。众多文献从不同角度实证检验了自由现金流和过度投资假说，这一方法成为检验企业是否存在非效率投资的重要方式。在实证层面，Lang 和 Litzenberger（1989）建议使用托宾 Q，即公司资产的市场价值与其重置成本之比，来区分良好的投资机会和不良的投资机会，良好的投资机会将带来正的净现值。

在具体的模型设定上，这里首先构建常规的投资—现金流敏感性分析模型，具体如下：

$$\left(\frac{I}{K}\right)_{it}=\beta_0+\beta_1\mathrm{TQ}_{it-1}+\beta_2\left(\frac{\mathrm{CF}}{K}\right)_{it}+\mu_i+\gamma_t+\epsilon_{it} \tag{11-1}$$

其中，$\left(\frac{I}{K}\right)_{it}$ 为当年新增固定资产投资与年初资本存量的比值；$\left(\frac{\mathrm{CF}}{K}\right)_{it}$ 为自由现金流与年初资本存量之比；TQ 为投资机会。此外，这里还控制了个体和时间固定效应。在这一模型设定的基础上，Lang 等（1991）提出可以采用托宾 Q 作为投资机会的代理变量，并指出可以采用设定阈值变量的形式对自由现金流假说进行检验。对于托宾 Q 值大于 1 的企业而言，其有较好的投资机会，增加投资属于正常行为，若企业托宾 Q 值小于 1 则代表投资机会较差，如果继续增加投资意味着存在非理性行为。基于此，对自由现金流假说进行检验的模型可以设定为

$$\left(\frac{I}{K}\right)_{it} = \beta_0 + \beta_1 \mathrm{TQ}_{it-1} + \beta_2 \left(\frac{\mathrm{CF}}{K}\right)_{it} + \beta_3 \left[\left(\frac{\mathrm{CF}}{K}\right)_{it} \times I(\mathrm{TQ}_{it-1} < 1)\right] + \delta Z_{it-1} + \mu_i + \gamma_t + \epsilon_{it} \tag{11-2}$$

其中 I () 是一个函数，当括号中的语句满足时该函数等于 1，否则为 0。这里的关键指标是 β_3。如果该系数回归结果为正，意味着投资机会较少的公司将投资其现金流量，表明存在自由现金流问题，即说明我国可再生能源行业存在非理性投资。Z 为控制变量的向量，包括公司的规模和资本结构等。考虑到一些无法控制的宏观因素，我们进一步增加了投资资产比的一阶滞后项 $\left(\frac{I}{K}\right)_{it-1}$。因此这里具体回归模型如下所示：

$$\left(\frac{I}{K}\right)_{it} = \alpha + \beta_0 \left(\frac{I}{K}\right)_{it-1} + \beta_1 \mathrm{TQ}_{it-1} + \beta_2 \left(\frac{\mathrm{CF}}{K}\right)_{it} + \beta_3 \left[\left(\frac{\mathrm{CF}}{K}\right)_{it} \times I(\mathrm{TQ}_{it-1} < 1)\right] + \delta Z_{it-1} + \pi_i + \tau_t + \varepsilon_{it} \tag{11-3}$$

不过上述模型可能存在的一个问题是，托宾 Q 是否是代表未来增长机会的合适的代理变量。在本章实证分析的数据中，托宾 Q 的平均值为 1.9，且大多数公司的 TQ 高于 1，说明可再生能源行业被认为极具增长潜力，并且市场价格异常高。从这个意义上讲，这里的托宾 Q 可能是不适用的。为了解决这一问题，我们采用营业收入的增长率作为替代指标，并将上一期的营业收入增长视为未来的增长机会。

在回归方法的选用上，由于模型中包含了投资的滞后一阶项，因此常规的面板数据回归方法，如 OLS 不再使用，我们将采用 Arellano 和 Bond（1991）、Arellano 和 Bover（1995）以及 Blundell 和 Bond（1998）等提出的动态面板模型方法（dynamic panel data，DPD）。该方法的主要特点是采用滞后项作为工具变量，并采用高斯混合模型（Gaussian mixed model，GMM）方法进行估计。在进行动态面板模型回归时可采用差分 GMM 和系统 GMM 两种方法，对有限样本而言，系统 GMM 方法由于使用更多的矩条件，能够有效降低偏误，因此本章主要采用系统 GMM 方法对动态面板模型进行估计。

11.2.2　资本结构影响检验模型

Modigliani 和 Miller（1958）指出在完美市场中公司资本结构与企业价值无关，但完美市场的假设太强，在现实中基本不存在，因此融资来源依然会对公司表现产生影响。基于此，这里将通过回归的方式，以我国新能源上市公司为研究对象，探讨此类公司资本结构以及不同来源和期限的融资方式对企业盈利性的影响效应。基准回归模型设定如下所示：

$$\mathrm{ROA}_{it} = \alpha + \beta_0 \mathrm{DTA}_{it-1} + \delta Z_{it-1} + \mu_{it} + \gamma_{it} + \varepsilon_{it} \tag{11-4}$$

其中，ROA 为总资产收益率；α 为常数项；DTA 为资产负债率（当期总负债/总资产）；Z 为控制变量。这里考虑的控制变量主要有以总资产对数衡量的企业规模 SZ、以营业收入增速衡量的企业成长性指标 OIG、企业上市年数 AGE，以及所有权结构等。考虑债务期限后的模型调整为

$$\mathrm{ROA}_{it} = \alpha + \beta_1 \mathrm{CTA}_{it} + \beta_2 \mathrm{NCTA}_{it} + \delta Z_{it-1} + \mu_{it} + \gamma_{it} + \varepsilon_{it} \tag{11-5}$$

其中，CTA 和 NCTA 分别为流动负债比率（流动负债/总资产）和非流动负债比率（非流动负债/总资产）；μ_{it} 和 γ_{it} 分别为企业固定效应和时间固定效应。对债务来源进行区分后，模型进一步调整为

$$\begin{aligned}\mathrm{ROA}_{it} = {} & \alpha + \beta_{31} \mathrm{SLTA}_{it-1} + \beta_{32} \mathrm{LLTA}_{it-1} + \beta_4 \mathrm{BTA}_{it-1} + \beta_5 \mathrm{CRTA}_{it-1} \\ & + \delta Z_{it-1} + \mu_{it} + \gamma_{it} + \varepsilon_{it}\end{aligned} \tag{11-6}$$

其中，SLTA 为短期贷款比率，LLTA 为长期贷款比率，分别为当期短期和长期贷款与企业期初时总资产的比率；BTA 为债券融资比率（企业债券融资规模/总资产规模）；CRTA 为商业信用比率（商业信用/总资产规模）。通过检验 β 系数的显著性，并对不同期限和不同来源的债务系数进行比较，可得到不同类型负债融资对新能源企业经营业绩的影响及其差异。

进一步考虑油价冲击后，模型调整为

$$\mathrm{ROA}_{it} = \alpha + \beta_0 \mathrm{DTA}_{it-1} + \theta \mathrm{OIL}_{t-1} + \delta Z_{it-1} + \mu_{it} + \gamma_{it} + \varepsilon_{it} \tag{11-7}$$

其中，OIL 为石油价格冲击变量，通过对石油价格数据取对数差分得到，该变量仅在年度间发生变化，在企业之间不发生变化。油价数据采用的是欧洲 Brent 原油现货价格。

11.3　数据和统计描述

我们从新浪财经概念板块[①]中挑选出了新能源、生物质能、风能、太阳能、核电核能等概念股中的所有股票，从凤凰财经概念板块[②]中挑选出了新能源、光伏、风力发电、核电核能等概念股中的所有股票，从中国新能源网[③]中获取其中的新能源上市公司；然后对三个来源中所涉及的新能源公司进行对比和整合，挑选出三个来源中同时存在的公司，并对剩余公司进行主营业务核对来确认其是否属于新

① http://vip.stock.finance.sina.com.cn/mkt/#gn_sljs。

② http://app.finance.ifeng.com/list/all_stock_cate.php?s=5。

③ http://www.china-nengyuan.com/ssgs/。

能源公司，最终选定了 106 家新能源上市公司。其中，为了保证数据的完备性，我们在上市年限上进行了限定，选取的为 2012 年 12 月 31 日之前上市的公司。所用上市公司财务数据均来源于锐思金融研究数据①。囿于数据限制，本章的实证分析主要采用上市新能源公司数据进行研究，这可能在一定程度上导致研究结果具有局限性，但这些公司代表了中国可再生能源行业发展的主要参与者，相对于其他较小的公司，它们的行为会对该行业产生深远的影响。因此，该研究依然具有重要参考意义。表 11-1 列出了这些公司的分布情况和上市年份。

表 11-1 新能源上市公司总体构成情况

上市时间	新上市公司	风能	核电核能	生物质能	太阳能
1990～1999 年	38	15	8	10	9
2000～2005 年	26	9	10	2	9
2006～2010 年	34	8	12	2	13
2011～2012 年	8	1	0	1	6
总计	106	33	30	15	37

注：部分上市公司属于两类

鉴于其他财务变量数据的可得性，实证分析中选取的样本区间为 2001～2013 年，数据为非平衡面板。表 11-2 给出了关键变量的构造方式及统计描述。这些变量的构造及定义与 Lang 等（1991）的研究相似。图 11-1 给出了样本公司的年均投资支出比率（IK）的变化情况，图 11-2 中将 IK 分解为光伏、风电、生物质能和核能四个部门。

表 11-2 关键变量定义及统计描述（2001～2013 年）

符号	注释	均值	标准差	最小值	最大值
IK	投资支出比率=投资支出/期初固定资产	0.5344	1.2547	0.0005	17.2665
CFK	现金流比率 1=现金流量/期初固定资产	0.4264	0.8376	−1.8545	10.8841
OCF	现金流比率 2=净营业现金流/期初固定资产	0.1308	1.0534	−12.4730	9.7290
DTA	总资产负债率=总负债/总资产	0.6187	0.2980	0.0778	2.9956
CTA	流动负债比率=流动负债/总资产	0.4658	0.2484	0.0650	2.8779
NCTA	非流动负债比率=非流动负债/总资产	0.1528	0.1803	0.0000	1.5945
SLTA	短期贷款比率=短期借款/总资产	0.1844	0.1412	0.0000	0.7184
LLTA	长期贷款比率=长期借款/总资产	0.1171	0.1700	0.0000	1.5945
BTA	债券融资比率=应付债券/总资产	0.0158	0.0474	0.0000	0.5807

① http://www1.resset.cn。

续表

符号	注释	均值	标准差	最小值	最大值
CRTA	商业信用比率=商业信用规模/总资产	0.2002	0.1953	0.0038	2.6470
SZ	公司规模=总资产自然对数	21.9720	1.2261	19.2042	26.2067
ROA	总资产收益率=净利润/总资产	0.0264	0.0546	−0.3715	0.3455
OIG	营业收入增速	0.1524	0.3223	−1.5648	2.1961
AGE	上市年数	8.6948	4.9390	1	24
STATE	国有股持股比例	16.49%	23.77%	0	88.58%
FOWN	第一大股东持股比例	36.96%	15.50%	3.62%	73.67%

注：投资计算方式为建设固定资产、无形资产和其他长期资产而支付的现金；现金流量等于营业利润加上固定资产的折旧

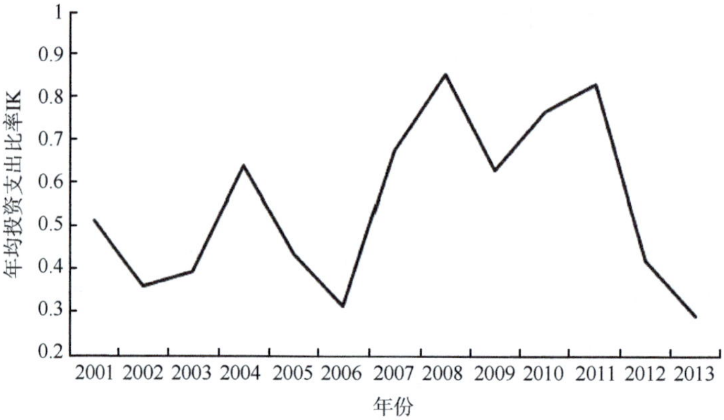

图 11-1　年均投资支出趋势图（年均比率 IK）

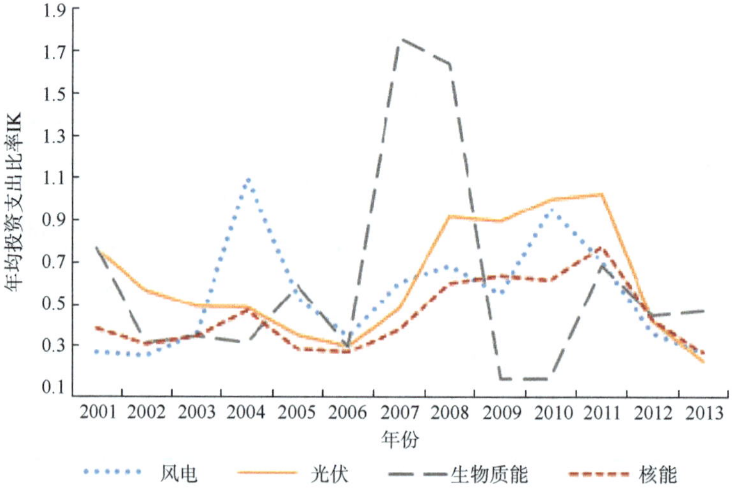

图 11-2　按能源品种分类的年均投资支出趋势图（IK）

数据显示，我国上市新能源企业的投资从 2007 年开始进入蓬勃发展时期。尽管 2008 年金融危机发生后出现了小幅波动，但投资比率一直处于相对较高的水平。直到 2012 年，在国内外大环境影响下投资支出开始下降。分能源品种来看，各部门间存在很大差异。例如，2007 年生物质能部门的投资支出比率显著增加。如此巨大的变化可能无法反映市场动态，可能表明政府政策对公司的投资决策有很大影响。自 2005 年《中华人民共和国可再生能源法》发布以来，2006 年和 2007 年我国推出了一系列与生物能源行业相关的密集政策。例如，农业部于 2007 年印发了《农业生物质能产业发展规划（2007—2015 年）》。

此外，表 11-2 的统计结果显示，样本区间内我国新能源上市公司的投资支出比率均值为 0.5344，最大值达 17.2665，现金流比率均值为 0.4264。总资产收益率均值为 0.0264，总资产负债率均值高达 61.87%，其中流动负债比率显著高于非流动负债比率，前者为 46.58%，后者仅为 15.28%，从期限上来看表明这些新能源上市公司的负债融资多为短期的。从负债融资来源上来看，银行贷款融资比例为 30.15%，其中短期贷款占 61.16%，其融资比例为 18.44%，长期贷款占总贷款的 38.84%，融资比例为 11.71%；企业债券融资比例较低，仅为 1.58%；商业信用融资比例较为突出，占总资产的 20.02%。统计结果还显示，样本区间内所考察的新能源上市公司营业收入增长率均值为 0.1524，平均上市年数 8.6948 年；国有股持股比例平均值为 16.49%，最小值为 0，最大值为 88.58%；第一大股东持股比例的均值为 36.96%，最大值为 73.67%，最小值为 3.62%。

本章所选取的新能源企业既包括产业链上游的能源装备制造企业，也包括下游的能源生产与供应企业，其中还有部分企业同时经营能源装备和能源产品。考虑到不同企业在产业链中的位置不同，其生产技术和主要产品存在的差异，可能导致其融资方式存在一定的差异，我们进一步对样本进行区分，分为上游原材料及装备制造企业、上下游混合经营企业和下游能源生产供应企业三个分样本。从数量上来看，有 71 家企业专门生产能源装备材料和设备（上游），有 17 家是能源生产供应企业（下游），其余 18 家企业是兼有这两种业务上下游混合经营企业（混合）。

分样本的统计结果显示（表 11-3），三种类型企业的总资产收益率差异不大，最小的为上下游混合经营企业，均值为 0.0223，最大的为下游能源生产供应企业，均值为 0.0391；从总资产负债率来看，上游原材料及装备制造企业最低，均值为 59.28%，其次是上下游混合经营企业，均值为 62.95%，最高的是下游能源生产供应企业，均值为 68.19%。从负债融资的期限结构来看，能源装备制造类企业和上下游混合经营的能源企业的流动负债比率与非流动负债比率差异较大，两类公司的流动负债融资比例为 49%左右，而非流动负债融资比例仅为 10%左右，与之不同的是，处于产业链下游的能源生产供应企业的流动负债比率与非流动负债比率较为均衡，分别为34.98%和33.20%。从负债来源来看，上游原材料及装备制造企业的商业信用比率最高，占总资产的23.61%，其次是短期贷款比率，为18.91%，长期贷款比率较低，为6.08%，而债券融资比率仅为0.94%；对于上下游混合经营企业而言，其负债来源中占比最高的是短期贷款，占总资产的比例达22.24%，其次是商业信用比率，为21.37%，最低的为债券融资，其占总资产的比率仅为2.99%；位于产业链下游的能源生产供应企业，其负债来源结构与其他两类企业差别较大，具体地，占比最高的是长期贷款，在总资产中占比达30.08%，其次是短期贷款，占比为14.46%，商业信用比率为9.48%，远低于其他两类公司，债券融资比率最低，为2.34%。

表 11-3　按企业经营产品链条分类的统计描述

符号	上游原材料及装备制造企业（企业数=71）		上下游混合经营企业（企业数=18）		下游能源生产供应企业（企业数=17）	
	均值	标准差	均值	标准差	均值	标准差
IK	0.5669	1.3025	0.4117	1.3176	0.5775	0.9567
CFK	0.4728	0.9713	0.3251	0.5143	0.3911	0.6186
OCF	0.0848	1.2891	0.2386	0.4034	0.1562	0.5803
DTA	0.5928	0.2943	0.6295	0.2658	0.6819	0.3224
CTA	0.4999	0.2632	0.4943	0.2142	0.3498	0.1899
NCTA	0.0928	0.1077	0.1352	0.1488	0.3320	0.2371
SLTA	0.1891	0.1453	0.2224	0.1386	0.1446	0.1224
LLTA	0.0608	0.0955	0.0871	0.1277	0.3008	0.2279
BTA	0.0094	0.0341	0.0299	0.0750	0.0234	0.0498
CRTA	0.2361	0.2154	0.2137	0.1644	0.0948	0.1001
SZ	21.641	1.0855	21.997	1.0114	22.867	1.2960
ROA	0.0229	0.0570	0.0223	0.0563	0.0391	0.0440
OIG	0.1361	0.3395	0.1513	0.3306	0.1984	0.2581
AGE	7.8537	4.6212	9.6912	5.4874	10.258	4.8527
STATE	15.062%	22.892%	11.423%	20.887%	24.311%	26.378%
FOWN	37.431%	15.441%	34.121%	14.575%	37.830%	16.166%

三类企业的营业收入增速也存在一定差别，下游能源生产供应企业最高，达

19.84%，其次是上下游混合经营企业，为 15.13%，较低的是上游原材料及装备制造企业，为 13.61%。此外，从国有股持股比例来看，三类公司存在较大差异：下游能源生产供应企业的该指标最高，均值达 24.311%，其次是上游原材料及装备制造企业，为 15.062%，最低的是上下游混合经营企业，为 11.423%。三类新能源上市企业的第一大股东持股比例的均值差异不大，在 34%～38%。

11.4　过度投资检验

表 11-4 给出了检验过度投资假设的结果。这里一共有六个回归结果，其中模型（1）是基准模型，模型（2）～模型（4）中包含更多控制变量，模型（5）是式（11-2）定义的完整模型，模型（6）在模型（5）的基础上进一步区分了不同新能源部门的过度投资情况，即加入了不同新能源种类虚拟变量与自由现金流的交乘项。

表 11-4　新能源企业过度投资假说检验

变量	（1）	（2）	（3）	（4）	（5）	（6）
IK_{t-1}	0.1936** （0.0885）	0.4175*** （0.0981）	0.4071*** （0.1384）	0.3358*** （0.0708）	0.3351*** （0.0842）	0.3481*** （0.0729）
CFK_{t-1}	−0.1128 （0.1371）	0.1388 （0.2482）	0.1947 （0.3816）	0.1632 （0.2077）	0.0900 （0.1007）	−0.0062 （0.0886）
OIG				−0.3954 （0.2955）	−0.2766 （0.2338）	0.1048 （0.2472）
$CFK\times I\ (OIG_{t-1}<0)$					0.5051*** （0.1824）	
$CFK\times I\ (OIG_{t-1}<0)\times NUCLEAR$						−0.4840 （0.8954）
$CFK\times I\ (OIG_{t-1}<0)\times BIOMASS$						2.8229* （1.4968）
$CFK\times I\ (OIG_{t-1}<0)\times SOLAR$						−0.9100 （2.0167）
$CFK\times I\ (OIG_{t-1}<0)\times WIND$						0.8376*** （0.2606）
SZ_{t-1}		0.2731 （0.2069）	0.3903 （0.4320）	0.1495 （0.2458）	0.1191 （0.1835）	0.1644 （0.1585）
DTA_{t-1}		−1.2498*** （0.4712）	−1.4225** （0.6373）	−1.0725 （1.0791）	−0.8225 （1.0257）	−1.1648 （0.8036）
常数项	0.2078*** （0.0773）	−5.3988 （4.4208）	−8.1331 （9.8943）	−2.7043 （5.2837）	−2.2471 （3.8947）	−3.2175 （3.5819）

续表

变量	(1)	(2)	(3)	(4)	(5)	(6)
年份虚拟变量	控制	控制	控制	控制	控制	控制
行业虚拟变量			控制	控制	控制	控制
观测值	763	763	763	708	708	708
企业数	105	105	105	103	103	103
Sargan 值	48.09	57.58	50.47	75.83	75.09	64.56
Sargan p 统计量	0.0194	0.0127	0.0264	0.0172	0.0157	0.0555

注：括号内的数值为稳健标准差；I( ) 为示性函数；NUCLEAR、BIOMASS、SOLAR 和 WIND 分别表示核能、生物质能、太阳能和风能虚拟变量

***、**和*分别代表在 1%、5%和 10%的概率下拒绝系数为零的原假设

结果显示，投资滞后项的回归系数在六个模型中均为正，且在 1%的水平上显著，这表明在样本期内，我国可再生能源行业的投资势头非常强劲，这也与我国在可再生能源领域的总体投资一直不断增加这一事实相一致。在模型（2）和模型（3）中，资产负债率系数显著为负，即债务比率与公司投资之间呈负相关，表明随着负债水平的增加，企业的破产风险也相应增加，因此公司的投资决策可能受到限制。不过在模型（4）中控制了增长机会变量后，这一影响就消失了。结果显示，公司规模与企业投资之间呈正相关，但系数不显著。

过度投资假说的主要检验结果如模型（5）和模型（6）所示。在这两个模型中，代表增长机会的变量 OIG 系数不显著，这可能是因为模型中控制了投资的滞后项。交互项 CFK×I（$OIG_{t-1}<0$）的系数显著为正，表明投资机会较少但存在自由现金流的企业倾向于扩大投资规模，这与 Jensen（1986）的自由现金流假说一致，即由于存在管理者非理性行为，在企业面临项目的净现值小于零、新增项目无法盈利时，企业仍然进行投资，从而造成过度投资。在模型（6）中，我们进一步地将过度投资识别变量 CFK×I（$OIG_{t-1}<0$）与核能、生物质能、太阳能和风能四个部门的虚拟变量进行交乘，来探究不同类别的新能源企业的投资行为是否存在差异。回归结果显示，生物质能和风能行业交互项系数显著为正，表明存在过度投资和非理性的情况。具体地，生物质能与自由现金流变量交乘项系数为 2.8229，风能与自由现金流变量交乘项系数为 0.8376。而核能和太阳能这两个部门的回归系数不显著，表明不同类别的新能源企业之间在过度投资这一问题上存在明显差异。不过值得注意的是，这里的交互项主要是用来检验自由现金流假说的，主要表明了拥有自由现金流但投资机会不太好的企业仍然愿意投资，这当然不符合实现股东利益最大化这一目标。实证结果还表明，即使没有自由现金流的问题，太阳能和核能类新能源企业也在进

行积极投资，主要表现在投资滞后项回归系数显著为正，这显示出企业存在强劲的投资趋势。

11.5　经营绩效与资本结构关系分析

11.5.1　全样本回归结果

鉴于新能源企业融资的特殊性和重要性，我们进一步以融资结构为切入点，分析其对我国新能源企业绩效的影响。基于全样本数据，这里首先考察了新能源上市企业资产负债率对盈利能力的影响，结果如表 11-5 中的模型（7）所示，回归系数不显著，表明资产负债率对企业总资本收益率不存在显著影响。在模型（8）中，我们进一步将资产负债率拆分为流动负债比率和非流动负债比率，探究两者是否会对企业总资产收益率存在影响，结果同样显示其回归系数不显著。在模型（9）中，我们进一步将资本结构变量细分为短期贷款比率、长期贷款比率及债券融资比率，发现除了商业信用比率对我国新能源企业盈利性存在显著影响外，短期贷款比率对企业盈利性存在显著负向影响，说明短期贷款比率越高，越不利于企业盈利能力的提升。在这三个模型中，我们还考虑了增长性指标（营业收入增速 OIG）对企业盈利能力的影响，结果显示其对企业总资产收益率存在显著正向影响。回归中还控制了企业规模、企业上市年数及年度虚拟变量等指标。结果表明，企业规模对资产收益率的影响显著为负，说明新能源企业并非越大越好；上市年数对企业盈利性影响不大。

表 11-5　资本结构影响效应的全样本回归结果

变量	（7）	（8）	（9）	（10）	（11）	（12）
DTA_{t-1}	0.0145 （0.0095）			0.0133 （0.0093）		
CTA_{t-1}		0.0101 （0.0116）			0.0085 （0.0108）	
$NCTA_{t-1}$		0.0246 （0.0166）			0.0240 （0.0161）	
BTA_{t-1}			0.0143 （0.0381）			0.0140 （0.0378）
$CRTA_{t-1}$			0.0597^{**} （0.0239）			0.0589^{**} （0.0245）

续表

变量	(7)	(8)	(9)	(10)	(11)	(12)
$SLTA_{t-1}$			−0.0467** (0.0228)			−0.0489** (0.0212)
$LLTA_{t-1}$			0.0190 (0.0152)			0.0192 (0.0144)
OIG_{t-1}	0.0306*** (0.0076)	0.0310*** (0.0077)	0.0255*** (0.0080)	0.0303*** (0.0076)	0.0308*** (0.0077)	0.0249*** (0.0079)
AGE	0.0025* (0.0014)	0.0024* (0.0014)	0.0022 (0.0014)	0.0032** (0.0013)	0.0031** (0.0013)	0.0030** (0.0013)
STATE				0.0001 (0.0002)	0.0001 (0.0002)	0.0001 (0.0002)
FOWN				0.0003 (0.0005)	0.0004 (0.0005)	0.0004 (0.0005)
SZ_{t-1}	−0.0221*** (0.0061)	−0.0224*** (0.0062)	−0.0234*** (0.0062)	−0.0228*** (0.0062)	−0.0232*** (0.0063)	−0.0244*** (0.0061)
年份虚拟变量	控制	控制	控制	控制	控制	控制
观测值	843	843	843	843	843	843
企业数	103	103	103	103	103	103
R^2	0.1287	0.1294	0.1502	0.1314	0.1323	0.1539

注：括号内的数值为稳健标准差

***、**和*分别代表在 1%、5%和 10%的概率下拒绝系数为零的原假设

在模型（10）～模型（12）中，我们在前三个模型的基础上进一步控制了国有股持股比例和第一大股东持股比例这两个指标，用以考察新能源企业股权结构是否对其盈利能力存在影响。实证结果显示，两者对新能源企业总资产收益率均不存在显著影响。其他变量的回归系数及显著性与前三个模型保持一致。

11.5.2 分样本回归结果分析

企业在产业链中所处位置不同，可能在融资结构上也存在不同。因此，本节我们进一步按企业所处不同产业链位置将全样本划分为上中下游，即上游原材料及装备制造企业、上下游混合经营企业、下游能源生产供应企业，来考察企业资本结构对三种类型企业盈利性的影响。实证结果如表 11-6 所示。这里采取与 11.5.1 节中总样本相同的方式，分三个方程分别进行回归。

表 11-6　资本结构影响效应的分样本回归结果

变量	上游原材料及装备制造企业			上下游混合经营企业			下游能源生产供应企业		
	（U1）	（U2）	（U3）	（M1）	（M2）	（M3）	（D1）	（D2）	（D3）
DTA_{t-1}	0.0272 （0.0167）			0.0382* （0.0200）			−0.0120 （0.0080）		
CTA_{t-1}		0.0289 （0.0174）			0.0110 （0.0174）			−0.0386** （0.0145）	
$NCTA_{t-1}$		0.0165 （0.0406）			0.0792** （0.0273）			0.0123 （0.0167）	
BTA_{t-1}			−0.0335 （0.0970）			0.1213*** （0.0376）			−0.1171 （0.0916）
$CRTA_{t-1}$			0.0689* （0.0367）			0.0624*** （0.0166）			−0.0278 （0.0394）
$SLTA_{t-1}$			−0.0254 （0.0385）			−0.0236 （0.0294）			−0.0606* （0.0320）
$LLTA_{t-1}$			0.0104 （0.0331）			0.0505** （0.0232）			0.0106 （0.0164）
OIG_{t-1}	0.0330*** （0.0097）	0.0329*** （0.0098）	0.0269** （0.0109）	0.0170 （0.0251）	0.0185 （0.0253）	0.0162 （0.0274）	0.0119 （0.0082）	0.0140 （0.0081）	0.0124* （0.0070）
AGE	0.0037* （0.0022）	0.0038* （0.0022）	0.0036* （0.0021）	0.0014 （0.0022）	0.0005 （0.0023）	0.0014 （0.0021）	−0.0017 （0.0018）	−0.0016 （0.0018）	−0.0015 （0.0017）
SZ_{t-1}	−0.0233*** （0.0084）	−0.0232*** （0.0083）	−0.0245*** （0.0083）	−0.0206 （0.0135）	−0.0212 （0.0143）	−0.0300** （0.0125）	0.0002 （0.0103）	−0.0031 （0.0102）	0.0008 （0.0095）
常数项	0.4514*** （0.1676）	0.4477*** （0.1646）	0.4844*** （0.1619）	0.4304 （0.2719）	0.4596 （0.2915）	0.6420** （0.2522）	0.0661 （0.2155）	0.1394 （0.2133）	0.0522 （0.2002）
年份虚拟变量	控制	控制	控制	控制	控制	控制	控制	控制	控制
观测值	515	515	515	143	143	143	185	185	185
企业数	69	69	69	17	17	17	17	17	17
R^2	0.1703	0.1705	0.1849	0.2424	0.2542	0.2697	0.3511	0.3790	0.4051

注：括号内的数值为稳健标准差

***、**和*分别代表在 1%、5%和 10%的概率下拒绝系数为零的原假设

就产业链上游的原材料及装备制造企业而言，我们发现资本结构对该类公司的盈利能力影响基本不显著，只有商业信用比率在 10%的水平上显著，其他融资期限及来源的变量均不显著。结果表明对于新能源产业链上游的企业而言，企业间通过商业信用提供的短期融资方式对其提升盈利性具有重要作用。此外，实证结果显示企业的成长性指标（以滞后一期的营业收入增速衡量）对盈利能力存在显著正向影响；公司的规模也对其盈利能力存在显著影响，规模越大，盈利性越差。

对上下游混合经营企业而言，回归结果显示资产负债率系数显著为正，表明企业资产负债率越高越有利于提升企业盈利性。从负债期限上来看，负债对企业盈利性的提升主要体现在非流动负债融资上，非流动负债比率对企业盈利性影响系数显著为正，且高于总资产负债率的系数。进一步地，从企业负债融资来源上看，企业债券、商业信贷及长期贷款等融资比率，均对资产收益率存在显著正向影响，且企业债券融资比率的系数值高于其他两种融资方式。综合三个方程的回归结果可以发现，以企业债券和长期贷款为主要代表的长期负债融资对此类企业经营绩效具有重要促进作用，同时短期负债中的商业信用融资也对企业经营绩效具有显著促进作用。

对于下游能源生产供应企业而言，其回归结果与前两类公司显著不同。首先，资产负债率对企业总资产收益率的影响为负，但不具有统计显著性；其次，按期限对负债进行划分后，结果显示，流动负债比率对下游能源生产供应企业的总资产收益率存在显著负向影响。进一步区分负债来源后的结果显示，短期贷款对下游能源生产供应企业总资产收益率存在显著负向影响，这一点与总样本中的结果保持一致，与吴文蔚（2011）所发现的公司绩效与流动负债率之间呈负相关一致，说明短期贷款比率高不利于提升该类企业的盈利性。企业债券融资比率和商业信用比率等对该类新能源企业的总资本收益率均不存在显著影响。

综合来看，分样本的研究结果表明，不同类型的新能源企业不仅负债融资结构存在差别，即便是相同期限与来源的负债，其融资比例对处于产业链上游、下游，以及混合经营的企业盈利能力也存在不同影响。其中，资产负债率仅对上下游混合经营企业经营业绩存在显著影响。从负债融资来源角度来看，商业信用对我国新能源上市企业经营业绩存在重要影响，其对上游原材料及装备制造企业和上下游混合经营企业的总资产收益率具有重要促进作用，而对下游能源生产供应企业总资产收益率无显著影响；企业债券和长期贷款等非流动负债融资对上下游混合经营企业总资产收益率具有显著促进作用；此外，短期贷款对下游能源生产供应企业具有负向影响。通过三种企业回归结果的比较，不难发现，上下游混合经营企业，其资本结构对盈利能力的影响更加明显，不仅长期贷款和债券融资回归系数显著为正，商业信用融资也对该类企业经营业绩有着重要促进作用，这表明可以通过调整企业负债融资结构提高企业绩效。在国外新能源企业融资方式中，德国企业比较通行的一种做法是可再生设备制造商直接投资发电厂，这样不仅可以得到银行贷款还可以完善企业的产业链。

11.5.3　油价冲击对经营业绩的影响分析

在我国能源需求不断增加、石油对外进口依存度大幅攀升及环境约束日趋严重的情况下，发展新能源成为我国能源发展的重点。自 2000 年以来，国际原油价格经历了大幅上涨和下跌的过程，为我国新能源的发展带来了较大的不确定性。以欧洲 Brent 为代表的国际原油现货价格自 2000 年以来经历了几次上涨、下跌的过程，尤其是 2007～2011 年，原油价格由不到 60 美元先上涨到近 140 美元，随后大幅下跌至 40 美元，随后又逐渐上涨至 120 美元。众所周知，原油与新能源在一定程度上存在替代关系，原油价格的大幅波动可能会在一定程度上影响我国能源企业的发展。因此本节引入原油价格冲击变量，在 11.5.2 节的回归模型中进一步增加了油价冲击变量 Oil，来考察油价变化对我国新能源上市公司经营绩效是否存在影响。回归中采用了油价冲击滞后一阶变量，结果如表 11-7 所示。

表 11-7　油价冲击对新能源企业总资产收益率的影响

变量	（13）	（14）	（15）
Oil_{t-1}	0.1310*** （0.0340）	0.1366*** （0.0342）	0.1034*** （0.0339）
DTA_{t-1}	0.0141 （0.0094）		
CTA_{t-1}		0.0094 （0.0115）	
$NCTA_{t-1}$		0.0246 （0.0166）	
BTA_{t-1}			0.0155 （0.0378）
$CRTA_{t-1}$			0.0587** （0.0238）
$SLTA_{t-1}$			−0.0468** （0.0228）
$LLTA_{t-1}$			0.0190 （0.0152）
OIG_{t-1}	0.0310*** （0.0077）	0.0315*** （0.0078）	0.0259*** （0.0081）
SZ_{t-1}	−0.0223*** （0.0062）	−0.0226*** （0.0063）	−0.0236*** （0.0062）
AGE	−0.0075 （0.0119）	−0.0087 （0.0122）	−0.0015 （0.0121）
常数项	0.5176*** （0.1416）	0.5312*** （0.1441）	0.5287*** （0.1342）

续表

变量	(13)	(14)	(15)
年份虚拟变量	控制	控制	控制
观测值	843	843	843
R^2	0.1294	0.1303	0.1507

注：括号内的数值为稳健标准差

***、**分别代表在 1%、5%的概率下拒绝系数为零的原假设

回归结果显示，在三个回归方程中，油价冲击回归系数均显著为正。其中，在考察总资产负债率以及流动负债和非流动负债对总资产收益率的影响方程中，油价冲击变量的回归系数为 0.13 左右，进一步考虑负债来源后油价冲击变量系数降低为 0.1034，表明国际原油价格冲击对我国新能源上市公司经营业绩存在显著正向影响。新能源与石油之间存在替代关系，油价上涨时，石油使用成本增加，导致新能源竞争力增强、潜在用户增加，从而有利于新能源企业的发展；而油价下跌时，石油使用成本下降，新能源企业竞争力减弱。结果还显示，增加油价冲击变量后，企业不同类型负债融资对总资产收益率的影响与前文中的结果保持一致，商业信用比率回归系数显著为正，短期贷款比率回归系数显著为负，营业收入增速回归系数显著为正，企业规模回归系数显著为负。从系数绝对值来看，油价冲击对新能源上市企业总资产收益率的影响幅度高于企业成长性指标和资本结构变量，说明油价冲击对我国新能源企业经营绩效具有重要影响。

进一步地，根据企业在产业链中所处位置的不同，这里同样分别考察油价冲击对上游原材料及装备制造企业、下游能源生产供应企业、上下游混合经营企业的影响。具体如表 11-8 中的模型（U4）～模型（D6）所示。

表 11-8　油价冲击对不同类型新能源企业总资产收益率的影响

变量	上游原材料及装备制造企业			上下游混合经营企业			下游能源生产供应企业		
	(U4)	(U5)	(U6)	(M4)	(M5)	(M6)	(D4)	(D5)	(D6)
Oil_{t-1}	0.1558*** (0.0467)	0.1546*** (0.0453)	0.1246*** (0.0429)	0.0039 (0.0887)	−0.0059 (0.0889)	−0.0215 (0.0988)	0.0009 (0.0382)	0.0060 (0.0361)	0.0197 (0.0339)
DTA_{t-1}	0.0262 (0.0166)			0.0382* (0.0200)			−0.0120 (0.0080)		
CTA_{t-1}		0.0279 (0.0172)			0.0110 (0.0174)			−0.0386** (0.0145)	
$NCTA_{t-1}$		0.0159 (0.0405)			0.0792** (0.0273)			0.0123 (0.0167)	
BTA_{t-1}			−0.0308 (0.0962)			0.1213*** (0.0376)			−0.1171 (0.0916)
$CRTA_{t-1}$			0.0673* (0.0364)			0.0624*** (0.0166)			−0.0278 (0.0394)

续表

变量	上游原材料及装备制造企业			上下游混合经营企业			下游能源生产供应企业		
	（U4）	（U5）	（U6）	（M4）	（M5）	（M6）	（D4）	（D5）	（D6）
$SLTA_{t-1}$			−0.0257 （0.0386）			−0.0236 （0.0294）			−0.0606* （0.0320）
$LLTA_{t-1}$			0.0100 （0.0331）			0.0505** （0.0232）			0.0106 （0.0164）
Oil_{t-1}	0.1558*** （0.0467）	0.1546*** （0.0453）	0.1246*** （0.0429）	0.0039 （0.0887）	−0.0059 （0.0889）	−0.0215 （0.0988）	0.0009 （0.0382）	0.0060 （0.0361）	0.0197 （0.0339）
OIG_{t-1}	0.0339*** （0.0098）	0.0338*** （0.0099）	0.0277** （0.0110）	0.0170 （0.0251）	0.0185 （0.0253）	0.0162 （0.0274）	0.0119 （0.0082）	0.0140 （0.0081）	0.0124* （0.0070）
SZ	−0.0238*** （0.0086）	−0.0236*** （0.0084）	−0.0248*** （0.0084）	−0.0206 （0.0135）	−0.0212 （0.0143）	−0.0300** （0.0125）	0.0002 （0.0103）	−0.0031 （0.0102）	0.0008 （0.0095）
AGE	0.0017 （0.0212）	0.0019 （0.0213）	0.0074 （0.0212）	0.0013 （0.0016）	0.0006 （0.0015）	0.0018 （0.0016）	−0.0018 （0.0022）	−0.0017 （0.0021）	−0.0018 （0.0019）
常数项	0.4902** （0.1926）	0.4859** （0.1897）	0.5030*** （0.1749）	0.4313 （0.2756）	0.4583 （0.2950）	0.6371** （0.2564）	0.0663 （0.2105）	0.1407 （0.2091）	0.0567 （0.1974）
年份虚拟变量	控制	控制	控制	控制	控制	控制	控制	控制	控制
观测值	515	515	515	143	143	143	185	185	185
R^2	0.1718	0.1720	0.1858	0.2424	0.2542	0.2697	0.3511	0.3790	0.4051

注：括号内的数值为稳健标准差

***、**和*分别代表在 1%、5%和 10%的概率下拒绝系数为零的原假设

模型（U4）～模型（U6）的回归结果显示，油价冲击对上游原材料及装备制造企业的总资产收益率存在显著正向影响，且其回归系数略大于总样本中的回归系数。结合我国新能源装备制造业的发展情况来看，目前我国以光伏和风电为代表的新能源装备制造业面向国内、国外两个市场，在国际原油价格大幅上升或下降时，其国内外市场同时受到影响，因此油价冲击的这一影响值得注意。模型（M4）～模型（D6）中的结果显示，油价冲击变量对下游能源生产供应企业及上下游混合经营企业的总资产收益率不存在显著影响，尤其是对下游能源生产供应企业而言，油价冲击变量的回归系数较小，接近于零，这可能是因为我国新能源项目发电上网电价主要受政府调控，政府补贴在企业发展过程中起到重要作用，因此企业盈利能力对油价冲击的响应较小，表现出油价冲击对该类新能源企业不存在显著影响。

综合来看，这里的研究结果表明，油价冲击对我国新能源上市企业经营业绩存在显著影响，且影响方向为正。从产业链层面来看，油价冲击对新能源企业的影响主要体现在上游原材料及装备制造企业上，其对下游能源生产供应企业及上下游混合经营企业影响不大，这表明油价冲击对我国新能源企业的影响主要表现

在未来新能源产业的发展及产能上，而对于已经进行能源生产的新能源企业几乎不存在影响，这也与我国当前的新能源电力定价方式有一定关系。

11.6 本章小结

新能源产业在我国经济发展转型以及缓解能源约束与环境污染过程中有着重要作用，但同时我国新能源企业存在着严重的融资约束，本章以我国新能源上市公司为研究对象，探讨了我国新能源企业是否存在过度投资问题，以及分析了资本结构及国际原油价格冲击对我国新能源企业的影响效应。

研究发现，在我国上市的新能源企业中存在过度投资行为，即投资机会较少但存在自由现金流的企业倾向于扩大投资规模，这与 Jensen（1986）提出的自由现金流假说一致。而且不同类别的新能源企业之间在过度投资这一问题上存在明显差异，主要体现在生物质能和风能行业存在过度投资和非理性的情况，而核能和太阳能两个部门不存在这一情况。

基于资本结构与企业绩效之间的关系的分析发现，商业信用比率对新能源上市企业总资产收益率存在显著正向影响，即该比率越高越有利于提升企业盈利能力，而短期贷款比率对企业总资产收益率存在显著负向影响。分样本的研究结果表明，不同类型的新能源企业不仅负债融资结构存在差别，即便是相同期限与来源的负债，其融资比例对处于产业链上游、下游，以及混合经营的企业盈利能力也存在不同影响。其中，总资产负债率仅对上下游混合经营企业的经营业绩存在显著影响。从负债融资来源角度来看，商业信用对我国新能源上市企业经营业绩存在重要影响，其对上游原材料及装备制造企业和上下游混合经营企业的总资产收益率具有重要促进作用，而对下游能源生产供应企业总资产收益率无显著影响；企业债券和长期银行贷款等非流动负债融资对上下游混合经营企业总资产收益率具有显著促进作用；短期贷款对下游能源生产供应企业具有负向影响。

引入油价冲击变量后，研究发现，国际原油价格变化对我国新能源上市企业总资产收益率存在显著正向影响，不过分样本结果显示这种影响主要存在于上游原材料与装备制造企业中。这主要是因为我国以光伏、风电等为代表的新能源制造企业同时面向国际和国内两个市场，油价冲击可同时对国内外市场造成影响。由于我国新能源发电项目上网电价尚未实现自主定价，以及企业在发展过程中政府补贴起到重要作用，因此油价冲击对企业盈利能力的影响较为有限。不过从整个产业链来看，油价冲击对上游企业的影响可能在长期传导至下游企业，从而影响新能源产业未来的健康发展。

第 12 章

金融发展对中国可再生能源发展和能源结构升级的贡献

习近平在 2020 年 9 月的第七十五届联合国大会上代表中国指出，“中国将提高国家自主贡献力度，采取更加有力的政策和措施，二氧化碳排放力争于 2030 年前达到峰值，努力争取 2060 年前实现碳中和”。[①]作为全球最大的排放国，中国的承诺是全球应对气候危机迈出的重要一步，显示了中国持续提升应对气候变化的雄心壮志。不难预见，向碳中和的过渡将使资本更多地流入中国的可再生能源领域。一方面，为可再生能源项目提供融资将成为中国金融体系发展过程中的主要重点。另一方面，作为新兴产业，可再生能源行业可能存在较高的投资风险。发展不同种类的可再生能源项目需要不同渠道的资金来源。如果没有完善的金融体系作支撑，各种新能源项目就很难完成融资。

在此背景下，本章主要关注中国的金融发展对可再生能源行业发展的影响和贡献，以期为政策制定者提供更清晰的现状分析和决策支持。本章首先总体回顾了中国的金融发展，然后使用 Diebold 和 Yilmaz（2009）提出的系统性方法对中国的历史数据展开了实证分析，研究了中国的金融发展对可再生能源发展有多大贡献、金融部门的哪个部分对促进发展可再生能源来说最为关键，并对比了中国与美国和欧盟国家的不同发展路径。

12.1 引　　言

中国一直以来严重依赖化石燃料，对化石燃料的消耗约占其总能耗的 90%（图 12-1）。化石燃料尤其是煤炭的燃烧导致了国内严重的空气污染，并被认为是温室气体（greenhouse gas，GHG）排放的主要成因。世界资源研究所[②]的数据显示，

① 《习近平在第七十五届联合国大会一般性辩论上发表重要讲话》（2020 年 9 月 22 日），http://www.gov.cn/xinwen/2020-09/22/content_5546168.htm。

② http://www.wri.org/resources/charts-graphs/top-10-emitters-2012。

目前中国是世界上最大的温室气体排放国，其次是美国。这两个国家的温室气体排放量超过了全球温室气体总量的 30%。面临日趋严重的全球气候变化所带来的压力，各国领导人在 2014 年 11 月 12 日签署了具有历史性意义的协议，承诺共同采取行动减少温室气体排放。中国已承诺在 2030 年达到温室气体排放量峰值，并将非化石燃料在总能耗中的比例提高至 20%。但届时是否能在不影响经济绩效的前提下实现这些宏伟目标仍旧是未知数。

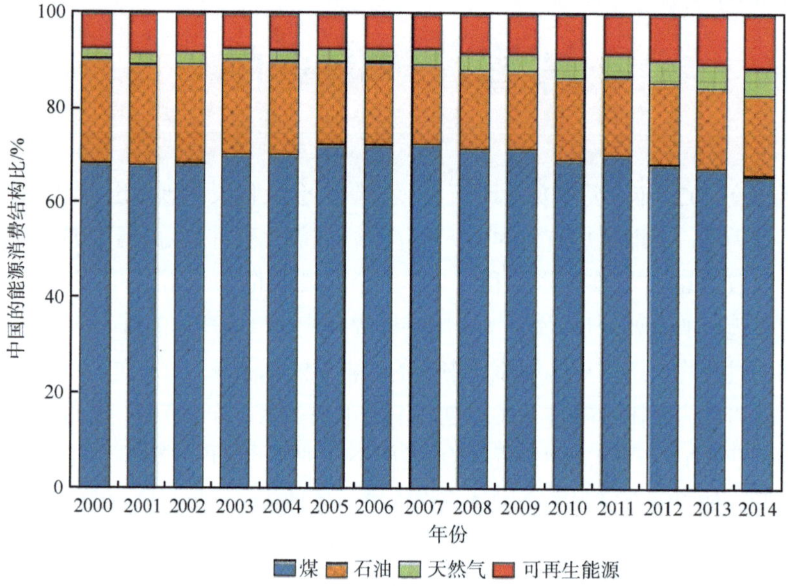

图 12-1　中国的能源消费结构比

资料来源：中国国家统计局

另一个与中国相关的问题是，中国经济严重依赖国际能源市场，尤其是国际原油市场，其原油消耗有一半以上依赖于进口（Zhang et al.，2016c）。因此国际原油市场的不稳定局面，特别是中东地区的油价波动和冲突，可能会对中国的能源消费和宏观经济产生较大的影响。能源安全和能源在可持续经济增长中的作用已成为中国政策制定者的一个重要考量。

鉴于能源部门的战略重要性，中国政府在承担环境责任和保障国家能源安全的双重压力下，正在考虑如何升级国内的能源生产和消费结构。中国政府从第十一个五年规划（即 2006～2010 年）起就在反复、清晰地强调这一目标。其中的一个关键点是要不断提高能源效率，但同时发展多种可再生/清洁能源也变得日益重要。2005 年，全国人民代表大会通过了《中华人民共和国可再生能源法》（以下简称“可再生能源法”），为发展可再生能源提供了明确的立法支持。

中国的“十三五”规划（即 2016～2020 年）进一步强调了发展可再生能源是

升级国家能源结构的政策方针的重要组成部分。当前的工作重点包括发展可再生能源以及推广新技术以提高尚在继续使用的传统能源的效率和清洁度。政府将为发展水电、风能、太阳能和核能项目提供进一步的支持。例如，中国政府计划在西南地区安装 60 吉瓦（即千兆瓦）的水电项目，在宁夏建设国家新能源示范区，并加快在东部和南部地区发展分布式光伏（photovoltaic，PV）项目，以及推进沿海地区的风电项目。为实现“十三五”规划期间达到装机容量 58 吉瓦外加 30 吉瓦的建设能力的目标，政府现已做了一系列核能项目的规划。中国政府的总体目标是改革能源结构，优化能源供应，开发清洁/低碳能源，保障国家能源安全。

中国要实现能源结构升级，建立健全相关的法律法规和营造一个有利的总体政策环境都是必不可少的前提（Liu，2019）。中国在 2005 年颁布了《可再生能源法》，该法的颁布是对中国可再生能源领域最重要的监管支持之一。Zhang 等（2016d）发现自《可再生能源法》颁布实施以来，中国的可再生能源行业已走上了快速发展的轨道。在过去的十年中，中国政府持续稳步地颁布了其他相关政策。Liu（2019）对中国的能源相关政策进行了批判性回顾，将其分类为专门性和非专门性规定，其中暗含了扶持发展可再生能源的导向。在诸多影响因素中，融资困难是发展可再生能源所面临的主要障碍之一。Zhang 等（2013）探讨了中国对支持可再生能源发展所采取的政策，强调了对可再生能源项目提供融资支持的重要性。

数据显示，中国可再生能源领域在过去几十年中飞速发展，并已取得了令人瞩目的成绩。例如，2014 年中国能源消费中可再生能源（包括水电、风能和核能）占比上升至约 13.6%（2000 年至 2014 年间的能源消费结构详见图 12-1），并且其份额一直在缓慢攀升。在此期间，对可再生能源的投资也在迅速增长。根据彭博新能源财经（Bloomberg New Energy Finance，2014）的数据，2012 年中国在可再生能源上的投资达到了 596 亿美元，并从 2013 年开始成为全球在该领域最大的投资国。中国投资者对可再生能源的热情无疑对促进该领域的发展起到了重要作用。但与此同时，这种热情也导致了非理性和过度投资（Zhang et al.，2016b，2016d），并可能引发资源的浪费和不良竞争。其中，一个例子是中国的太阳能光伏产业所经历的迅猛兴起和瞬间衰败。2012 年，一系列外部冲击（如欧盟和美国向中国光伏面板征收反倾销税等）给这个被过度投资的产业带来了沉重的打击。

作为新兴产业，可再生能源行业中的风险可能较高。发展不同种类的可再生能源项目需要取得不同渠道的融资。例如，风险投资或股权融资可能更适合于采用新技术的小型项目。相比之下，核能项目规模大得多，则需要从银行贷款或进行债权融资[①]。如果缺乏完善的金融体系作支撑，那么各种新能源项目就很难完成融资。要从金融发展的角度支持可再生能源发展，我们需要首先理清一系列问题，以认清金融发展对可再生能源行业发展的作用，进而帮助政策制定者更清晰地分析现状、优化决策。这些问题包括：中国的金融发展对可再生能源发展有多大贡献；金融部门的哪个部分对促进发展可再生能源来说最为关键；中国与其他国家（如美国和欧盟国家）相比，在金融发展上有什么不同。

本章旨在探讨并回答以上的这些问题。首先，对中国金融部门的发展做了总体回顾；其次，基于现有相关文献，阐述了为什么金融发展对可再生能源发展具有重要意义的理论基础；再次，使用 Diebold 和 Yilmaz（2009）提出的系统性方法对中国的历史数据展开了实证分析；最后，汇报实证结果，对该项研究进行了总结并提出了政策相关建议。

12.2 中国金融市场的发展史

本节简要回顾了中国金融市场在过去几十年中的发展历程，并着重关注了与可再生能源领域相关的重要事件。

12.2.1 中国的股票市场

中国共有两家证券交易所，即上海证券交易所和深圳证券交易所，均成立于 1990 年并由中国证券监督管理委员会（China Securities Regulatory Commission，CSRC）直接管理。截至 2016 年 12 月，它们的市值在全球分别排名第四和第七（Bloomberg）。中国证券监督管理委员会 2016 年的报告显示，这两家交易所共有 3008 家上市公司，市值达 53.1 万亿元人民币。数十年来，中国股市已成为中国企业融资的重要来源。

可再生能源作为一个相对较新的概念，其行业的发展也得益于中国股票市场近年来的迅速发展。图 12-2 报告了中国四种可再生能源行业（太阳能、风电、核电和生物质能）中的上市公司的数量[②]。以生物质能行业为例，总共有 17 家公司，其中 13 家是在 2000 年之后上市的，通过首次公开募股（initial public offering，IPO）筹集的总资金约为 80 亿元人民币。在 2008 年之前，平均 IPO 规模仅为 2.57 亿元人民币，随后增至 6.62 亿元人民币，这表明股票市场为可再生能源企业提供了越

① 更多相关讨论参见 Zhang 等（2016d）。

② 信息来源：同花顺财经，http://www.10jqka.com.cn/。

来越多的融资支持。相关文献也证明了股票市场对可再生能源发展的重要意义，尤其是在新兴市场。例如，Liming（2009）比较了中国和印度农村发展可再生能源项目的融资渠道，认为股票市场已成为日益重要的融资来源。Paramati 等（2016）研究了 20 个新兴市场经济体在 1991 年至 2012 年期间的新能源市场，从而发现股票市场的发展对清洁能源的使用发挥了相当大的促进作用。

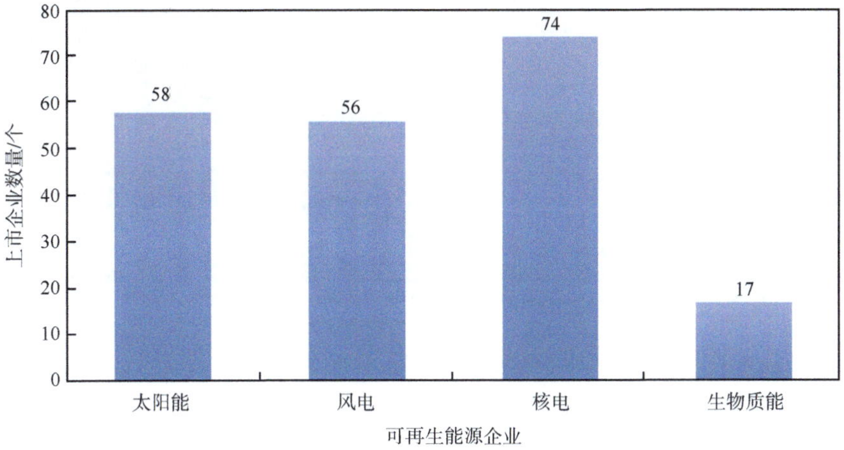

图 12-2　中国四种可再生能源行业的上市企业数量（截止到 2016 年）

12.2.2　中国的银行业

银行业是中国金融体系中最重要的组成部分，其历史要比中国的股票市场长得多。图 12-3 绘制了 1993 年至 2014 年间中国金融机构的未偿贷款总额及其增长率[①]。现有文献认为（如 Zhang and Wu，2012）中国的银行业在促进经济增长方面比资本市场发挥了更为重要的作用。

除了商业银行之外，中国的政策性银行（如国家开发银行）也是可以提供信贷的特殊金融机构[②]。这类银行在推进实施政府的战略发展政策方面发挥着重要作用，如对大型基础设施建设项目和可再生能源项目提供资金支持。国家开发银行已向中国的绿色能源项目提供了逾 1.5 万亿元人民币的未偿贷款，预计这一数字还会持续增加。仅 2015 年一年，国家开发银行就向可再生能源项目提供了 1371 亿元人民币的贷款[③]。与此同时，中国的商业银行也越来越积极地参与到了中国的绿色能源发展中。截至 2015 年底，中国的银行对国内的绿色能源公司的未偿贷款总

① 信息来源为 CEInet statistics Database（中国经济信息网统计数据库）。

② 更多关于中国银行体系发展历史的介绍可以参见 Zhang 等（2016a）。

③ 参见《国家开发银行 2015 年年度报告》。

额超过 8 万亿元人民币，其中 7 万亿元人民币来自 21 家主要商业银行。

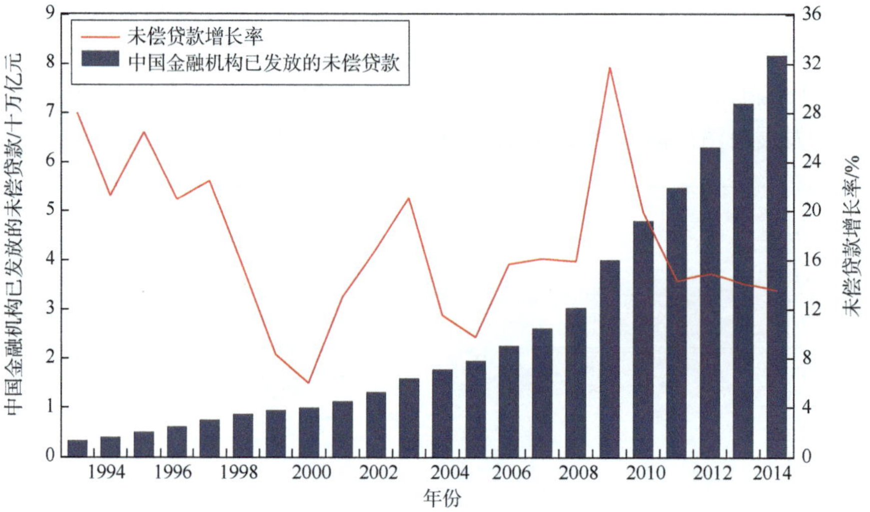

图 12-3　中国金融机构已发放的未偿贷款及增长率

事实上，对全世界范围内的公司而言，银行和信贷市场仍旧是最重要的融资来源。Ziaei（2015）使用面板向量自回归（panel vector autoregression，PVA）模型研究了 25 个国家/地区的信贷市场、能源消耗、碳排放和经济增长之间的相互作用。He 等（2019）研究了绿色信贷在中国可再生能源行业发展中的作用。基于中国上市公司数据，他们发现绿色信贷和绿色能源行业发展之间存在非线性阈值效应。

12.2.3　国际投资

自从中国 20 世纪 70 年代末实行对外开放政策以来，外商直接投资（foreign direct investment，FDI）已成为中国经济增长的关键要素。FDI 为中国经济发展带来了资本、技术、先进的经验和其他许多急需的资源，直接增加了中国的国际贸易额，促进了行业创新，从而对中国的经济结构产生了深远的影响。

近年来中国的经济增长速度有所放缓，利用 FDI 的增长率趋缓（图 12-4）。然而 FDI 在国民经济中仍然发挥着重要作用，尤其是 2008 年全球金融危机之后更为明显。更重要的是，它已逐渐向包括可再生能源行业在内的新兴产业转移。在安永 2018 年可再生能源国家吸引力指数（Ernst & Young，2016）排名中，中国位列第一，尽管美国总统换届后的新政策可能会影响未来的排名。随着中国持续发展其可再生能源行业，对绿色能源项目的国际投资将会继续流向中国。

例如，在中国政府的大力支持下，国内绿色债券市场快速发展（Kidney and Oliver，2014），这将使中国成为该领域最大的国际投资目的地（Liu，2016）。

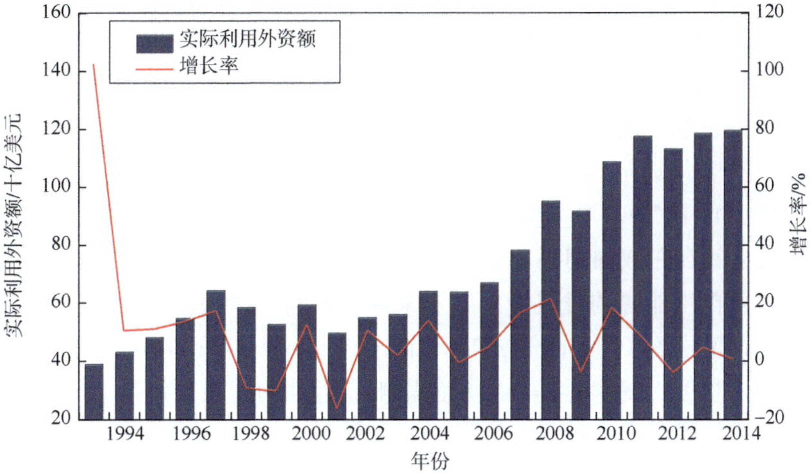

图 12-4　中国利用外资额及其增长情况

12.3　相关文献回顾

由于温室气体排放所带来的威胁，开发和利用可再生能源以减少化石燃料的消耗在全世界范围内越发成为共识。尽管近年来可再生能源发展势头迅猛①，但其在总能源消耗中的占比仍然相对较小。有大量文献对可再生能源的发展进行了建模（如 Ali et al.，2018；Brunnschweiler，2010；Omri and Nguyen，2014；Sadorsky，2009；Salim and Rafiq，2012；Zhao and Luo，2017）。这些研究旨在确定可再生能源发展的决定因素以及可再生能源发展与一系列经济/金融变量（如经济增长、金融发展、能源价格和排放）之间的因果关系。

Salim 和 Rafiq（2012）研究了包括中国在内的六个主要新兴经济体，以识别可再生能源消费的决定因素。他们基于面板数据和时间序列模型的实证结果表明，收入和污染物排放是中国可再生能源消费的主要决定因素，两者之间在短期内存在双向关联。他们对文献的回顾表明，在研究这个问题时，学者倾向于要么从供给侧入手（Ma et al.，2008），要么从需求侧（Sadorsky，2009）入手。供给侧的相关研究考虑了生产函数和技术进步，而需求侧的研究考虑了排放、能源价格和收入等要素。

① http://www.eia.gov/forecasts/ieo/。

Apergis 和 Payne（2010，2012）使用面板时间序列模型分别研究了包括经济合作与发展组织（Organization for Economic Cooperation and Development，OECD）成员国和包括 80 个国家的两个样本中可再生能源消耗与经济增长之间的双向因果关系。Apergis 和 Payne（2014）将他们的模型进行了扩展，以允许在面板协整框架中做非线性平滑转换。该研究根据 1980～2010 年七个中美洲国家的年度数据得出的实证结果表明，从长期来看，排放量、能源价格和经济增长都会对可再生能源的消耗产生重大影响。Ohler 和 Fetters（2014）发现，在 1990 年至 2008 年期间的 20 个 OECD 国家中，可再生能源发电与国内生产总值（gross domestic product，GDP）增长之间存在双向因果关系，但这种关系取决于能源的来源。

此外，可再生能源的发展受到融资来源的限制。尽管近年来可再生能源项目已经吸引了大量投资（Bloomberg New Energy Finance，2014），但融资仍是一个重大问题，很大程度上受金融基础设施的影响。近期的一系列研究重点关注了金融发展对发展和使用可再生能源的作用。Creti 和 Nguyen（2018）强调了能源与环境问题的重要性，分析了在《巴黎协定》后的时期各国所面临的明确的政策挑战，其中，《巴黎协定》对金融市场可能造成的影响被列为首要关注的问题。Kimura 等（2016）关注了东亚峰会地区，并强调了金融政策在支持可再生能源领域发展中的作用。该研究和其他一系列相关文献都明确指出了金融发展在支持可再生能源方面的高度政策相关性。

另一些学者已经开始关注金融发展在全球清洁发展中的作用。例如，Chang 等（2016）为 16 个东亚国家建立了向清洁能源发展的量化指标，在此过程中明确考虑了金融部门的作用。Paramati 等（2016）认为，股票市场和外商直接投资的发展可能为新兴经济体的清洁能源生产带来先进技术，从而提高清洁能源使用份额。通常认为，股票市场的发展有助于清洁能源项目从市场中获取资本（资本的可得性），并使投资者能有更高的风险调整资本回报率（资本的效率）。基于 1991～2012 年 20 个新兴市场经济体的面板数据，该研究发现产出、FDI 流入量和股票市场发展对清洁能源的使用有显著的正向影响。相比之下，Lee（2013）研究发现，在 G20（二十国集团）国家中，FDI 的流入量与清洁能源消费之间没有显著关系。

Doytch 和 Narayan（2016）使用分解方法研究了 FDI 与能源需求之间的关系。他们将 FDI 的流入资金分解至各个部门，并探讨了它们如何影响可再生能源的消费。该研究分析了 1985 年至 2012 年期间 74 个国家的面板模型，研究结果表明 FDI 是可再生能源使用的重要推动因素，但其作用在各个国家和行业之间显著不同。Omri 等（2014）建立了动态联立方程模型并发现碳排放量与 FDI 流入量之间存在双向因果关系。Ajmi 等（2015）探讨了七国集团国家（不包括德国）的碳排放量、经济增长与能源消耗之间的关联，其结果揭示了随时间变化的双向因果关系。

Kim 和 Park（2016）发现，金融发展对可再生能源技术的采用起到了重要作用，因此其对减少排放至关重要。他们在实证模型中加入了衡量资本市场和信贷市场发展的变量，其面板包含了 30 个国家。他们发现，金融发展对各种可再生能源的影响不尽相同。例如，相比生物质能和地热能，太阳能光伏发电从金融发展中受益更多。

对中国的一些研究已经开始关注金融发展以及一些其他因素对中国能源消费结构改革的影响。例如，Liu 和 Li（2011）使用可计算一般均衡（computable general equilibrium，CGE）模型分析后发现，取消对煤炭或石油的补贴可以帮助中国改善其能源消费结构。他们的模拟结果表明，与基准情景相比，将煤炭补贴削减 3%可以使非化石燃料能源的使用份额提高 1.76%。Shahbaz 等（2013）在无约束的 ECM 中加入了一系列衡量金融发展的变量，如 FDI 流入量、股票市场发展和银行业务种类，以研究中国的金融发展、增长、资本、贸易和能源使用之间的长期关系。他们发现，能源需求的增长可能会增加排放量并提高能源依赖度，其增长应遵循金融部门的发展趋势。从长远来看，中国应增加对可再生能源的投资并提高能源效率。

Zhang 等（2016d）基于财务报表信息研究了中国的 106 家可再生能源上市公司。他们发现这些公司存在过度投资的问题，即当其拥有自由现金流时，它们往往会投资于利润率较低的项目。这些公司的管理者可能会滥用权力并进行非理性的投资。他们的实证结果还表明，不同的融资渠道对企业的绩效至关重要。从这个意义上说，金融市场的发展举足轻重，需要有适当的法规和机制设计来确保一个良好的可再生能源投资环境。

总的来说，现有文献越来越多地关注了如何推动和促进可再生能源的进一步发展这一问题。目前的文献已经指出了金融发展对可再生能源发展的重要作用，但大多数是以多个国家作为研究对象而得出的结论。首先，这些研究鲜有专门针对中国的。如前所述，中国在可再生能源投资方面处于全球领先地位。中国政府强调要通过建立绿色金融体系来进一步发展其可再生能源行业（GFT Force，2015）。中国的政策制定者面临的问题包括：金融发展能为可再生能源的发展做出多大的贡献；哪种形式的金融发展更为重要。而现有文献尚未对这些问题做出解答。目前的众多研究都以多个国家的样本为研究对象，他们虽然找到了一些有可能影响可再生能源发展的重要因素，但并没有专门针对中国的特殊情况进行分析。

其次，现有的研究要么关注供给侧的因素，要么关注需求侧的因素，大多数研究没有将整个市场中的两方面因素纳入一个体系来考虑。而在现实中，所有变量都有可能是相互作用的。因此，本章采用了一种系统性的研究方法，将现有文献中的供给侧和需求侧的诸多因素都包括在一个无约束的系统中。我们的研究主题与中国“十三五”规划期间的能源结构升级需求问题密切相关。通过这项研究，我们能够弥补现有文献中的空白，并为中国的政策制定者提供重要的信息。

12.4 预测误差方差分解建模

本章主要使用的实证方法基于 VAR 模型。自 Sims（1980）提出以来，该模型已成为研究宏观经济系统中变量之间相互作用的有效工具。VAR 模型将所有变量纳入一个系统中并允许所有变量都是内生的，从而提供了一种简单而有效的方式来描述各个经济因素之间的关联和相互作用。但是，由于 VAR 模型中的系数较多，对 VAR 模型的诠释比较复杂，无法以常规的方式解释所得到的系数估计结果。因此通常采用脉冲响应函数和预测误差方差分解（forecast error variance decomposition，FEVD）这两种方式来进一步诠释 VAR 模型。这两种方法本质上都是前瞻性的。脉冲响应函数一般是指系统在承受了给定的冲击时所做出的响应，而预测误差方差分解提供的信息是系统中的所有变量对某一给定变量的变化（即预测误差）的解释力，揭示了序列中某一变量受其自身冲击与其他变量的冲击而导致的变动的比例。

基于预测误差方差分解方法，Diebold 和 Yilmaz（2009）提出了一种非常直观的方法来解释 VAR 系统中变量之间的关联关系，他们随后在 Diebold 和 Yilmaz（2014）的研究中完善了该方法。假设含有 K 个变量的协方差平稳的 VAR（p）模型为

$$y_t = c + A_1 y_{t-1} + A_2 y_{t-2} + \cdots + A_p y_{t-p} + u_t \tag{12-1}$$

其中，y 为 $k\times 1$ 的时间序列向量；c 为常数向量；u 为误差向量，其协方差矩阵为 $\Omega_u = E(u_t u_t^{\mathrm{T}})$；$A_S$ 为 $k\times k$ 的系数矩阵。在对该模型进行估计之后，我们采用预测误差方差分解模型来对 VAR 模型做进一步分析，以度量变量之间的相互影响。

根据预测误差方差分解的结果，我们可以得到以下信息。首先，通过构建变量 $\theta_{ij}^H [j=(1,K)且j\neq i]$，我们可以得知给定变量 i 的变化中有多少可以被其他所有变量解释。其次，通过构建变量 $\sum_{j=1}^{K}\theta_{ij}^H (j\neq i)$，我们可以得知变量 i 从系统中所获取的影响；通过构建另一个变量 $\sum_{j=1}^{K}\theta_{ji}^H (i\neq j)$，我们可以计算出变量 i 对整个系统

的变化所做出的影响。最后，通过计算 $\theta_{ij}^{H}-\theta_{ji}^{H}$，我们可以获得成对变量之间的相对贡献量，如果变量 j 对变量 i 的变化的贡献大于 i 对 j 的贡献，那么该算式的结果为正。

12.5　数据样本和模型变量

本章使用了 1992～2013 年的中国股票市场年度数据。选取 1992 年作为样本起点是基于数据的可得性，因为 1992 年之前的中国股市数据无法取得。VAR 模型中各个变量的选取参考了现有文献（如 Kim and Park，2016；Shahbaz et al.，2013）。表 12-1 介绍了 VAR 模型中所选取的各变量的定义。模型中的宏观经济变量数据取自 CEInet 统计数据库和中国国家统计局，包括经济增长和金融发展的衡量指标。温室气体排放数据取自 CAIT[①]，用于衡量促使采用可再生能源的环保压力的水平。原油价格和非水电可再生能源净发电量的信息都收集自 EIA 网站。

表 12-1　VAR 模型中的变量

变量名称	原始数据信息
Renew01	可再生能源占最终能源消耗总量的百分比/%
Renew02	非水电可再生能源净发电量/十亿千瓦时
FDI	外商直接投资流入量（占 GDP 的百分比）
Stock	国内上市公司市值（占 GDP 的百分比）
Credit	金融部门提供的国内信贷额（占 GDP 的百分比）
Oil	Brent 原油现货价格/每桶美元
GHG	温室气体总排放量/百万吨二氧化碳当量
Growth	人均 GDP 增长率/%

注：所有变量的原始数据均转换为增长率纳入 VAR 模型分析

根据现有文献，我们选取了三个指标来衡量金融发展的水平，即国内上市公司市值、金融部门提供的国内信贷总额和外商直接投资流入量分别在 GDP 中的占比。前两项指标分别代表了股权融资和债务融资的规模状况。第三项指标显示了国际投资的规模。可再生能源在最终能源消耗总量中的比重（Renew01）用于代表中国的能源消费结构。我们进一步使用了非水电可再生能源净发电量来替换变量 Renew01 并进行分析，以检验基准模型的稳健性。

① http://cait.wri.org。

图 12-5 绘制了样本期内可再生能源在总能源消耗中的占比（图 12-5（a））以及非水电可再生能源净发电量（图 12-5（b））。可再生能源在中国能源消费总量中的占比在样本期内呈现显著上升的趋势，从 1993 年的 5.2%增长到 2013 年的 10.2%，涨幅接近一倍。考虑到水力发电在可再生能源消费中占比最高且它与其他形式的可再生能源有显著不同的特点，我们探究了去掉水电后的其他可再生能源的净发电量的变化趋势，如图 12-5（b）所示。从图中可以看到，两者增长趋势明显不同。

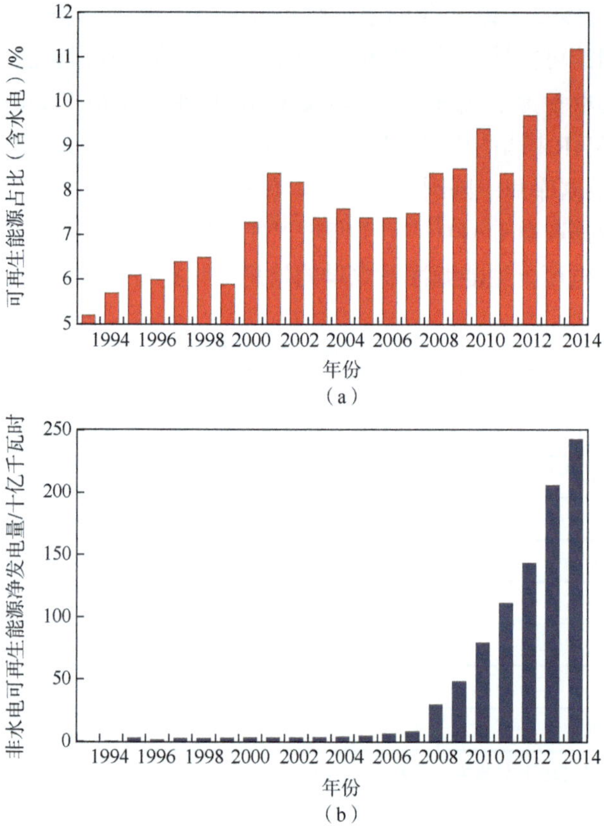

图 12-5　中国可再生能源占比及发电量

资料来源：CEInet 统计数据库及 EIA

在图 12-5 中可以看到，非水电可再生能源净发电量在 2008 年之后急剧增加，其趋势呈现出明显的结构性变化。由于存在该结构性变化，我们将非水电可再生能源净发电量作为一个追加变量来代表中国可再生能源的发展和能源结构的变化，以检验使用可再生能源占比这一变量所得到的结果的稳健性。

在进行 VAR 模型分析前，我们将表 12-1 中的变量都转换为它们的增长率，以满足 Diebold 和 Yilmaz（2009）的 VAR 模型框架对数据平稳性的要求。表 12-2 报告了 VAR 模型中变量的描述性统计信息和单位根检验的结果。除了 FDI 外，其他变量在样本期内的平均增长率均为正。由于 FDI 变量是外商直接投资流入量在 GDP 中的占比，其在样本期内的负增长率可能反映出来的是 GDP 在样本期内的增长速度超过了 FDI 流入量的增长速度。两个衡量可再生能源部门增长的变量（Renew01 和 Renew02）在表 12-2 中的各个数值都显著不同，这与图 12-5 中显示的两种不同的增长趋势相吻合。根据 KPSS（Kwiatkowski-Phillips-Schmidt-Shin）单位根检验的结果，所有变量都是平稳序列①。

表 12-2　VAR 模型中变量的描述性统计和单位根检验

变量	均值	中位数	最大值	最小值	标准差	KPSS 统计值
Renew01	0.25	0.20	1.40	−1.00	0.64	0.07
Renew02	44.78	25.33	273.34	−69.31	74.31	0.17
Stock	1.73	−1.26	80.32	−83.07	28.38	0.11
Credit	1.24	1.52	19.54	−10.19	6.71	0.08
FDI	−0.13	−0.23	2.40	−1.19	0.80	0.22
GHG	5.85	6.22	13.08	−1.51	4.00	0.14
Oil	8.22	10.59	47.07	−45.12	24.36	0.12
Growth	9.29	9.00	13.60	6.70	1.95	0.09

注：所有变量均为增长率；原始数据信息请参照表 12-1

12.6　实 证 结 果

本节将从三个方面揭示我们所构建的 VAR 模型所包含的变量之间的交互贡献。12.6.1 节汇报了 VAR 模型中的七个变量在全样本期内的相互贡献，分析了各变量对中国能源结构变化的解释力；12.6.2 节使用非水电可再生能源净发电量的增长来代表中国能源消费结构的变化，并据此再次进行 VAR 模型估计，以检测已有结果的稳健性；12.6.3 节讨论了美国和欧盟国家的可再生能源领域的现状和前景，并将这两个市场与中国市场进行了对比分析。

① 此处选用 KPSS 检验的原因是基于小样本的 ADF 单位根检验的检验效力较低，可能会得出不正确的结论。此处使用 ADF 检验得出的结果为除了 GHG 和 Growth 这两个变量，其他变量序列都是平稳的。ADF 检验结果在此处略去，但可以根据需求提供。

12.6.1 金融发展对可再生能源在总能耗中占比的影响

我们首先对共含有七个变量的 VAR 模型进行估计，模型中使用可再生能源占总能源消耗的比例的增长率来代表中国能源消费结构的变化。该 VAR 系统中任意成对变量之间的相对贡献如图 12-6 所示。图中，从节点 i 指向节点 j 的箭头表示变量 i 对变量 j 的变化的解释力大于 j 对 i 的解释力，即变量 i 对 j 做出了净贡献。系统中具有最大净贡献值的变量及其相关的箭头均被标记为红色，而具有最小净贡献值的变量及其箭头被标记为蓝色。

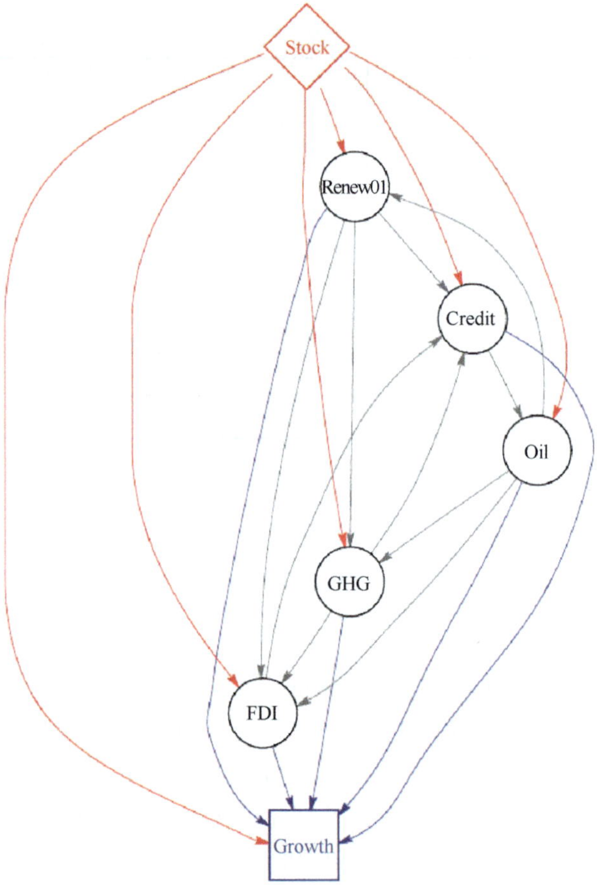

图 12-6　VAR 系统中变量间的交互贡献

如图 12-6 所示，代表中国股票市场发展的变量（Stock）被标注为了红色，表明其在系统中起着非常重要的作用。依据 VAR 模型计算出的净贡献值，该变量对系统做出的贡献最大。与之相反，经济增长变量（Growth）从系统中获得了最高的净收益，它从其他所有变量处获得的解释力超过了它对其他变量的贡献加总。

在三项金融发展衡量指标中，股票市场和信贷市场的发展对可再生能源在总能耗中的占比增幅做出了净贡献。原油价格变化是中国能源消费结构中可再生能源增长率的另一个净贡献者。

表 12-3 用另一种方式展示了系统内变量间的相互贡献。表中汇报了每个变量对系统的变化所贡献的解释力（“To”值）及其从系统中获得的对其自身变化的解释力（“From”值）。各变量对系统所做的净贡献值反映为表中的“Net”，该值与图 12-6 中的红色和蓝色部分对应，即股票市场的发展水平对 VAR 系统的总体变化的净贡献最高（39.48%），而经济增长从系统中获得的解释力最大，其净收益为 70.10%。

表 12-3　VAR 系统中变量贡献概况

变量	From	To	Net	To Renew01
Renew01	79.22%	103.03%	23.81%	
Stock	58.97%	98.45%	39.48%	16.25%
Credit	80.13%	77.23%	−2.90%	13.02%
FDI	81.49%	67.41%	−14.08%	13.15%
Oil	83.74%	104.14%	20.40%	19.60%
GHG	78.04%	81.44%	3.40%	15.80%
Growth	89.27%	19.17%	−70.10%	1.40%

注：“From”度量一个变量自身的变化能从 VAR 系统中获得的解释力；“To”衡量一个变量对整个 VAR 系统（不含该变量本身）的变化的解释力或贡献程度；“Net”是“To”和“From”的差值；最后一列“To Renew01”显示了每个变量对 Renew01 的变化的解释力，合计为 79.22%（即 Renew01 的“From”值）；根据 BIC 准则，该 VAR 模型的滞后阶数为 2

表 12-3 的最后一列对变量 Renew01 从系统中获得的解释力进行了分解。总的来说，整个系统（不包括 Renew01 本身）能够对 Renew01 变化中的 79.22%做出解释。其中，原油价格变化对其贡献最大（19.60%），而 GHG 的贡献水平相对较低（15.80%）。这些结果进一步印证了文献中的已有观点。图 12-7 使用条形图更直观地展示了这些结果。

如果说原油价格变化和温室气体排放量是可以用来解释可再生能源发展的需求侧因素，那么我们可以将三个金融发展的衡量指标（即股票市场、信贷市场和外商直接投资的增长率）视为供给侧因素，它们对中国可再生能源发展有显著影响。在这三个供给侧因素中，对可再生能源发展进程的贡献最大的是股票市场的发展水平，在 VAR 模型中它对可再生能源在总能耗中占比的变化的解释力高达 16.25%，而变量 FDI 位居第二。综合三个供给侧因素的个体贡献来看，在过去的

20年中，金融市场的整体发展对中国可再生能源领域的发展做出了42.42%的贡献。这些实证结果为中国的政策制定者提供了明确的信息，即要加快推进中国可再生能源领域的发展，需要加速金融行业尤其是股票市场的发展，为发展可再生能源行业提供更进一步的有利融资政策。我们研究的结果为中国近年来为建立发展绿色金融体系而采取的一系列政策举动提供了可靠的统计支持证据。

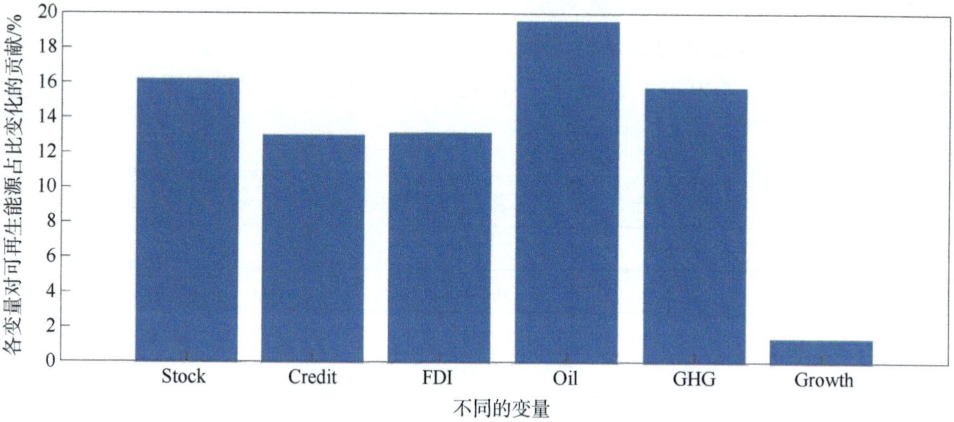

图 12-7　各变量对可再生能源在总能耗中份额变化的贡献

12.6.2　使用非水电可再生能源净发电量的稳健型检验

为了检验 12.6.1 节中所汇报的实证结果的稳健性，我们使用另一指标来衡量中国能源消费中可再生能源占比的变化，并将其纳入 VAR 模型中进行实证分析。该替换指标为非水电可再生能源净发电量的增长率。水电是清洁/可再生能源的最重要来源。但是，其发展具有与其他形式可再生能源迥然不同的特点。首先，中国的水力资源区域分布不均，主要集中分布在中国的西南地区。西电东送会产生巨大的输送成本。同时，在电力丰富的地区内进行开发建设的成本也在攀升。其次，水电项目通常体量巨大，需要大量的国家投资。最后，水电项目的审批程序不仅漫长，还涉及多个不同的政府部门。此外，尽管水力发电解决了一部分环境问题，但同时也可能引发一些其他问题。由于水电的这些独有特点，发展非水电可再生能源发电成了中国能源结构改革的一个更重要的方向。

实际上，非水电可再生能源已经在中国的可再生能源领域发挥了日益重要的作用。如图 12-5 所示，自 2008 年以来，中国可再生能源的非水电部分大幅增加。因此，我们有必要检验在排除水电的情况下，我们的计量模型会得出怎样的结果。为此我们构建了一个与 12.6.1 节类似的含有七个变量的 VAR 模型，在其他变量不变的情况下，使用非水电可再生能源净发电量的增长率来代替可再生能源在总能耗中份额的增长率，以检测前述结果是否稳健。替换变量后的模型估计结果见图 12-8 和图 12-9。

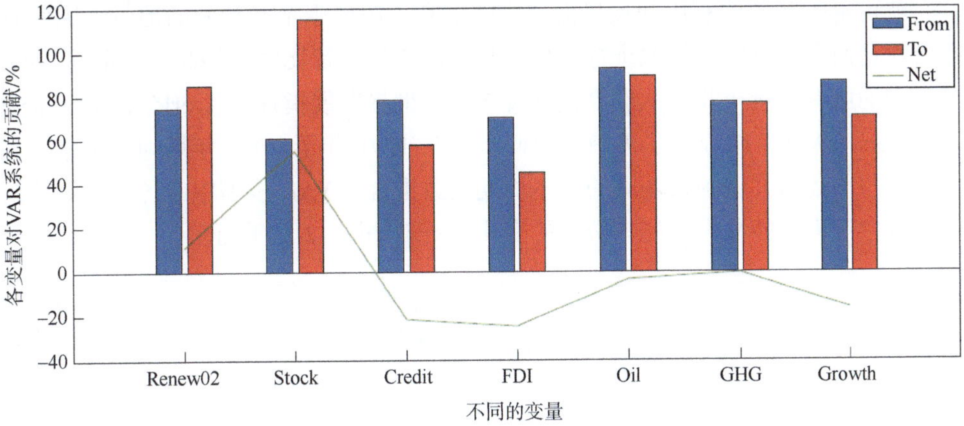

图 12-8　各变量对 VAR 系统的贡献（稳健性检验）

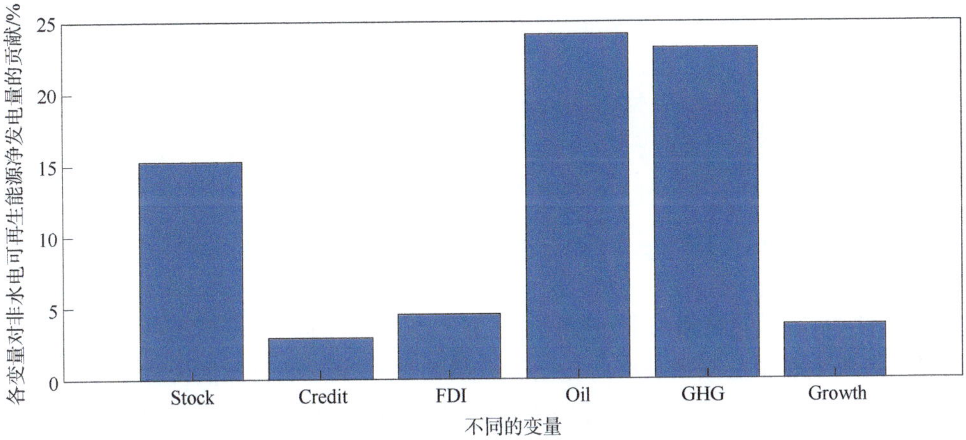

图 12-9　各变量对非水电可再生能源净发电量增长率的贡献

图 12-8 以柱状图的形式展示了新的 VAR 系统中各变量对系统总体变化的贡献量和获得量。与 12.6.1 节中的结果相比尽管有了一些变化，但股票市场的发展水平仍旧是系统中最重要的贡献因素。

图 12-9 绘制了其他所有变量对非水电可再生能源净发电量增长率的变化所做的贡献，这些结果证实了我们之前所得到的结论。原油价格变化和温室气体排放量仍旧是非水电可再生能源净发电量增长的两个最主要的贡献者，其次是股票市场的发展水平。综合考虑股票市场、信贷市场发展和外商直接投资三者的贡献，我们发现金融市场的总体发展水平对非水电可再生能源净发电量增长率的变化贡献了 22.74%的解释力。尽管数值较之前稍有降低，但总体的趋势并没有发生变化。

12.6.3 美国和欧盟国家的情况

就可再生能源的利用和投资而言，欧盟和美国处于全球领先的地位，因此有必要对这两个市场中的情况进行分析并与中国市场进行比较。为此，就前述 VAR 模型中的所有变量，我们从世界银行发布的《世界发展指标》（world development indicators，WDI）中收集了美国和欧盟市场在 1991 年至 2012 年期间的数据。该时间段与前述研究中国市场时的样本周期大致重合①。VAR 模型中的各变量对这两个市场中可再生能源占总能耗份额的变化的贡献如图 12-10 所示。

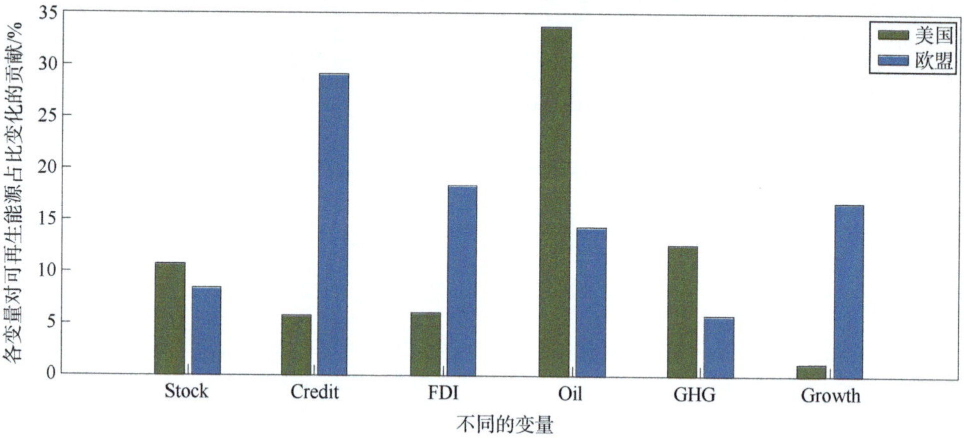

图 12-10 欧盟和美国市场中各变量对可再生能源份额增长率的贡献

图 12-10 所示的结果与前述中国市场的结果明显不同。金融市场的发展对美国市场的可再生能源份额增长率的变化仅贡献了 22.57%，而仅原油价格变化这一项就对其解释了 33.78%。金融市场因素在欧盟市场中的解释力相比美国市场要大得多，其对可再生能源份额变化的总贡献达到了 56.02%，与中国市场的结果相近。但欧盟市场上的最重要贡献者是信贷市场而非股票市场的发展水平。欧盟和中国之间的另一个主要区别是经济增长的相对重要性。尽管它在中国市场中对可再生能源份额变化的贡献很小，但在欧盟市场中其贡献超过了 16.76%。

中国的可再生能源领域将逐渐朝着美国和欧盟这两个发达市场的发展方向靠拢。以上结果清楚地表明，与美国的经验相比，欧盟市场的格局与中国的发展路径更为相关。美国的金融市场经历了一个多世纪的发展，已经成为全球最大、最发达的金融市场。此外，美国自身拥有丰富的自然资源。与之相比，欧盟和中国都严重依赖于国际能源市场，因此面临更多的能源约束。

① WDI 的可再生能源所占总能耗份额及温室气体排放量的数据截止于 2012 年。

12.7　本 章 小 结

“十三五”规划再次强调了能源结构升级是具有战略性意义的重要发展方向。对此，中国政府已经计划了明确的目标和举措，以提高可再生能源的份额，促进清洁能源的生产。这些目标和举措反映了中国政府减少排放，沿着清洁、可持续的道路发展经济的决心。在过去的两个五年计划期间，中国政府在中国经济承受了巨大压力的情况下，仍旧实现了其宏伟的减排目标。

可再生能源的开发往往成本高、风险大，特别是在初始阶段。这就需要政策的支持来创造一个促进该领域发展的有利环境。其中最重要的一项支持就是创造、维系良好的金融环境。现有文献表明金融发展对发展可再生能源至关重要。基于这些文献中的证据并参考了中国近期构建绿色金融体系的一系列举措，本章使用时间序列数据和前沿的系统性方法研究了金融发展在过去 20 年中为中国可再生能源的增长所做出的贡献。

具体来说，本章使用了股票市场、信贷市场的发展水平和国际投资的增长率作为衡量中国金融发展的三个量化指标。我们的实证结果表明，金融部门的发展对中国能源结构的转变做出了重大贡献。总体而言，金融部门的发展水平可以解释超过 40%的可再生能源份额增长率的变化。在这些金融领域相关因素中，股票市场的发展水平是最重要的贡献者。发展可再生能源行业与发展任何一个新兴部门在本质上是类似的，即往往风险较高，因此比起债权融资来说，其发展需要更多地依赖股权融资。随后，我们使用非水电可再生能源净发电量的增长率作为衡量中国可再生能源增长水平的替代指标进行了稳健性检验，并确认我们的实证结果是稳健的。

基于这些实证结果，我们可以得出一系列政策建议。首先，我们的结果表明，中国存在支持绿色转型的市场机制。像其他部门一样，可再生能源部门明显受益于金融市场的总体发展。股票市场扩张和信贷市场改革可以提供更高效、成本更低的融资机会，从而为可再生能源的发展提供间接的支持。同时，政府应鼓励国际资本进入可再生能源领域。其次，中国需要采取更明确的政策措施来发展金融部门，尤其是信贷市场。与欧盟相比，中国信贷市场所发挥的作用仍然较为薄弱。尽管建立绿色金融体系的设想的提出和一些主要银行的近期动向已经向市场释放了明确的信号，但目前我们尚不清楚中小型企业将如何从中受益，而这些企业正是发展绿色经济的最活跃、最重要的中坚力量（Liu et al.，2017c）。最后，就金融发展对可持续能源发展的重要性而言，中国与欧盟国家有一些相似之处，但与美国的情况明显不同。相较于美国模式，欧盟和中国市场有更多的共同特性，因此欧盟的可持续能源发展之路与中国更相关，更容易被借鉴。

考虑到数据的可得性，我们的总样本量相对较小，所得到的实证结果对变量的较大幅度变化可能会比较敏感，因此不宜对本章的数值结果做过度解读。但无论样本如何选取，我们认为本章所发现的总体趋势仍会保持不变。通过对中国的历史数据的实证分析，我们认为中国的政策制定者应考虑进一步强化资本市场所发挥的作用，制定更有利于可再生能源行业发展的相关政策。同时，本章还为构建中国的绿色金融体系提供了统计证据。

第 13 章

原油市场与能源公司股票间信息溢出研究

研究原油市场与股票市场之间的信息溢出机理一直是能源金融领域的热点问题。通常认为，原油市场对股票市场存在直接或间接的影响（Miller and Ratti，2009；Arouri et al.，2011a）。一方面，在有效市场中，原油价格冲击对于经济短期和长期的影响都会直接反映到股票价格上。另一方面，原油期货市场中投资者的增加和原油相关金融衍生品的产生促进了原油市场金融化。原油的利用和存储价值吸引了全球投资者利用原油资产套取额外利益、分散和对冲风险。同样，这一特点会吸引股票市场参与者利用原油资产进行投资组合，跨市场资产组合行为的存在加强了原油市场与股票市场之间的关联。因此，把握原油市场与股票市场间信息溢出的内在机制，能够为投资者和风险管理部门监控市场风险、对冲风险及防范系统性风险提供理论依据和指导。目前，从国家、行业和公司层面均证实了原油市场与股票市场之间存在显著的信息溢出效应。但是行业异质性信息和公司异质性信息的存在使得两市场在溢出方向上往往存在不一致的研究结论。对于市场参与者，尤其是投资者和风险管理者来说，把握公司异质性表现对其优化投资组合策略和进行风险管理至关重要。因此，本章针对与油价密切相关的能源行业公司股票，通过提取公司异质性信息，量化公司异质性信息对行业和公司股票收益的影响，从行业和公司两个层面分析 WTI 油价与股票收益之间的信息溢出关系，从而为研究公司异质性信息在信息溢出中的影响提供新的实证证据。

13.1 引　言

当前大部分研究主要从国家、行业和公司三个层面探讨 WTI 原油市场与股票市场间信息溢出关系。

（1）从国家层面来看，大多数学者以国家股指为研究对象证实了 WTI 原油市场与各国股票市场间存在显著的溢出关系（Malik and Hammoudeh，2007；Bouri，2015b；Phan et al.，2016），并且主要存在 WTI 原油市场向股票市场的溢出（Arouri et al.，2011b；Maghyereh et al.，2016）。Malik 和 Hammoudeh（2007）基于多元 GARCH 模型证实了大部分海湾合作委员会国家的股票市场显著接收了来自 WTI 原油市场的信息溢出。Bouri（2015b）的研究证实了存在从 WTI 原油市场向股票市场的波动溢出关系。Maghyereh 等（2016）利用溢出指数（Diebold and Yilmaz，2009，2012，2014）证实了 WTI 原油市场与 11 个发达国家股票市场之间存在显著双向波动溢出效应，其中 WTI 原油市场在两市场的信息溢出中占主导地位。

（2）从行业层面来看，一些研究发现 WTI 原油市场仅与交通、能源、银行等和原油生产、消费及投资相关行业股票的关系最为密切，而对非原油相关行业（如一般服务业）没有显著影响，而且这些研究强调行业间异质性特征是影响跨市场间信息传递机制的关键因素（Arouri et al.，2011a；Narayan and Sharma，2011；Degiannakis et al.，2013；Zhang and Cao，2013；Broadstock and Filis，2014；Bouri et al.，2016；Tiwari et al.，2018）。Narayan 和 Sharma（2011）证实了美国 14 个行业中仅能源、交通、银行、采矿业等 9 个行业股票受 WTI 原油市场的影响。同时，Zhang 和 Cao（2013）、Broadstock 和 Filis（2014）证实了采矿和原油天然气行业股票与 WTI 原油市场存在密切联系。此外，学者还证实了 WTI 原油市场与上述行业股票间存在显著的信息溢出效应，且 WTI 原油市场在两市场间占信息主导地位，这与国家层面研究结论一致（Arouri et al.，2012；Dutta，2018）。Arouri 等（2012）利用 VAR-GARCH 模型证实了 WTI 原油市场与欧洲部分行业股票存在显著的波动溢出关系，并且 WTI 原油市场在两市场间的净波动溢出效应显著。

（3）从公司层面来看，Mohanty 等（2010）证实了 WTI 原油市场与中东油气公司股票之间存在显著性关联，但中东油气公司会使油价产生异质性波动。而 Antonakakis 等（2018）利用溢出指数研究全球最大的油气公司时发现，WTI 原油市场与这些公司股票存在显著的溢出关系，但在波动溢出机制中 WTI 原油市场主要受油气公司股价的影响。Peng 等（2018）从极端风险角度证实了即使是同行业内的公司，WTI 原油市场与各公司之间的极端风险溢出效应也是不一致的，二者之间不仅存在正溢出效应还存在负溢出效应。Peng 等（2018）强调行业研究常忽略行业内公司的异质性，从而导致某些行业层面股指与原油市场之间的波动溢出效应在统计意义上不显著。因此，本章认为异质性信息受公司规模、现金流、内部管理规制及所在行业属性等因素影响，在分析市场间信息溢出机制时是不容忽视的（Mohanty et al.，2010；Narayan and Sharma，2011；Broadstock et al.，2016；Peng et al.，2018）。

总结现有文献发现，从国家、行业和公司层面均证实了 WTI 原油市场与股票市场之间存在显著的信息溢出效应。但是，在溢出方向上往往存在不一致的结论，这可能是由异质性信息导致的。对于市场参与者，尤其是投资者和风险管理者来说，把握公司异质性表现对其优化投资组合策略和进行风险管理至关重要。因此，本章针对与油价密切相关的能源行业公司股票，通过提取公司异质性信息，量化公司异质性信息对行业和公司股票收益的影响，从行业和公司两个层面分析 WTI 油价与股票收益之间的信息溢出关系，从而为研究公司异质性信息在信息溢出中的影响提供新的实证证据。

本章从研究内容和研究框架上对现有研究进行了扩展，主要贡献包括两个方面。首先，本章首次利用 Barigozzi 和 Hallin（2016）的方法量化能源行业和公司异质性信息，并结合溢出指数（Diebold and Yilmaz，2014）建立了 WTI 油价和股票收益之间的信息溢出网络，揭示了 WTI 原油市场与股票市场之间的信息传导机制。其次，本章选取了美国纽约证券交易所和 NASDAQ（纳斯达克）中油气、电力、煤炭、新能源等行业 120 家上市能源公司，通过对行业和公司两个层面的研究结论进行对比分析，证实了股票异质性信息的存在性。并从公司规模视角证实了公司间异质性信息是导致 WTI 原油市场与各个公司股票信息溢出关系发生变化的重要原因，为公司层面的信息溢出提供新的证据。

13.2　跨市场信息溢出模型

13.2.1　公司股票异质性收益建模

为量化行业和公司异质性信息，分析异质性信息在原油和股票市场信息溢出效应中的影响，本章基于 Barigozzi 和 Hallin（2016）的思想，从公司股票收益中提取出股票异质性收益，并通过对行业内公司层面异质性收益市值加权得到行业异质性收益。

本章基于 Forni 等（2000）、Forni 和 Lippi（2001）提出的广义动态因子模型从股票收益中提取股票异质成分（即受公司异质性信息驱动的收益）。具体模型表达见 2.2.2 节。

13.2.2　信息溢出指数

为合理度量 WTI 原油市场与公司股票信息溢出的内在联系，本章利用 Diebold 和 Yilmaz（2014）提出的溢出指数度量 WTI 原油市场与每个行业或每家公司股票收益静态和动态的溢出强度和方向，该指数被广泛应用到原油市场中（Ji et al.，2018c）。该指数是在 p 阶 VAR 过程中构建的，具体模型见 2.2.3 节。

13.3 实证结果

本章实证结果由三部分组成。首先，本章基于公司股票数据利用广义动态因子模型提取行业异质性信息和公司异质性信息，并验证公司异质性信息在公司股票收益中的存在性和重要性。其次，本章利用溢出指数量化 WTI 原油市场与能源行业股票之间信息溢出强度和溢出路径，同时探究行业间异质性信息在两市场信息溢出机制中的作用。最后，本章选取最具代表性的油气公司为研究对象，利用溢出指数探究 WTI 原油市场与油气公司之间的信息溢出路径和公司异质性信息在信息溢出中所起到的作用。

13.3.1 异质性信息对公司股票的解释能力

Roll（1988）发现市场和产业层面的信息只能解释个股股价小部分信息，其认为未解释的部分由公司异质性信息或噪声造成。本章基于 Barigozzi 和 Hallin（2016，2017）的思想量化公司异质性信息驱动的股票收益，并通过计算公司异质性信息对股票收益的解释力来诠释公司股票异质性信息在股票市场中的存在性和重要性。

本章根据式（13-1）～式（13-3）分别从公司平均水平（$R^2_{Y.\text{market}}$）、公司个体（$R^2_{Y_i.\text{market}}$）及时间（$R^2_{Y_t.\text{market}}$）三个维度度量市场共同信息和公司异质性信息对公司股票收益的解释能力，具体表达式如下所示。

$$R^2_{Y.\text{market}}=\frac{\sum_{i=1}^{n}\sum_{t=1}^{T}(X_{it}^T)^2}{\sum_{i=1}^{n}\sum_{t=1}^{T}(Y_{it}^T)^2}\times 100 \tag{13-1}$$

$$R^2_{Y_i.\text{market}}=\frac{\sum_{t=1}^{T}(X_{it}^T)^2}{\sum_{t=1}^{T}(Y_{it}^T)^2}\times 100,\quad i=1,2,\cdots,n \tag{13-2}$$

$$R^2_{Y_t.\text{market}}=\frac{\sum_{i=1}^{n}(X_{it}^T)^2}{\sum_{i=1}^{n}(Y_{it}^T)^2}\times 100,\quad t=1,2,\cdots,T \tag{13-3}$$

以油气行业（65 家油气公司）为例，从公司平均水平来看，市场共同信息对整个油气行业收益的解释能力为 $R^2_{Y.\text{market}} \approx 41\%$，则公司异质性信息解释能力为 59%。这表明油气行业公司股票收益一半以上的信息被各个公司异质性信息解释，说明油气行业公司间存在明显的异质性特征。从公司个体表现看（图 13-1），65 家油气公司中仅有 23 家公司股票市场共同信息解释能力在 60%以上，其余公司市场共同信息对收益的解释能力较差。这一结果与上述分析结果一致，均强调油气行业公司股票收益信息中大部分信息被各公司异质性信息解释。从时间维度看（图 13-2），整体市场共同信息的解释能力在 30%以下，除金融危机期间外，大部分时间下市场共同信息的解释能力在 10%以下。由上述分析可明显看出，在油气行业中，其价格收益变动主要是由行业内公司异质性信息所驱动的。因此，提取公司异质性信息对分析行业内信息起着至关重要的作用。这也验证了 Roll（1988）的观点，同时 Barigozzi 和 Hallin（2016）分析 S&P100 成分股收益时也证实了公司间异质性信息是驱动公司股价收益变化的关键信息。因此，本章的实证结果表明公司异质性信息能解释公司股票收益的大部分信息，是解释公司股票收益变化不可忽视的信息。为验证公司异质性信息在两市场间信息溢出中的作用，本章利用溢出指数量化对比分析能源市场股票收益和公司异质性信息在跨市场信息溢出中的强度和方向。

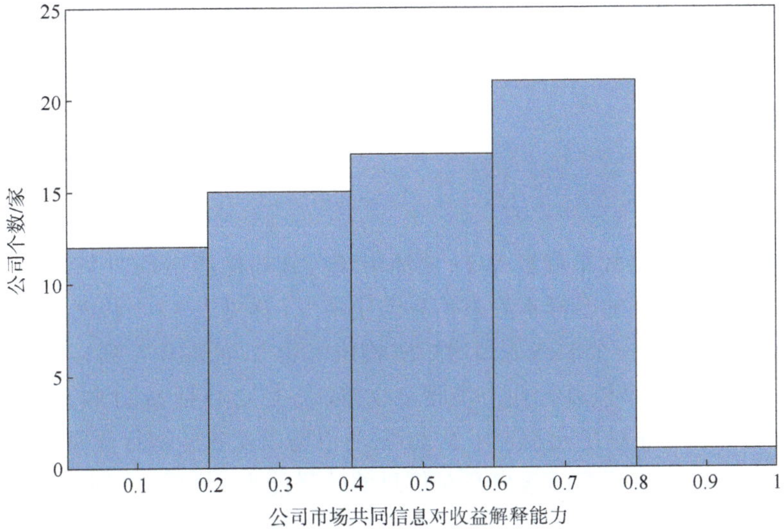

图 13-1　各公司市场共同信息解释能力 $R^2_{Y_i.\text{market}}$ 统计情况

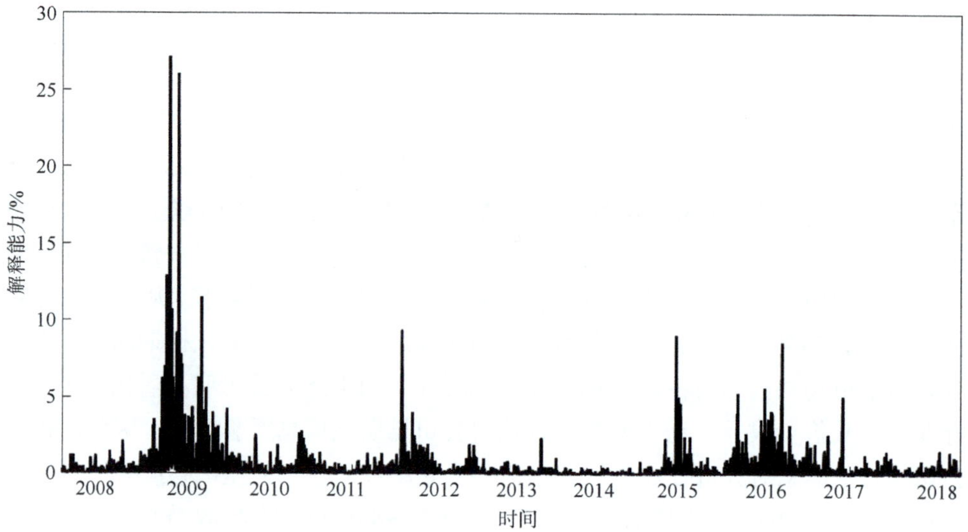

图 13-2　时间维度下市场共同信息解释能力 $R^2_{Y_t,\text{market}}$

13.3.2　异质性信息对跨市场信息溢出的影响

为研究异质性信息对跨市场信息溢出的影响，分析 WTI 油价收益分别与股票市场原始收益和异质性收益（即股票异质性信息驱动的收益）之间的传导机理，本章分别从行业和公司两个层面进行深入研究。其中，行业数据是基于公司数据市值加权得到的。

1. 行业层面

1）全样本静态信息溢出

本节利用溢出指数来度量 WTI 原油市场分别与能源市场四个行业间股票原始收益和异质性收益的全样本静态信息溢出情况，详见表 13-1 和表 13-2。表 13-1 和表 13-2 主要是由一个 5×5 的溢出矩阵构成（第 2 列到第 6 列），其中表 13-1 包括 WTI 收益和四个能源行业市场股票收益，表 13-2 包括 WTI 收益和能源行业股票异质性收益。非对角元素表示 WTI 原油市场以及各能源行业股指解释能力，而对角线上的数值表示各元素自身对信息的解释能力。最后一列表示除自身贡献外，其他所有市场波动对某个市场波动贡献的解释能力，最后两行分别表示波动 j 对其余所有市场波动贡献的解释能力和波动 j 对其余所有市场波动贡献的解释能力的净值。

表 13-1　WTI 原油市场与四大能源行业股票收益全样本静态溢出情况（2007.6.8～2018.5.10）

变量	WTI 原油	油气行业	电力行业	煤炭行业	新能源行业	总流入
WTI 原油	61.354%	20.595%	3.669%	9.626%	4.755%	38.646%
油气行业	13.956%	42.162%	16.926%	14.525%	12.431%	57.838%
电力行业	3.433%	23.499%	57.246%	7.940%	7.882%	42.754%
煤炭行业	8.465%	19.102%	7.754%	55.038%	9.642%	44.962%
新能源行业	4.471%	17.608%	8.186%	10.211%	59.524%	40.476%
总溢出	30.326%	80.804%	36.535%	42.302%	34.709%	系统总溢出 =44.935%
净溢出	−8.320%	22.966%	−6.219%	−2.660%	−5.767%	

注：建立 VAR 模型时，通过 AIC 或 SC（Schwarz criterion，施瓦茨）确定滞后阶数，且大量实证表明滞后阶数通常取 1～3 最为合适，本章滞后阶数为 2；表中数据是经过四舍五入保留三位小数的结果

表 13-2　WTI 原油市场与四大能源行业股票异质性收益全样本静态溢出情况（2007.6.8～2018.5.10）

变量	WTI 原油	油气行业	电力行业	煤炭行业	新能源行业	总流入
WTI 原油	99.098%	0.352%	0.064%	0.038%	0.448%	0.902%
油气行业	0.824%	96.347%	2.353%	0.372%	0.103%	3.653%
电力行业	0.182%	2.203%	96.937%	0.185%	0.494%	3.063%
煤炭行业	1.188%	0.483%	0.166%	98.119%	0.044%	1.881%
新能源行业	0.454%	0.155%	0.528%	0.096%	98.767%	1.233%
总溢出	2.648%	3.192%	3.112%	0.691%	1.089%	系统总溢出 =2.146%
净溢出	1.746%	−0.461%	0.049%	−1.189%	−0.144%	

注：建立 VAR 模型时，通过 AIC 或 SC 确定滞后阶数，且大量实证表明滞后阶数通常取 1～3 最为合适，本章滞后阶数为 2；表中数据是经过四舍五入保留三位小数的结果

通过表 13-1 可得到如下结论。①所有行业内的信息溢出高于与其他行业间的信息溢出。所有行业受自身滞后效应的影响最显著，尤其是 WTI 原油市场，自身滞后效应能解释自身 61.354%的波动。这一结果表明 WTI 原油市场虽然与能源股票市场之间存在信息溢出效应，但其大部分信息被自身滞后效应解释，Maghyereh 等（2016）和 Antonakakis 等（2018）的研究同样能论证这一观点。②从信息溢出方向性来看，WTI 原油市场和各行业系统内信息溢出具有明显的不对称性。WTI 原油市场、电力行业、煤炭行业和新能源行业均会受到外来信息的影响，并且这些市场主要接收来自油气行业的信息溢出（油气行业股票收益对整个系统信息溢出最高且为 80.804%）。其中受影响最大的是电力行业（油气行业解释力为 23.499%），其次是 WTI 原油市场（油气行业解释力为 20.595%）。这说明油气行业股票市场信

息是 WTI 原油–能源行业整个系统的主要信息源，油气行业股票市场信息在整个能源行业中起到信息先导的作用，体现了油气行业较高的开放水平和信息效率。③从系统的信息溢出水平来看，全样本系统信息溢出值为 44.935%，说明整个能源系统中各个行业之间具有信息联动作用，WTI 原油市场与能源行业间的信息容易通过资产等渠道进行传导。

表 13-2 描述了 WTI 原油收益与能源行业股票异质性收益之间的信息溢出情况。与表 13-1 对比发现，所有行业内的信息溢出依然高于与其他行业间的信息溢出。值得注意的是，从系统的信息溢出水平来看，全样本系统信息溢出值为 2.146%，说明整个系统中的收益具有较弱的信息联动作用，这主要是由四个能源行业异质性收益之间是弱相交关系所导致的（见广义动态因子模型的条件假设）。同时，在系统内 WTI 原油市场受能源行业股票异质性信息的影响小于能源行业股票异质性收益受 WTI 原油市场信息的影响。在原油–能源行业异质性信息系统中，WTI 原油收益成为系统的主要信息贡献者。

表 13-3 和表 13-4 是描述信息净溢出情况的 5×5 矩阵。由表 13-3 可明显看出，能源行业股票收益信息对 WTI 原油收益存在明显的净溢出效应，其中油气行业对 WTI 的信息净溢出效应最为明显。表 13-4 中的净信息溢出呈现下三角矩阵形式，说明 WTI 原油市场信息向能源行业异质性收益的传递主要通过油气行业向其他能源行业进行传递。这主要是由于原油作为油气行业最主要的原材料和成本，油气行业内公司股票价格对 WTI 原油市场风险最为敏感（Narayan and Sharma，2011；Phan et al.，2016）。因此，WTI 原油市场与油气行业间信息最为紧密，且两市场价格存在同步波动现象（Antonakakis et al.，2018）。其他能源作为原油的替代能源，无论是 WTI 原油市场还是油气行业股票出现风险均会通过影响能源供给和需求结构进行信息传导，进而影响其他能源行业股票收益。因此，原油与其他能源的替代关系使得油气行业成为 WTI 原油市场和能源行业股票市场之间信息传导的纽带。

表 13-3　WTI 原油市场与四大能源行业股票收益内部信息净溢出情况（2007.6.8～2018.5.10）

变量	WTI 原油	油气行业	电力行业	煤炭行业	新能源行业
WTI 原油	0.000%	6.639%	0.236%	1.161%	0.283%
油气行业	0.000%	0.000%	0.000%	0.000%	0.000%
电力行业	0.000%	6.573%	0.000%	0.186%	0.000%
煤炭行业	0.000%	4.577%	0.000%	0.000%	0.000%
新能源行业	0.000%	5.177%	0.304%	0.570%	0.000%

表 13-4　WTI 原油市场与四大能源行业股票异质性收益内部信息净溢出情况（2007.6.8～2018.5.10）

变量	WTI 原油	油气行业	电力行业	煤炭行业	新能源行业
WTI 原油	0.000%	0.000%	0.000%	0.000%	0.000%
油气行业	0.472%	0.000%	0.150%	0.000%	0.000%
电力行业	0.118%	0.000%	0.000%	0.019%	0.000%
煤炭行业	1.150%	0.110%	0.000%	0.000%	0.000%
新能源行业	0.005%	0.051%	0.035%	0.052%	0.000%

从整体上来看，在 WTI 原油–能源行业股票系统中，WTI 原油市场与能源行业股票市场之间存在显著的双向信息溢出效应。从静态结果来看，原油市场更多的是接收来自股票市场的信息，但 WTI 原油市场仍会通过影响股票异质性信息影响股票价格。虽然 Awartani 和 Maghyereh（2013）同样证实了原油市场与股票市场之间存在双向溢出效应，但他们认为在两市场之间原油市场处于主导地位。本章 WTI 原油收益对能源行业股票收益的信息净溢出为负，但两市场之间信息溢出相差较小。本章猜测受不同时期 WTI 原油市场对能源行业股票异质性信息的影响程度不同可能会导致原油市场与能源行业股票市场之间的信息溢出关系发生变化。为此本章参照 Diebold 和 Yilmaz（2009）的研究，引入滚动时间窗口技术来检验 WTI 原油市场与能源行业股票市场间信息溢出效应的时变特征，为使指数的表现形式平滑但又避免信息失真，设置滚动窗口样本长度为两年，即 520 个样本点，滚动步长为 20，来计算信息溢出的总指数和 WTI 原油市场向所有能源行业信息净溢出指数。

2）时变信息溢出分析

图 13-3 为 2009～2018 年 WTI 原油与能源行业股票信息溢出总指数的走势图。由图可明显看出，WTI 原油与能源行业股票之间的信息溢出总指数整体呈持续下行趋势。其中，样本期间系统总溢出整体维持在 24.80%～57.94%，表明 WTI 原油市场和能源行业股票市场间存在较强的信息联动作用。值得注意的是，在 2008 年金融危机之后市场之间的信息溢出是处于下降趋势的，这主要因为 2008 年之后各市场处于恢复阶段，市场不确定性和脆弱性增加，各自市场受自身因素影响较大，使得整体相关性下降，导致市场间信息溢出效率降低。而在 2014 年 WTI 原油价格出现暴跌时期，市场信息溢出效应增大。本章认为金融危机之后导致市场仍保持较高水平的信息溢出效应的信息源主要来自 WTI 原油市场。同样地，Awartani 和 Maghyereh（2013）强调原油市场信息净溢出增加是两

市场在金融危机之后仍存在较强的信息溢出效应的主要原因。随着原油市场金融化程度的加深，股票市场参与者利用原油资产进行投资组合，加强了两市场之间的信息溢出关系。金融危机之后，WTI 原油市场出现的突发性事件（如 2010 年墨西哥湾漏油事件、2011 年阿拉伯之春、利比亚战争以及巴林、埃及和也门的动荡等）成为系统性信息溢出增加的主要原因，这与 Antonakakis 等（2018）的结论相一致。

图 13-3　2009～2018 年 WTI 原油与能源行业股票整体信息溢出总指数的走势图

本章通过对比分析 WTI 原油市场对所有能源行业信息净溢出指数和 WTI 原油市场对能源行业异质性信息净溢出指数（图 13-4 和图 13-5）来验证上述观点。由图 13-4 和图 13-5 可明显看出，这两个图中 WTI 原油市场对能源行业股票信息的净溢出整体均呈上涨趋势。这表明在金融危机之后，WTI 原油市场对股票市场的信息溢出作用是逐渐增强的。特别是 WTI 原油市场对能源行业股票市场异质性信息的净溢出效应在大部分时期为正，在 2014 年下半年至 2015 年底期间 WTI 原油价格出现暴跌，WTI 原油市场对能源股票异质性信息的净溢出急剧上升。受全球性经济持续低迷、总需求疲软等影响，WTI 原油价格出现断崖式下跌，恐慌情绪和羊群效应加速了金融风险信息跨市场传染，致使 WTI 原油市场与能源行业股票之间的相互作用被放大。这表明在金融危机之后，WTI 原油市场不确定信息增加是两市场之间信息溢出效应增强的主要原因。这说明在金融危机之后，随着原油市场金融化程度的加深，WTI 原油市场在整个系统中逐渐成为信息主导者，在能源行业中具有标杆作用。这一结论与 Awartani 和 Maghyereh（2013）、Maghyereh 等（2016）的结论相一致，他们均认为 WTI 原油市场与股票市场之间的溢出存在不对称性，即 WTI

原油市场在溢出效应中占主导地位。

图 13-4　2009～2018 年 WTI 原油向能源行业股票净溢出指数走势图

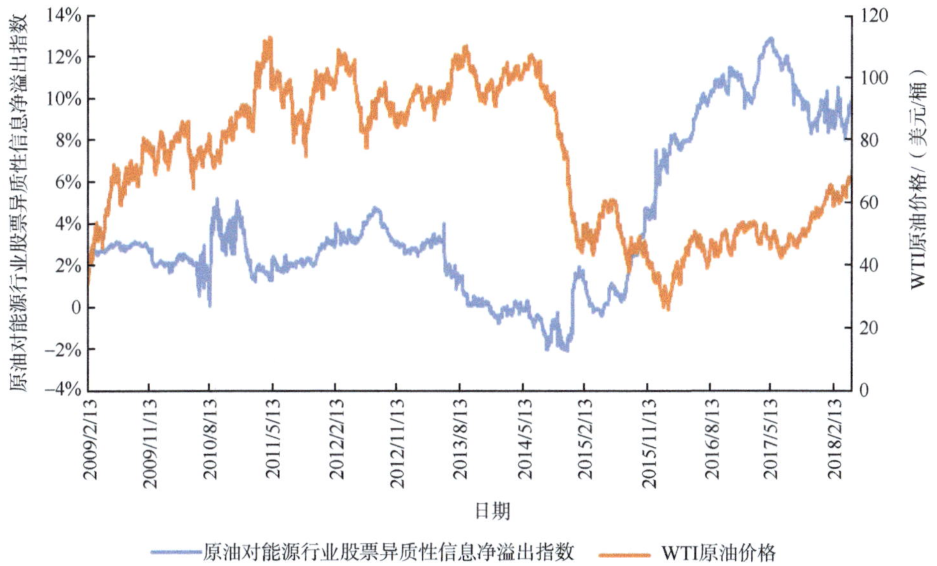

图 13-5　WTI 原油市场对能源行业股票异质性信息净溢出指数走势图

从行业层面，本章证实了原油市场与股票市场之间的信息溢出关系并不是一成不变的，金融危机之后，随着 WTI 原油市场金融化属性的逐渐增强，跨市场交易的逐渐增多，WTI 原油市场对股票异质性信息溢出效应的增强促使 WTI 原油市场逐渐成为两市场之间的信息主导者，WTI 原油价格的标杆作用逐渐增强。本章从信息的角度验证了 WTI 原油市场与能源行业股票之间信息溢出关系，证实了行业股票异质性信息在两市场信息溢出中所起的作用。

2. 公司层面

在行业层面的分析中，虽然验证了行业异质性信息在原油–能源公司股票收益间的信息溢出作用，但是并没有考虑公司间差异性，无法体现 WTI 原油市场与能源公司股票之间的信息传导机制。同时，Peng 等（2018）的研究强调忽略公司异质性信息会导致 WTI 原油市场与公司股票市场之间的溢出效应在统计学意义上不显著。为深入探究 WTI 原油市场与公司股票间信息溢出情况，本章重点从公司层面分析市场间的信息传导机制，并探究 WTI 原油市场与公司异质性信息之间的关系。值得注意的是，本章证实了油气行业是 WTI 原油市场与其他能源行业信息传递的重要纽带。油气行业在整个能源行业信息溢出传导路径中处于领先地位，是整个能源系统的信息先导者。本章认为油气行业在整个能源行业股票市场中是最具代表性和信息效率最高的行业。因此，本章选取油气行业为公司层面的研究对象。

考虑到计算高维 VAR 模型会出现“维度灾难”这一问题，本章难以计算 WTI 原油市场与 65 家公司之间的信息溢出情况。为此，本章从 65 家油气公司中选取典型公司进行研究。在公司选取时，本章主要基于两个原则。①选取的公司能代表行业大部分信息。如图 13-6 所示，为美国各个油气公司股票市值占 65 家油气公司市值总和的比例情况。由图可明显看出，前五大油气公司埃克森美孚（EXXON MOBIL CORPORATION）、雪佛龙（CHEVRON CORPORATION）、康菲石油（CONOCOPHILLIPS）、西方石油公司（OCCIDENTAL PTL.）及 EOG 能源（EOG RES.）的市值占 65 家油气公司市值总和的比例分别为 34.355%、17.543%、7.412%、5.670%和 3.320%，合计占 68.3%，剩余 60 家油气公司的占比之和仅为 31.7%，这表明这 5 家公司能代表油气行业股票大部分信息。因此本章选择这 5 家公司作为研究对象。②为了比较分析公司规模对异质性信息溢出的影响，本章选择 5 家市值占比最小的油气公司进行对比分析。基于上述两个原则，本章选取 10 家上市公司为研究样本（表 13-5）。

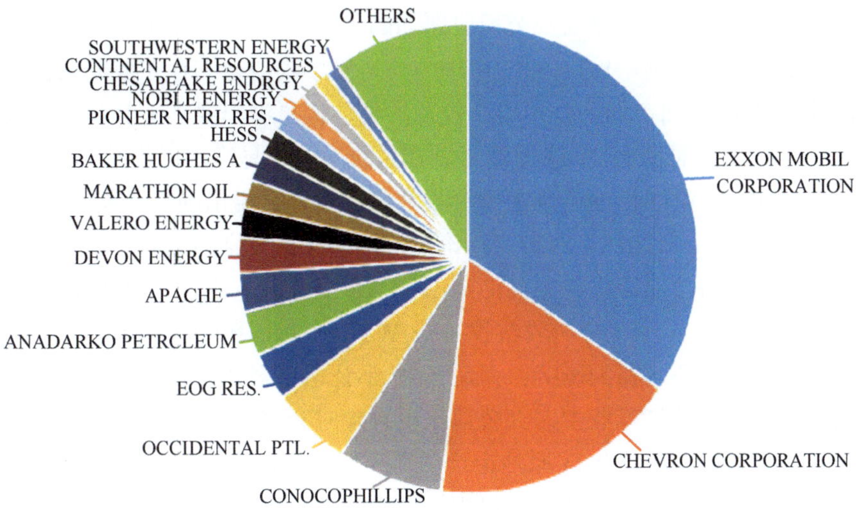

图 13-6　各个油气公司的市值占比（以 2017 年数据为例）

表 13-5　公司选取情况

类别	公司名字	缩写	市值占比
市值占比最大	EXXON MOBIL CORPORATION	XOM	34.355%
	CHEVRON CORPORATION	CVX	17.543%
	CONOCOPHILLIPS	COP	7.412%
	OCCIDENTAL PTL.	OXY	5.670%
	EOG RES.	EOG	3.320%
市值占比最小	EARTHSTONE ENERGY Inc-A	ESTE	0.008%
	ZOIN OIL AND GAS	ZN	0.007%
	US ENERGY	USEG	0.006%
	MESA ROYALTY TRUST	MTR	0.005%
	MARINE PETROLEUM TRUST	MARPS	0.003%

注：市值占比是指该公司市值与 65 家油气公司市值总和的比例

类似于表 13-1，表 13-6 展示了 WTI 原油市场与 10 家典型油气公司股票收益之间的信息溢出情况。基于表 13-6 可得到如下结论：①从整个系统角度来看，WTI 原油市场与油气公司之间存在强信息溢出效应。WTI 原油市场与 10 家油气公司的信息溢出总指数为 50.013%，这一结果从公司层面证实了 WTI 原油收益与油气公司股票收益之间存在高度依赖性，体现了油气公司股票价格对 WTI 原油市场信息变动极为敏感。除美国油气公司外，这一结论同样适用于壳牌、BP（英国石油公司）、中国石油、中石化等全球其他油气公司（Antonakakis et al.，2018）。②重点关注 WTI 原油市场与 10 家油气公司股票间的关系。从表 13-6 中的第二行和第二列数据结果可明显看出，WTI 原油市场与公司股票收益之间存在双向的信息溢出效应，其中 WTI 原油市场向公司股票收益的整体信息溢出要小于公司股票收益向 WTI 原油市场的信息溢出。WTI 原油市场在系统中的信息净溢出指数为–12.103%。这与行业层面上，WTI 原油市场主要接收油气行业信息溢出的结论相一致。同时，也与 Antonakakis 等（2018）的研究结论一致。但值得注意的是，本章发现公司规模对公司股票收益与原油收益之间的溢出关系影响很大。由表 13-6 中倒数第二行数据可知，只有前 5 家大公司股票收益向 WTI 原油市场的信息溢出要大于 WTI 原油市场对公司股票收益的影响。而后 5 家小公司更多地接收原油市场的信息。这一结果说明，在油气行业中，大公司出现风险时会将信息传递到 WTI 原油市场中，但小公司主要是承受 WTI 原油市场传递来的信息，对 WTI 原油市场的反作用比较小。同时，这一结果强调了公司规模及股票市值这一异质性信息是影响 WTI 原油市场与各个公司股票之间信息溢出关系的关键因素。

表 13-7 描述的是 WTI 原油市场与油气公司股票异质性收益之间信息溢出情况。从整体上看，WTI 原油市场主要接收来自油气公司股票异质性收益的信息，其中在系统中信息溢出最多的分别是雪佛龙（5.758%）和埃克森美孚（4.913%）这两家油气行业的龙头企业。同时，从表 13-7 中最后一行数据（即 WTI 原油市场对每家油气公司股票异质性收益的信息净溢出值）可明显看出，WTI 原油市场会接收所有公司股票异质性收益的信息。但受公司规模影响，每家公司对 WTI 原油市场的影响是不一样的。同样地，埃克森美孚和雪佛龙这样的大公司对 WTI 原油市场的影响是最为明显的，虽然其他小规模公司对 WTI 原油市场的信息溢出大于 WTI 原油市场对公司异质性收益的信息溢出，但净溢出值趋于 0。表 13-6 和表 13-7 的结果均强调，受公司间异质性信息影响，WTI 原油市场与公司股票收益之间存在异质性关系。这主要是由于受公司自身经营策略、多元化投资及公司规模等影响，各个公司股票对 WTI 油价表现出不一致的反应，这些都导致异质性信息很难被忽略（Peng et al.，2018）。本章通过对比分析的方法，从公司规模角度体现出公司间异质性信息会影响市场间信息传递的结果，强调了异质性信息在市场中的重要性。因此，对于投资者来说，在投资策略中要重点考虑公司间异质性对组合投资策略的影响，这一研究为投资者选股提供了新的思考视角。

表 13-6　WTI 原油市场与 10 家油气公司股票收益之间信息溢出表（2007.6.8～2018.5.7）

变量	WTI	XOM	CVX	COP	OXY	EOG	ESTE	ZN	USEG	MTR	MARPS	总流入
WTI	38.925%	8.436%	10.330 %	11.727%	11.847%	11.382%	1.555%	0.708%	2.248%	2.370%	0.471%	61.075%
XOM	5.498%	26.224%	19.575%	15.745%	15.658%	12.112%	0.986%	0.882%	1.861%	1.029%	0.429%	73.776%
CVX	6.361%	18.424%	24.700%	16.520%	15.863%	12.360%	1.298%	0.807%	1.906%	1.376%	0.384%	75.300%
COP	7.351%	15.285%	17.065%	25.406%	15.527%	13.704%	1.371%	0.667%	1.891%	1.393%	0.340%	74.594%
OXY	7.506%	15.020%	16.369%	15.474%	25.312%	14.483%	1.106%	0.745%	2.367%	1.259%	0.360%	74.688%
EOG	7.907%	13.012%	14.146%	15.074%	15.964%	27.671%	1.121%	0.939%	2.432%	1.484%	0.250%	72.329%
ESTE	3.321%	2.917%	4.201%	4.566%	3.673%	3.925%	73.547%	0.415%	1.503%	1.685%	0.249%	26.453%
ZN	1.486%	2.758%	2.677%	2.154%	2.403%	2.727%	0.263%	83.855%	1.113%	0.479%	0.083%	16.145%
USEG	3.789%	4.791%	5.178%	5.030%	6.179%	5.778%	1.327%	0.909%	65.073%	1.359%	0.588%	34.927%
MTR	4.500%	3.217%	4.474%	4.657%	4.149%	4.791%	1.439%	0.598%	1.505%	69.993%	0.678%	30.007%
MARPS	1.254%	1.523%	1.534%	1.741%	1.382%	1.099%	0.273%	0.171%	0.960%	0.909%	89.155%	10.845%
总溢出	48.972%	85.383%	95.550%	92.687%	92.645%	82.360%	10.739%	6.841%	17.786%	13.343%	3.832%	系统总溢出 =50.013%
净溢出	−12.103%	11.607%	20.250%	18.094%	17.957%	10.031%	−15.714%	−9.304%	−17.141%	−16.664%	−7.013%	
石油净溢出	0.000	−2.939%	−3.969%	−4.376%	−4.341%	−3.475%	1.766%	0.778%	1.540%	2.130%	0.783%	

注：建立 VAR 模型时，通过 AIC 或 SC 确定滞后阶数，且大量实证表明滞后阶数通常取 1～3 最为合适，本章滞后阶数为 2；该表非对角和对角元素分别表示成对贡献度和自贡献程度；最后一列“总流入”表示其他所有变量对给定变量的总信息溢出效应；行“总溢出”表示该给定变量对其他所有变量的信息溢出效应；行“净溢出”是“总溢出”和“总流入”之间的差异，衡量每个变量对整个系统的信息净溢出效应；“石油净溢出”表示 WTI 原油市场对所有变量的信息净贡献，计算为相应的溢出值和流入值之间的差；该表中的数据是经过四舍五入保留三位小数的结果

表 13-7 WTI 原油市场与 10 家油气公司股票异质性收益之间信息溢出表（2007.6.8~2018.5.7）

变量	WTI	XOM	CVX	COP	OXY	EOG	ESTE	ZN	USEG	MTR	MARPS	总流入
WTI	99.327%	0.062%	0.022%	0.001%	0.031%	0.000%	0.206%	0.000%	0.073%	0.237%	0.041%	0.673%
XOM	0.036%	56.798%	24.756%	8.426%	8.499%	1.081%	0.013%	0.116%	0.012%	0.249%	0.014%	43.202%
CVX	0.012%	24.458%	56.115%	10.212%	8.423%	0.554%	0.016%	0.042%	0.044%	0.124%	0.000%	43.885%
COP	0.001%	10.510%	12.893%	70.846%	4.372%	0.581%	0.004%	0.037%	0.274%	0.431%	0.051%	29.154%
OXY	0.022%	10.637%	10.670%	4.386%	71.081%	2.439%	0.103%	0.017%	0.002%	0.627%	0.017%	28.919%
EOG	0.000%	1.755%	0.909%	0.756%	3.162%	92.165%	0.302%	0.045%	0.020%	0.607%	0.279%	7.835%
ESTE	0.204%	0.023%	0.028%	0.005%	0.144%	0.324%	98.749%	0.001%	0.246%	0.258%	0.017%	1.251%
ZN	0.000%	0.202%	0.075%	0.052%	0.023%	0.049%	0.001%	99.265%	0.285%	0.007%	0.041%	0.735%
USEG	0.073%	0.020%	0.077%	0.382%	0.002%	0.021%	0.246%	0.283%	98.734%	0.021%	0.140%	1.266%
MTR	0.231%	0.424%	0.214%	0.587%	0.851%	0.636%	0.253%	0.007%	0.020%	96.532%	0.246%	3.468%
MARPS	0.041%	0.024%	0.000%	0.071%	0.024%	0.300%	0.017%	0.041%	0.141%	0.253%	99.088%	0.912%
总溢出	0.619%	48.115%	49.643%	24.879%	25.531%	5.984%	1.162%	0.589%	1.116%	2.814%	0.847%	
净溢出	−0.053%	4.913%	5.758%	−4.275%	−3.388%	−1.851%	−0.090%	−0.146%	−0.150%	−0.654%	−0.065%	系统总溢出=14.664%
石油净溢出	0.000%	−0.027%	−0.009%	0.000%	−0.009%	0.000%	−0.001%	0.000%	0.000%	−0.007%	0.000%	

注：建立 VAR 模型时，通过 AIC 或 SC 确定滞后阶数，且大量实证表明滞后阶数通常取 1~3 最为合适，本章滞后阶数为 2；该表非对角和对角元素分别表示成对贡献度和自贡献程度；最后一列“总流入”表示其他所有变量对给定变量的总信息溢出效应；行“总溢出”表示该给定变量对其他所有变量的信息溢出效应；行“净溢出”是“总溢出”和“总流入”之间的差异，衡量每个变量对整个系统的信息净溢出效应；“石油净溢出”表示 WTI 原油市场对所有变量的信息净贡献，计算为相应的溢出值和流入值之间的差；该表数据是经过四舍五入保留三位小数的结果

13.4　本章小结

本章对 WTI 原油市场和美国 120 家能源上市公司股票收益之间的信息溢出进行了分析。本章首次从异质性信息角度分析原油市场与能源股票市场间在行业层面和公司层面的信息溢出的关系，为探究跨市场间信息溢出机制的内在联系和形成机理提供了新的研究框架。

本章的主要研究结论如下。首先，本章利用 Barigozzi 和 Hallin（2016，2017）的思想，量化公司异质性信息对公司股票收益的影响，证实了对于公司股票收益来说，虽然市场共同信息是驱动收益的主要来源，但公司间异质性信息对收益的影响也是不容忽视的。这与 Barigozzi 和 Hallin（2016）、Peng 等（2018）的研究结论一致，均强调公司异质性信息对公司股票的重要性。

其次，本章从行业角度研究 WTI 原油市场与四大能源行业股票收益信息溢出情况。本章证实，WTI 原油市场与能源行业之间存在明显的双向信息溢出效应，并且原油市场与股票市场之间的信息溢出关系并不是一成不变的。金融危机之后，随着 WTI 原油市场金融化属性的逐渐增强，WTI 原油市场对股票异质性信息溢出效应的增强促使 WTI 原油市场逐渐成为两市场之间的信息主导者，WTI 原油价格的标杆作用逐渐增强。同时，本章强调油气行业是能源行业间信息传递的重要“纽带”。本章强调了在整个能源系统中油气行业举足轻重的地位，揭示了能源系统中信息传递的来源和路径，为风险管理者和能源类公司控制和防范能源行业风险传染提供依据。

最后，以油气行业中 10 家典型公司为研究对象，从公司层面证实了 WTI 原油市场与油气公司之间存在双向信息溢出效应，其中 WTI 原油市场更多的是接收来自油气公司收益的信息。本章证实了公司规模的差异性导致了 WTI 原油市场与油气公司之间信息溢出关系存在异质性。这提醒了投资者在构建投资组合规避市场风险和套取利润时应关注公司间异质性信息的影响。

总的来说，本章量化和强调了公司异质性信息在 WTI 原油市场与股票市场信息溢出效应中的作用，为研究市场之间的信息溢出效应提供新的研究思路与框架。在进一步的研究中，还应对影响公司间异质性信息的因素进行有效识别，并研究这些因素如何影响 WTI 原油市场与公司股票市场信息溢出机制，如何影响投资组合最优套期保值比率。这些研究结果是当前原油市场和能源公司的投资者与参与者最关心的问题。

第 14 章

全球能源大公司极端风险溢出研究

全球领先的能源公司对能源市场稳定发展和跨公司风险关联起到了至关重要的作用。本章主要研究极端金融风险在这些顶级能源公司所构成的网络中的溢出机制，以便识别出能源系统中的系统性风险的早期信号和潜在传染路径，增强能源系统对系统性风险事件的适应力。现有大多数系统性风险的相关文献重点关注的是金融系统，并主要从国家、行业和市场的层面研究如何识别金融系统中的重要风险点，即具有系统重要性的风险成分，以及风险网络结构特征（Acharya et al.，2012；Wu，2019，2020；Wu et al.，2020）。受到这些文献的启发，本章旨在识别出能源网络中最重要的风险因素和极端风险的溢出模式。我们认为能源市场中的这些关键参与者（即全球领先的大型能源公司）之间的风险关联紧密程度与全球能源市场中的系统性风险问题息息相关。

14.1 引　　言

作为能源系统的主要参与者，能源公司在应对全球不断增长的能源需求方面一直发挥着至关重要的作用。能源行业一直以来支撑着全球经济增长、快速工业化及人口的不断上涨。尽管化石燃料仍占据主导地位，但近十年来飞速发展的新能源技术正在重塑能源市场、能源公司的商业模式和战略以及能源的消费模式。随着全球能源体系的过渡，其内部的能源公司面临的风险和不确定性不可避免地增加，特别是对于在能源过渡期间引领技术升级和产业发展的大型国际能源公司而言（Ji and Zhang，2019a）。有证据表明，由于受到来自石油供应增加、油价大幅波动和收入下降的压力，近年来有相当比例的能源公司承受着巨大的财务压力，甚至容易出现破产风险，尤其是那些致力于能源生产和勘探、高杠杆率高而债务覆盖率低的公司（Antonakakis et al.，2018；Restrepo et al.，2018）。

由于许多国家的国内能源生产规模尚不能满足自身能源需求，各国能源系统之间已经从能源独立转变为相互依存，这导致了全球能源市场的日益一体化（Sheng and Shi，2013）。大型国际能源公司之间的各方面的关联在全球范围内得到了前所未有的增强（Singh et al.，2019）。像其他普通能源公司一样，这些大型能源公司不仅容易受到来自生产和勘探方面的挑战，还需要面临它们之间日益复杂的市场关系所引发的各种新问题（Restrepo et al.，2018）。

一方面，随着能源市场金融化进程的加深（Zhang，2017，2018），越来越多的机构投资者参与到能源市场中。能源类资产日益成为许多基金经理投资组合中越来越重要的组成部分。另一方面，随着能源供应的扩大和新能源的不断开发，越来越多的资本继续流向能源部门，特别是流向那些在能源行业中处于领先地位和能力较强的龙头企业，以满足能源部门的融资需求，尤其是与新型能源基建相关的大量且持续的资金需求。资本在全球能源市场中的流动在很大程度上增强了上市国际能源公司之间的关联，因为单个公司的信息和风险随资本流动能迅速扩散到其他公司，从而加强了公司之间的风险关联。

2008 年全球金融危机后，能源系统中的跨市场风险传染受到了极大关注，尤其是在市场动荡时期。现有的相关研究主要关注跨能源市场（Ji et al.，2018b；Singh et al.，2019）、能源市场和其他大宗商品市场之间（Luo and Ji，2018）或能源和股票市场之间（Zhang，2017）的风险溢出问题。这些文献多使用整体市场层面的数据来研究风险溢出效应和跨市场风险关联，这意味着企业层面的特质信息在研究中的缺失。这些缺失的信息很有可能是能源市场系统性风险传染的一个关键决定因素（Ma et al.，2019a）。同时，整体市场层面的分析不一定是详尽无遗的，对投资者而言，最终还是需要在公司层面做出投资决策（Antonakakis et al.，2018）。识别公司层面的风险联动关系有助于研究系统性风险传染的相关问题，并有助于投资者优化投资策略，但现有的相关文献中很少有对公司层面风险关联的研究。

本章旨在揭示全球顶级能源公司之间的极端风险关联，并在此基础上，进一步研究这种时变风险关联的驱动因素。我们选择研究公司层面的极端风险关联的动机是顶级能源公司之间的极端风险关联可能会形成能源系统固有的结构脆弱性，紧密关联的网络结构有可能充当促进风险升级、级联和传染的潜在机制，最终导致全系统范围的故障和崩溃。

本章的研究不仅是从全球角度出发，选择由全球顶级能源公司组成的样本，还考虑到了能源风险网络中潜在的地理和产业集群效应。更重要的是，除了探讨跨公司、跨地区和跨行业的极端风险溢出之外，我们还研究了能源网络内的极端风险关联的潜在驱动因素。我们的研究对现有能源系统性风险文献做出了补充和拓展。据我们所知，目前尚无相关文献研究能源企业层面的动态极端风险溢出及其驱动因素。

值得注意的是，在探讨我们所构建的能源系统的整体风险关联水平时，我们所关注的是可能诱发系统性事件的极端风险关联和溢出。因此，我们采用了在险价值模型（value at risk，VaR）来构建风险关联矩阵和评估公司之间的风险相依性，而现有相关文献中最常用的是资产价格、市场指数、股票收益或它们的各种转换形式（Restrepo et al.，2018；Singh et al.，2019；Wu，2020）。选择在险价值模型来构建风险关联网络主要基于两个原因。首先，通过使用 VaR 来量化极端风险，我们将极端风险视为能源公司回报分布的左尾，并关注极端下行波动。资产之间的极端下行波动通常与剧烈的市场动荡及其有可能的持续影响有关。因此，相对于普通的股价波动或资产收益的联动，这种极端下行风险联动对于能源风险管理具有更重要的意义（Zhang，2017）。其次，使用 VaR 作为公司级风险衡量工具的另一个好处是其计算不涉及公司的市场价值，因此避免了公司市值大小对评估公司的系统重要性造成的潜在干扰。使用在险价值模型所构建的极端风险网络可以视为一种风险传导机制，该机制将推动系统中各个变量之间的相互风险溢出，因此可以反映由全球顶级能源公司所组成的能源系统的系统性风险的总体水平。

同时，我们再次使用 Diebold 和 Yilmaz（2014）的方法，研究对所构建的能源网络中的极端风险关联的动态变化起关键作用的驱动因素。对这些风险驱动因素的探索是本章对现有文献的重要贡献。对潜在风险驱动因素的选取受到了现有文献的启发。现有的实证证据表明，能源公司的股票表现总是面临着诸多不确定性和多种来源的风险所带来的挑战，这些挑战包括股票和能源市场中的各类市场层面的风险、投资者情绪和汇率风险等。

14.2 能源大公司系统性风险网络建模

我们首先使用 ARMA-GARCH 模型估算能源公司的股票收益序列的条件边际分布，以计算各公司的在险价值。其次，我们使用 Diebold 和 Yilmaz（2014）的方法计算两两公司之间的在险价值关联度，并据此构建整个能源系统的风险关联矩阵，从而计算出总体系统性风险指数（total systemic risk index，TSRI）。根据其构建原理，TSRI 考虑并整合了系统中每个公司的极端风险变化对其他所有公司所产生的影响，并据此来衡量整个能源网络中的系统性风险水平。最后，我们再次采用 Diebold 和 Yilmaz（2014）的方法分析了一系列潜在驱动因素对 TSRI 的动态变化所做出的贡献。

14.2.1　公司股票收益的条件边际分布和在险价值

我们首先通过以下方法计算样本中能源股票的在险价值 VaR：

$$\mathrm{VaR}_{\alpha,t} = \mu_t + \alpha_t \cdot D^{-1}(\alpha) \tag{14-1}$$

其中，$\mathrm{VaR}_{\alpha,t}$ 为在时间 t 的 α 分位数处的在险价值；μ_t 为常数项；$D^{-1}(\alpha)$ 为 GARCH 模型残差的分布函数。

VaR 的计算基于 ARMA-GARCH 模型。ARMA（m,n）-GARCH（p,q）模型构造如下：

$$r_t = \varphi_0 + \sum_{j=1}^{m} \varphi_j r_{t-j} + \varepsilon_t + \sum_{k=1}^{n} \theta_{k^{\varepsilon}t-k}$$

$$\varepsilon_t = \sigma_t z_t，z_t \sim \text{i.i.d}，\sigma_t^2 = h(\sigma_{t-1}, \varepsilon_{t-1}) \tag{14-2}$$

其中，r_t 为给定能源公司的股票在时间 t 的收益；m 和 n 分别为自回归和移动平均项的滞后阶数；φ 和 θ 分别为收益滞后项和残差滞后项的系数；σ_t^2 为记为 $h(\cdot)$ 的 GARCH 族模型的条件方差。

根据 BIC 准则，我们从 GARCH、GJR-GARCH（Glosten-Jagannathan-Runkle-GARCH）、非对称幂（asymmetric power，AP）ARCH 和成分 GARCH（component sGARCH，csGARCH）模型中选择最优 GARCH 模型及滞后阶数，并从正态分布、偏态分布、学生 t 分布、偏态 t 分布、广义误差分布和偏态广义误差分布中选取最优的标准化残差分布。

在备选的 GARCH 族模型中，一般的 GARCH（p,q）模型形式为

$$\sigma_t^2 = \omega + \sum_{j=1}^{p} \alpha_j \varepsilon_{t-j}^2 + \sum_{k=1}^{q} \beta_k \sigma_{t-k}^2 \tag{14-3}$$

其中，σ_t 为式（14-3）～式（14-7）中的 GARCH 族模型的标准差。我们考虑使用 GJR-GARCH 模型来解决 ARCH 过程中的潜在不对称性问题。GJR-GARCH（1，1）模型形式为

$$\sigma_t^2 = \omega + \alpha_1 \varepsilon_{t-1}^2 + \gamma_1 I(\varepsilon_{t-1} < 0)\varepsilon_{t-1}^2 + \beta_1 \sigma_{t-1}^2 \tag{14-4}$$

其中，$I(\varepsilon_{t-1} < 0) = \begin{cases} 1, & \varepsilon_{t-1} < 0 \\ 0, & \text{其他} \end{cases}$ 为示性函数。加入该示性函数后，杠杆效应系数 γ_1 预期为正。

我们考虑使用 APARCH 模型来解决收益波动的不对称性问题。APARCH（1，1）模型形式为

$$\sigma_{0,t}^{\delta}=\omega+\alpha_1(|\varepsilon_{0,t-1}|-\gamma_1\varepsilon_{0,t-1})^{\delta}+\beta_1\sigma_{0,t-1}^{\delta} \tag{14-5}$$

其中，$\delta>0$；杠杆效应系数γ_1所在区间为（–1，1）。如果γ_1为正，则表示相对于同样规模的正面信息，往期的负面信息对当前收益波动性的影响更大。

我们还考虑了使用 csGARCH 模型将条件方差分解为长期和短期组成部分，以解决资产价格波动中潜在的结构性突变和非平稳性问题。csGARCH（1, 1）模型形式为

$$\sigma_t^2=c_t+\alpha_1(\varepsilon_{t-1}^2-c_{t-1})+\beta_1(\sigma_{t-1}^2-c_{t-1}) \tag{14-6}$$

$$c_t=\omega+\rho c_{t-1}+\phi(\varepsilon_{t-1}^2-\sigma_{t-1}^2) \tag{14-7}$$

其中，c_t和$(\sigma_{t-1}^2-c_{t-1})$分别为收益条件方差的长期和短期组成部分。

14.2.2 极端风险关联网络建模

在计算出各能源公司的 VaR 序列后，我们继续使用 Diebold 和 Yilmaz（2014）的方法构建极端风险关联网络。具体的建模过程参见第 2 章。除了估计能源系统在整个样本期间的平均风险关联度之外，我们还考虑到它的潜在时变特性，进而对总体系统性风险指数进行了滚动窗口分析，以捕捉其随时间推移的动态变化。

14.2.3 系统性风险的驱动因素识别

如前所述，本章的主要任务是探讨哪些因素可能会影响样本中的顶级能源公司的极端风险关联度的变化。为实现此目的，在上一步计算出能源系统的总体系统性风险指数后，我们进一步构建了一个扩展风险关联网络，该网络的组成部分包含能源公司系统性风险指数及其潜在的驱动因素。该扩展风险关联网络也由 Diebold 和 Yilmaz（2014）提出的 VAR 及广义预测误差方差分解方法构建，以探讨每种潜在驱动因素对能源公司系统性风险变化的贡献。潜在驱动因素的选取主要基于现有文献中的论点，既包含了来自全球和区域能源市场的冲击和风险因素，也考虑了金融市场和汇率市场的风险溢出的影响。

首先，作为能源系统的积极参与者，样本中的全球顶级能源公司面临着能源市场的基本面风险和油价冲击，而这些风险因素都可以通过油价波动迅速反映出来（Broadstock et al.，2014；Zhang，2017；Sheng et al.，2020）。由于存在此类风险，各能源公司的股票收益以及它们之间的风险关系都受到油价波动的影响（Ma et al.，2019a）。为了反映油价的波动，我们遵循现有文献（如 Antonakakis et al.，2018），采用 WTI 原油期货价格作为能源市场波动的代理变量。

其次，随着能源市场的金融化进程（Ma et al.，2019b），越来越多的对冲基金参与了能源市场。机构投资者的加入在为能源市场提供更多流动性的同时，也显著增强了金融与能源系统之间的关联（Zhang，2018）。在此背景下，上市能源公司，特别是全球顶级能源公司，更容易受到来自金融市场的信息和风险溢出的影响（Restrepo et al.，2018），尤其是在金融市场出现危机的时期。为了反映全球金融市场的波动对能源系统内部的风险关联的影响（Arouri and Rault，2012），我们根据现有文献（Singh et al.，2019）将 MSCI（Morgan Stanley capital international，摩根士丹利资本国际指数）全球指数作为能源公司风险网络的潜在驱动因素。同时，区域性股票市场也可能对地区能源市场的风险关联产生影响，尤其是在发生系统性事件后（Wu，2019）。因此，我们在 VAR 模型中加入了 MSCI 区域指数作为能源公司系统性风险指数动态变化的潜在驱动因素，对应样本中能源公司所在的三个区域（即欧洲、中东及非洲；亚太；美洲），分别将其表示为 M_EMEA，M_Pacific 和 M_US。

再次，我们考虑了投资者情绪对能源系统中极端风险关联的潜在影响。实证研究发现，能源市场参与者对来自其他市场（尤其是金融市场）的不确定性和风险溢出越来越敏感（Bianconi and Yoshino，2014；Zhang，2017；Zhu et al.，2020），特别是在金融市场的动荡时期。在市场动荡期，随着市场参与者投机、套利和趋同交易行为的增多，能源市场和能源公司之间的风险转移大大加剧。这些投资者往往使用高杠杆，且容易基于情绪和风险厌恶来调整投资行为和策略（Zhu et al.，2020）。投资者对股价暴跌或能源市场冲击的担忧和恐慌情绪可能会蔓延到由能源股票构成的系统中，从而加剧这些顶级能源公司之间的相互风险溢出。为捕获市场中投资者情绪对能源公司系统性风险指数的潜在影响，我们将金融市场和能源市场中的投资者情绪加入到 VAR 模型中。我们使用了芝加哥期权交易所（Chicago Board Options Exchange，CBOE）发布的标准普尔 500 指数（S&P 500 index）期权的隐含波动率指数（volatility index，VIX）及原油隐含波动指数（oil volatility index，OVX）来分别作为金融市场和能源市场投资者情绪的代理变量（Sheng et al.，2020）。这两个指数本质上是基于市场的预测指数，量化了投资者对市场中的波动、风险和不确定性的预期，因此传达了有用的前瞻性信息，使得条件方差预测更为准确有效（Sheng et al.，2020）。

最后，我们考虑汇率风险对能源公司系统性风险指数的潜在影响。目前已有大量文献对石油（或更广泛地说是能源）与汇率变动之间的相依关系进行了深入研究（Arouri and Rault，2012）。我们认为样本中的能源公司（大多数从事与石油有关的活动）股票之间的极端风险关联极有可能会受到美元走势的显著影响。因此，我们将美元指数（US dollar index，USDX）纳入 VAR 模型中，以研究美元波动对能源系统中的系统性风险动态的潜在影响。

14.3 数据样本和描述性统计

在研究样本的选择上，我们以全球顶级能源公司作为研究对象，构建它们之间的极端风险传导网络。这样的样本选择主要基于以下几点原因。首先，现有的金融系统性风险的相关文献发现，企业自身的规模、业务的复杂性及其与其他企业的相关性可用于识别系统重要性金融机构（Acharya et al.，2012）。据此我们认为，在整个能源系统的风险格局中，大型、业务复杂的能源公司比其较小的竞争对手更有可能具有更高的系统重要性。Ma 等（2019a）的实证研究发现，美国能源行业中的股票与石油市场之间的信息相互溢出主要由美国最大的石油和天然气公司主导，而其他较小型的能源公司往往是风险网络中的信息接收者。其次，从全球角度看，大型跨国能源公司相对于小型公司而言，更多地参与了与国际能源体系相关的事务，因此将不可避免地更容易受到全球能源市场的溢出效应的影响。而且，这些巨型能源公司是全球能源市场上最活跃的参与者，它们内部的风险和信息更有可能在更广泛的全球市场中传播，并引发跨地理边界的连锁效应。因此，它们的风险影响不仅限于国内市场，而有可能扩散至全球范围。再次，样本中的大多数公司具有强大的市场力量，业务往往涵盖整个能源产业链中的多个环节，经营活动多样化。它们的极端风险极有可能在整个产业链中传播，并进一步影响其他许多上游或下游公司的生存、运营和扩张。最后，由于能源公司之间的贸易关系以及跨辖区的能源市场和部门之间的联系加强，位于不同地区的领先能源公司之间的联系大大增加。

因此，我们选取由标普全球普氏发布的 2018 年度全球 250 强能源公司排名中的前 20 位上市能源公司的股票作为样本[①]，研究由这些能源股票所组成的能源网络中的系统性风险问题。由于公司数量的选择受制于模型设置的维度问题，本章所选取的公司数量限制为 20 家。我们认为该样本较好地代表了全球能源系统的系统性风险的重要来源。

普氏年度排名根据标普全球普氏给出的公式计算而来[②]，该公式基于四个关键财务指标来进行评级，包括公司资产价值、公司收入、利润和投入资本回报率。

---

① 样本中包括了 2018 年普氏排名中位列第 21 名的 Oil&Natural Gas Corp Ltd。由于数据无法取得，样本中未包含排名第 14 位的 Equinor ASA。基于同样原因，Saudi Arabian Oil Co 也未包括在样本中。该公司于 2019 年 12 月上市，晚于样本的结束日期。首次公开募股后，它在普氏 2020 年排名中位列第一，对全球能源系统的系统重要性可以在今后的研究中进一步加以探讨。

② 参见 https://top250.platts.com/Top250Rankings。

除了公司层面的排名外，普氏排名还进一步按地区和行业评选了最佳财务表现者。这些细分评级将全球顶级能源公司划分至三个区域，即美洲（Americas），欧洲、中东和非洲（EMEA）及亚太地区（Asia/Pacific）；以及六个行业，即油气综合（integrated oil and gas，IOG）、多元公用事业（multi-utilities，MU）、煤炭与消费用燃料（coal and consumable fuels，CCF）、油气精炼与销售（oil and gas refining and marketing，OGRM）、电力（electric utilities，EU）及油气勘探与生产（oil and gas exploration and production，OGEP）。

表 14-1 列出了样本中的能源公司的信息，包括它们的名称、缩写、普氏总体排名、所属的地区和行业及股票收益率的描述性统计数据。

表 14-1 中汇报了每家能源公司的四个关键财务指标，即资产价值、收入、利润和投入资本回报率。在样本所涵盖的三个地区中，全球排名前 20 位的能源公司的地域分布较为均衡，其中六家位于美洲地区，七家位于欧洲、中东和非洲，七家位于亚太地区。相比之下，这些公司在各行业之间的分布是不均衡的。IOG 行业占主导地位，几乎近一半公司（九家）归属于该行业，而 OGEP 和 CCF 行业仅各有一家公司。同时，普氏排名中位列前三的能源公司均归属于 IOG 行业。由于石油和天然气仍然保持着在能源行业的主导地位，因此不难发现最领先的能源公司都归属于石油和天然气的相关行业（Antonakakis et al.，2018）。对 IOG 行业所表现出来的主导地位的另一个合理解释是，由于参与到了油气勘探、加工和销售的每个步骤，综合性能源公司更有可能从规模化、多元化的经营模式中受益，从而更好地整合资源，拥有更强的财务实力。

从表 14-1 中可以看出，基于四个关键财务指标所得出的公司排名并不完全一致。例如，资产价值较高的公司不一定具有较高的收入或利润，如 E.ON 和 Phillips。与 Phillips 相比，E.ON 的资产价值更高，但收入和利润却更低。另一个典型的例子是 Shell，该公司的资产价值排名第一，但投入资本回报率仅为 5%，将其总排名拖至与 Shell 公司的巨大体量不甚相称的榜单底部（第 15 位）。

表 14-1 的最后四列显示了样本中能源公司的股票收益的描述性统计数据。每日股价数据取自 Thomson Reuters Datastream 数据库。样本期间为 2009 年 9 月 1 日～2018 年 5 月 17 日，选取可用数据后共有 2273 个观测值。股票日收益按后一日股价与前一日股价的自然对数差来计算（Wu，2020）。从表 14-1 可以看出，样本中的大多数能源公司在整个样本期间的平均收益为正，其中 Valero 最高。各个公司之间的收益波动程度差异很大，其中波动性最大的是 Reliance，其收益的标准差几乎是波动性最小的 JXTG 的四倍。所有股票收益序列都显示出尖峰厚尾的非正态分布特征。

表 14-1　全球前 20 大能源公司股票概况及描述性统计

公司名称	缩写	排名	国家	地区	行业	资产价值	收入	利润	投入资本回报率	股票收益均值	股票收益标准差	Jarque-Bera	ADF
						/百万美元							
Exxon Mobil Corp	Exxon	1	US	Americas	IOG	348 691	238 883	19 710	8%	0.008	1.146	998.785***	–48.79***
PJSC Lukoil	Lukoil	2	Russia	EMEA	IOG	84 268	95 724	6 753	10%	0.015	1.968	2 108.03***	–46.00***
Phillips 66	Phillips	3	US	Americas	IOG	54 371	89 340	5 100	14%	0.033	1.645	1 189.31***	–47.20***
E.ON SE	E.ON	4	Germany	EMEA	MU	65 400	44 990	4 588	20%	–0.051	1.976	1 261.49***	–46.38***
China Shenhua Energy Co Ltd	Shenhua	5	China	Asia/Pacific	CCF	89 235	38 833	7 461	10%	–0.010	2.022	2 910.37***	–47.37***
Valero Energy Corp	Valero	6	US	Americas	OGRM	50 158	88 407	4 061	13%	0.087	2.074	1 256.22***	–48.35***
Reliance Industries Ltd	Reliance	7	India	Asia/Pacific	OGRM	121 743	60 885	5 380	8%	–0.055	2.741	8 849.79***	–43.65***
Total SA	Total	8	France	EMEA	IOG	242 631	149 099	8 631	5%	0.014	1.409	603.89***	–47.58***
China Petroleum and Chemical Corp	CPCC	9	China	Asia/Pacific	IOG	249 080	368 334	8 000	5%	–0.006	1.688	4 370.72***	–46.00***
PTT Plc	PTT	10	Thailand	Asia/Pacific	IOG	69 749	62 357	4 172	8%	0.040	1.767	784.42***	–47.15***
Marathon Petroleum Corp	Marathon	11	US	Americas	OGRM	49 047	67 294	3 430	10%	0.007	2.410	2 508.86***	–46.84***
Indian oil Corp Ltd	IndianOil	12	India	Asia/Pacific	OGRM	44 094	62 858	3 374	13%	0.021	1.969	928.56***	–46.43***
Chevron Corp	Chevron	13	US	Americas	IOG	253 806	127 485	9 195	5%	0.028	1.305	678.07***	–47.73***
JXTG Holdings, Inc	JXTG	14	Japan	Asia/Pacific	OGRM	77 118	93 928	3 300	7%	0.018	0.784	563.88***	–48.36***
Royal Dutch Shell Plc	Shell	15	Netherlands	EMEA	IOG	407 097	305 179	12 977	5%	0.013	1.404	518.99***	–45.01***
OJSC Gazprom	Gazprom	16	Russia	EMEA	IOG	294 082	105 550	11 517	5%	–0.034	2.149	2 614.26***	–44.95***

续表

公司名称	缩写	排名	国家	地区	行业	资产价值	收入	利润	投入资本回报率	股票收益均值	股票收益标准差	Jarque-Bera	ADF
						/百万美元							
NextEra Energy Inc	NextEra	17	US	Americas	EU	97 827	17 195	5 378	8%	0.045	1.018	560.42***	–49.02***
National Grid plc	UK NG	18	UK	EMEA	MU	78 243	20 297	4 779	8%	0.014	1.193	1 611.70***	–47.04***
EnBW Energie	EnBW	19	Germany	EMEA	EU	45 336	25 843	2 401	16%	–0.019	2.192	1 611.25***	–34.41***
Oil & Natural gas Corp Ltd	ONGC	20	India	Asia/Pacific	OGEP	68 635	54 022	3 297	7%	–0.015	1.920	757.23***	–47.73***

注：该表显示了根据 2018 年普氏能源公司排名选取的前 20 大能源公司的基本信息；Americas 代表美洲地区；Asia/Pacific 代表亚太地区；EMEA 代表欧洲、中东和非洲地区；IOG 表示油气综合；MU 表示多元公用事业；CCF 表示煤炭与消费用燃料；OGRM 表示油气精炼和销售；EU 表示电力；OGEP 表示油气勘探和生产；Jarque-Bera 表示检验样本数据是否符合正态性分布的 Jarque-Bera 检验统计量；ADF 表示检测样本序列是否存在单位根的 augmented Dicky-Fuller 检验统计量

***表示在 1%水平上的显著性

此外，我们选取了对 TSRI 的动态可能产生影响的潜在驱动因素并将其加入到 VAR 模型中进行实证分析。其中，OVX 和 VIX 的数据取自 CBOE 的官方网站；WTI、USDX 及 MSCI 全球指数和三个 MSCI 区域指数均收集自 Thomson Reuters Datastream 数据库。

14.4 实 证 结 果

本节将从三个方面揭示我们所构建的能源系统内部的极端风险关联及其潜在驱动因素所做出的贡献。14.4.1 节展示了我们所构建的能源系统在全样本时期内的静态风险关联；14.4.2 节展示了该系统内的动态风险关联；14.4.3 节讨论了各潜在驱动因素对 TSRI 的动态所产生的影响。

14.4.1 能源系统极端风险关联的静态分析

我们首先选取拟合最优的 GARCH 模型用于刻画每个收益序列的条件边际分布。最佳模型选择显示在表 14-2 的第 2 列中。对于所有收益序列，ARCH 和 GARCH 项的最优滞后阶数为（1, 1），最优拟合模型因公司而异。

表 14-2　全球前 20 大能源公司股票 VaR 的描述性统计

公司	最优拟合模型	均值	标准差	偏度	峰度	Jarque-Bera	ADF
Exxon	APARCH（1, 1）-GED	1.797	0.545	1.591	6.578	2 170.092***	−6.716***
Lukoil	GJR-GARCH（1, 1）-*t*	2.970	1.032	1.611	6.705	2 281.846***	−4.848***
Phillips	GJR-GARCH（1, 1）-skew GED	2.517	0.992	2.177	10.403	6 983.040***	−4.165***
E.ON	APARCH（1, 1）-*t*	3.018	0.993	1.687	6.197	2 045.006***	−4.935***
Shenhua	csGARCH（1, 1）-skew GED	3.190	1.554	1.980	9.198	5 122.071***	−8.911***
Valero	GARCH（1, 1）-*t*	3.068	0.899	1.583	6.702	2 247.001***	−4.154***
Reliance	AR（1）-GJR GARCH（1, 1）-*t*	4.091	0.772	2.153	9.254	5 457.651***	−13.316***
Total	APARCH（1, 1）-skew GED	2.318	0.682	1.019	3.887	467.419***	−5.936***
CPCC	GJR-GARCH（1, 1）-GED	2.662	1.123	2.026	8.163	4 077.239***	−6.934***
PTT	GJR-GARCH（1, 1）-GED	2.834	0.967	1.857	8.146	3 813.096***	−5.859***
Marathon	GJR-GARCH（1, 1）-GED	3.664	1.513	1.660	6.277	2 059.803***	−2.736*
IndianOil	GARCH（1, 1）-GED	3.200	0.693	1.590	6.686	2 243.280***	−10.025***
Chevron	APARCH（1, 1）-*t*	1.940	0.673	1.399	5.080	1 150.494***	−5.120***
JXTG	GARCH（1, 1）-GED	1.263	0.281	1.056	4.569	655.583***	−7.029***

续表

公司	最优拟合模型	均值	标准差	偏度	峰度	Jarque-Bera	ADF
Shell	APARCH（1, 1）-skew *t*	2.198	0.698	0.807	3.337	257.307***	−4.018***
Gazprom	GJR GARCH（1, 1）-*t*	3.315	1.064	1.936	8.952	4 772.308***	−5.283***
NextEra	GARCH（1, 1）-GED	1.591	0.325	1.045	4.690	684.215***	−5.301***
UK NG	APARCH（1, 1）-skew *t*	1.898	0.336	1.636	7.594	3 012.034***	−11.344***
EnBW	MA（1）-GARCH（1, 1）-skew *t*	2.953	1.226	2.455	14.705	15 250.390***	−11.700***
ONGC	GARCH（1, 1）-GED	3.109	0.711	1.969	8.483	4 314.242***	−7.523***

注：该表显示了样本中能源公司的股票收益序列的最优 GARCH 族模型、最优滞后阶数和最优标准化残差分布，以及 VaR 的描述性统计信息；Jarque-Bera 表示检验样本数据是否符合正态性分布的 Jarque-Bera 检验统计量；ADF 表示检测样本序列是否存在单位根的 augmented Dicky-Fuller 检验统计量

*、***表示在 10%和 1%水平上的显著性

我们将从最优 GARCH 模型中取得的标准化残差通过式（14-1）来计算各股票的 VaR 值，其描述性统计数据见表 14-2。在整个样本期内，平均 VaR 值最高的股票是 Reliance，其次是 Marathon 和 Gazprom。JXTG 的 VaR 均值最低，同时其标准差也最低。所有的 VaR 序列均向右偏且有较长的右尾。Jarque-Bera 检验和 ADF 检验的统计数据显示，所有 VaR 序列均在 1%（Marathon 除外）的显著性水平上呈非正态分布，且为平稳序列。

然后，我们将上一步取得的 VaR 序列拟合到向量自回归模型中，并通过 Diebold 和 Yilmaz（2014）提出的广义预测误差方差分解方法来构建 VaR 序列的关联矩阵，如表 14-3 所示。该矩阵显示出了全系统范围内的总体系统性风险程度，以及成对 VaR 之间的预测误差的相互解释力。随后，将 VaR 关联矩阵中的所有非对角元素的和除以系统中的变量个数即可计算出 TSRI 的值。表中显示，TSRI 达到了 43.8%，这表示了在整个样本期内，我们所构建的能源系统内部具有较高的极端风险关联度，各能源公司股票之间的极端风险溢出效应总体来说较强。

我们的结果进一步证明了现有文献中的论点，即能源公司之间往往具有较为紧密的风险关联。首先，这些能源公司的生产经营往往会受到共同风险因素的影响。其次，单个能源公司的生产经营决策可能会影响市场供应和能源价格等基本面，从而影响到其他公司的预期收益及股价（Restrepo et al.，2018）。我们所计算出的总体系统性风险指数的数值非常接近 Geng 等（2021）的实证结果，他们发现在 2006 年至 2019 年间，全球前 20 大新能源公司的回报率之间的关联度为 41.89%。Restrepo 等（2018）研究了在纽约证券交易所上市的 20 家最大石油公司股价的波动溢出效应，发现 2002 年至 2016 年之间这些公司的股价波动关联性平均高达 84.7%，远高于我们所计算出的 TSRI 值。对比这些结果，我们认为，Restrepo 等

（2018）的研究样本中的上市公司处在同一个国内股票市场上，所以更多地受到同一市场内的共同风险因素的影响，相较于跨辖区的上市公司，它们更有可能形成更高水平的风险联动和更紧密的风险关联。

表 14-3 中关联矩阵的最后一列“From”中的数值表示了每种股票对整个系统的极端风险溢出效应的敏感性，而矩阵中的“To”行显示了每种股票对系统内极端风险溢出效应所做出的贡献的大小。从表中可以看出，Chevron 是对系统的风险溢出效应最大的贡献者，紧随其后的是 Exxon 和 Total。相比之下，EnBW 所接收到的来自系统的极端风险溢出最少且贡献也最小，其次是 JXTG 和 IndianOil。

表 14-3 中的最后一行“Net”反映了“To”和“From”数值的差异，评估的是每只股票对 TSRI 的动态的净贡献。不难理解的是 Chevron、Exxon 和 Total 作为对系统内极端风险溢出的前三大贡献者，它们的净风险贡献值也最高，这表明这三家公司股票的极端风险的变化对整个系统的系统性风险变化的影响最大。从接收风险溢出来看，无论是受到系统风险溢出影响最小还是对系统的风险溢出贡献最小的三家公司，它们都不是系统内极端风险溢出的最大净获得者。取而代之的是，Lukoil、E.ON 和 NextEra 被识别为系统内极端风险溢出的前三名净接收者，尽管前两家公司的资产或收入的规模在普氏排名中位列前四。

然而，如果分析了这些公司所从事的业务，那么就不难理解为什么 E.ON 和 NextEra 在该能源系统中扮演着净风险接收者的角色。首先来看 E.ON 公司，其主要提供电力和天然气传输服务，并在欧洲和全球范围内提供能源解决方案。这些下游业务在很大程度上会受制于天然气开采、钻探和生产等上游行业的风险和波动。从表 14-3 中的风险关联矩阵中可以看出，E.ON 从 IOG 巨头 Total 那里获得了最多的极端风险溢出。其次看 NextEra，该公司及其众多子公司的业务涵盖了传统能源和可再生能源市场的发电和配电领域。尽管 NextEra 是全球最大的可再生能源（包括风能和太阳能）发电商之一，但它旗下的发电厂仍然需要大量使用传统的石油和天然气作为动力发电。对石油和天然气的依赖和大量需求使得 NextEra 的成本和利润在很大程度上取决于这些燃料的供应情况，因此容易受到石油和天然气行业的波动的冲击，并受到油气行业中的主导企业的风险溢出的影响。表 14-3 中的风险关联矩阵显示，NextEra 从 Exxon 和 Chevron 获得的风险溢出最多，这些结果印证了以上论点。最后来看 Lukoil 公司。作为俄罗斯最大的跨国能源企业之一，Lukoil 主要从事石油和天然气的提炼以及石油产品的制造业务，在俄罗斯石油和天然气行业中占主导地位。然而，随着俄罗斯同西方国家的地缘政治矛盾加剧，俄罗斯对欧洲的石油和天然气出口量近年来持续下降。曾经高度依赖源自俄罗斯的进口石油和天然气的南欧和东欧国家近年来也越来越关注能源转型，并积极寻求可替代能源。考虑到俄罗斯在能源转型期间的全球地位的不断下降，不难理解该国的能源巨头 Lukoil 在全球能源风险系统中的影响力也低于样本中的其他众多能源公司。

表 14-3 全样本期间全球前 20 大能源公司股票的 VaR 关联矩阵

序号	1	2	3	4	5	6	7	8	9	10	11	12	13	14	15	16	17	18	19	20	From
1	0.349	0.006	0.110	0.015	0.004	0.034	0.008	0.057	0.004	0.010	0.088	0.000	0.211	0.002	0.053	0.011	0.021	0.015	0.001	0.001	0.651
2	0.038	0.400	0.031	0.014	0.005	0.010	0.012	0.058	0.011	0.017	0.032	0.000	0.049	0.001	0.050	0.246	0.003	0.020	0.000	0.001	0.600
3	0.122	0.006	0.321	0.010	0.006	0.026	0.009	0.064	0.002	0.008	0.178	0.000	0.149	0.000	0.055	0.012	0.011	0.019	0.000	0.001	0.679
4	0.057	0.012	0.045	0.411	0.003	0.024	0.007	0.121	0.002	0.018	0.031	0.000	0.068	0.004	0.097	0.021	0.008	0.068	0.002	0.002	0.589
5	0.001	0.003	0.003	0.002	0.728	0.000	0.007	0.017	0.185	0.014	0.003	0.001	0.014	0.001	0.012	0.002	0.000	0.002	0.003	0.003	0.272
6	0.079	0.003	0.050	0.006	0.005	0.636	0.012	0.019	0.001	0.009	0.046	0.002	0.076	0.002	0.023	0.010	0.014	0.005	0.001	0.000	0.364
7	0.019	0.010	0.010	0.012	0.006	0.007	0.714	0.027	0.002	0.042	0.015	0.016	0.018	0.002	0.017	0.019	0.004	0.011	0.000	0.049	0.286
8	0.074	0.016	0.068	0.068	0.010	0.010	0.009	0.357	0.004	0.020	0.040	0.000	0.102	0.004	0.142	0.021	0.005	0.039	0.004	0.005	0.643
9	0.001	0.003	0.004	0.000	0.206	0.001	0.002	0.005	0.747	0.012	0.003	0.001	0.005	0.001	0.001	0.004	0.000	0.000	0.001	0.003	0.253
10	0.039	0.012	0.011	0.016	0.020	0.002	0.045	0.046	0.007	0.656	0.014	0.001	0.033	0.009	0.039	0.015	0.002	0.011	0.003	0.018	0.344
11	0.098	0.005	0.184	0.008	0.004	0.018	0.011	0.045	0.001	0.006	0.395	0.000	0.151	0.002	0.049	0.008	0.008	0.006	0.000	0.001	0.605
12	0.003	0.000	0.008	0.001	0.002	0.002	0.039	0.002	0.000	0.010	0.002	0.764	0.006	0.005	0.000	0.001	0.008	0.010	0.005	0.131	0.236
13	0.175	0.006	0.128	0.018	0.006	0.029	0.006	0.076	0.004	0.010	0.114	0.000	0.330	0.000	0.064	0.010	0.012	0.010	0.000	0.001	0.670
14	0.018	0.003	0.001	0.010	0.002	0.002	0.006	0.025	0.001	0.010	0.008	0.001	0.012	0.826	0.026	0.008	0.003	0.035	0.003	0.001	0.174
15	0.078	0.019	0.058	0.069	0.008	0.009	0.009	0.172	0.002	0.020	0.049	0.001	0.104	0.001	0.329	0.023	0.006	0.042	0.002	0.001	0.671
16	0.036	0.218	0.031	0.018	0.001	0.018	0.013	0.052	0.019	0.021	0.028	0.001	0.043	0.001	0.050	0.420	0.005	0.023	0.000	0.001	0.580
17	0.075	0.005	0.040	0.010	0.004	0.036	0.004	0.026	0.003	0.006	0.037	0.000	0.055	0.000	0.016	0.015	0.616	0.045	0.002	0.004	0.384

续表

序号	1	2	3	4	5	6	7	8	9	10	11	12	13	14	15	16	17	18	19	20	From
18	0.034	0.019	0.023	0.065	0.005	0.007	0.012	0.080	0.002	0.009	0.011	0.000	0.036	0.004	0.084	0.024	0.025	0.551	0.003	0.005	0.449
19	0.001	0.000	0.000	0.002	0.001	0.000	0.000	0.003	0.001	0.000	0.003	0.001	0.003	0.001	0.004	0.000	0.005	0.004	0.967	0.005	0.033
20	0.008	0.002	0.012	0.006	0.003	0.002	0.063	0.018	0.004	0.037	0.006	0.060	0.014	0.003	0.006	0.004	0.007	0.011	0.002	0.732	0.268
To	0.956	0.349	0.817	0.352	0.300	0.237	0.275	0.913	0.253	0.280	0.709	0.086	1.150	0.044	0.788	0.454	0.148	0.376	0.032	0.232	TSRI=
Net	0.305	−0.252	0.138	−0.238	0.028	−0.127	−0.011	0.270	0.000	−0.064	0.103	−0.149	0.481	−0.130	0.117	−0.126	−0.236	−0.073	−0.001	−0.035	0.438

注：该表显示了全样本期间全球前20大能源公司股票之间的成对VaR的关联度；1=Exxon，2=Lukoil，3=Phillips，4=E.ON，5=Shenhua，6=Valero，7=Reliance，8=Total，9=CPCC，10=PTT，11=Marathon，12=IndianOil，13=Chevron，14=JXTG，15=Shell，16=Gazprom，17=NextEra，18=UK NG，19=EnBW，20=ONGC；"From"和"To"分别表示每个变量的行和列元素的和，但不包括代表自我贡献的对角元素；"Net"是每个变量的"To"和"From"的值之间的差；"TSRI"表示总体系统性风险指数，计算方法是将矩阵内的非对角元素之和除以变量个数；该表中的数据是经过四舍五入保留三位小数的结果

从表 14-3 中的“Net”的数值可以看到，我们构建的能源系统中有七家公司的股票为总体系统性风险的净贡献者。它们的地域分布为四家公司位于美洲，两家位于欧洲、中东和非洲，而只有一家位于亚太地区。在各个行业中，位列前五的净风险贡献者均属于 IOG，而其余两家分别属于 OGRM 和 CCF，排名靠后的两家公司的股票（尤其是 Shenhua）对系统中风险溢出做出的贡献净值明显低于位列前三名的公司。基于以上这些做出净风险贡献的公司在区域和行业之间分布的差异，我们可以大致推测，不仅仅是这些公司本身在能源系统中具有系统重要性，它们中绝大多数所处的地区（美洲）和行业（IOG）在地区和行业层面上也极有可能具有系统重要性。

为证实这一推测，我们进一步计算了各地区和各行业在样本期内的 VaR，以及成对的地区或行业 VaR 之间的相互风险收益和贡献，结果分别显示在表 14-4 中的面板 A 和面板 B 中。某一地区或行业的 VaR 为该地区或行业内的能源公司股票的 VaR 值的算术平均值。这一计算方法实际上是用某一地区或行业内的能源公司股票 VaR 值的平均值来代表该地区或行业的 VaR 值水平，这就避免了由于公司数量或市场价值在地区或行业之间分布不均所有可能引起的偏差。从地区的 VaR 关联矩阵中的“From”和“To”的值可以看到，EMEA 和美洲分别为最大的系统性风险接收者和贡献者，而亚太地区无论接收的还是贡献的极端风险溢出都是最少的。“Net”值表明，只有美洲是对系统性风险的净贡献者，而其他两个地区都是净接收者。在行业层面的风险贡献上，作为整个能源系统的下游产业的 OGRM 受系统中极端风险溢出的影响最大，其次是 IOG 和 MU。对比其他行业，IOG 拥有最多家公司，其中包括系统中资产和收入最高的公司，且为上游行业。从“From”和“Net”值来看，IOG 不仅对能源系统的系统性风险做出了最大的贡献，其净风险贡献值也最大。MU 从系统获得的极端风险溢出最多，表明它相对其他行业更容易受到能源系统的风险溢出的影响。这些发现证实了我们之前的推测，即美洲和 IOG 在风险贡献方面比其他地区或行业更具系统重要性，并且更有可能影响整个系统中系统性风险的动向。

从表 14-4 中的面板 A 中可以看到，由三个地区的 VaR 所组成的系统的总体系统性风险指数较低，仅达到 2.6%。这表明跨区域的极端风险溢出水平较低，区域能源市场之间的相互风险影响较小。与地区之间的极端风险关联结果相似，行业层面的极端风险总溢出效应仅为 6.1%，说明极端风险的跨行业溢出效应并不明显。通过比较企业、地区和行业这三个层面的极端风险总溢出效应，我们发现跨公司的风险溢出效应是最明显的，而区域能源市场和能源行业之间的风险关联度却相对低得多。换句话说，我们的结果表明在单个地区或行业出现极端风险时，其他地区或行业受到的影响很小或几乎不受影响。因此，我们可以认为，公司之间的极端风险溢出要比跨地区或跨行业溢出更容易发生。而在研究公司之间的风险溢出时，地理邻近性应该是一个有可能增强风险关联的重要因素。这与 Jannati（2020）

的结论相吻合，该研究发现，美国市场中占有主导地位的公司（以收入来衡量）受到生产力冲击时，其风险往往会转移到地理位置上与其最临近的公司，并可用来预测这些公司未来的冲击。这一发现也证实了我们之前将本章结果与现有文献（Restrepo et al.，2018；Geng et al.，2021）比较时得出的结论，即相较于跨市场或跨国的公司群体，处于同一市场或国家的公司之间的风险溢出效应更强。

表 14-4　全样本期间地区和行业的 VaR 关联矩阵

面板 A：地区之间的 VaR 关联矩阵				
地区	Americas	EMEA	Asia/Pacific	From
Americas	0.140	0.019	0.004	0.023
EMEA	0.031	0.110	0.006	0.037
Asia/Pacific	0.008	0.010	0.126	0.018
To	0.039	0.029	0.010	地区层面总风险指数=0.026
Net	0.016	−0.008	−0.008	

面板 B：行业之间的 VaR 关联矩阵							
行业	IOG	MU	CCF	OGRM	EU	OGEP	From
IOG	0.091	0.023	0.030	0.018	0.004	0.004	0.079
MU	0.042	0.274	0.004	0.010	0.010	0.004	0.070
CCF	0.028	0.002	0.728	0.002	0.002	0.003	0.037
OGRM	0.025	0.010	0.004	0.141	0.005	0.036	0.080
EU	0.014	0.015	0.003	0.008	0.400	0.009	0.049
OGEP	0.012	0.009	0.003	0.027	0.005	0.732	0.056
To	0.121	0.059	0.044	0.065	0.026	0.056	行业层面总风险指数=0.061
Net	0.042	−0.061	0.007	−0.015	−0.023	0.000	

注：该表显示了整个样本期间地区和行业层面的成对 VaR 之间的关联度；Americas 代表美洲；EMEA 代表欧洲、中东和非洲；Asia/Pacific 代表亚太地区；IOG 代表油气综合行业；MU 代表多元公用事业行业；CCF 代表煤炭与消费用燃料行业；OGRM 代表油气精炼与销售行业；EU 代表电力行业；OGEP 代表油气勘探与生产行业；“From”和“To”分别表示每个变量的行和列元素的和，但不包括代表自我贡献的对角元素；“Net”是每个变量的“To”和“From”的值之间的差；地区和行业层面的总风险指数的计算方法是用矩阵内的非对角元素之和除以矩阵中变量的个数；该表数据是经过四舍五入保留三位小数的结果

图 14-1 绘制了按地区或能源行业聚类的公司之间的定向极端风险溢出网络，分别显示在图 14-1（a）和图 14-1（b）中。网络中的有色节点表示各公司的股票，不同的颜色代表了公司所属的地区或行业类别。每个网络中的 20 个节点通过图中的 190 个有向箭头两两连接，以显示成对股票之间的极端风险依赖关系和风险走向。就个股 VaR 的动态而言，如果股票 i 对股票 j（$i \neq j$）的解释力多于 j 对 i 的解释力时，i 对 j 的极端风险则是净贡献者，那么从 i 绘制一条朝外指向 j 的箭头，否则向内绘制从 j 指向 i 的箭头。一个节点拥有的向外箭头越多，说明它向越多的对

象做出了净风险贡献，那么其自身的风险动态就可以用来解释和预测更多其他节点的风险走势，该节点则被认为具有更高的风险影响力和系统重要性。

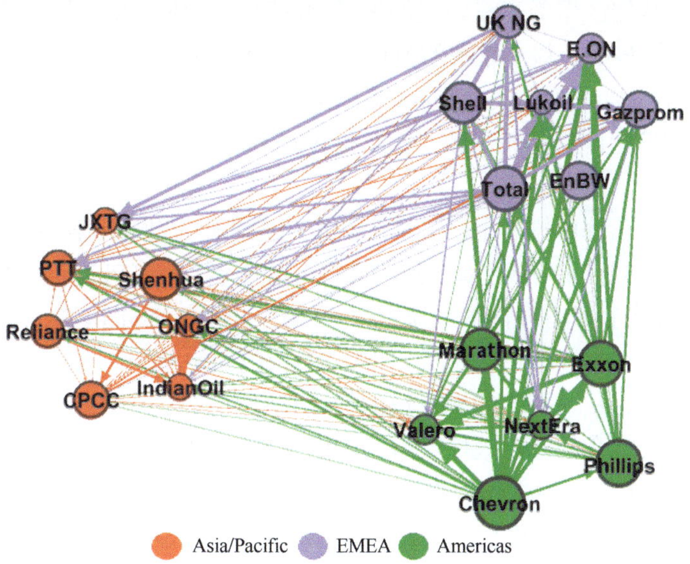

（a）按地区聚类的公司间定向极端风险溢出网络

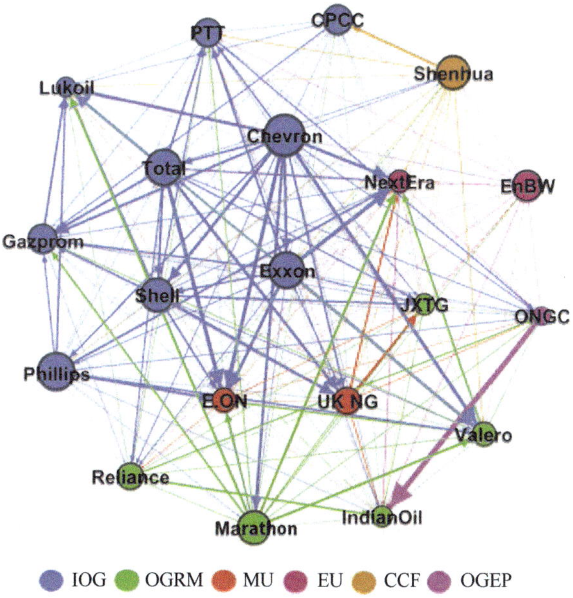

（b）按行业聚类的公司间定向极端风险溢出网络

图 14-1　按地区和行业聚类的公司间定向极端风险溢出网络

本图中，Americas 代表美洲地区；Asia/Pacific 代表亚太地区；EMEA 代表欧洲、中东和非洲地区；IOG 表示油气综合；MU 表示多元公用事业；CCF 表示煤炭与消费用燃料；OGRM 表示油气精炼和销售；EU 表示电力；OGEP 表示油气勘探和生产在图 14-1 的两幅图中都可以很容易地看到，Chevron 是最大的节点，对其他所有节点都做出了净贡献，因此应该将其考虑为整个极端风险溢出网络中最具影响力的股票。从地区聚类来看，美洲聚类中的节点往往较大，而欧洲、中东和非洲聚类中包含了最小、最不重要的节点（即 Lukoil 和 E.ON）。从行业聚类来看，在 IOG 聚类中可以看到更大的节点。因此，图 14-1 中的信息与表 14-4 中地区和行业的 VaR 关联矩阵的结论一致，美洲和 IOG 相较于其他地区或行业更具有系统重要性。

有趣的是，在普氏排名中名列前十的公司并非全是极端风险溢出网络中的重要节点。在图 14-1（a）中可以看到，只有少数几个节点（Phillips、Total、Exxon 和 Shenhua）较大且具有较高的系统重要性。Chevron、Shell 和 Gazprom 对风险溢出网络中的其他公司股票影响很大，但在普氏排行榜中的排名低于平均水平。这可能意味着，如果从对整个能源系统的极端风险贡献大小来评判一家公司的系统重要性，那么其本身的资产规模或财务表现并不能说明全部问题。类似地，Geng 等（2021）构建的波动性溢出网络中位列前三名的净信息发送者在 NEX 指数中的权重也并不是最高的。相比之下，Restrepo 等（2018）的研究样本中，Exxon、Chevron 和 Total 是市值最大的三家能源公司，但该项研究却发现它们是系统中冲击的接收者。该发现与我们的结果之间的差异应归因于溢出类型的不同。Restrepo 等（2018）关注的是公司之间收益率波动的溢出效应，并使用收益率的平方来计算收益波动溢出，而我们强调的是公司间的极端风险的溢出效应，这对能源系统经历动荡时尤其关键。

图 14-2 显示了整个样本期间各个行业对其他行业所做出的平均极端风险贡献。由这些能源行业组成的系统中，最高的极端风险贡献者是 IOG，它对其他行业的极端风险净溢出达到了 12%，几乎是 OGRM 的净风险贡献的两倍、EU 的约四倍。因此，我们认为，跨行业的极端风险溢出主要来自石油和天然气的相关行业，而不是电力行业，尽管近年来一些大型能源公司正在开始尝试整合这两方面的业务，使得两个行业有日趋融合的趋势①。值得注意的是，IOG 对 MU 行业的风险贡献最大，其次是 CCF，而最小的是 OGEP。从反向来看，IOG 也是 MU 和 CCF 的风险溢出的最大接收者，这暗示着这三个行业之间的紧密风险相依性。OGEP 和 OGRM 分别是石油和天然气的上游和下游行业，相比其他能源行业，它们彼此之间的风险溢出水平要高得多。这也符合一贯的直觉，即下游部门和上游部门之间由于在经营和业务上的天然的相互依存，它们之间也更容易相互传播风险。

---

① 例如，作为在石油以外的扩张和多元化发展计划的一步，道达尔（Total）同意从阿纳达科石油公司（Anadarko Petroleum Corp）手中收购一家电力和天然气公司。参见："Oil giant Total SA goes further in liquefied natural gas with $8.8 billion deal in Africa". 11 May 2019. The Wall Street Journal。

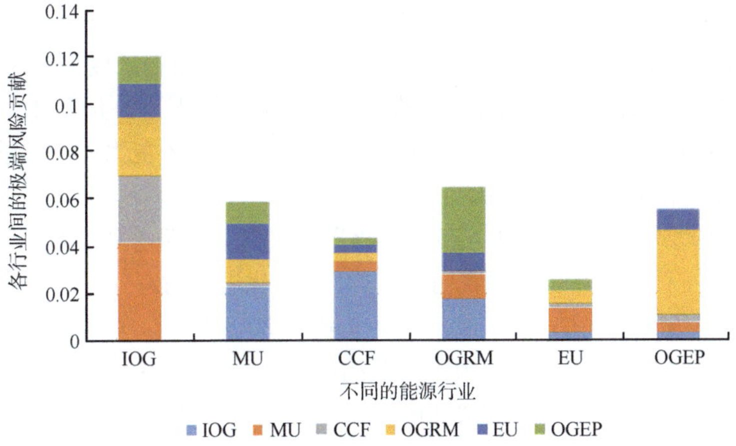

图 14-2　全样本期内行业间的极端风险贡献

本图中，IOG 表示油气综合；MU 表示多元公用事业；CCF 表示煤炭与消费用燃料；OGRM 表示油气精炼和销售；EU 表示电力；OGEP 表示油气勘探和生产

我们再来看对其他行业风险贡献最低的 EU 行业。一方面，从事电力事业的公司往往会被授予在特定区域内生产和输送电力的垄断权，以换取受政府管制的电费费率。在这样的体系下，电力公司一般都有较为稳定的经营收益和市场供需基本面。由于具有较为稳定的市场供需基本面，电力行业不太可能经常遭受极端风险事件的冲击，因此向能源系统溢出极端风险的可能性和程度也最低。相比之下，由于石油和天然气行业经常受到油价冲击以及大宗商品市场和金融市场的波动带来的影响，它们的极端风险溢出效应往往更明显且更剧烈。另一方面，电力生产商的主要关注点是燃料来源。当前，全球电力行业处在从使用传统的碳为基础（煤、天然气和石油）的燃料发电到使用更清洁的燃料发电的逐步过渡阶段。这样的转型引发了对石油和天然气产品是否在未来变得多余的担忧，增加了石油和天然气行业内部的不确定性和风险。但从我们的分析结果来看，这种影响尚不明显，因为与石油和天然气相关的行业（如 IOG 和 OGEP）受到电力行业的风险溢出的影响很小。此外，尽管 NextEra 和 EnBW 等电力公司的可再生能源业务的收益份额在不断提高，但它们也仅仅是整个能源体系中的系统性风险的净接收者，因此尚不能改变能源系统中的油气公司和行业引领的风险格局。

14.4.2　能源系统极端风险关联的动态分析

各行业随着时间推移都在不断发生变化。近年来，全球能源领域逐步向清洁能源过渡，在此过程中各种变化纷至沓来。考虑到能源转型中能源系统的动态变化，我们在对整个样本期进行前述的静态分析的基础上，采用滚动窗口方法研究能源网络中的随时间变化的极端风险关联情况。我们将窗口长度设定为 130 天，对于全样本中的2273个观测值，我们随时间进程递归估计了2144次TSRI的数值。根据 Wu（2020）的研究，窗口长度的选择既不能太长也不能太短，以避免过于平滑或嘈杂的数据可能带来的干扰。

TSRI 的动态演变如图 14-3 所示。该指数在整个周期内呈现出明显的波动。TSRI 的时变特征反过来验证了我们对 TSRI 的演化进行动态分析的必要性。TSRI 的三个峰值分别出现在 2011 年末、2014 年初和 2015 年初。对应这几个时间节点的系统性事件分别为2011年和2014年开始的两次利比亚内战以及2014年和2015年的石油价格危机（Singh et al.，2019）。这些事件所引发的油价震荡严重改变了能源市场的基本面，大大增加了市场中的不确定性和极端风险溢出。此外，TSRI 在 2013 年初也达到了一个极高的水平，其原因可能是欧洲主权债务危机引发的长期风险溢出以及 2013 年 1 月开始的美国“财政悬崖”，这一系列事件对全球能源市场造成了巨大的负面冲击。

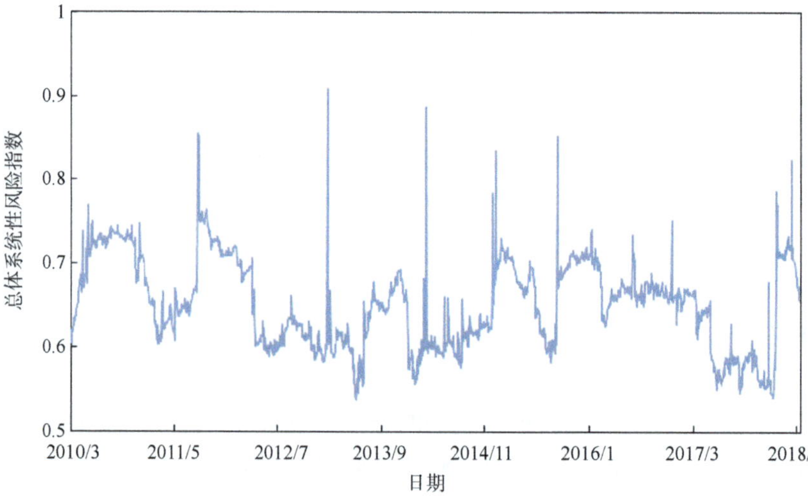

图 14-3　TSRI 的动态走势

表 14-5 显示了通过滚动窗口动态分析得到的每只股票的极端风险溢出贡献、收益和净贡献。其中，每只股票的“From”、“To”和“Net”的值为 2144 个窗口的平均值。从“ From”的值来看，Shell 平均来说从系统中获得的极端风险溢出最多，其次是Phillips和Chevron。EnBW接收和贡献的极端风险溢出都最少。Chevron、Phillips 与 Exxon 是对总体极端风险溢出贡献最多的三只股票。就净风险贡献而言，系统中只有五个净风险贡献者，其余 15 只股票均为净风险接收者。Chevron 的

“From”、“To”和“Net”值总体来看是系统中最高的，是该系统的最大的净风险贡献者，因此可以将它视为系统性重要公司。这一结论与静态分析的结果一致，均证实了 Chevron 的系统重要性。其他四个净风险贡献者是 Exxon、Marathon、Phillips 和 Total。在净风险接收者群体中，JXTG 位列第一。

表 14-5　全球前 20 大能源公司的动态风险溢出

公司	From		To		Net		Pos. pro
	均值	标准差	均值	标准差	均值	标准差	
Exxon	0.726	0.072	0.975	0.348	0.252	0.327	79.14%
Lukoil	0.727	0.096	0.648	0.281	−0.081	0.315	38.22%
Phillips	0.747	0.091	0.963	0.313	0.213	0.339	69.62%
E.ON	0.709	0.094	0.671	0.253	−0.040	0.275	40.92%
Shenhua	0.552	0.111	0.472	0.230	−0.079	0.228	31.78%
Valero	0.623	0.144	0.608	0.263	−0.012	0.294	46.01%
Reliance	0.580	0.123	0.456	0.205	−0.122	0.222	25.06%
Total	0.733	0.079	0.933	0.278	0.196	0.276	78.11%
CPCC	0.579	0.104	0.526	0.217	−0.055	0.242	37.89%
PTT	0.636	0.151	0.551	0.312	−0.087	0.357	39.43%
Marathon	0.715	0.081	0.932	0.313	0.215	0.315	73.03%
IndianOil	0.573	0.107	0.501	0.337	−0.074	0.361	35.23%
Chevron	0.746	0.067	1.107	0.398	0.367	0.394	82.92%
JXTG	0.618	0.134	0.373	0.161	−0.242	0.212	10.13%
Shell	0.789	0.073	0.754	0.310	−0.037	0.314	37.47%
Gazprom	0.722	0.117	0.680	0.291	−0.042	0.326	38.59%
NextEra	0.633	0.130	0.541	0.267	−0.091	0.287	27.11%
UK NG	0.646	0.117	0.591	0.205	−0.056	0.240	40.13%
EnBW	0.384	0.085	0.242	0.137	−0.142	0.147	14.37%
ONGC	0.596	0.125	0.510	0.207	−0.084	0.250	35.42%

注：该表汇报了每只股票由滚动窗口分析所得到的“From”、“To”和“Net”的均值和标准差；表中最后一列“Pos. pro”表示每种股票在 2144 个窗口中具有正的净风险贡献的窗口所占的比例

表 14-5 的最后一列显示了每种股票在 2144 个窗口中具有正的净风险贡献的窗口所占的比例，表明了公司股票在整个样本中向系统净输出极端风险的频率。Chevron 的频率最高，其对系统做出正的净风险贡献的窗口占了总窗口数的 82.92%。其他四个净风险贡献者（Exxon、Marathon、Phillips 和 Total）也有较高的频率，

从 69%到 80%不等。相比之下，前述认定的净风险接收者往往做出正的净风险贡献的频率也较低，在超过 50%的窗口中它们做出的净风险贡献都是负值。这与“Net”所显示的结果一致，即平均而言，这些股票在整个样本期间接收来自系统的风险输入，是极端风险的净接收者。

14.4.3 能源系统极端风险溢出的驱动因素分析

在识别出能源系统的时变极端风险关联结构的基础上，我们将 14.2.3 节中所述的潜在驱动因素和时变 TSRI 纳入一个向量自回归系统，并使用 Diebold 和 Yilmaz（2014）所提出的广义预测误差方差分解方法来评估每个驱动因素对 TSRI 的动态所做出的贡献。在此框架下，我们无须对 VAR 系统中各个变量之间的潜在关系做事先假设，避免了因不当假设可能造成的偏差。表 14-6 显示了由 TSRI 及其潜在驱动因素所构成的网络之中成对变量的关联矩阵。

表 14-6　TSRI 及其潜在驱动因素之间的关联矩阵

变量	TSRI	WTI	VIX	OVX	M_World	M_EMEA	M_Pacific	M_US	USDX	From
TSRI	0.855	0.005	0.040	0.009	0.030	0.022	0.002	0.036	0.001	0.145
WTI	0.000	0.549	0.045	0.092	0.099	0.093	0.014	0.080	0.029	0.451
VIX	0.001	0.030	0.360	0.078	0.202	0.074	0.014	0.235	0.007	0.640
OVX	0.000	0.083	0.108	0.496	0.110	0.066	0.013	0.109	0.014	0.504
M_World	0.000	0.050	0.154	0.061	0.273	0.138	0.051	0.239	0.035	0.727
M_EMEA	0.001	0.069	0.090	0.052	0.197	0.364	0.050	0.132	0.044	0.636
M_Pacific	0.000	0.045	0.097	0.039	0.187	0.103	0.351	0.152	0.026	0.649
M_US	0.000	0.044	0.196	0.067	0.263	0.094	0.017	0.303	0.017	0.697
USDX	0.001	0.037	0.016	0.021	0.088	0.070	0.038	0.041	0.688	0.312
To	0.004	0.363	0.746	0.419	1.175	0.660	0.198	1.024	0.172	Total
Net	−0.141	−0.088	0.106	−0.085	0.448	0.024	−0.451	0.326	−0.140	=0.529

注：该表显示了能源系统总体系统风险指数（TSRI）及其潜在驱动因素之间的两两关联矩阵；WTI 是能源市场波动的代理变量；VIX 和 OVX 分别是金融和能源市场中投资者情绪的代理变量；M_World、M_EMEA、M_Pacific 和 M_US 分别是全球股市和三个区域股市（欧洲、中东和非洲；亚太；美洲）的 MSCI 指数；USDX 是美元汇率风险的代理变量；“From”和“To”分别表示每个变量的行和列元素的和，但不包括代表自我贡献的对角元素；“Net”是每个变量的“To”和“From”的值之间的差；“Total”代表该系统内的总体关联度，其计算方法是用矩阵内的非对角元素之和除以矩阵中变量的个数；该表数据是经过四舍五入保留三位小数的结果

从表 14-6 中可以看出，TSRI 及其潜在驱动因素构建的网络的整体风险关联度高达 52.9%。这表明该系统内的信息和风险溢出程度很高。表中显示对 TSRI 动态

变化的主要贡献者是 VIX，这意味着能源系统的系统性风险动态对金融系统中投资者情绪的变化敏感度较高，容易受到金融市场投资者情绪变化所带来的风险和不确定性的影响。继 VIX 之后，美洲和全球股市的波动也是 TSRI 变化的重要驱动因素。与这些金融市场因素相比，能源和货币市场的各因素对 TSRI 的动态贡献很小。反过来看，TSRI 对这些因素的影响也很小。

结合 TSRI 和这些驱动因素之间的双向贡献，我们可以看到 TSRI 从网络中接收的风险溢出超过它对网络的系统性风险传导所做的贡献，因此是该系统中的风险溢出的净接收者。对系统的风险溢出的净贡献最高的是全球股票市场，其次是美国股票市场所主导的美洲区域股票市场，然后是 VIX 所代表的金融市场投资者的风险感知和情绪。这些发现共同表明，在我们用极端风险关联的紧密程度来度量能源系统中的系统性风险水平时，来自金融市场的各种因素是该风险水平变化的主要驱动力。相比之下，来自能源或货币市场的风险溢出的作用不那么明显。这些结论印证了文献中的论点，即随着能源市场金融化的加速，特别是在全球金融危机进一步推动了能源市场金融化进程之后（Zhang，2017），金融市场与能源市场之间的联系大大增强，潜在地促进了前者向后者的风险传导。

在各种来自金融市场的风险驱动因素中，金融市场波动对 TSRI 的动态的贡献呈现出地区上的差异。全球股市和以美国为主导的美洲区域股市的风险贡献最高，而亚太区域股票市场的贡献要少得多。在表 14-6 中可以注意到，美洲和全球股票市场之间的相互贡献值较高，说明两个市场紧密关联。这与美洲股票市场一直以来引领全球股票市场并影响全球经济走势的论点相一致（Zhang et al.，2019）。能源系统是全球经济平稳运行和可持续发展的重要支撑，但能源需求和能源系统的结构反过来又受到宏观经济发展的影响和制约。同时，随着能源市场金融化的持续进行，美洲股市作为全球市值最大的资本市场，其内部的信息和风险不仅是引起全球股市波动的一个关键因素，还会溢出到宏观经济和能源系统中，影响和改变其风险格局。

根据表 14-6 中的结果，我们绘制了 TSRI 及其驱动因素之间的风险关联关系。图 14-4 通过弦图直观地显示了系统中所有变量的成对连接关系。这些变量沿径向排列在圆周围，其相互连接的圆弧的长度与成对变量之间的风险关联程度成正比。每个变量对整个系统的净贡献由最内圈上该变量的片段表示。不难发现，前三大净贡献者是全球股票市场、美洲股票市场和 VIX，而 TSRI 对系统的影响最小。这表明能源系统中的系统性风险更有可能由领先的股票市场中的风险和股市投资者情绪所驱动。反之，TSRI 不太能影响到系统中其他变量的风险动态。Bianconi 和 Yoshino（2014）研究了 24 个国家/地区的 64 家石油和天然气公司的样本，也发现 VIX 和美洲股市表现是影响能源系统风险的重要因素。

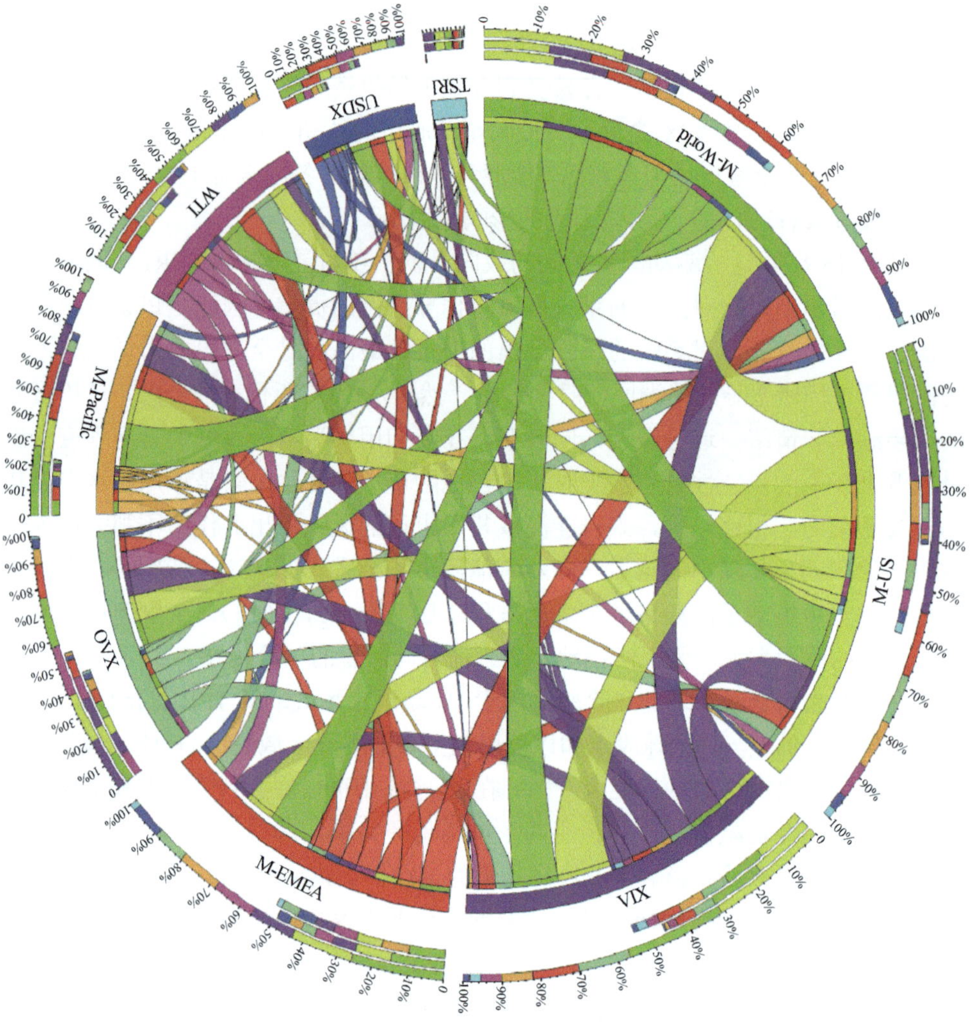

图 14-4　TSRI 与其驱动因素之间的定向风险关联

表 14-6 和图 14-4 提供了对整个样本期间 TSRI 及其驱动因素之间的关联关系的静态描述。为了描述 TSRI 和每个驱动因素之间的动态关联，我们再次对样本进行了滚动窗口分析，计算了每个窗口内的 TSRI 及其驱动因素之间的即时关联度，结果如图 14-5 所示。从图中可以看出，每个变量对 TSRI 的贡献随时间而变化，这些时变特性仅通过全样本静态描述是无法观察到的。例如，全样本的静态分析结果显示 TSRI 从股票市场投资者情绪（VIX）中获得了较多的风险溢出，但 VIX 在动态环境中的作用并不总是那么重要。纵观整个系统网络结构的发展变化，VIX 仅在 2011 年初和接近样本期末（2018 年之后）时才对 TSRI 产生较大的影响。结合静态和动态分析的结果，可以认为 VIX 在影响能源系统的风险关联结构的作用

中并不总是凸显的。同样，从2014～2017年，美洲股票市场的动荡是TSRI的动态的重要推动因素，而全球股票市场和亚太地区股票市场的贡献仅在2017年较明显。

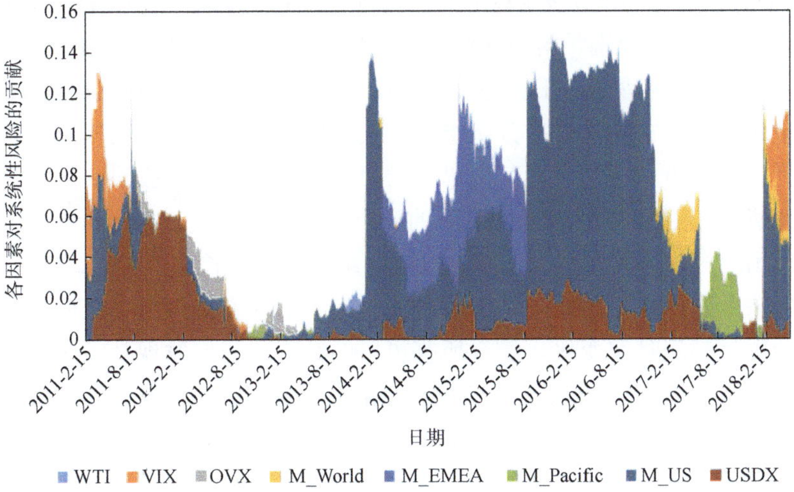

图 14-5　各驱动因素对 TSRI 的动态影响

考虑到非金融市场的驱动因素，虽然在静态分析中并没有发现USDX所代表的货币市场的不确定性是TSRI变化的重要驱动因素，但其在动态分析中体现出了暂时性的主导作用，分别出现在2011年和2012年。从2013年初开始，USDX的重要性虽然持续显著，但其程度已大大降低，逐渐被美洲股票市场的主导作用削弱，尤其是在2016年和2017年。从能源市场的相关因素来看，能源市场波动（WTI）仅在2014年和2015年对TSRI的变化起到了较明显的推动，能源市场中的投资者情绪（OVX）在2012年起到了显著的驱动作用。通过这些分析，我们发现了各驱动因素对TSRI的时变贡献特征，拓宽了现有文献的研究范围（Bianconi and Yoshino，2014；Antonakakis et al.，2018；Ma et al.，2019a）。

14.5 本章小结

能源系统的稳定性对于推动经济增长和满足全球能源需求至关重要。本章主要描绘了全球能源系统内部的极端风险溢出网络结构，并研究了不同来源的因素对能源系统的极端风险关联所起到的驱动作用。

我们首先基于公司层面对全球能源系统中的风险关联网络结构加以识别。通过分析全球前20大能源公司之间的在险价值的关联度，本章捕捉了极端风险在这些公司之间相互关联和溢出的动态。通过分析我们发现 Chevron 是我们所构建的能源系统中的系统性重要机构。我们进一步构建了该能源系统的总体系统性风险指数（TSRI）。此外，通过按地区和行业对能源公司进行聚类，我们发现美洲和油气综合行业（IOG）分别是对系统性风险溢出贡献最大的地区和行业。

其次，我们分别研究了在静态和动态设置下一系列潜在驱动因素对 TSRI 的影响。基于对整个样本期的静态分析结果，我们发现能源系统中的极端风险关联度最容易受到金融市场波动（尤其是以美国市场为主导的美洲股票市场）和金融市场投资者情绪（由 VIX 代理）所产生的溢出效应的影响。静态分析结果表明，这些金融市场的相关因素对能源系统的风险网络结构具有长期的重大影响。

与静态分析的结果相比，基于滚动窗口方法的动态分析结果表明每个驱动因素的风险贡献都随时间变化。综合所有窗口的结果，我们发现从整个样本期间平均来看，包括 VIX 和美洲股市波动在内的金融市场因素确实是导致能源系统的系统性风险变化的主要因素。然而从动态角度来看，它们的重要性仅在特定的期间内才较为显著，而非一成不变。相反，静态分析发现来自能源和货币市场的相关因素对能源系统性风险的贡献很小，但在动态分析中，这些因素在某些时期内凸显了它们对能源系统性风险动态变化的重要性。

本章为理解全球能源体系的系统性风险溢出提供了新的视角。有可能影响能源系统的系统性风险并改变其风险网络结构的因素是多样的。各因素对能源系统性风险的贡献也是不断变化的。对于市场监管者而言，充分了解这些因素对能源市场风险的时变贡献有助于保护系统免受能源价格过度波动或其他系统性事件所造成的损害。对于投资者而言，无论是寻求最佳投资回报率的项目还是寻求更环保、更有可持续增长潜力的项目，了解能源系统性风险的关键驱动因素都有助于其更好地判断风险所在。

最后要提出的是，我们样本中的大多数公司的业务都以化石燃料为主导。未来的研究可以考虑纳入更多的维度来研究能源领域中各组成部分之间的风险关联，以描绘出更全面的能源风险图景。

参考文献

崔建霞. 2011. 新能源上市公司资本结构与公司绩效关系实证研究. 青岛：中国石油大学.
洪锡熙，沈艺峰. 2000. 我国上市公司资本结构影响因素的实证分析. 厦门大学学报（哲学社会科学版），（3）：114-120.
李宝仁，王振蓉. 2003. 我国上市公司盈利能力与资本结构的实证分析. 数量经济技术经济研究，20（4）：150-153.
李扬. 2011. 融资规模结构对上市公司绩效影响分析. 管理世界，（4）：175-177.
林伯强，黄光晓. 2014. 能源金融. 2 版. 北京：清华大学出版社.
佘升翔，马超群，王振全，等. 2007. 能源金融的发展及其对我国的启示. 国际石油经济，15（8）：2-8.
吴文蔚. 2011. 我国节能环保上市公司资本结构与公司绩效的实证研究. 合肥：安徽大学.
俞元武. 2013. 中国新能源企业资本结构对绩效影响的实证研究——以 A 股上市公司为例. 杭州：浙江大学.
Aatola P，Ollikainen M，Toppinen A. 2013a. Price determination in the EU ETS market：theory and econometric analysis with market fundamentals. Energy Economics，36：380-395.
Aatola P，Ollikainen M，Toppinen A. 2013b. Impact of the carbon price on the integrating European electricity market. Energy Policy，61：1236-1251.
Abhyankar A，Xu B，Wang J Y. 2013. Oil price shocks and the stock market：evidence from Japan. The Energy Journal，34（2）：199-222.
Abramson B. 1994. The design of belief network-based systems for price forecasting. Computers & electrical engineering，20（2）：163-180.
Abramson B，Finizza A. 1995. Probabilistic forecasts from probabilistic models：a case study in the oil market. International Journal of Forecasting，11（1）：63-72.
Acharya V，Engle R，Richardson M. 2012. Capital shortfall：a new approach to ranking and regulating systemic risks. American Economic Review，102（3）：59-64.
Adams Z，Glück T. 2015. Financialization in commodity markets：a passing trend or the new normal?. Journal of Banking & Finance，60：93-111.
Adrian T，Brunnermeier M K. 2016. CoVaR. American Economic Review，106（7）：1705-1741.
Ai C R，Chatrath A，Song F. 2006. On the comovement of commodity prices. American Journal of Agricultural Economics，88（3）：574-588.
Ajmi A N，Hammoudeh S，Nguyen D K，et al. 2015. On the relationships between CO_2 emissions，energy consumption and income：the importance of time variation. Energy Economics，49：629-638.
Alberola E，Chevallier J，Chèze B. 2008. Price drivers and structural breaks in European carbon prices

2005—2007. Energy Policy，36（2）：787-797.

Albulescu C T，Demirer R，Raheem I D，et al. 2019. Does the US economic policy uncertainty connect financial markets?. Evidence from oil and commodity currencies. Energy Economics，83：375-388.

Algieri B，Leccadito A. 2017. Assessing contagion risk from energy and non-energy commodity markets. Energy Economics，62：312-322.

Alhajji A F，Huettner D. 2000. The target revenue model and the world oil market：empirical evidence from 1971 to 1994. The Energy Journal，21（2）：121-144.

Ali Q，Khan M T I，Khan M N I. 2018. Dynamics between financial development，tourism，sanitation，renewable energy，trade and total reserves in 19 Asia cooperation dialogue members. Journal of Cleaner Production，179：114-131.

Alizadeh A H，Tamvakis M. 2016. Market conditions，trader types and price-volume relation in energy futures markets. Energy Economics，56：134-149.

Aloui R，Aïssa M S B，Nguyen D K. 2013a. Conditional dependence structure between oil prices and exchange rates：a copula-GARCH approach. Journal of International Money and Finance，32：719-738.

Aloui R，Gupta R，Miller S M. 2016. Uncertainty and crude oil returns. Energy Economics，55：92-100.

Aloui R，Hammoudeh S，Nguyen D K. 2013b. A time-varying copula approach to oil and stock market dependence：the case of transition economies. Energy Economics，39：208-221.

Alquist R，Bhattarai S，Coibion O. 2020. Commodity-price comovement and global economic activity. Journal of Monetary Economics，112：41-56.

Alquist R，Coibion O. 2013. The comovement in commodity prices：sources and implications. International Monetary Fund Working Paper13/140.

Alquist R，Kilian L. 2010. What do we learn from the price of crude oil futures?. Journal of Applied Econometrics，25（4）：539-573.

Amano R A，van Norden S. 1998. Oil prices and the rise and fall of the US real exchange rate. Journal of International Money and Finance，17（2）：299-316.

Ames M，Bagnarosa G，Matsui T，et al. 2020. Which risk factors drive oil futures price curves?. Energy Economics，87：104676.

Andersen T G，Bollerslev T. 1998. Deutsche mark-dollar volatility：intraday activity patterns，macroeconomic announcements，and longer run dependencies. The Journal of Finance，53（1）：219-265.

Andersen T G，Bollerslev T，Diebold F X. 2007. Roughing it up：including jump components in the measurement，modeling，and forecasting of return volatility. Review of Economics and Statistics，89（4）：701-720.

Andersen T G，Bollerslev T，Diebold F X，et al. 2001. The distribution of realized exchange rate volatility. Journal of the American Statistical Association，96（453）：42-55.

Andersen T G，Bollerslev T，Diebold F X，et al. 2003. Modeling and forecasting realized volatility. Econometrica，71（2）：579-625.

Andreasson P，Bekiros S，Nguyen D K，et al. 2016. Impact of speculation and economic uncertainty

on commodity markets. International Review of Financial Analysis，43：115-127.
Antonakakis N，Chatziantoniou I，Filis G. 2014. Dynamic spillovers of oil price shocks and economic policy uncertainty. Energy Economics，44：433-447.
Antonakakis N，Cunado J，Filis G，et al. 2018. Oil volatility，oil and gas firms and portfolio diversification. Energy Economics，70：499-515.
Antonakakis N，Gupta R，Kollias C，et al. 2017. Geopolitical risks and the oil-stock nexus over 1899—2016. Finance Research Letters，23：165-173.
Antoniou A，Foster A J. 1992. The effect of futures trading on spot price volatility：evidence for Brent crude oil using GARCH. Journal of Business Finance & Accounting，19（4）：473-484.
Apergis N，Artikis P G，Kyriazis D. 2015. Does stock market liquidity explain real economic activity? New evidence from two large European stock markets. Journal of International Financial Markets，Institutions and Money，38：42-64.
Apergis N，Miller S M. 2009. Do structural oil-market shocks affect stock prices?. Energy Economics，31（4）：569-575.
Apergis N，Payne J E. 2010. Renewable energy consumption and economic growth：evidence from a panel of OECD countries. Energy Policy，38（1）：656-660.
Apergis N，Payne J E. 2012. Renewable and non-renewable energy consumption-growth nexus：evidence from a panel error correction model. Energy Economics，34（3）：733-738.
Apergis N，Payne J E. 2014. Renewable energy，output，CO_2 emissions，and fossil fuel prices in central America：evidence from a nonlinear panel smooth transition vector error correction model. Energy Economics，42：226-232.
Arellano M，Bond S. 1991. Some tests of specification for panel data：Monte Carlo evidence and an application to employment equations. The Review of Economic Studies，58（2）：277-297.
Arellano M，Bover O. 1995. Another look at the instrumental variable estimation of error-components models. Journal of Econometrics，68（1）：29-51.
Arouri M E H，Jouini J，Nguyen D K. 2011a. Volatility spillovers between oil prices and stock sector returns：implications for portfolio management. Journal of International Money and Finance，30（7）：1387-1405.
Arouri M E H，Jouini J，Nguyen D K. 2012. On the impacts of oil price fluctuations on European equity markets：volatility spillover and hedging effectiveness. Energy Economics，34（2）：611-617.
Arouri M E H，Lahiani A，Nguyen D K. 2011b. Return and volatility transmission between world oil prices and stock markets of the GCC countries. Economic Modelling，28（4）：1815-1825.
Arouri M E H，Rault C. 2012. Oil prices and stock markets in gcc countries：empirical evidence from panel analysis. International Journal of Finance & Economics，17（3）：242-253.
Asche F，Osmundsen P，Sandsmark M. 2006. The UK market for natural gas，oil and electricity：are the prices decoupled?. The Energy Journal，27（2）：27-40.
Askari H，Krichene N. 2008. Oil price dynamics（2002—2006）. Energy Economics，30（5）：2134-2153.
Ates A，Huang J C. 2011. The evolving relationship between crude oil and natural gas prices：evidence from a dynamic cointegration analysis. Pennsylvania Economic Review，18：1-9.

Awartani B，Maghyereh A I. 2013. Dynamic spillovers between oil and stock markets in the Gulf Cooperation Council Countries. Energy Economics，36：28-42.
Awokuse T O，Bessler D A. 2003. Vector autoregressions，policy analysis，and directed acyclic graphs：an application to the US economy. Journal of Applied Economics，6（1）：1-24.
Baffes J. 2007. Oil spills on other commodities. Resources Policy，32（3）：126-134.
Bahloul W. 2018. Short-term contrarian and sentiment by traders' types on futures markets. Review of Behavioral Finance，10（4）：298-319.
Bai J S. 1997. Estimating multiple breaks one at a time. Econometric Theory，13（3）：315-352.
Bai J S，Ng S. 2004. A PANIC attack on unit roots and cointegration. Econometrica，72（4）：1127-1177.
Bai J S，Perron P. 1998. Estimating and testing linear models with multiple structural changes. Econometrica，66（1）：47.
Bai J S，Perron P. 2003. Computation and analysis of multiple structural change models. Journal of Applied Econometrics，18（1）：1-22.
Baker M，Wurgler J. 2006. Investor sentiment and the cross-section of stock returns. The Journal of Finance，61（4）：1645-1680.
Baker S R，Bloom N，Davis S J. 2016. Measuring economic policy uncertainty. The Quarterly Journal of Economics，131（4）：1593-1636.
Bal D P，Rath B N. 2015. Nonlinear causality between crude oil price and exchange rate：a comparative study of China and India. Energy Economics，51：149-156.
Bandi F M，Russell J R. 2006. Separating microstructure noise from volatility. Journal of Financial Economics，79（3）：655-692.
Barberis N，Shleifer A. 2003. Style investing. Journal of Financial Economics，68（2）：161-199.
Barigozzi M，Hallin M. 2016. Generalized dynamic factor models and volatilities：recovering the market volatility shocks. The Econometrics Journal，19（1）：C33-C60.
Barigozzi M，Hallin M. 2017. A network analysis of the volatility of high dimensional financial series. Journal of the Royal Statistical Society：Series C（Applied Statistics），66（3）：581-605.
Barkoulas J T，Chakraborty A，Ouandlous A. 2012. A metric and topological analysis of determinism in the crude oil spot market. Energy Economics，34（2）：584-591.
Barndorff-Nielsen O E，Shephard N. 2004. Power and bipower variation with stochastic volatility and jumps. Journal of Financial Econometrics，2（1）：1-37.
Barsky R B，Kilian L. 2004. Oil and the macroeconomy since the 1970s. Journal of Economic Perspectives，18（4）：115-134.
Basak S，Pavlova A. 2013. Asset prices and institutional investors. American Economic Review，103（5）：1728-1758.
Basak S，Pavlova A. 2016. A model of financialization of commodities. The Journal of Finance，71（4）：1511-1556.
Basher S A，Haug A A，Sadorsky P. 2018. The impact of oil-market shocks on stock returns in major oil-exporting countries. Journal of International Money and Finance，86：264-280.
Basher S A，Sadorsky P. 2016. Hedging emerging market stock prices with oil，gold，VIX，and bonds：a comparison between DCC，ADCC and GO-GARCH. Energy Economics，54：235-247.

Batten J A，Ciner C，Lucey B M. 2017. The dynamic linkages between crude oil and natural gas markets. Energy Economics，62：155-170.

Baumeister C，Kilian L. 2012. Real-time forecasts of the real price of oil. Journal of Business & Economic Statistics，30（2）：326-336.

Baumeister C，Kilian L. 2016. Understanding the decline in the price of oil since June 2014. Journal of the Association of Environmental and Resource Economists，3（1）：131-158.

Baur D G，McDermott T K. 2010. Is gold a safe haven? International evidence. Journal of Banking & Finance，34（8）：1886-1898.

Beber A，Brandt M W，Kavajecz K A. 2011. What does equity sector orderflow tell us about the economy?. The Review of Financial Studies，24（11）：3688-3730.

Behar A，Ritz R A. 2017. OPEC vs US shale：analyzing the shift to a market-share strategy. Energy Economics，63：185-198.

Bekiros S D. 2014. Contagion，decoupling and the spillover effects of the US financial crisis：evidence from the BRIC markets. International Review of Financial Analysis，33：58-69.

Bekiros S D，Diks C G H. 2008. The relationship between crude oil spot and futures prices：cointegration，linear and nonlinear causality. Energy Economics，30（5）：2673-2685.

Bénassy-Quéré A，Mignon V，Penot A. 2007. China and the relationship between the oil price and the dollar. Energy Policy，35（11）：5795-5805.

Bessler D A，Yang J. 2003. The structure of interdependence in international stock markets. Journal of International Money and Finance，22（2）：261-287.

Bhardwaj G，Dunsby A. 2013. The business cycle and the correlation between stocks and commodities. SSRN Electronic Journal，14：14-25.

Bhardwaj G，Gorton G，Rouwenhorst G. 2015. Facts and fantasies about commodity futures ten years later. National Bureau of Economic Research Working Papers 21243.

Bianconi M，Yoshino J A. 2014. Risk factors and value at risk in publicly traded companies of the nonrenewable energy sector. Energy Economics，45：19-32.

Bilgin M H，Gozgor G，Lau C K M，et al. 2018. The effects of uncertainty measures on the price of gold. International Review of Financial Analysis，58：1-7.

Bloomberg New Energy Finance. 2014. Global Trends in Renewable Energy Investment.

Blundell R，Bond S. 1998. Initial conditions and moment restrictions in dynamic panel data models. Journal of Econometrics，87（1）：115-143.

Boldanov R，Degiannakis S，Filis G. 2016. Time-varying correlation between oil and stock market volatilities：evidence from oil-importing and oil-exporting countries. International Review of Financial Analysis，48：209-220.

Bonanno G，Lillo F，Mantegna R N. 2001. High-frequency cross-correlation in a set of stocks. Quantitative Finance，1（1）：96-104.

Booth L，Aivazian V，Demirguc-Kunt A，et al. 2001. Capital structures in developing countries. The Journal of Finance，56（1）：87-130.

Boubaker H，Raza S A. 2017. A wavelet analysis of mean and volatility spillovers between oil and BRICS stock markets. Energy Economics，64：105-117.

Bouoiyour J，Selmi R，Tiwari A K，et al. 2015. The nexus between oil price and Russia's real exchange rate：better paths via unconditional vs conditional analysis. Energy Economics，51：54-66.

Bouri E. 2015a. Oil volatility shocks and the stock markets of oil-importing MENA economies：a tale from the financial crisis. Energy Economics，51：590-598.

Bouri E. 2015b. Return and volatility linkages between oil prices and the Lebanese stock market in crisis periods. Energy，89：365-371.

Bouri E，Awartani B，Maghyereh A. 2016. Crude oil prices and sectoral stock returns in Jordan around the Arab uprisings of 2010. Energy Economics，56：205-214.

Bouri E，Chen Q，Lien D，et al. 2017. Causality between oil prices and the stock market in China：the relevance of the reformed oil product pricing mechanism. International Review of Economics & Finance，48：34-48.

Bouri E，Gupta R，Hosseini S，et al. 2018. Does global fear predict fear in BRICS stock markets?. Evidence from a Bayesian graphical structural VAR model. Emerging Markets Review，34：124-142.

Boyd N E，Büyükşahin B，Haigh M S，et al. 2016. The prevalence，sources，and effects of herding. Journal of Futures Markets，36（7）：671-694.

Boyd N E，Harris J H，Li B X. 2018. An update on speculation and financialization in commodity markets. Journal of Commodity Markets，10：91-104.

Boyer M M，Filion D. 2007. Common and fundamental factors in stock returns of Canadian oil and gas companies. Energy Economics，29（3）：428-453.

Brigida M. 2014. The switching relationship between natural gas and crude oil prices. Energy Economics，43：48-55.

Broadstock D C，Cao H，Zhang D Y. 2012. Oil shocks and their impact on energy related stocks in China. Energy Economics，34（6）：1888-1895.

Broadstock D C，Fan Y，Ji Q，et al. 2016. Shocks and stocks：a bottom-up assessment of the relationship between oil prices，gasoline prices and the returns of Chinese firms. The Energy Journal，37：55-86.

Broadstock D C，Filis G. 2014. Oil price shocks and stock market returns：new evidence from the United States and China. Journal of International Financial Markets，Institutions and Money，33：417-433.

Broadstock D C，Wang R，Zhang D Y. 2014. Direct and indirect oil shocks and their impacts upon energy related stocks. Economic Systems，38（3）：451-467.

Brown S P A，Yücel M K. 2008. What drives natural gas prices?. The Energy Journal，29（2）：45-60.

Brunetti C，Büyükşahin B，Harris J H. 2016. Speculators，prices，and market volatility. Journal of Financial and Quantitative Analysis，51（5）：1545-1574.

Brunnschweiler C N. 2010. Finance for renewable energy：an empirical analysis of developing and transition economies. Environment and Development Economics，15（3）：241-274.

Buchinsky M. 1994. Changes in the US wage structure 1963—1987：application of quantile regression. Econometrica，62（2）：405.

Bunn D W，Chevallier J，Le Pen Y，et al. 2017. Fundamental and financial influences on the co-movement of oil and gas prices. Energy Journal，38（2）：201-228.

Büyükşahin B，Robe M A. 2014. Speculators，commodities and cross-market linkages. Journal of

International Money and Finance，42：38-70.

Byrne J P，Fazio G，Fiess N. 2013. Primary commodity prices：co-movements，common factors and fundamentals. Journal of Development Economics，101：16-26.

Caballero R J，Farhi E，Gourinchas P O. 2008. Financial crash，commodity prices，and global imbalances. Brookings Papers on Economic Activity，2008：1-55.

Caldara D，Iacoviello M. 2018. Measuring geopolitical risk. International Finance Discussion Paper，2018（1222）：1-66.

Campbell J Y，Shiller R J. 1988. The dividend-price ratio and expectations of future dividends and discount factors. The Review of Financial Studies，1（3）：195-228.

Cao G X，Xu W. 2016. Nonlinear structure analysis of carbon and energy markets with MFDCCA based on maximum overlap wavelet transform. Physica A：Statistical Mechanics and Its Applications，444：505-523.

Caporin M，Fontini F. 2017. The long-run oil-natural gas price relationship and the shale gas revolution. Energy Economics，64：511-519.

Casassus J，Collin-Dufresne P. 2005. Stochastic convenience yield implied from commodity futures and interest rates. The Journal of Finance，60（5）：2283-2331.

Cashin P，Mohaddes K，Raissi M. 2017. China's slowdown and global financial market volatility：is world growth losing out?. Emerging Markets Review，31：164-175.

Cashin P，Mohaddes K，Raissi M，et al. 2014. The differential effects of oil demand and supply shocks on the global economy. Energy Economics，44：113-134.

Caspi I. 2017. Rtadf：testing for bubbles with EViews. Journal of Statistical Software，81：1-16.

Caspi I，Katzke N，Gupta R. 2018. Date stamping historical periods of oil price explosivity：1876—2014. Energy Economics，70：582-587.

Chambers M J，Bailey R E. 1996. A theory of commodity price fluctuations. Journal of Political Economy，104（5）：924-957

Chang Y，Fang Z，Li Y F. 2016. Renewable energy policies in promoting financing and investment among the East Asia Summit countries：quantitative assessment and policy implications. Energy Policy，95：427-436.

Charles A，Darné O. 2017. Forecasting crude-oil market volatility：further evidence with jumps. Energy Economics，67：508-519.

Chaudhuri K，Daniel B C. 1998. Long-run equilibrium real exchange rates and oil prices. Economics Letters，58（2）：231-238.

Chen P. 2015. Global oil prices，macroeconomic fundamentals and China's commodity sector comovements. Energy Policy，87：284-294.

Chen S S，Chen H C. 2007. Oil prices and real exchange rates. Energy Economics，29（3）：390-404.

Cheng I H，Xiong W. 2014. Financialization of commodity markets. Annual Review of Financial Economics，6（1）：419-441.

Cherubini U，Luciano E，Vecchiato W. 2004. Copula Methods in Finance. New York：John Wiley & Sons.

Cheung Y W，Rime D. 2014. The offshore renminbi exchange rate：microstructure and links to the onshore market. Journal of International Money and Finance，49：170-189.

Chevallier J. 2011. A model of carbon price interactions with macroeconomic and energy dynamics. Energy Economics，33（6）：1295-1312.

Chevillon G，Rifflart C. 2009. Physical market determinants of the price of crude oil and the market premium. Energy Economics，31（4）：537-549.

China Securities Regulatory Commission. 2016. Security market monthly report.

Christiansen A C，Arvanitakis A，Tangen K，et al. 2005. Price determinants in the EU emissions trading scheme. Climate Policy，5（1）：15-30.

Christodoulakis N M，Kalyvitis S C，Lalas D P，et al. 2000. Forecasting energy consumption and energy related CO_2 emissions in Greece：an evaluation of the consequences of the Community Support Framework II and natural gas penetration. Energy Economics，22（4）：395-422.

Cody B J，Mills L O. 1991. The role of commodity prices in formulating monetary policy. The Review of Economics and Statistics，73（2）：358.

Considine T J，Larson D F. 2001. Risk premiums on inventory assets：the case of crude oil and natural gas. Journal of Futures Markets，21（2）：109-126.

Cooper J，Stamford L，Azapagic A. 2018. Economic viability of UK shale gas and potential impacts on the energy market up to 2030. Applied Energy，215：577-590.

Corsatea T D，Giaccaria S，Arántegui R L. 2014. The role of sources of finance on the development of wind technology. Renewable Energy，66：140-149.

Craine R. 1993. Rational bubbles：a test. Journal of Economic Dynamics and Control，17（5/6）：829-846.

Creti A，Jouvet P A，Mignon V. 2012. Carbon price drivers：Phase I versus Phase II equilibrium?. Energy Economics，34（1）：327-334.

Creti A，Nguyen D K. 2015. Energy markets' financialization，risk spillovers，and pricing models. Energy Policy，82：260-263.

Creti A，Nguyen D K. 2018. Energy and environment：transition models and new policy challenges in the post Paris Agreement. Energy Policy，122：677-679.

Csörgö M，Horváth L. 1997. Limit Theorems in Change-Point Analysis. New York: John Wiley & Sons Inc.

Cunado J，de Gracia F P. 2014. Oil price shocks and stock market returns：evidence for some European countries. Energy Economics，42：365-377.

Da Z，Engelberg J，Gao P J. 2015. The sum of all FEARS investor sentiment and asset prices. The Review of Financial Studies，28（1）：1-32.

Dagher L，El Hariri S. 2013. The impact of global oil price shocks on the Lebanese stock market. Energy，63：366-374.

de Carvalho P J C，Gupta A. 2018. A network approach to unravel asset price comovement using minimal dependence structure. Journal of Banking & Finance，91：119-132.

de Fowowe B. 2013. Jump dynamics in the relationship between oil prices and the stock market：evidence from Nigeria. Energy，56：31-38.

de Fowowe B. 2014. Modelling the oil price-exchange rate nexus for South Africa. International Economics，140：36-48.

de Long J B，Shleifer A，Summers L H，et al. 1990a. Noise trader risk in financial markets. Journal of

Political Economy，98（4）：703-738.

de Long J B，Shleifer A，Summers L H，et al.1990b. Positive feedback investment strategies and destabilizing rational speculation. Journal of Finance，45（2）：379-395.

de Nicola F，de Pace P，Hernandez M A. 2016. Co-movement of major energy，agricultural，and food commodity price returns：a time-series assessment. Energy Economics，57：28-41.

de Roon F A，Nijman T E，Veld C. 2000. Hedging pressure effects in futures markets. The Journal of Finance，55（3）：1437-1456.

de Vita G，Trachanas E. 2016. "Nonlinear causality between crude oil price and exchange rate：a comparative study of China and India"——A failed replication（negative Type 1 and Type 2）. Energy Economics，56：150-160.

Deaton A，Laroque G. 1992. On the behaviour of commodity prices. The Review of Economic Studies，59（1）：1.

Deaves R，Krinsky I. 1992. The behavior of oil futures returns around OPEC conferences. Journal of Futures Markets，12（5）：563-574.

Dees S，Mauro F D，Pesaran M H，et al. 2007. Exploring the international linkages of the euro area：a global VAR analysis. Journal of Applied Econometrics，22（1）：1-38.

Degiannakis S，Filis G. 2017. Forecasting oil price realized volatility using information channels from other asset classes. Journal of International Money and Finance，76：28-49.

Degiannakis S，Filis G. 2018. Forecasting oil prices：high-frequency financial data are indeed useful. Energy Economics，76：388-402.

Degiannakis S，Filis G，Floros C. 2013. Oil and stock returns：evidence from European industrial sector indices in a time-varying environment. Journal of International Financial Markets，Institutions and Money，26：175-191.

Demirer R，Gupta R，Ji Q，et al. 2019. Geopolitical risks and the predictability of regional oil returns and volatility. OPEC Energy Review，43（3）：342-361.

Demirer R，Kutan A M. 2010. The behavior of crude oil spot and futures prices around OPEC and SPR announcements：an event study perspective. Energy Economics，32（6）：1467-1476.

Deng Y H，Girardin E，Joyeux R. 2018. Fundamentals and the volatility of real estate prices in China：a sequential modelling strategy. China Economic Review，48：205-222.

Dias A，Embrechts P. 2009. Testing for structural changes in exchange rates' dependence beyond linear correlation. The European Journal of Finance，15（7/8）：619-637.

Diebold F X，Mariano R S. 1995. Comparing predictive accuracy. Journal of Business & Economic Statistics，13（3）：253-263.

Diebold F X，Yilmaz K. 2009. Measuring financial asset return and volatility spillovers，with application to global equity markets. The Economic Journal，119（534）：158-171.

Diebold F X，Yilmaz K. 2012. Better to give than to receive：predictive directional measurement of volatility spillovers. International Journal of Forecasting，28（1）：57-66.

Diebold F X，Yilmaz K. 2014. On the network topology of variance decompositions：measuring the connectedness of financial firms. Journal of Econometrics，182（1）：119-134.

Ding S，Knight J，Zhang X. 2010. Does China overinvest? Evidence from a panel of Chinese firms. The European Journal of Finance，25（6）：489-507.

Ding Z H，Liu Z H，Zhang Y J，et al. 2017. The contagion effect of international crude oil price fluctuations on Chinese stock market investor sentiment. Applied Energy，187：27-36.

Doytch N，Narayan S. 2016. Does FDI influence renewable energy consumption? An analysis of sectoral FDI impact on renewable and non-renewable industrial energy consumption. Energy Economics，54：291-301.

Du L M，He Y N. 2015. Extreme risk spillovers between crude oil and stock markets. Energy Economics，51：455-465.

Dutta A. 2018. Modeling and forecasting the volatility of carbon emission market：the role of outliers，time-varying jumps and oil price risk. Journal of Cleaner Production，172：2773-2781.

Edelstein P，Kilian L. 2007. The response of business fixed investment to changes in energy prices：a test of some hypotheses about the transmission of energy price shocks. The B.E. Journal of Macroeconomics，7（1）：1-41.

Efimova O，Serletis A. 2014. Energy markets volatility modelling using GARCH. Energy Economics，43：264-273.

EIA. 2017. Perspectives on the Development of LNG Market Hubs in the Asia Pacific Region.

Elder J，Serletis A. 2009. Oil price uncertainty in Canada. Energy Economics，31（6）：852-856.

Engle R. 2002. Dynamic conditional correlation：a simple class of multivariate generalized autoregressive conditional heteroskedasticity models. Journal of Business & Economic Statistics，20（3）：339-350.

Engle R F，Ghysels E，Sohn B. 2013. Stock market volatility and macroeconomic fundamentals. Review of Economics and Statistics，95（3）：776-797.

Engle R F，Granger C W J. 1987. Co-integration and error correction：representation，estimation，and testing. Econometrica，55（2）：251.

Engle R F，Kroner K F. 1995. Multivariate simultaneous generalized ARCH. Econometric Theory，11（1）：122-150.

Erdős P. 2012. Have oil and gas prices got separated?. Energy Policy，49：707-718.

Ernst & Young. 2016. Renewable energy country attractiveness index.

Erten B，Ocampo J A. 2013. Super cycles of commodity prices since the mid-nineteenth century. World Development，44：14-30.

Fama E F. 1965. The behavior of stock-market prices. The Journal of Business，38（1）：34.

Fama E F. 1970. Efficient capital markets：a review of theory and empirical work. The Journal of Finance，25（2）：383-417.

Fan Y，Xu J H. 2011. What has driven oil prices since 2000? A structural change perspective. Energy Economics，33（6）：1082-1094.

Fang S，Egan P. 2018. Measuring contagion effects between crude oil and Chinese stock market sectors. The Quarterly Review of Economics and Finance，68：31-38.

Fattouh B. 2007. The drivers of oil prices：the usefulness and limitations of non-structural model，the demand-supply framework and informal approaches. Oxford Institute for Energy Studies Working Paper M32.

Fattouh B，Kilian L，Mahadeva L. 2013. The role of speculation in oil markets：what have we learned so far?. The Energy Journal，34（3）：7-33.

Fatum R，Yamamoto Y，Zhu G Z. 2017. Is the Renminbi a safe haven?. Journal of International Money and Finance，79：189-202.

Fernandez V. 2007. Wavelet-and SVM-based forecasts：an analysis of the US metal and materials manufacturing industry. Resources Policy，32（1/2）：80-89.

Fernandez V. 2015. Commodity price excess co-movement from a historical perspective：1900—2010. Energy Economics，49：698-710.

Fernandez-Diaz J M，Morley B. 2019. Interdependence among agricultural commodity markets，macroeconomic factors，crude oil and commodity index. Research in International Business and Finance，47：174-194.

Fezzi C，Bunn D W. 2009. Structural interactions of European carbon trading and energy prices. The Journal of Energy Markets，2（4）：53-69.

Filis G，Degiannakis S，Floros C. 2011. Dynamic correlation between stock market and oil prices：the case of oil-importing and oil-exporting countries. International Review of Financial Analysis，20（3）：152-164.

Forni M，Hallin M，Lippi M，et al. 2000. The generalized dynamic-factor model：identification and estimation. Review of Economics and Statistics，82（4）：540-554.

Forni M，Lippi M. 2001. The generalized dynamic factor model：representation theory. Econometric Theory，17（6）：1113-1141.

Frankel J A. 2008. The effect of monetary policy on real commodity prices//Campbell J Y. Asset Prices and Monetary Policy. Chicago：University of Chicago Press.

Frijns B，Verschoor W F C，Zwinkel R C J. 2017. Excess stock return comovement and the role of investor sentiment. Journal of International Financial Markets, Institutions and Money，49：74-87.

Gao L，Süss S. 2015. Market sentiment in commodity futures returns. Journal of Empirical Finance，33：84-103.

Gao X Y，Fang W，An F，et al. 2017. Detecting method for crude oil price fluctuation mechanism under different periodic time series. Applied Energy，192：201-212.

Garfield E. 2009. From the science of science to Scientometrics visualizing the history of science with HistCite software. Journal of Informetrics，3（3）：173-179.

Geng J B，Du Y J，Ji Q，et al. 2021. Modeling return and volatility spillover networks of global new energy companies. Renewable and Sustainable Energy Reviews，135：110214.

Geng J B，Ji Q，Fan Y. 2016a. How regional natural gas markets have reacted to oil price shocks before and since the shale gas revolution：a multi-scale perspective. Journal of Natural Gas Science and Engineering，36：734-746.

Geng J B，Ji Q，Fan Y. 2016b. The impact of the North American shale gas revolution on regional natural gas markets：evidence from the regime-switching model. Energy Policy，96：167-178.

Geng J B，Ji Q，Fan Y. 2016c. The behaviour mechanism analysis of regional natural gas prices：a multi-scale perspective. Energy，101：266-277.

Geng J B，Ji Q，Fan Y. 2017. The relationship between regional natural gas markets and crude oil markets from a multi-scale nonlinear Granger causality perspective. Energy Economics，67：98-110.

GFT Force. 2015. Establishing China's green financial system.

Ghoddusi H，Creamer G G，Rafizadeh N. 2019. Machine learning in energy economics and finance：a review. Energy Economics，81：709-727.

Ghosh S. 2011. Examining crude oil price-exchange rate nexus for India during the period of extreme oil price volatility. Applied Energy，88（5）：1886-1889.

Ghysels E，Santa-Clara P，Valkanov R. 2004. The MIDAS touch：mixed data sampling regression models. EconPapers 220.

Girardi G，Ergün A T. 2013. Systemic risk measurement：multivariate GARCH estimation of CoVaR. Journal of Banking & Finance，37（8）：3169-3180.

Gkanoutas-Leventis A，Nesvetailova A. 2015. Financialisation，oil and the great recession. Energy Policy，86：891-902.

Gohin A. 2008. Impacts of the European biofuel policy on the farm sector：a general equilibrium assessment. Review of Agricultural Economics，30（4）：623-641.

Golombek R，Irarrazabal A A，Ma L. 2018. OPEC's market power：an empirical dominant firm model for the oil market. Energy Economics，70：98-115.

Golub S S. 1983. Oil prices and exchange rates. The Economic Journal，93（371），576.

Gorton G，Rouwenhorst K G. 2006. Facts and fantasies about commodity futures. Financial Analysts Journal，62（2）：47-68.

Gower J C. 1966. Some distance properties of latent root and vector methods used in multivariate analysis. Biometrika，53（3/4）：325-338.

Grandi L. 2014. European gas markets：from oil indexation prices to spot prices?. Energy Brains-energy Analysis.

Griffin J M. 1985. OPEC behavior：a test of alternative hypotheses. The American Economic Review，75（5）：954-963.

Griffin J M. 1988. A test of the free cash flow hypothesis：results from the petroleum industry. The Review of Economics and Statistics，70（1）：76.

Gronwald M. 2016. Explosive oil prices. Energy Economics，60：1-5.

Grubb M. 2004. Technology innovation and climate change policy：an overview of issues and options. Keio Economic Studies，41（2）：103-132.

Guesmi K，Saadi S，Abid I，et al. 2019. Portfolio diversification with virtual currency：evidence from bitcoin. International Review of Financial Analysis，63：431-437.

Gülen S G. 1996. Is OPEC a cartel? Evidence from cointegration and causality tests. The Energy Journal，17（2）：43-57.

Gupta K，Banerjee R. 2019. Does OPEC news sentiment influence stock returns of energy firms in the United States?. Energy Economics，77：34-45.

Gupta R，Modise M P. 2013. Does the source of oil price shocks matter for South African stock returns? A structural VAR approach. Energy Economics，40：825-831.

Gupta R，Yoon S M. 2018. OPEC news and predictability of oil futures returns and volatility：evidence from a nonparametric causality-in-quantiles approach. The North American Journal of Economics and Finance，45：206-214.

Hache E，Lantz F. 2013. Speculative trading and oil price dynamic：a study of the WTI market. Energy Economics，36：334-340.

Hagspiel S，Papaemannouil A，Schmid M，et al. 2012. Copula-based modeling of stochastic wind power in Europe and implications for the Swiss power grid. Applied Energy，96：33-44.

Hakwa B，Jäger-Ambrożewicz M，Rüdiger B. 2015. Analysing systemic risk contribution using a closed formula for conditional value at risk through copula. Communications on Stochastic Analysis，9（1）：131-158.

Hamdi B，Aloui M，Alqahtani F，et al. 2019. Relationship between the oil price volatility and sectoral stock markets in oil-exporting economies：evidence from wavelet nonlinear denoised based quantile and Granger-causality analysis. Energy Economics，80：536-552.

Hamilton J D. 1983. Oil and the macroeconomy since world war II. Journal of Political Economy，91（2）：228-248.

Hamilton J D. 1996. This is what happened to the oil price-macroeconomy relationship. Journal of Monetary Economics，38（2）：215-220.

Hamilton J D. 2003. What is an oil shock?. Journal of Econometrics，113（2）：363-398.

Hamilton J D. 2005. What's real about the business cycle?. Federal Reserve Bank of St. Louis Review，87（4）：435-452.

Hamilton J D. 2009a. Causes and consequences of the oil shock of 2007-08. National Bureau of Economic Research Working Paper 15002.

Hamilton J D. 2009b. Understanding crude oil prices. The Energy Journal，30（2）：179-206.

Hamilton J D，Wu J C. 2014. Risk premia in crude oil futures prices. Journal of International Money and Finance，42：9-37.

Hammar H，Löfgren Å. 2001. The determinants of sulfur emissions from oil consumption in Swedish manufacturing industry，1976—1995. The Energy Journal，22（2）：107-126.

Hammoudeh S，Nguyen D K，Sousa R M. 2014. What explain the short-term dynamics of the prices of CO_2 emissions?. Energy Economics，46：122-135.

Hansen B E. 1994. Autoregressive conditional density estimation. International Economic Review，35（3）：705.

Hansen P R，Huang Z，Shek H H. 2012. Realized GARCH：a joint model for returns and realized measures of volatility. Journal of Applied Econometrics，27（6）：877-906.

Hansen P R，Lunde A，Nason J M. 2011. The model confidence set. Econometrica，79（2）：453-497.

Hartley P，Medlock III K B，Rosthal J. 2008. The relationship of natural gas to oil prices. The Energy Journal，29：47-65.

Haugom E，Langeland H，Molnár P，et al. 2014. Forecasting volatility of the US oil market. Journal of Banking & Finance，47：1-14.

He K J，Yu L A，Lai K K. 2012. Crude oil price analysis and forecasting using wavelet decomposed ensemble model. Energy，46（1）：564-574.

He L Y，Zhang L H，Zhong Z Q，et al. 2019. Green credit，renewable energy investment and green economy development：empirical analysis based on 150 listed companies of China. Journal of Cleaner Production，208：363-372.

He Y Y，Liu R，Li H Y，et al. 2017. Short-term power load probability density forecasting method using kernel-based support vector quantile regression and Copula theory. Applied Energy，185：254-266.

Henderson J，Mitrova T. 2020. Implications of the Global Energy Transition on Russia//Hafner M，Tagliapiefra S. The Geopolitics of the Global Energy Transition. Cham：Springer International Publishing：93-114.

Henriques I，Sadorsky P. 2008. Oil prices and the stock prices of alternative energy companies. Energy Economics，30（3）：998-1010.

Herrera A M，Hu L，Pastor D. 2018. Forecasting crude oil price volatility. International Journal of Forecasting，34（4）：622-635.

Hintermann B. 2010. Allowance price drivers in the first phase of the EU ETS. Journal of Environmental Economics and Management，59（1）：43-56.

Hong Y M，Liu Y H，Wang S Y. 2009. Granger causality in risk and detection of extreme risk spillover between financial markets. Journal of Econometrics，150（2）：271-287.

Hooker M A. 2002. Are oil shocks inflationary?：asymmetric and nonlinear specifications versus changes in regime. Journal of Money，Credit，and Banking，34（2）：540-561.

Hotelling H. 1931. The economics of exhaustible resources. Journal of Political Economy，39（2）：137-175.

Hu M，Zhang D Y，Ji Q，et al. 2020. Macro factors and the realized volatility of commodities：a dynamic network analysis. Resources Policy，68：101813.

Huang R D，Masulis R W，Stoll H R. 1996. Energy shocks and financial markets. Journal of Futures Markets，16（1）：1-27.

Hussain M，Zebende G F，Bashir U，et al. 2017. Oil price and exchange rate co-movements in Asian countries：detrended cross-correlation approach. Physica A：Statistical Mechanics and Its Applications，465：338-346.

IEA. 2013. Developing a Natural Gas Trading Hub in Asia：Obstacles and Opportunities.

IGU. 2017. Wholesale Gas Price Survey.

IGU. 2019. Wholesale Gas Price Survey.

IGU. 2020. Wholesale Gas Price Survey - 2020 Edition.

Jacks D S，Stuermer M. 2018. What drives commodity price booms and busts?. Energy Economics，85：104035.

Jammazi R，Aloui C. 2012. Crude oil price forecasting：experimental evidence from wavelet decomposition and neural network modeling. Energy Economics，34（3）：828-841.

Jammazi R，Ferrer R，Jareño F，et al. 2017. Time-varying causality between crude oil and stock markets：what can we learn from a multiscale perspective?. International Review of Economics & Finance，49：453-483.

Jannati S. 2020. Geographic spillover of dominant firms' shocks. Journal of Banking & Finance，118：105844.

Jensen M C. 1986. Agency costs of free cash flow，corporate finance，and takeovers. American Economic Review，76，323-329.

Ji Q. 2012. System analysis approach for the identification of factors driving crude oil prices. Computers & Industrial Engineering，63（3）：615-625.

Ji Q，Bouri E，Roubaud D. 2018b. Dynamic network of implied volatility transmission among US equities，strategic commodities，and BRICS equities. International Review of Financial Analysis，

57：1-12.

Ji Q，Bouri E，Roubaud D，et al. 2018a. Risk spillover between energy and agricultural commodity markets：a dependence-switching CoVaR-copula model. Energy Economics，75：14-27.

Ji Q，Fan Y. 2012. How does oil price volatility affect non-energy commodity markets?. Applied Energy，89（1）：273-280.

Ji Q，Fan Y. 2015. Dynamic integration of world oil prices：a reinvestigation of globalisation vs. regionalisation. Applied Energy，155：171-180.

Ji Q，Fan Y. 2016a. Evolution of the world crude oil market integration：a graph theory analysis. Energy Economics，53：90-100.

Ji Q，Fan Y. 2016b. How do China's oil markets affect other commodity markets both domestically and internationally?. Finance Research Letters，19：247-254.

Ji Q，Geng J B，Fan Y. 2014. Separated influence of crude oil prices on regional natural gas import prices. Energy Policy，70：96-105.

Ji Q，Geng J B，Tiwari A K. 2018c. Information spillovers and connectedness networks in the oil and gas markets. Energy Economics，75：71-84.

Ji Q，Guo J F. 2015. Oil price volatility and oil-related events：an Internet concern study perspective. Applied Energy，137：256-264.

Ji Q，Li J P，Sun X L. 2019a. New challenge and research development in global energy financialization. Emerging Markets Finance and Trade，55（12）：2669-2672.

Ji Q，Liu B Y，Fan Y. 2019b. Risk dependence of CoVaR and structural change between oil prices and exchange rates：a time-varying copula model. Energy Economics，77：80-92.

Ji Q，Liu B Y，Nehler H，et al. 2018d. Uncertainties and extreme risk spillover in the energy markets：a time-varying copula-based CoVaR approach. Energy Economics，76：115-126.

Ji Q，Liu B Y，Zhao W L，et al. 2018e. Modelling dynamic dependence and risk spillover between all oil price shocks and stock market returns in the BRICS. International Review of Financial Analysis，68：101238.

Ji Q，Zhang D Y. 2019a. How much does financial development contribute to renewable energy growth and upgrading of energy structure in China?. Energy Policy，128：114-124.

Ji Q，Zhang D Y. 2019b. China's crude oil futures：introduction and some stylized facts. Finance Research Letters. 28：376-380.

Ji Q，Zhang D Y，Geng J B. 2018f. Information linkage，dynamic spillovers in prices and volatility between the carbon and energy markets. Journal of Cleaner Production，198：972-978.

Ji Q，Zhang D Y，Kutan A M. 2020a. Energy financialization，risk and challenges. International Review of Financial Analysis，68：101485.

Ji Q，Zhang D Y，Zhao Y Q. 2020b. Searching for safe-haven assets during the COVID-19 pandemic. International Review of Financial Analysis，71：101526.

Jiménez-Rodríguez R，Sánchez M. 2005. Oil price shocks and real GDP growth：empirical evidence for some OECD countries. Applied Economics，37（2）：201-228.

Joe H. 1997. Multivariate Models and Dependence Concepts. London：Chapman & Hall.

Joe H，Xu J J. 1996. The estimation method of inference functions for margins for multivariate models.Economics Working Paper 14288.

Johansen S，Juselius K. 1990. Maximum likelihood estimation and inference on cointegration - with applications to the demand for money. Oxford Bulletin of Economics and Statistics，52（2）：169-210.

Jondeau E，Rockinger M. 2003. Conditional volatility，skewness，and kurtosis：existence，persistence，and comovements. Journal of Economic Dynamics and Control，27（10）：1699-1737.

Jones C M，Kaul G. 1996. Oil and the stock markets. The Journal of Finance，51（2）：463-491.

Kang S H，McIver R，Yoon S M. 2017. Dynamic spillover effects among crude oil，precious metal，and agricultural commodity futures markets. Energy Economics，62：19-32.

Kang S H，Yoon S M. 2013. Modeling and forecasting the volatility of petroleum futures prices. Energy Economics，36：354-362.

Kang W，Gracia F P，Ratti R A. 2017. Oil price shocks，policy uncertainty，and stock returns of oil and gas corporations. Journal of International Money and Finance，70，344-359.

Kaufmann R K，Bradford A，Belanger L H，et al. 2008. Determinants of OPEC production：implications for OPEC behavior. Energy Economics，30（2）：333-351.

Kaufmann R K，Hines E. 2018. The effects of combined-cycle generation and hydraulic fracturing on the price for coal，oil，and natural gas：implications for carbon taxes. Energy Policy，118：603-611.

Keppler J H，Mansanet-Bataller M. 2010. Causalities between CO_2，electricity，and other energy variables during phase I and phase II of the EU ETS. Energy Policy，38（7）：3329-3341.

Khalfaoui R，Sarwar S，Tiwari A K. 2019. Analysing volatility spillover between the oil market and the stock market in oil-importing and oil-exporting countries：implications on portfolio management. Resources Policy，62：22-32.

Kidney S，Oliver P. 2014. Greening China's Financial Markets. International Institute for Sustainable Development（report）.

Kilian L. 2008a. Exogenous oil supply shocks：how big are they and how much do they matter for the U.S. economy?. Review of Economics and Statistics，90（2）：216-240.

Kilian L. 2008b. The economic effects of energy price shocks. Journal of Economic Literature，46（4）：871-909.

Kilian L. 2009. Not all oil price shocks are alike：disentangling demand and supply shocks in the crude oil market. American Economic Review，99（3）：1053-1069.

Kilian L，Murphy D P. 2014. The role of inventories and speculative trading in the global market for crude oil. Journal of Applied Econometrics，29（3）：454-478.

Kilian L，Park C. 2009. The impact of oil price shocks on the U.S. stock market. International Economic Review，50（4）：1267-1287.

Kim J，Park K. 2016. Financial development and deployment of renewable energy technologies. Energy Economics，59：238-250.

Kim W J，Hammoudeh S，Hyun J S，et al. 2017. Oil price shocks and China's economy：reactions of the monetary policy to oil price shocks. Energy Economics，62；61-69.

Kimura F，Kimura S，Chang Y，et al. 2016. Financing renewable energy in the developing countries of the East Asia Summit region：introduction. Energy Policy，95：421-426.

Komlev S. 2016. Oil Indexation：The Best Remedy for Market Failure in the Natural Gas Industry. Petersburg：Demian Literacy Agency.

Koop G，Pesaran M H，Potter S M. 1996. Impulse response analysis in nonlinear multivariate models. Journal of Econometrics，74（1）：119-147.

Kristoufek L，Janda K，Zilberman D. 2012. Correlations between biofuels and related commodities before and during the food crisis：a taxonomy perspective. Energy Economics，34（5）：1380-1391.

Kroner K F，Ng V K. 1998. Modeling asymmetric comovements of asset returns. The Review of Financial Studies，11（4）：817-844.

Krugman P. 1983. Oil shocks and exchange rate dynamics//Frenkel T A. Exchange Rates and International Macroeconomics. Chicago：University of Chicago Press：259-284.

Krugman P. 1980. Oil and the dollar. National Bureau of Economic Research Working Papers 554.

Kumar S，Tiwari A K，Chauhan Y，et al. 2019. Dependence structure between the BRICS foreign exchange and stock markets using the dependence-switching copula approach. International Review of Financial Analysis，63：273-284.

Kwiatkowski D，Phillips P C B，Schmidt P，et al. 1992. Testing the null hypothesis of stationarity against the alternative of a unit root：how sure are we that economic time series have a unit root?. Journal of Econometrics，54（1/2/3）：159-178.

Lamont O. 1997. Cash flow and investment：evidence from internal capital markets. The Journal of Finance，52（1）：83-109.

Lang L H P，Litzenberger R H. 1989. Dividend announcements，cash flow signaling vs free cash flow hypothesis?. Journal of Financial Economics，24，181-191.

Lang L H P，Stulz R，Walkling R A. 1991. A test of the free cash flow hypothesis：the case of bidder returns. Journal of Financial Economics，29（2）：315-335.

Le Pen Y，Sévi B. 2018. Futures trading and the excess co-movement of commodity prices. Review of Finance，22（1）：381-418.

Lean H H，McAleer M，Wong W K. 2010. Market efficiency of oil spot and futures：a mean-variance and stochastic dominance approach. Energy Economics，32（5）：979-986.

Lee B R，Lee K，Ratti R A. 2001. Monetary policy，oil price shocks，and the Japanese economy. Japan and the World Economy，13（3）：321-349.

Lee J W. 2013. The contribution of foreign direct investment to clean energy use，carbon emissions and economic growth. Energy Policy，55：483-489.

Lee J，Strazicich M C. 2003. Minimum Lagrange multiplier unit root test with two structural breaks. Review of Economics and Statistics，85（4）：1082-1089.

Li Q M，Cheng K，Yang X G. 2017. Response pattern of stock returns to international oil price shocks：from the perspective of China's oil industrial chain. Applied Energy，185：1821-1831.

Liming H. 2009. Financing rural renewable energy：a comparison between China and India. Renewable and Sustainable Energy Reviews，13，1096-1103.

Liu B Y，Ji Q，Fan Y. 2017a. Dynamic return-volatility dependence and risk measure of CoVaR in the oil market：a time-varying mixed copula model. Energy Economics，68：53-65.

Liu B Y，Ji Q，Fan Y. 2017b. A new time-varying optimal copula model identifying the dependence across markets. Quantitative Finance，17（3）：437-453.

Liu C. 2016. China on track to build world's largest green bond market. http://www.chinadaily.com.cn/bizchina/2016-03/04/content-23746462.htm[2016-03-04].

Liu J X. 2019. China's renewable energy law and policy：a critical review. Renewable and Sustainable Energy Reviews，99：212-219.

Liu J，Ma F，Yang K，et al. 2018. Forecasting the oil futures price volatility：large jumps and small jumps. Energy Economics，72：321-330.

Liu P，Zhou Y，Zhou D K，et al. 2017c. Energy Performance Contract models for the diffusion of green-manufacturing technologies in China：a stakeholder analysis from SMEs' perspective. Energy Policy，106：59-67.

Liu W，Li H. 2011. Improving energy consumption structure：a comprehensive assessment of fossil energy subsidies reform in China. Energy Policy，39（7）：4134-4143.

Liu X. 2013. The value of holding scarce wind resource - a cause of overinvestment in wind power capacity in China. Energy Policy，63：97-100.

Liu X Y，An H Z，Huang S P，et al. 2017d. The evolution of spillover effects between oil and stock markets across multi-scales using a wavelet-based GARCH-BEKK model. Physica A：Statistical Mechanics and Its Applications，465：374-383.

Lizardo R A，Mollick A V. 2010. Oil price fluctuations and US dollar exchange rates. Energy Economics，32（2）：399-408.

Lopez J A. 2001. Evaluating the predictive accuracy of volatility models. Journal of Forecasting，20（2）：87-109.

Ludwig M. 2019. Speculation and its impact on liquidity in commodity markets. Resources Policy，61：532-547.

Luo J W，Ji Q. 2018. High-frequency volatility connectedness between the US crude oil market and China's agricultural commodity markets. Energy Economics，76：424-438.

Luo J，Klein T，Ji Q，et al. 2019. Forecasting realized volatility of agricultural commodity futures with infinite Hidden Markov HAR models. International Journal of Forecasting.

Lutz B J，Pigorsch U，Rotfuß W. 2013. Nonlinearity in cap-and-trade systems：the EUA price and its fundamentals. Energy Economics，40：222-232.

Ma F，Liao Y，Zhang Y J，et al. 2019a. Harnessing jump component for crude oil volatility forecasting in the presence of extreme shocks. Journal of Empirical Finance，52：40-55.

Ma F，Wahab M I M，Huang D S，et al. 2017. Forecasting the realized volatility of the oil futures market：a regime switching approach. Energy Economics，67：136-145.

Ma F，Zhang Y J，Huang D S，et al. 2018. Forecasting oil futures price volatility：new evidence from realized range-based volatility. Energy Economics，75：400-409.

Ma H Y，Oxley L，Gibson J，et al. 2008. China's energy economy：technical change，factor demand and interfactor/interfuel substitution. Energy Economics，30（5）：2167-2183.

Ma Y R，Ji Q，Pan J F. 2019b. Oil financialization and volatility forecast：evidence from multidimensional predictors. Journal of Forecasting，38（6）：564-581.

Ma Y R，Zhang D Y，Ji Q，et al. 2019c. Spillovers between oil and stock returns in the US energy sector：does idiosyncratic information matter?. Energy Economics，81：536-544.

Mackey M C. 1989. Commodity price fluctuations：price dependent delays and nonlinearities as explanatory factors. Journal of Economic Theory，48（2）：497-509.

Maghyereh A I，Awartani B，Bouri E. 2016. The directional volatility connectedness between crude oil and equity markets: new evidence from implied volatility indexes. Energy Economics, 57: 78-93.

Malik F, Hammoudeh S. 2007. Shock and volatility transmission in the oil, US and Gulf equity markets. International Review of Economics & Finance, 16（3）: 357-368.

Manera M, Nicolini M, Vignati I. 2016. Modelling futures price volatility in energy markets: is there a role for financial speculation?. Energy Economics, 53: 220-229.

Mansanet-Bataller M, Pardo A, Valor E. 2007. CO_2 prices, energy and weather. Energy Journal, 28（3）, 67-86.

Mantegna R N. 1999. Hierarchical structure in financial markets. The European Physical Journal B - Condensed Matter and Complex Systems, 11（1）: 193-197.

Maroušek J. 2014. Significant breakthrough in biochar cost reduction. Clean Technologies and Environmental Policy, 16（8）: 1821-1825.

Maroušek J, Vochozka M, Plachý J, et al. 2017. Glory and misery of biochar. Clean Technologies and Environmental Policy, 19（2）: 311-317.

Maveé N, Perrelli R, Schimmelpfennig A. 2016. Surprise, surprise: what drives the rand/U.S. dollar exchange rate volatility?. IMF Working Paper16/205.

McCauley R N, Shu C. 2019. Recent renminbi policy and currency co-movements. Journal of International Money and Finance, 95: 444-456.

Mensi W, Hammoudeh S, Shahzad S J H, et al. 2017a. Oil and foreign exchange market tail dependence and risk spillovers for MENA, emerging and developed countries: VMD decomposition based copulas. Energy Economics, 67: 476-495.

Mensi W, Hammoudeh S, Shahzad S J H, et al. 2017b. Modeling systemic risk and dependence structure between oil and stock markets using a variational mode decomposition-based copula method. Journal of Banking & Finance, 75: 258-279.

Miao H, Ramchander S, Wang T Y, et al. 2017. Influential factors in crude oil price forecasting. Energy Economics, 68: 77-88.

Miller E M. 1977. Risk, uncertainty, and divergence of opinion. The Journal of Finance, 32（4）: 1151-1168.

Miller J I, Ratti R A. 2009. Crude oil and stock markets: stability, instability, and bubbles. Energy Economics, 31（4）: 559-568.

Mo D, Gupta R, Li B, et al. 2018. The macroeconomic determinants of commodity futures volatility: evidence from Chinese and Indian markets. Economic Modelling, 70: 543-560.

Modigliani F, Miller M. 1958. The cost of capital, corporation finance and the theory of investment. American Economic Review, 48, 261-297.

Mohaddes K, Pesaran M H. 2016. Country-specific oil supply shocks and the global economy: a counterfactual analysis. Energy Economics, 59: 382-399.

Mohaddes K, Pesaran M H. 2017. Oil prices and the global economy: is it different this time around?. Energy Economics, 65: 315-325.

Mohanty S, Nandha M, Bota G. 2010. Oil shocks and stock returns: the case of the Central and Eastern European（CEE）oil and gas sectors. Emerging Markets Review, 11（4）: 358-372.

Moosa I A, Al-Loughani N E. 1994. Unbiasedness and time varying risk premia in the crude oil futures market. Energy Economics, 16（2）: 99-105.

Mork K A. 1989. Oil and the macroeconomy when prices go up and down：an extension of Hamilton's results. Journal of Political Economy，97（3）：740-744.

Moshiri S，Foroutan F. 2006. Forecasting nonlinear crude oil futures prices. The Energy Journal，27（4）：81-95.

Moskowitz T J，Ooi Y H，Pedersen L H. 2012. Time series momentum. Journal of Financial Economics，104（2）：228-250.

Næs R，Skjeltorp J A，Ødegaard B A. 2011. Stock market liquidity and the business cycle. The Journal of Finance，66（1）：139-176.

Nagel S. 2012. Evaporating liquidity. Review of Financial Studies，25（7）：2005-2039.

Narayan P K，Gupta R. 2015. Has oil price predicted stock returns for over a century?. Energy Economics，48：18-23.

Narayan P K，Liu R. 2015. A unit root model for trending time-series energy variables. Energy Economics，50：391-402.

Narayan P K，Narayan S，Prasad A. 2008. Understanding the oil price-exchange rate nexus for the Fiji islands. Energy Economics，30（5）：2686-2696.

Narayan P K，Popp S. 2010. A new unit root test with two structural breaks in level and slope at unknown time. Journal of Applied Statistics，37（9）：1425-1438.

Narayan P K，Sharma S S. 2011. New evidence on oil price and firm returns. Journal of Banking & Finance，35（12）：3253-3262.

Nasir M A，Lorente D B，Huynh T L D. 2020. Anchoring inflation expectations in the face of oil shocks & in the proximity of ZLB：a tale of two targeters. Energy Economics，86：104662.

Nazlioglu S，Soytas U. 2011. World oil prices and agricultural commodity prices：evidence from an emerging market. Energy Economics，33（3）：488-496.

Nelsen R B. 1999. An Introduction to Copulas. New York：Springer.

Nick S，Thoenes S. 2014. What drives natural gas prices? - A structural VAR approach. Energy Economics，45：517-527.

Nicolau M，Palomba G. 2015. Dynamic relationships between spot and futures prices. The case of energy and gold commodities. Resources Policy，45：130-143.

Nikbakht L. 2010. Oil prices and exchange rates：the case of OPEC. Business Intelligence Journal，3：83-92.

Nissanke M. 2012. Commodity market linkages in the global financial crisis：excess volatility and development impacts. The Journal of Development Studies，48（6）：732-750.

Nomikos N K，Pouliasis P K. 2011. Forecasting petroleum futures markets volatility：the role of regimes and market conditions. Energy Economics，33（2）：321-337.

Nwiabu N，Amadi M. 2017. Building a decision support system for crude oil price prediction using Bayesian networks. American Scientific Research Journal for Engineering，Technology，and Sciences（ASRJETS），38（2）：1-17.

Ohana S. 2010. Modeling global and local dependence in a pair of commodity forward curves with an application to the US natural gas and heating oil markets. Energy Economics，32（2）：373-388.

Ohashi K，Okimoto T. 2016. Increasing trends in the excess comovement of commodity prices. Journal of Commodity Markets，1（1）：48-64.

Ohler A，Fetters I. 2014. The causal relationship between renewable electricity generation and GDP growth：a study of energy sources. Energy Economics，43：125-139.

Olmos L，Ruester S，Liong S J. 2012. On the selection of financing instruments to push the development of new technologies：application to clean energy technologies. Energy Policy，43：252-266.

Omar A M A，Wisniewski T P，Nolte S. 2017. Diversifying away the risk of war and cross-border political crisis. Energy Economics，64：494-510.

Omri A，Nguyen D K. 2014. On the determinants of renewable energy consumption：international evidence. Energy，72：554-560.

Omri A，Nguyen D K，Rault C. 2014. Causal interactions between CO_2 emissions，FDI，and economic growth：evidence from dynamic simultaneous-equation models. Economic Modelling，42：382-389.

Onnela J P，Kaski K，Kertész J. 2004. Clustering and information in correlation based financial networks. The European Physical Journal B，38：353-362.

Ordu B M，Oran A，Soytas U. 2018. Is food financialized? Yes，but only when liquidity is abundant. Journal of Banking & Finance，95：82-96.

Oriavwote V E，Eriemo N O. 2012. Oil prices and the real exchange rate in Nigeria. International Journal of Economics and Finance，4（6）：198.

Palao F，Pardo A，Roig M. 2020. Is the leadership of the Brent-WTI threatened by China's new crude oil futures market?. Journal of Asian Economics，70：101237.

Pan Z Y，Wang Y D，Wu C F，et al. 2017. Oil price volatility and macroeconomic fundamentals：a regime switching GARCH-MIDAS model. Journal of Empirical Finance，43：130-142.

Panagiotidis T，Rutledge E. 2007. Oil and gas markets in the UK：evidence from a cointegrating approach. Energy Economics，29（2）：329-347.

Paramati S R，Ummalla M，Apergis N. 2016. The effect of foreign direct investment and stock market growth on clean energy use across a panel of emerging market economies. Energy Economics，56：29-41.

Park J，Ratti R A. 2008. Oil price shocks and stock markets in the U.S. and 13 European countries. Energy Economics，30（5）：2587-2608.

Parsley D，Popper H. 2020. Return comovement. Journal of Banking & Finance，112：105223.

Patton A J. 2006. Modelling asymmetric exchange rate dependence. International Economic Review，47（2）：527-556.

Patton A J. 2009. Copula-based models for financial time series//Andersen T G，Davis R A，Kreiss J-P，et al. Handbook of Financial Time Series. Berlin：Springer：767-785.

Patton A J. 2011. Volatility forecast comparison using imperfect volatility proxies. Journal of Econometrics，160（1）：246-256.

Patton A J. 2012. A review of copula models for economic time series. Journal of Multivariate Analysis，110：4-18.

Peng C，Zhu H M，Guo Y W，et al. 2018. Risk spillover of international crude oil to China's firms：evidence from granger causality across quantile. Energy Economics，72：188-199.

Perron P. 1989. The great crash，the oil price shock，and the unit root hypothesis. Econometrica，57

(6): 1361-1401.

Pershin V, Molero J C, de Gracia F P. 2016. Exploring the oil prices and exchange rates nexus in some African economies. Journal of Policy Modeling, 38 (1): 166-180.

Persson O. 1994. The intellectual base and research fronts of JASIS 1986—1990. Journal of the American Society for Information Science, 45 (1): 31-38.

Pesaran H H, Shin Y. 1998. Generalized impulse response analysis in linear multivariate models. Economics Letters, 58 (1): 17-29.

Peter Ferderer J. 1996. Oil price volatility and the macroeconomy. Journal of Macroeconomics, 18 (1): 1-26.

Phan D H B, Sharma S S, Narayan P K. 2016. Intraday volatility interaction between the crude oil and equity markets. Journal of International Financial Markets, Institutions and Money, 40: 1-13.

Phillips P C B, Perron P, 1988. Testing for a unit root in time series regression. Biometrika, 75 (2): 335-346.

Phillips P C B, Shi S P, Yu J. 2015. Testing for multiple bubbles: limit theory of real-time detectors. International Economic Review, 56 (4): 1079-1134.

Phillips P C B, Yu J. 2011. Dating the timeline of financial bubbles during the subprime crisis. Quantitative Economics, 2 (3): 455-491.

Pierru A, Smith J L, Zamrik T. 2018. OPEC's impact on oil price volatility: the role of spare capacity. Energy Journal, 39 (2), 173-196.

Pindyck R S. 1980. Uncertainty and exhaustible resource markets. Journal of Political Economy, 88 (6): 1203-1225.

Pindyck R S, Rotemberg J J. 1990. The excess co-movement of commodity prices. The Economic Journal, 100 (403): 1173.

Popp D. 2010. Innovation and climate policy. Annual Review of Resource Economics, 2 (1): 275-298.

Prim R C. 1957. Shortest connection networks and some generalizations. The Bell System Technical Journal, 36 (6): 1389-1401.

Qadan M, Nama H. 2018. Investor sentiment and the price of oil. Energy Economics, 69: 42-58.

Radetzki M. 2006. The anatomy of three commodity booms. Resources Policy, 31 (1): 56-64.

Rafiq S, Bloch H. 2016. Explaining commodity prices through asymmetric oil shocks: evidence from nonlinear models. Resources Policy, 50: 34-48.

Rajan R G, Zingales L. 1995. What do we know about capital structure? Some evidence from international data. The Journal of Finance, 50 (5): 1421-1460.

Ramberg D J, Parsons J E. 2012. The weak tie between natural gas and oil prices. The Energy Journal, 33: 13-35.

Ramcharran H. 2002. Oil production responses to price changes: an empirical application of the competitive model to OPEC and non-OPEC countries. Energy Economics, 24 (2): 97-106.

Razek N H A, Michieka N M. 2019. OPEC and non-OPEC production, global demand, and the financialization of oil. Research in International Business and Finance, 50: 201-225.

Reboredo J C. 2012. Modelling oil price and exchange rate co-movements. Journal of Policy Modeling, 34 (3): 419-440.

Reboredo J C, Rivera-Castro M A. 2014. Wavelet-based evidence of the impact of oil prices on stock

returns. International Review of Economics & Finance，29：145-176.
Reboredo J C，Rivera-Castro M A，Ugolini A. 2016. Downside and upside risk spillovers between exchange rates and stock prices. Journal of Banking & Finance，62：76-96.
Reboredo J C，Rivera-Castro M A，Ugolini A. 2017. Wavelet-based test of co-movement and causality between oil and renewable energy stock prices. Energy Economics，61：241-252.
Reboredo J C，Rivera-Castro M A，Zebende G F. 2014. Oil and US dollar exchange rate dependence：a detrended cross-correlation approach. Energy Economics，42：132-139.
Reboredo J C，Ugolini A. 2015. Systemic risk in European sovereign debt markets：a CoVaR-copula approach. Journal of International Money and Finance，51：214-244.
Restrepo N，Uribe J M，Manotas D. 2018. Financial risk network architecture of energy firms. Applied Energy，215：630-642.
Richardson S. 2006. Over-investment of free cash flow. Review of Accounting Studies，11（2/3）：159-189.
Roh T Y，Byun S J，Xu Y H. 2020. Downside uncertainty shocks in the oil and gold markets. International Review of Economics & Finance，66：291-307.
Roll R. 1988. R2. The Journal of Finance，43：541-566.
Saadi H. 2011. Price co-movements in international markets and their impacts on price dynamics//Piot-Lepetit I，M'Barek R. Methods to Analyse Agricultural Commodity Price Volatility. Berlin：Springer：149-163.
Sadorsky P. 1999. Oil price shocks and stock market activity. Energy Economics，21（5）：449-469.
Sadorsky P. 2009. Renewable energy consumption，CO_2 emissions and oil prices in the G7 countries. Energy Economics，31（3）：456-462.
Sadorsky P，McKenzie M D. 2008. Power transformation models and volatility forecasting. Journal of Forecasting，27（7）：587-606.
Salim R A，Rafiq S. 2012. Why do some emerging economies proactively accelerate the adoption of renewable energy?. Energy Economics，34（4）：1051-1057.
Sari R，Hammoudeh S，Chang C L，et al. 2012. Causality between market liquidity and depth for energy and grains. Energy Economics，34（5）：1683-1692.
Sari R，Hammoudeh S，Soytas U. 2010. Dynamics of oil price，precious metal prices，and exchange rate. Energy Economics，32（2）：351-362.
Sari R，Soytas U，Hacihasanoglu E. 2011. Do global risk perceptions influence world oil prices?. Energy Economics，33（3）：515-524.
Sarwar S，Khalfaoui R，Waheed R，et al. 2019. Volatility spillovers and hedging：evidence from Asian oil-importing countries. Resources Policy，61：479-488.
Sarwar S，Tiwari A K，Cao T Q. 2020. Analyzing volatility spillovers between oil market and Asian stock markets. Resources Policy，66：101608.
Schmid M. 1976. A model of trade in money，goods and factors. Journal of International Economics，6（4）：347-361.
Schmidt R H. 1988. Hotelling's rule repealed? An examination of exhaustible resource pricing. Economic Review-Federal Reserve Bank of San Francisco，（4）：41.
Schneider J W. 2004. Mapping scientific frontiers：the quest for knowledge visualization. Journal of

the American Society for Information Science and Technology，55（4）：363-365.

Schwartz E，Smith J E. 2000. Short-term variations and long-term dynamics in commodity prices. Management Science，46（7）：893-911.

Schwarz T V，Szakmary A C. 1994. Price discovery in petroleum markets：arbitrage，cointegration，and the time interval of analysis. Journal of Futures Markets，14（2）：147-167.

Serletis A，Herbert J. 1999. The message in North American energy prices. Energy Economics，21（5）：471-483.

Sévi B. 2014. Forecasting the volatility of crude oil futures using intraday data. European Journal of Operational Research，235（3）：643-659.

Shahbaz M，Khan S，Tahir M I. 2013. The dynamic links between energy consumption，economic growth，financial development and trade in China：fresh evidence from multivariate framework analysis. Energy Economics，40：8-21.

Shahzad S J H，Mensi W，Hammoudeh S，et al. 2018. Extreme dependence and risk spillovers between oil and Islamic stock markets. Emerging Markets Review，34：42-63.

Sheng X，Gupta R，Ji Q. 2020. The impacts of structural oil shocks on macroeconomic uncertainty：evidence from a large panel of 45 countries. Energy Economics，91：104940.

Sheng Y，Shi X P. 2013. Energy market integration and equitable growth across countries. Applied Energy，104：319-325.

Shephard N，Sheppard K. 2010. Realising the future：forecasting with high-frequency-based volatility（HEAVY）models. Journal of Applied Econometrics，25（2）：197-231.

Shi X P. 2016. Development of Europe's gas hubs：implications for east Asia. Natural Gas Industry B，3（4）：357-366.

Shi X，Variam H M P. 2016. Gas and LNG trading hubs，hub indexation and destination flexibility in East Asia. Energy Policy，96：587-596.

Silvapulle P，Moosa I A. 1999. The relationship between spot and futures prices：evidence from the crude oil market. Journal of Futures Markets，19（2）：175-193.

Silvennoinen A，Thorp S. 2013. Financialization，crisis and commodity correlation dynamics. Journal of International Financial Markets，Institutions and Money，24：42-65.

Sims C A. 1980. Macroeconomics and reality. Econometrica，48（1）：1-48.

Singh V K，Kumar P，Nishant S. 2019. Global connectedness of MSCI energy equity indices：a system-wide network approach. Energy Economics，84：104477.

Singleton K J. 2014. Investor flows and the 2008 boom/bust in oil prices. Management Science，60（2）：300-318.

Solow R M，Wan F Y. 1976. Extraction costs in the theory of exhaustible resources. The Bell Journal of Economics，7（2）：359.

Sousa R，Conraria L A，Soares M J. 2014. Carbon financial markets：a time-frequency analysis of CO_2 price drivers. Physica A，414：118-127.

Soytas U，Sari R，Hammoudeh S，et al. 2009. World oil prices，precious metal prices and macroeconomy in Turkey. Energy Policy，37（12）：5557-5566.

Sprites P，Glymour C，Scheines R. 2000. Causation，Prediction，and Search. Cambridge：MIT Press，1-130.

Stern J. 2014. International gas pricing in Europe and Asia：a crisis of fundamentals. Energy Policy，64：43-48.

Stevens P. 1995. The determination of oil prices 1945—1995：a diagrammatic interpretation. Energy Policy，23（10）：861-870.

Stiglitz J E. 1976. Monopoly and the rate of extraction of exhaustible resources. The American Economic Review，66（4），655-661.

Stulz R. 1990. Managerial discretion and optimal financing policies. Journal of Financial Economics，26（1）：3-27.

Su C W，Li Z Z，Chang H L，et al. 2017. When will occur the crude oil bubbles?. Energy Policy，102：1-6.

Swanson N R，Granger C W J. 1997. Impulse response functions based on a causal approach to residual orthogonalization in vector autoregressions. Journal of the American Statistical Association，92（437）：357-367.

Tan X M. 2013. China's overseas investment in the energy/resources sector：its scale，drivers，challenges and implications. Energy Economics，36：750-758.

Tan X P，Wang X Y. 2017. Dependence changes between the carbon price and its fundamentals：a quantile regression approach. Applied Energy，190：306-325.

Tang K，Xiong W. 2012. Index investment and the financialization of commodities. Financial Analysts Journal，68（6）：54-74.

Thenmozhi M，Srinivasan N. 2016. Co-movement of oil price，exchange rate and stock index of major oil importing countries：a wavelet coherence approach. The Journal of Developing Areas，50（5）：85-102.

Titman S，Wessels R. 1988. The determinants of capital structure choice. The Journal of Finance，43（1）：1-19.

Tiwari A K，Albulescu C T. 2016. Oil price and exchange rate in India：fresh evidence from continuous wavelet approach and asymmetric，multi-horizon Granger-causality tests. Applied Energy，179：272-283.

Tiwari A K，Jena S K，Mitra A，et al. 2018. Impact of oil price risk on sectoral equity markets：implications on portfolio management. Energy Economics，72：120-134.

Tokic D. 2011. Rational destabilizing speculation，positive feedback trading，and the oil bubble of 2008. Energy Policy，39（4）：2051-2061.

Torvanger A. 1991. Manufacturing sector carbon dioxide emissions in nine OECD countries，1973-87：a Divisia index decomposition to changes in fuel mix，emission coefficients，industry structure，energy intensities and international structure. Energy Economics，13（3）：168-186.

Vercammen J. 2020. Information-rich wheat markets in the early days of COVID-19. Canadian Journal of Agricultural Economics Working Paper 1111.

Verleger P K. 1982. The determinants of official OPEC crude prices. The Review of Economics and Statistics，64（2）：177.

Vostrikova L J. 1981. Detecting "disorder" in multidimensional random processes. Soviet Mathematics Doklady，24（1）：55-59.

Vukmanovic O. 2017. Global LNG-Spot prices climb further on limited supply. Reuters. URL https://www.

reuters.com/article/global-lng/global-lngspot-prices-climb-further-on-limited-supply-idUSL8N1N95ZP.
Wald J K. 1999. How firm characteristics affect capital structure：an international comparison. Journal of Financial Research，22（2）：161-187.
Wang J，Athanasopoulos G，Hyndman R J，et al. 2018. Crude oil price forecasting based on internet concern using an extreme learning machine. International Journal of Forecasting，34（4）：665-677.
Wang J，Sun X L，Li J P. 2020. How do sovereign credit default swap spreads behave under extreme oil price movements? Evidence from G7 and BRICS countries. Finance Research Letters，34：101350.
Wang M G，Chen Y，Tian L X，et al. 2016a. Fluctuation behavior analysis of international crude oil and gasoline price based on complex network perspective. Applied Energy，175：109-127.
Wang X X，Wang Y D. 2019. Volatility spillovers between crude oil and Chinese sectoral equity markets：evidence from a frequency dynamics perspective. Energy Economics，80：995-1009.
Wang Y D，Liu L. 2010. Is WTI crude oil market becoming weakly efficient over time?：new evidence from multiscale analysis based on detrended fluctuation analysis. Energy Economics，32（5）：987-992.
Wang Y D，Ma F，Wei Y，et al. 2016b. Forecasting realized volatility in a changing world：a dynamic model averaging approach. Journal of Banking & Finance，64：136-149.
Wang Y D，Pan Z Y，Liu L，et al. 2019. Oil price increases and the predictability of equity premium. Journal of Banking & Finance，102：43-58.
Wang Y D，Wu C F. 2012. Forecasting energy market volatility using GARCH models：can multivariate models beat univariate models?. Energy Economics，34（6）：2167-2181.
Wang Y D，Wu C F，Yang L. 2013. Oil price shocks and stock market activities：evidence from oil-importing and oil-exporting countries. Journal of Comparative Economics，41（4）：1220-1239.
Wang Y D，Wu C F，Yang L. 2014. Oil price shocks and agricultural commodity prices. Energy Economics，44：22-35.
Wei Y，Liu J，Lai X D，et al. 2017. Which determinant is the most informative in forecasting crude oil market volatility：fundamental，speculation，or uncertainty?. Energy Economics，68：141-150.
Wen D Y，Wang G J，Ma C Q，et al. 2019. Risk spillovers between oil and stock markets：a VAR for VaR analysis. Energy Economics，80：524-535.
Wen F H，Gong X，Cai S H. 2016. Forecasting the volatility of crude oil futures using HAR-type models with structural breaks. Energy Economics，59：400-413.
West K D，Wong K F. 2014. A factor model for co-movements of commodity prices. Journal of International Money and Finance，42：289-309.
Wirl F，Kujundzic A. 2004. The impact of OPEC conference outcomes on world oil prices 1984—2001. The Energy Journal，25（1）：45-62.
Wu C C，Chung H，Chang Y H. 2012. The economic value of co-movement between oil price and exchange rate using copula-based GARCH models. Energy Economics，34（1）：270-282.
Wu F. 2019. Sectoral contributions to systemic risk in the Chinese stock market. Finance Research Letters，31：386-390.
Wu F，Zhang D Y，Zhang Z W. 2018. Systemic risks and spillovers in the stock market of China：a

sectoral analysis. http://dx.doi.org/10.2139/ssrn.3248975[2018-10-11].

Wu F，Zhang D Y，Zhang Z W. 2019. Connectedness and risk spillovers in China's stock market：a sectoral analysis. Economic Systems，43（3/4）：100718.

Wu F，Zhao W L，Ji Q，et al. 2020. Dependency，centrality and dynamic networks for international commodity futures prices. International Review of Economics & Finance，67：118-132.

Wu F. 2020. Stock market integration in East and Southeast Asia：the role of global factors. International Review of Financial Analysis，67：101416.

Xiao J H，Zhou M，Wen F M，et al. 2018. Asymmetric impacts of oil price uncertainty on Chinese stock returns under different market conditions：evidence from oil volatility index. Energy Economics，74：777-786.

Xu H C，Zhou W X，Sornette D. 2017. Time-dependent lead-lag relationship between the onshore and offshore Renminbi exchange rates. Journal of International Financial Markets，Institutions and Money，49：173-183.

Xu S C，Li Y W，Miao Y M，et al. 2019a. Regional differences in nonlinear impacts of economic growth，export and FDI on air pollutants in China based on provincial panel data. Journal of Cleaner Production，228：455-466.

Xu W J，Ma F，Chen W，et al. 2019b. Asymmetric volatility spillovers between oil and stock markets：evidence from China and the United States. Energy Economics，80：310-320.

Yang J，Bessler D A. 2008. Contagion around the October 1987 stock market crash. European Journal of Operational Research，184（1）：291-310.

Yang J，Guo H，Wang Z J. 2006. International transmission of inflation among G-7 countries：a data-determined VAR analysis. Journal of Banking & Finance，30（10）：2681-2700.

Yang J，Zhou Y G. 2020. Return and volatility transmission between China's and international crude oil futures markets：a first look. Journal of Futures Markets，40（6）：860-884.

Yang Y Y，Ma Y R，Hu M，et al. 2020. Extreme risk spillover between Chinese and global crude oil futures. Finance Research Letters，40：101743.

Yang Z H，Zhao Y L. 2014. Energy consumption，carbon emissions，and economic growth in India：evidence from directed acyclic graphs. Economic Modelling，38：533-540.

Ye M，Zyren J，Shore J. 2005. A monthly crude oil spot price forecasting model using relative inventories. International Journal of Forecasting，21（3）：491-501.

You W H，Guo Y W，Zhu H M，et al. 2017. Oil price shocks，economic policy uncertainty and industry stock returns in China：asymmetric effects with quantile regression. Energy Economics，68：1-18.

Yousef I，Shehadeh E. 2020. The impact of the COVID-19 on gold price volatility. International Journal of Economics & Business Administration，Ⅷ（4）：353-364.

Yu D J，Shi S S. 2015. Researching the development of Atanassov intuitionistic fuzzy set：using a citation network analysis. Applied Soft Computing，32：189-198.

Yu L A，Dai W，Tang L. 2016. A novel decomposition ensemble model with extended extreme learning machine for crude oil price forecasting. Engineering Applications of Artificial Intelligence，47：110-121.

Yu L A，Li J J，Tang L，et al. 2015. Linear and nonlinear Granger causality investigation between carbon market and crude oil market：a multi-scale approach. Energy Economics，51：300-311.

Yu L A，Zhao Y Q，Tang L，et al. 2019. Online big data-driven oil consumption forecasting with Google trends. International Journal of Forecasting，35（1）：213-223.

Zerbib O D. 2019. The effect of pro-environmental preferences on bond prices：evidence from green bonds. Journal of Banking & Finance，98：39-60.

Zhang D Y. 2017. Oil shocks and stock markets revisited：measuring connectedness from a global perspective. Energy Economics，62：323-333.

Zhang D Y. 2018. Energy finance：background，concept，and recent developments. Emerging Markets Finance and Trade，54（8）：1687-1692.

Zhang D Y，Broadstock D C. 2020. Global financial crisis and rising connectedness in the international commodity markets. International Review of Financial Analysis，68：101239.

Zhang D Y，Cai J，Dickinson D G，et al. 2016a. Non-performing loans，moral hazard and regulation of the Chinese commercial banking system. Journal of Banking & Finance，63：48-60.

Zhang D Y，Cao H. 2013. Sectoral responses of the Chinese stock market to international oil shocks. Emerging Markets Finance and Trade，49（6）：37-51.

Zhang D Y，Cao H，Dickinson D G，et al. 2016b. Free cash flows and overinvestment：further evidence from Chinese energy firms. Energy Economics，58：116-124.

Zhang D Y，Cao H，Wei Y M. 2016c. Identifying the determinants of energy intensity in China：a Bayesian averaging approach. Applied Energy，168：672-682.

Zhang D Y，Cao H，Zou P J. 2016d. Exuberance in China's renewable energy investment：rationality，capital structure and implications with firm level evidence. Energy Policy，95：468-478.

Zhang D Y，Hu M，Ji Q. 2020. Financial markets under the global pandemic of COVID-19. Finance Research Letters，36：101528.

Zhang D Y，Ji Q. 2018. Further evidence on the debate of oil-gas price decoupling：a long memory approach. Energy Policy，113：68-75.

Zhang D Y，Ji Q. 2019. Energy finance：frontiers and future development. Energy Economics，83：290-292.

Zhang D Y，Lei L，Ji Q，et al. 2019. Economic policy uncertainty in the US and China and their impact on the global markets. Economic Modelling，79：47-56.

Zhang D Y，Shi M，Shi X P. 2018a. Oil indexation，market fundamentals，and natural gas prices：an investigation of the Asian premium in natural gas trade. Energy Economics，69：33-41.

Zhang D Y，Wang T T，Shi X P，et al. 2018b. Is hub-based pricing a better choice than oil indexation for natural gas? Evidence from a multiple bubble test. Energy Economics，76：495-503.

Zhang D Y，Wu Y. 2012. Household savings，the stock market，and economic growth in China. Emerging Markets Finance and Trade，48（2）：44-58.

Zhang J L，Zhang Y J，Zhang L. 2015. A novel hybrid method for crude oil price forecasting. Energy Economics，49：649-659.

Zhang S F，Andrews-Speed P，Zhao X L，et al. 2013. Interactions between renewable energy policy and renewable energy industrial policy：a critical analysis of China's policy approach to renewable energies. Energy Policy，62：342-353.

Zhang Y J. 2013. Speculative trading and WTI crude oil futures price movement：an empirical analysis. Applied Energy，107：394-402.

Zhang Y J，Fan Y，Tsai H T，et al. 2008. Spillover effect of US dollar exchange rate on oil prices. Journal of Policy Modeling，30（6）：973-991.

Zhang Y J，Sun Y F. 2016. The dynamic volatility spillover between European carbon trading market and fossil energy market. Journal of Cleaner Production，112：2654-2663.

Zhang Y J，Yao T. 2016. Interpreting the movement of oil prices：driven by fundamentals or bubbles?. Economic Modelling，55：226-240.

Zhang Z B，Lohr L，Escalante C，et al. 2010. Food versus fuel：what do prices tell us?. Energy Policy，38（1）：445-451.

Zhao X J，Feng T T，Cui L，et al. 2014. The barriers and institutional arrangements of the implementation of renewable portfolio standard：a perspective of China. Renewable and Sustainable Energy Reviews，30：371-380.

Zhao X，Luo D K. 2017. Driving force of rising renewable energy in China：environment，regulation and employment. Renewable and Sustainable Energy Reviews，68：48-56.

Zhu B Z，Han D，Chevallier J，et al. 2017. Dynamic multiscale interactions between European carbon and electricity markets during 2005—2016. Energy Policy，107：309-322.

Zhu H M，Li R，Li S F. 2014. Modelling dynamic dependence between crude oil prices and Asia-Pacific stock market returns. International Review of Economics & Finance，29：208-223.

Zhu Z B，Ji Q，Sun L C，et al. 2020. Oil price shocks，investor sentiment，and asset pricing anomalies in the oil and gas industry. International Review of Financial Analysis，70：101516.

Zhuang X Y，Wei Y，Zhang B Z. 2014. Multifractal detrended cross-correlation analysis of carbon and crude oil markets. Physica A：Statistical Mechanics and Its Applications，399：113-125.

Ziaei S M. 2015. Effects of financial development indicators on energy consumption and CO_2 emission of European，East Asian and Oceania countries. Renewable and Sustainable Energy Reviews，42：752-759.

Zivot E，Andrews D W K. 1992. Further evidence on the great crash，the oil-price shock，and the unit-root hypothesis. Journal of Business & Economic Statistics，10（3）：251-270.